朱子學文獻大系　歷代朱子學著述叢刊

# 近思録專輯

嚴佐之　戴揚本　劉永翔　主編

第七册　近思録集註

華東師範大學出版社

**圖書在版編目（CIP）數據**

近思録集註/[清] 茅星來著；朱幼文校點. —上海：華東師範大學出版社，2014
朱子學文獻大系・歷代朱子學著述叢刊・近思録專輯/嚴佐之　戴揚本　劉永翔主編

ISBN 978-7-5675-1819-3

Ⅰ.①近…　Ⅱ.①茅…　②朱…　Ⅲ.①理學—中國—南宋②《近思録》—注釋　Ⅳ.①B244.72

中國版本圖書館CIP數據核字（2014）第036433號

# 近思録集註

（朱子學文獻大系・歷代朱子學著述叢刊・近思録專輯　第七册）

著　　者　茅星來
校 點 者　朱幼文
項目編輯　吕振宇
審讀編輯　印曉峰
裝幀設計　高　山

出版發行　華東師範大學出版社
社　　址　上海市中山北路3663號　郵編　200062
電　　話　021-60821666　行政傳真　021-62572105　客服電話　021-62865537
網　　址　www.ecnupress.com.cn
門市地址　上海市中山北路3663號華東師範大學校内先鋒路口　郵編　200062
門市（郵購）電話　021-62869887
網　　店　http://hdsdcbs.tmall.com/

印 刷 者　上海中華商務聯合印刷有限公司
開　　本　890×1240　32開
印　　張　16.375
字　　數　350千字
版　　次　2015年1月第1版
印　　次　2016年5月第2次
書　　號　ISBN 978-7-5675-1819-3/B・837
定　　價　52.00元

出 版 人　王　焰

本書爲

二〇一一年度國家社科基金重大項目

二〇一三年度國家古籍整理出版資助項目

# 朱子學文獻大系編輯委員會

# 朱子學文獻大系總序

從一九九三年起，至二〇〇七年止，我們先後策畫，相繼完成了朱子全書、朱子全書外編的編纂和出版，把朱子本人的撰述、編著與注釋之作，及其指導或授意門人弟子的撰著、纂述，作了一次元元本本的文獻清理和集成。而除此之外，這整整十五年來的收穫，還有我們對朱子學説及其歷史意義認識的不斷更新和逐步深刻。

朱子是繼孔子之後，儒家思想文化史上成就最卓越的學者和思想家。近半個世紀前，錢穆先生在朱子學提綱中提出：「在中國歷史上，前古有孔子，近古有朱子，此兩人，皆在中國學術思想史及中國文化史上發出莫大聲光，留下莫大影響。曠觀全史，恐無第三人堪與倫比。」朱子建構的理學思想體系，博大精深，不僅在儒學發展史上具有劃時代意義，而且對其身後長達七百餘年的中國，乃至日本、朝鮮等東亞諸國的思想、學術、社會、政治，都産生了深刻、巨大、恒久的影響。而此影響在思想學術史上留下的顯著印跡，就是後世學者鮮能繞開朱子説事，要麽尊朱、宗朱，要麽反朱、批朱，「與時俱進」的朱子思想研究，成爲貫穿數百年學術史無時不在的主題和主軸。於是，有學者甚至認爲，「在朱熹以後，理學就成了『朱子學』」，朱子就是「理學傳統中的孔子」。這樣的評價，雖然未必「真是」，卻亦庶幾「真事」。推而論之，則所謂「朱子學」，固然是指朱子本人的思想學術，卻又不止是其本人的思想學術。按照陳來先生的説法，朱子留下的豐厚著述與精緻學説，以及七百餘年來，他的同道學友、門人弟子與後世尊朱、宗朱學者，對朱子著述、學説的闡發與研究，即「整體地構成了現如今我們所研究的『朱子學』」。作爲整體、通貫的朱子學，其學術範疇不僅涵蓋易、詩、禮、四書等傳統經學領域，更涉及哲學、史學、文學、政治學、教育學、社會學、文獻學等諸多學科，既是一座内容廣闊、内涵精深的傳統思想寶庫，一份極富開掘意義和傳承價值的文化遺産，也是一門具有多學科交叉特色的名副其實的綜合性專學。

自上世紀八十年代以來，海内外學術界對朱子學研究表現出前所未有的興趣和關切，發展迄今三十餘載，已獲長足進步。但綜觀現狀，反思自省，我們的研究及取得的學術成果，與朱子學本身所應該享有的研究規模和研究程度，還很不相稱，若衡之以「整體、通貫」的要求，則該研究領域中的很大一部分，甚至還未曾涉及過。近年來，關於推進整體、通貫的朱子學研究的想法，逐漸成爲學界的一個共識。如以朱子學爲主題的國際學術研討會在大陸、臺灣、韓國等地數度舉辦，如朱子學通論等朱子學研究專著相繼問世。而「中華朱子學會」、「朱子學學會」等全國性學術團體的成立，則意味著一個「學術共同圈」的初步形成，以及作爲一門獨立學科的朱子學研究已進入一個新的歷史階段。學者們指出，新時期朱子學研究的任務，就是要規劃對宋、元、明、清各個朝代的朱子學，以及每位朱子學家的重要的見解進行分析，把他們流傳下來的書籍、文獻進行整理、研究。而後者，即對歷代朱子學文獻的整理與研究，無疑是前者的先行和基奠。

認識漸趨深刻，遂生自覺擔當。在完成朱子本人撰述的文獻集成之後，我們有意再接再厲，把歷代朱子學文獻整理研究工作繼續下去。先是在朱子全書外編書稿殺青之際，我們就曾醖釀用傳統的「學案體」來編纂歷代朱子學者的相關學術文獻。後來朱傑人教授主編影印朱子著述宋刻集成，又提出編纂出版「朱子學文獻大系」的構想。不過那幾年忙於編纂整理顧炎武全集，既分身無術，也分心不得，只能把研究計劃暫擱心頭。故而，當顧炎武全集一旦脱稿，此事也就順理成章地提上了議事日程。二〇一〇年末，我們開始循著「朱子學文獻大系」的思路策劃課題；翌年初春，確定以華東師大古籍研究所爲主體，組建科研團隊，以「朱子學文獻整理與研究」爲課題，擬訂科研規劃。是年初夏，課題被納入當年國家社科基金重大項目第二批招標目録；秋十月，經過競標面試，以嚴佐之教授爲首席專家的「朱子學文獻整理與研究」課題正式獲批立項；冬十二月，課題論證會在華東師大召開，經專家組評議審定，規劃通過論證，項目正式啓動。按照課題規劃，「朱子學文獻整理與研究」課題，凸顯文獻整理與研究並重的特色，旨在從理論和實踐二個方面，構建一個符合整體、通貫的「朱子學」學科内涵和特點的「朱子學文獻」分類體系，並從浩若煙海的歷代典籍文獻中，梳理出屬於「朱子學」學科範疇的基本文獻資料，打造一個集「朱子學文獻」大成的信息大平臺。爲此，課題設計了「歷代朱子學研究著述集萃校點」、「歷代朱子學研究文類輯録校點」、「歷代朱子著述珍本集成影印」、「朱子學專科目録編撰」和「朱子學文獻專題研究撰著」等項子課題。各項研究的最終成果，則將結集爲一部開放性的大型叢書朱子學文獻大系。

朱子學文獻大系下轄歷代朱子學著述叢刊、歷代朱子學研究文類叢編、歷代朱子著述珍本叢刊、朱子學文獻研究學術文庫四部不同類型的叢書，故稱之「大系」。其中歷代朱子學著述叢刊，擬按學科、著述或學術議題分編專輯，如「朱子經學專輯」、「朱子四書學專輯」、「朱子近思録專輯」、「朱陸異同專輯」等，以集中提供經過精選精校的歷代朱子學重要研究著述的閲讀文本。歷代朱子學研究文類叢編，擬按專題分類輯集散見於各種典籍的朱子學研究篇章，如序跋、劄記、語録、書信等，以集中提供經過遴選類編的歷代朱子學研究文獻散篇的閲讀文本。歷代朱子著述珍本叢刊，擬按時代分編朱子著述宋刻集成、元明刻本朱子著述集成等，以集中提供高仿真影印的朱子著述歷代各色珍稀版本。朱子學文獻研究學術文庫，擬收入具有文獻學研究屬性的各種撰述、編著，如朱子學古籍總目、朱子學史籍考、朱子與弟子友朋往來書信編年等。朱子學文獻大系下轄各叢書都已制訂基本收書書目，但不預設收書總數上限，倘日後發現宜收之書，則可隨時補編增入，故謂之「開放性」大型叢書。各叢書均自有編例，我們但在其下屬專輯或所收撰著前撰寫序言，以交代編纂宗旨與體例，如歷代朱子學著述叢刊之近思録專輯序，歷代朱子著述珍本叢刊之朱子著述宋刻集成序言，朱子學文獻研究學術文庫之朱子與弟子友朋往來書信編年序等，各叢書前則不再撰寫總序。至於歷代朱子學著述叢刊各書的校點體例，如底本、校本的遴選標準，專名號、書名號的使用規範，異體字、版别字的處理方法，舛誤衍闕的改字原則，以及校勘記的書寫格式等，皆一併延循朱子全書編纂陳例，在此不再贅述；若遇特殊需作變通，則在各書校點説明中予以交代。

朱子學文獻大系是我們按自己對整體、通貫的朱子學的認識，而爲之「量身定制」的一個朱子學文獻庫，囿於識見，必欠周詳而不能盡如人意。好在大系是「開放」的，可以隨時吸納同道高明之見，不斷補充，漸臻完善。朱子學文獻大系的規模、體量和難度，都超出朱子全書與外編許多，這樣的設計或許有些「自不量力」。編纂朱子全書、外編用了整整十五年，況且那時我們纔年過「不惑」，而今則已年届「耳順」、「從心」之間，十年再磨一劍，能否一如既往，勝任始終，尚難卜知。好在整理與研究朱子學文獻並非心血來潮之念，更非趨時應景之計，而是建設與發展整體、通貫的朱子學的真切需要，是必須要做的學術事業，也好在我們有一個同心同德的學術團隊相依託，還有華東師大出版社的精誠合作。所以，朱子學文獻大系成果的不斷推出和最終成功，是必然可以期待的。

二〇一四年五月　嚴佐之

# 歷代朱子學著述叢刊・近思録專輯序

## 一　近思録的「被經典」與近思録後續著述

編纂於公元一一七四年的近思録，在經過七八百年傳播的層層累積之後，最終成爲最能代表中國古代主流學術思想的經典之一。這樣一個結果，應該是主編朱子及其合作者吕祖謙始料未及的。因爲朱子當時邀約吕祖謙在武夷山寒泉精舍「留止旬日」編纂此書的初衷，不過是想替那些僻居窮鄉而不能遍觀周、張、二程諸先生之書的讀書人，提供一部能比較準確、全面、系統概括四子思想，且又切近日用、便宜遵行的理學入門讀本。雖説書稿初成之後，他倆仍不斷書信往返，商榷編例，其取去不可謂之不審，互議不可謂之不勤，但近思録畢竟是「十日談」出來的「速成品」。雖説朱子也自以爲近思録詳於「義理精微」，堪稱「四子之階梯」，但畢竟還算不上他用力最勤最深的撰著，至少不能與其臨終仍念念不忘的四書章句集注相提並論。然而，就是這麽一部原初設定的學術思想普及讀本，卻在朱、吕身後，被後世學者一步步發掘出潛藏的巨大學術價值，一步步提升到顯要的理學經典地位。這樣的結果確實很有意思，而更有意思的還有那個漫漫長長的累積過程。

回溯歷史，早在朱子生前，就已有他的講友劉清之，取程門諸公之説，爲之續録。及其身後，近思録注解、續補之作更是紛至競出，弟子輩中有陳埴雜問、李季札續録、蔡模續録、别録和楊伯嵒衍註，再傳弟子有葉采集解、熊剛大集解、何基發揮、饒魯注、黄績義類，以及三傳弟子程若庸注等。而由建安書塾刊行的無名氏文場資用分門近思録，則表明近思録已進入當時科舉讀物的榜單，讀者受衆勢必益多。是以近思録在南宋後期，就已被學者視爲「我宋之一經，將與四子並列，詔後學而垂無窮者」。繼之元世，又有趙順孫爲之精義，戴亨爲之補注，柳貫爲之廣輯，黄溍爲之廣輯，學者們注解、續補的熱情有增無減，皆並尊「近思録乃近世一經」。明初，永樂詔修性理大全，「其録諸儒之語，皆因近思録而廣之」，是知此書已對國家意識形態産生不小影響。只是明人注近思録者鮮少，明世盛行的讀本，大多是周公恕據葉采集解擅改的分類經進近思録集解。不過這樣的情勢，也多少能反映出王學時代朱子近思録的「社會生態環境」。明季清初，學風蜕變。於是，先有高攀龍朱子節要、江起鵬近思録補、錢士升五子近思録等陸續問世，其性質多屬續補仿編一類。易代之後，則有王大之著近思録釋、張習孔作近思録傳、丘鍾仁撰近思録微旨等，内容更多反思和發揮。洎此以降，終清一代，近思録愈發大行於世，研讀成果更是層出不窮。據學者調查統計，清代近思録研究著述多達四十餘種。其中屬注解詮釋一類的，有張伯行集解、李文炤集解、茅星來集註、江永集註、陳沆補注、劉之珩增注、車鼎賁注析微、郭嵩燾注、張紹價解義等；屬續補仿編一類的，有朱顯祖朱子近思録、張伯行續録、廣録、汪佑五子近思録、施璜五子近思録發明、劉源渌續録、鄭光羲續録、嚴鴻逵朱子文語纂編、黄叔璥集朱、黄奭集説、管贊程集説、姚璉輯義、吕永輝國朝近思録等；屬隨筆札記一類的，則有汪紱讀近思録、李元綱隨筆、秦士顯案注、徐學熙小箋、陳階劄記、厲時中按語等。與此相應，是清人對近思録評價的一路抬升，稱此書「直亞於論、孟、學、庸」，以爲「救正之道必從朱子求，朱子之學必於近思録始」。如上所述，林林總總，蔚然大觀，爲便宜叙述起見，且以「近思録後續著述」概稱之。

據學者調查，歷代近思録後續著述總數多達百種以上。然竊以爲仍有佚著尚未計入，總量還有提升的可能。不僅如此，近思録還流布域外，在古代東亞的朝鮮、日本也得到廣泛傳播，非但屢屢重刻傳抄，爲之注釋者亦絡繹不絕。一部古代學術典籍，竟然獲得後世如此恒久的關注和衆多密集的研究！這樣的故事，自然只有儒、釋、道學的「核心」經典才會發生。無怪乎梁啓超、錢穆先生，皆奉近思録爲宋代理學經典之首選，以爲「後人治宋代理學，無不首讀近思録」。既爲古代學術思想之經典，近思録固然有其可以古今轉换、歷久彌新的思想意義和學術價值。然而，有意義、有價值的還遠不止於近思録本身，七八百年來廣泛流布於中土、東亞的衆多近思録後續著述，同樣是一大筆值得後世珍視的思想學術史寶貴資源。

## 二　近思「續録」彌補了近思録無朱子思想資料的缺憾

近思録是朱子的編著而非撰著，它與朱子學術思想的關係，主要在其爲近思録篇章分卷的結構設計，及其對四子語録的遴選審訂，體現了朱子對理學早期思想體系的宏大思考和縝密建構。至於近思録的内容，並不能真正、完全反映朱子本人的思想，因爲書中並無朱子思想資料的記録。陳來先生説「錢穆先生推薦的國學書目，近思録下面就接著王陽明的傳習録，跳過了朱子，這是我不以爲然的」，因爲「近思録所載的是理學奠基和建立時期的四先生思想資料，其中並没有理學集大成人物朱子的思想資料」。其實，錢穆先生並非不知此情，在復興中華文化人人必讀的幾部書一文中，他是這樣説的：「這書把北宋理學家周濂溪、程明道、程伊川、張横渠四位的話分類編集，到清朝江永，把朱子講的話逐條注在近思録之下，於是近思録就等於是五個人講話的一個選本。這樣一來，宋朝理學大體也就在這裏了」。雖然，但陳先生指出近思録無朱子思想資料的意思没錯，而僅靠江永集註，也未能完全解決近思録無朱子思想資料的問題。

近思録無朱子思想資料的缺憾，其實是朱子後學早就深切關注的問題。清初朱顯祖就曾爲此大發感慨：「因思自孔、孟以後，歷漢、唐來千有餘載，始得有宋周、張、二程諸大儒，直追堯、舜相傳之意，其間精微廣大，賴先生近思一録爲之階梯，俾後學得以入門，而先生在宋儒中更稱集大成者，乃其生平格言實行，反未載於録内，豈非讀近思録者之大憾也乎！」可以説，在朱子近思録構建的理學框架中添置朱子語録，接續朱子思想資源，一直是近思録後續著述的「重頭戲」。我們看清張伯行續近思録序説：「自朱子與吕成公采摭周、程、張四子書十四卷，名近思録，嗣是而考亭門人蔡氏有近思續録，勿軒熊氏有文公要語，瓊山丘氏有朱子學的，梁溪高氏有朱子節要，江都朱氏有朱子近思録，星溪汪氏又有五子近思録，雖分輯合編，條語微各不同，要皆仿朱子纂集四子之意，用以匯訂朱子之書者。」幾乎就是對近思録「集朱續録」的「學術史回顧」了。只是嚴格來説，其中元熊禾文公要語、明丘濬朱子學的，並非「仍近思録篇目，分次其言」者，而名實相符的「集朱續録」，還另有元趙順孫近思録精義、明劉維深續近思録、錢士升五子近思録、清劉源淥近思續録、張伯行續近思録、孫嘉淦五子近思録輯要、黄叔璥近思録集朱等多種。不僅如此，近思録的注解也多以「集朱」爲旨。如宋楊伯嵒衍註、葉采集解，清李文炤集解、陳沆補注等，都大量采集朱子文獻爲四子注解，而江永集註更是「取朱子之語以注朱子之書」的典型。

對於後世朱子學者在「集朱續録」這個學術議題上的執著追求，四庫館臣似乎有些不以爲然。他們認爲張伯行續近思録「因近思録門目，采朱子之語分隸之，而各爲之注」，實不足爲重，説「自宋以來，如近思續録、文公要語、朱子學的、朱子節要、朱子近思録之書，指不勝屈，幾於人著一編，核其所載，實無大同異也」。職是之故，像劉源淥近思續録、張伯行續近思録等，只能被打入存目。按説後世纂輯朱子思想資料，無非是從傳世的文集、語類、或問等著述中遴選摘取，各家續録内容有所重複，似亦在所難免，若就此而言，四庫館臣的訾議也不無道理。但若謂之「指不勝屈，幾於人著一編」，則似屬誇大之詞；而謂之「核其所載，實無大同異」，更有以偏概全之嫌。

其實，「集朱續録」在輯録條目總數、選録文獻内容、徵引文獻書目和輯録編纂體例等方面，是很有些差異的。例如最早編纂於南宋寶慶三年的蔡模近思續録，共選輯朱子語録四百三十八條。到清初汪佑編五子近思録，據明高攀龍朱子節要采録朱子語録五百四十八條，較蔡録多一百十條。至清康熙二十三年朱顯祖纂朱子近思録，又增至七百八十五條，多出蔡録三百四十七條、汪録二百三十七條。繼而康熙四十年劉源渌纂輯續近思録，更多至八百五十三條，庶幾最初蔡録之翻倍。可見「集朱續録」的規模體量，直是一路「水漲船高」。再如專論「性理」、「道氣」等形上議題的卷一道體篇，蔡録凡二十三條、汪録五十一條、朱録一百十四條、劉録三十五條、張録七十四條。專談「治具」、「治功」等形下議題的卷九治法篇，蔡録凡五十五條、汪録十六條、朱録一百十條、劉録一百條、張録二十四條。可見「集朱續録」的選項各有側重。張伯行尤喜高談性理學説，對治政實務反倒興趣不大。劉源渌恰好相反，論性理不及汪録之多，談實務卻是汪録六倍。朱顯祖則性理、治政二者並重，均采輯百條之多。究其原因，自當與續録者的治學趨向和學術水平相關。再説徵引文獻範圍之異。蔡録所用朱子文獻，有文集、語録、易本義、書傳、大學或問、論語或問、太極圖、四書章句集注、西銘解、易學啓蒙、經説、手帖、詩傳等。而朱録所取，既有「專刻」之朱子文集、朱子奏議與經濟文衡、年譜、語録諸書，還有「匯刻」之性理大全、儒宗理要、聖學宗傳與世憲編、證心録等書。再如編纂體例之異。如蔡録、汪録、朱録都是單純的「集朱」，而張録則「采朱子之語分隸之而各爲之注」。蔡録、朱録、張録等都是單一的「集朱」，汪録卻是朱子與四子的合一。一隅之證，雖不足窺其全，但已可知四庫館臣「核其所載，實無大同異」的訾議，有失武斷，不足爲訓。

近思録「集朱續録」之所以會不斷「再生産」，或有以下幾個原因可以考慮。首先，固然是朱子思想在理學傳承中不可或缺的重要性，使人不約而同地想到且做到一塊去。其次，是否還應考慮到當時圖書流通、信息傳播的局限問題。如高攀龍、錢士升、朱顯祖、汪佑、劉源渌等，他們在編纂續録時都没有提到蔡模近思續録，説明此書在明末清初並未通行。又如籍貫山東青州府安丘縣的劉源渌，「瀝盡心血二十餘年」編纂續録，卻不知十多年前江都朱顯祖就已編成朱子近思録行世。這都説明那個時代的學術信息不够靈通，以致造成研究課題的撞車。再者就是對既有「集朱續録」不稱意，自以爲需要重起爐灶。如清乾隆間孫嘉淦重纂五子近思録輯要，就是因其不滿汪佑五子近思録有「抑揚近似」之嫌。他説：汪録雖使「濂洛關閩之微言燦然備矣，然而張子之言間有出入，二程之語多出於門人所記，朱子之學與年俱進，其早年所著，有晚而更之者矣。後之學者，目不睹五子大全，又恐泥其抑揚近似之辭，或有毫釐千里之謬。蓋非前人之書尚有未善，而吾所以憂後學之心至無已也。書有以多爲富，亦有以簡爲明，有語之而欲詳，有擇焉而欲精。因不揣固陋，即舊編而更審擇之。」可見孫氏之所以重整輯要，就是要表達自己對朱子思想的不同理解。

總而言之，「集朱續録」之所以長盛不衰、層出不窮，主要還在於傳世的朱子文獻承載著廣大精微的朱子學説，其數量和範圍，都遠遠超出朱、吕編纂近思録時所面對的北宋四子文獻，而後世「續録」者更無一能如朱子這般「一錘定音」者，於是就給後人騰出了盡己之見而去取編纂的發揮空間。這也恰好證明，歷代朱子學者接連不斷編纂出面目各異的近思録「集朱續録」，正是他們對朱子理學思想的認知差異和詮釋演化的一個絶佳縮影。而這樣的「縮影」效應，還存在於其他非純粹「集朱」的近思録後續著述中。

## 三　近思「補録」構築起宋元明清程朱理學史基本框架

近思録後續著述的另一類型，是在朱子近思録構建的理學框架中添置歷代程朱學者的思想資料。因其書名多用「别録」、「後録」、「補録」、「廣録」等，爲了與純粹「集朱」的「續録」相區别，且用「補録」概稱之。

最早編纂「補録」的是朱子講友劉清之。據朱子語類記載：「劉子澄編續近思録，取程門諸公之説。某看來其間好處固多，但終不及程子，難於附入。」「程門諸先生親從二程子，何故看他不透。子澄編近思續録，某勸他不必作，蓋接續二程意思不得。」是知劉清之續近思録是一部專「取程門諸公之説」的「補録」。不過劉清之的編纂熱情被朱子澆了一頭冷水，因爲朱子一向認爲程門弟子未能盡得乃師真傳，用「程門諸公之説」解釋近思録，很有可能與程子原意發生偏差，故「勸他不必作」。至於劉清之是否聽從朱子之勸而中輟編纂，確實是個問題，因爲宋史本傳所載劉清之著述，並無名「續近思録」或「近思續録」者，歷代公私藏目、史志補志也一無著録。不過巧合的是，在傳世的近思「補録」中，倒是有一部南宋末佚名編近思後録，專取「吕侍講」、「范内翰」、「吕正字」、「謝上蔡」、「游察院」、「楊龜山」、「尹和靖」、「侯仲良」、「朱給事」、「胡文定」等「程門諸公之説」。這部宋建安刻本近思後録未題編撰者姓名，但從其引録文獻的範圍和内容來看，似乎還是存在著與劉清之續近思録相關聯的想像空間。此外，編纂過近思續録的蔡模還編纂了一部近思别録。與佚名近思後録專「取程門諸公之説」不同，别録只取朱子道友張栻、吕祖謙二先生之語。這或許是因爲蔡模身受朱子親炙，比較領會乃師對程門後學的態度，也或許是因爲他知曉已有專「取程門諸公之説」的劉氏「補録」，故不事重複。但不管怎樣，别録的編纂，切實爲近思録補上了南宋理學思想資料的重要環節。

明萬曆間，江起鵬纂近思録補，首次汲取明四大朱子學者薛瑄、胡居仁、蔡清、羅欽順的言論，使近思「補録」的歷史延伸到了明代。江起鵬字羽健，萬曆二十三年進士，生於朱子闕里婺源，也是一位理學思想的信奉者。他自述「年十齡，先大夫授以近思録、薛文清公讀書録」，「年十三，授以程明道先生語略、王陽明先生則言」，「既而得胡敬齋先生居業録，益用嚮往」，復「亟求羅整庵先生困知記、蔡虛齋先生密箴二書讀之，實有啓發」。而這樣的知識背景，確實也在他的補録裏有所反映。江氏近思録補共涉及二程、朱子、張栻、吕祖謙、黄榦、李方子、真德秀、薛瑄、蔡清、胡居仁、羅欽順十二家之言，較之蔡氏別録、佚名後録，更構築起了自宋及明的近思録閱讀、詮釋史框架。

清人近思「補録」，有施璜五子近思録發明、張伯行近思廣録、吕永輝國朝近思録等數家。施璜是汪佑五子近思録的「合編參較」者，所謂「發明」，就是在汪氏五子録的基础上再添補薛敬軒、胡敬齋、羅整庵、高景軒四位明代最重要朱子學者的思想資源。施璜認爲明四子乃宋五子之「羽翼」，「匯萃其精要者，以附於各卷之末」，就是「以四先生之言，發明五先生之旨」。張伯行廣録精萃張栻、吕祖謙、黄榦、許衡、薛瑄、胡居仁、羅欽順等宋元明七位大儒的語録，他説：「余於近思録所爲，既詮釋之，而又續之，而又廣之，冀有以章明義藴，引進後人，而且儒書於不墮也。」可知寓朱子「詮釋」於近思「補録」，乃其有意識的「預謀」。此後，又有無錫鄭光羲編集續近思録，據四庫提要介紹：「是編前集十四卷，采薛瑄、胡居仁、陳獻章、高攀龍四人之説。後集十四卷，采王守仁、顧憲成、錢一本、吴桂森、華貞元及其父儀曾六人之説。」顯然，那是一部專收明儒語録，並輯録最多的近思「補録」，而其將陳白沙、王陽明這二位心學先進，以及東林諸儒也補録於中，更是「别具一格」，而大可深究。可惜鄭録今已難覓蹤跡。清光緒二十六年，吕祖謙裔孫吕永輝，精選清初陸桴亭、張楊園、陸稼書、張敬庵四位朱子學者的語録，編成國朝近思録一書，彌補了近思「補録」不及清人的缺檔，雖然收録有限，但畢竟在時間跨度上完成了近思録詮釋史清代部分的接續。在自序中，吕永輝説了這麽一番話：「竊思一代則必有一代之聖賢，以綿道統於不墜。上古之世，堯、舜、禹、湯，爲開天明道之聖人。中古之世，孔、顔、曾、孟，爲繼世立極之聖人。宋之世，有周、程、張、朱五子，爲繼往開來之聖人。其後接其傳者，元有趙江漢、劉静修、許魯齋，明有薛敬軒、胡敬齋、羅整庵、先司寇。當末世絶續之交、天地閉塞之時，則有陸桴亭、張楊園，養晦深山，獨延道統于一綫。逮我國朝，則陸清獻公、張清恪公出焉，恪守程朱，以開文明之運。嗚呼，尚矣！是近世之儒近思而有得之者，推二陸、二張四先生爲最純，悉具内聖外王之學，誠正齊治之略，得周、程、張、朱之的派，爲千古道統之正傳。因取四先生之書，讀而校之，擇其尤切近者若干條輯之，庶天下國家身心誠正之隆軌在是焉。學者近思而力行之，則入聖階梯不遠矣。」可見，對於近思録「續録」「補録」的思想學術史意義，清代學者已具有相當深切的認識。

## 四　近思録注解、札記及其思想學術史文獻價值

近思録後續著述的再一大宗，就是歷代學人對近思録的注解詮釋和閲讀札記。鑒於「續録」「補録」的思想資源多非直接應對近思録而言的文獻，相比之下，歷代注解、札記應該是與近思録關係更爲密切的學術文獻，理應更能體現近思録傳播、閲讀、接受史的意義。

近思録歷代注釋，今存宋楊伯嵒、葉采，清張習孔、李文炤、張伯行、茅星來、江永、陳沆、郭嵩燾、張紹价等十餘家。亡佚未見者，則有元何基發揮、明程時登贅述、程若庸注、清王夫之釋、劉之珩增注、車鼎賁注析微、秦士顯案注、陳大鈞集解等。近思録歷代札記，現有宋陳埴雜問、清汪紱讀近思録、李元湘隨筆、令狐亦岱摘讀、黑葛次佩氏復隅、陳階札記、厲時中按語、張楚鍾理話等。亡佚未見者，則有清丘鍾仁微旨、徐學熙小箋等。不難看出，近思録注釋者和札記撰者的學術地位和影響力，與「續録」「補録」收録的人物，總體上存在較大「級差」。就是説，被「續録」「補録」收入的人物，幾乎全是歷代程朱學派的領袖、主將，或宗朱一派學者的代表人物。從二程先生及其高弟吕希哲、范祖禹、吕大臨、謝良佐、游酢、楊時、尹焞、侯仲良、朱光庭、胡安國，到朱子及其道友張栻、吕祖謙，門人黄榦、

李方子，從元、明朱子學「大佬」許衡、薛瑄、蔡清、胡居仁、羅欽順、高攀龍，到清初名臣陸世儀、張履祥、陸隴其、張伯行等，無一不是在中國儒學史、理學史上數得著的重要人物。就此而言，由歷代「續録」「補録」貫串起來的，或可看做一部展現朱子學者「精英」學術思想的近思録詮釋史。這固然很有意義，但近思録本質上是一部普及性的理學初級讀本，它在一般讀者中如何傳播，又曾激起怎樣的思想反響，諸如此類的問題，其實也很有探究的意義，而這卻不是「續録」「補録」所能提供的。反觀歷代近思録注解、札記的作者，似乎僅有朱子高弟陳埴、清初名儒張伯行、乾嘉學者汪紱，堪稱朱子學名家。當然王夫之、江永、魏源、郭嵩燾等也聲名卓著，但王船山繼承的主要是張横渠一脈，江慎齋擅名經史考據而非義理發揮，魏默深、郭伯琛二人的思想影響力也不在其宗朱一面。至於宋葉采、楊伯嵒，清張習孔、茅星來、李文炤、陳沆、李元湘、陳階、徐學熙等，似乎都算不上伊、洛、閩學源流脈絡中的頂尖學者、代表人物。然而，恰是這些非一流學者的詮釋意見和閱讀心得，使我們能瞭解近思録在一般宗朱學者中的閱讀狀況和思想反饋，從而與「續録」「補録」互爲補充，體現出面向更爲寬闊的近思録思想學術史意義。

爲近思録作注釋、寫札記最多的，無疑是清代朱子學者。鑒於「續録」「補録」中清代思想資源的相對欠缺，存世的諸多清人近思録注釋、札記，無疑是研究清代近思録詮釋史的寶貴文獻。這裏且舉三個比較有意思的例證：汪紱讀近思録、陳沆近思録補注和郭嵩燾近思録注。

汪紱字燦人，號雙池，徽州婺源人，著有理學逢源等。傳稱汪紱治學，「研經則參考衆説，而一衷于朱子」，「述作博及兩漢、六代諸儒疏義，元元本本，而一以宋五子之學爲歸」。在新編中國儒學史中，汪紱與謝濟世、尹會一、陳宏謀、雷鋐、朱珪等，一道被列爲乾嘉時期宗程朱之學的理學代表人物。有意思的是，六人中的四位，尹會一、陳宏謀、朱珪、汪紱，都曾注釋或刊刻過近思録。汪紱讀近思録約撰於乾隆十九年，在此之前，他的同鄉江永已推出新注本近思録集註。汪紱與江永同爲宗朱一派，但兩人「只有書牘往來，而未嘗相見」，關係並不密切。從書信來看，汪紱對江永治學頗多異議，江永則覺得汪紱的意見「與鄙衷殊不相入」。江、汪都對近思録抱有濃厚興趣，只是江永集註多「采朱子之言爲注釋」，而汪紱讀近思録則盡是自己的解讀。倆人在問學路徑上的不同，及其學術觀點的碰撞，在汪紱讀近思録中多有展現。如近思録卷九收入程子論「井田制」二則，江永集註引用朱子之語，明確表示井田今不可行，汪紱讀近思録則針鋒相對，以爲「井田亦可因而行」。衆所周知，「井田」、「封建」、「郡縣」等問題，是清初顧炎武、黄宗羲、陸隴其等十分關心、經常討論的一個涉及當下土地制度乃至政治制度的議題。今從汪紱讀近思録可知，這個議題直至乾嘉時期還在繼續爭議之中。

陳沆字太初，號秋舫，湖北蘄水人，嘉慶朝狀元，「以詩文雄海内」，世稱「一代文宗」。陳沆補注的一個重要看點，就是其中收入了好友魏源的注釋，並在全書編例、材料取捨上，都很大程度地聽取、采納了魏源的意見。如修訂稿卷首原抄録孫承澤一段話：「孫北海曰：學有原委，原云端正則委自分明，如大學之『明德』，中庸之『天命』，論語之『務本』，孟子之『仁義』，皆自原頭説起，使學者有所從入。不然，原本不識，用力雖勤，而誤墮旁蹊者不少矣。故近思録首卷宜細爲體認，朱子『識個頭腦』四字，良非易事。」但這段孫北海語録，被魏源審稿時一筆勾删，並在欄上眉間批字曰：「孫氏姓名有玷此書，且其語亦支離之甚。今學者第從第二、三卷『存養』、『致知之方』作工夫，有誤落旁蹊者耶？且空識名目，亦未必遂能通道不惑也。」孫承澤是明末清初由王學轉向朱學的代表人物，他仿近思録例，輯周、程、張、朱之言爲學約一書，復以明薛瑄、胡居仁、羅欽順、高攀龍四家之語編撰學約續編，還撰寫考正晚年定論，逐條批駁陽明朱子晚年定論，這些都是朱子學史上有代表性的文獻。然其一味尊朱，乃至「字字阿附」，處處回護，幾乎到了「佞朱」的地步。以致後來遭四庫館臣詬病，譏評他「末年講學，惟假借朱子以爲重」。物極必反，「佞朱」實則「誤朱」，這就引起宗朱陣營反思，「痛聖人之道不晦于畔朱之人，而即毁于從朱之人」。所以，孫北海條目的收入和刪去，都反映了清代朱子學者在如何傳承朱子學說問題上所持的不同態度。魏源注近思録在陳沆補注中雖僅十一條，卻是其傳世詩文著述之外的佚文。而讀者也可由此知曉，這位近代「睜眼看世界」的先行者，在接受西方新事物、新思想的同時，依然保持對程朱理學的傳統情懷。

無獨有偶，郭嵩燾這位清廷首任駐英、法使節、近代「洋務運動」幹將，在寫下使西紀程的同時，還留下一部他多年閱讀近思録的學術札記。根據郭嵩燾題識，知道他於近思録曾「瀏覽所及四十餘年」，更在同治七年至光緒十年的十多年裏，「前後四次加注」。就是說，在郭嵩燾罷官歸隱、出使英法、海外召回、二度貶黜的那段跌宕起伏的仕宦歲月裏，其案頭書架，一直都有近思録的存在。這就不免讓人想到一個問題，一般總說理學家守舊，是政治改良、社會革命的思想阻礙。按此推論，思想「與時俱進」、政治理念「開放」的郭嵩燾，如此熱衷近思録這部理學入門讀物，似乎有悖常理，那些唾他唾沫的守舊儒臣，才該是近思録的「粉絲」。其實，讀不讀近思録與一個人的政治理念沒有太多關係。清初，無論是「明遺」王夫之、張履祥、吕留良，還是「儒臣」孫承澤、張習孔、張伯行，都曾注釋、仿編或刊刻過近思録，但「明遺」與「儒臣」對滿清新政權的政治態度是截然不同的。郭嵩燾爲什麽要長年閱讀、「四次加注」近思録？據其自述：「深味近思録所以分章之義，盡看得大，所録四子之言，亦多是從大處説，而於一言一動之微，依然條理完密，無稍寬假。是以流行七八百年，奉此書爲入德之門，而體例之博大，記録之精審，尚亦非淺學者所能窺見也。」由此看來，他是把近思録作爲自我修養的經典來反復奉讀的，而郭注正是他多年來研讀近思録的心得手札。郭注重在義理思辨，尤多獨特見解。對周、程、張四子思想，既有發明，亦有持疑；對朱子及張栻、黄榦、葉采、江永等人的詮釋，則頗多異議辨正。且其闡發議論，多聯繫世事，切近日常，時而感慨時政之患，時而抨擊世風之弊，讀來耳目一新。故此，郭注的發現和整理，無論對近思録在清代的傳播研究，還是對清代思想家郭嵩燾的研究，都有相當重要的參考價值。

總之，與近思録這部理學入門讀物「被經典」的歷史進程同步，産生了一大批續補仿編、注釋集解、閱讀札記等近思録後續著述；這批理學文獻的編者撰者，無不遵循朱子爲近思録架構的理學體系，針對近思録提出的理學話語、議題和思想，「與時俱進」地闡發各自的理解和見解，從而映畫出一幅七百年理學思想史的學術長卷。

## 五　近思録專輯的收書與版本

對近思録後續著述及其思想學術史意義的認識，是在執行「朱子學文獻整理與研究」

課題的過程中不斷深化的。從規劃初選七種近思録後續著述整理校點，到最終擴充爲二十一種，并獨立成歷代朱子學著述叢刊的一個專輯，就是爲了充分傳達我們的這一認識，並使之成爲有益於學者展閲、研讀這幅思想學術史長卷的基本參考文獻。

近思録專輯收入近思録後續著述凡二十一種，依次爲：宋楊伯嵒泳齋近思録衍註、宋葉采近思録集解、宋陳埴近思雜問、宋蔡模近思續録、宋蔡模近思别録、宋佚名近思後録、明江起鵬近思録補、清張習孔近思録傳、清李文炤近思録集解、清張伯行近思録集解、清張伯行續近思録、清張伯行廣近思録、清黄叔璥近思録集朱、清茅星來近思録集註、清施璜五子近思録發明、清江永近思録集註、清汪紱讀近思録、清劉源淥近思續録、清陳沆近思録補注、清郭嵩燾近思録注、清呂永輝國朝近思録。其中宋人著述六種，明人著述一種，清人著述十四種；若按著述類型計，則有註釋集解九種、研讀札記二種、續編補編十種。近專輯的收書理念，是兼顧文獻的發展階段性和學術典型性，儘可能把握主脈，真切反映近思録後續著述及其學術演變的歷史面貌。譬如，出自宋元著述遺逸多、流存少的考慮，專輯把僅存的宋人二種注解、三種續補和一種札記「一網打盡」，悉數收輯。明人著述也不多，傳世更少，但專輯只收江起鵬近思録補一種，那是考慮到周公恕分類經進近思録集解，不過是改編葉采集解而成，錢士升五子近思録，不過是合刻高攀龍朱子節要與近思録而已，都缺乏獨自的思想學術價值，故寧缺而毋濫。清代著述最多，遴選最費思量，大致是循清學之變，分前、中、後三個時期，擇優取精。前期跨康、雍二朝，斯時朱子學最盛，共收書八種。其中四家注釋，張習孔是今存最早的近思録注家，李文炤是湖湘學派的領軍人物，張伯行是向康熙力推程朱學説的理學名臣，茅星來集註「於名物訓詁考證尤詳」，各具典型意義。「續録」「補録」四種，收施璜五子近思録發明，而不收汪佑五子近思録，是因爲前者可以兼容後者；收劉源淥續録而不收朱顯祖朱子近思録、嚴鴻逵朱子文語纂編，是因爲朱録、嚴編不如劉録精要而有影響；收張伯行續録、廣録，是因爲能與其集解合觀，完整反映他的近思録詮釋思想。乾嘉之世，理學式微，考據風行，相傳書坊中已難見程朱之書，但今觀其時近思録著述仍不絶如縷。專輯收江永集註、黄叔璥集朱、汪紱讀近思録三種，注釋、續録、札記各占其一，數量雖少，庶幾尚能對清中期之概貌，獲一管窺。至於前述孫嘉淦五子近思録輯要，雖亦不無存留意義，但畢竟囿於汪氏五子録的格局，學術價值稍遜，故而割捨不取。晚清同、光時期的近思録著述之多，出乎意外。作爲後期典型，專輯選取陳沆補注、郭嵩燾注、吕永輝國朝近思録三種，其文獻價值、學術意義已在前文交代，兹不贅述。至於未收的黄奭近思録集説、李元綱五子近思録隨筆、黑葛次佩氏近思録復隅、張楚鍾小學近思理話、管贊程近思録集説等，則因其學術性稍差，或尚欠細究而不敢卒定。

近思録專輯收書在版本遴選上也力求精善，且有重大收穫。所收二十一種書籍，有四庫全書、四庫存目叢書、四庫禁燬書叢刊、續修四庫全書影印本的十一種。而其他十種中，屬海内孤本的就占六種，分别是北京大學圖書館藏日本寬文年間刻本宋蔡模近思别録、臺北「中央圖書館」藏南宋末建安曾氏刻本宋佚名近思後録、無錫市圖書館藏明萬曆三十二年自刻本江起鵬近思録補、上海圖書館藏清康熙十七年飲醇閣刻本清張習孔近思録傳、國家圖書館藏稿本清黄叔璥近思録集朱、遼寧圖書館藏清抄本清郭嵩燾近思録注。需要指出的是，宋刊近思後録曾收入臺灣四庫善本叢書初編影印出版，但此叢書本今已難以尋覓。國圖藏黄叔璥近思録集朱稿本，在校點告竣後獲知又被新編子海（珍本編）收入影印，但那是一部修訂待定稿本，書葉行間塗抹勾畫，粘有許多浮簽，整理本根據原稿提示，對浮簽及其覆蓋的文字，都一一加以校理，是未作技術處理的影印本無法取代的。至於宋刊近思别録、明刊近思録補、清刊近思録傳和清抄本近思録注，都是别無他見的唯一遺存。此外，像清光緒刻本吕永輝國朝近思録，也僅有國家圖書館、新鄉市圖書館二處收藏，但二館藏本各有破損，整理本合而校之，始臻完善。至於有四庫系列叢書收入影印的十一種典籍，雖然較爲通行易見，但專輯整理本通過精校，也多有勝出之處。如四庫存目叢書本清李文炤近思録集解，是根據華東師範大學圖書館藏殘本影印，僅存三卷，整理本别據湖南省圖書館藏殘本校補，遂成全帙。又如續修四庫全書影印本清陳沆近思録補注，係出湖北省圖書館藏清陳氏白石山館稿本，但那也是一部修訂稿，增補删改，塗抹勾畫，閲讀極爲不便，整理本另取清華大學圖書館藏清道光間刻本爲底本，以稿本校之，更稱精善。再如收入四庫禁燬書叢刊的清張伯行近思録集解，是據乾隆元年尹會一揚州安定書院刻本影印，然而經過版本調研，發現該本與今存極少的康熙間正誼堂原刻本，竟有多處重要文字異同，爲後人重刻時故意删改，整理本遂以原刻爲底本，以重刻本對校，既保存原始真意，又可在先後改易之間，探其隱情。再如宋葉采近思録集解、清江永近思録集註，是二種最常用的近思録注本，但無論是四庫全書影印本，還是新版校點本，所用底本都不盡如人意，比如現存最早的元刻明修本葉解、清嘉慶婺源李氏刻本江註，就不及清康熙邵仁泓刻本、清同治江蘇書局刻本後出轉精。凡此，整理時都秉持精益求精的理念，實事求是地作了底本更换。

遵循歷代朱子學著述叢刊規定，近思録專輯各書大體遵照中華書局擬訂的校點體例，從嚴從難執行，個别處如專名號的使用等，則根據近思録後續著述的特點，稍作更趨細化的改動。作爲歷代朱子學著述叢刊這部開放性學術史叢書的第一種子叢書，近思録專輯的編纂整理具有一定的試驗性。雖然明知「盡善盡美」是爲不能，但我與我的同仁，仍願持守「爲所不能爲」的精神，勉力而爲。我們期盼對近思録後續著述的思想學術史意義的認識能得到學界同道的認同，也期待近思録專輯的整理出版能對推進朱子學史研究有切實的助益，更渴求賜讀此專輯的高明之士能糾其不逮，不吝賜教。

二〇一四年三月　嚴佐之

[清] 茅星來 撰　朱幼文 校點

# 近思録集註

# 目録

# 校點説明

近思録集註十四卷，清茅星來撰。星來（一六七八—一七四八），字豈宿，號鈍叟，又號具茨山人，浙江歸安人，明茅坤裔孫。「性迂口吃，不喜爲世俗文。」（光緒嘉興府志卷六一）「爲諸生，屢絀於有司，乃專攻經史，欲以著述自見。挾所作遊京師，方苞、任蘭枝見其稿，譽之不容口」，「性迂執，復口吃，雖有名人物色，而無敢達薦牘云。」（光緒歸安縣志卷三五）「所著古文，亦往往於國維民瘼反覆致意。攜其稿謁方靈皋（方苞）於京師，靈皋以爲勝宜興儲禮執（儲在文）。」（清儒學案卷六一）著有近思録集註、鈍叟文集（清史列傳卷六七）。

據近思録集註原序、後序可知，是書始撰於康熙六十年（一七二一）前，完稿於乾隆元年（一七三六），歷十五年而有餘。其父茅默存曾手録近思録，俾星來受而卒業，謂曰：「此聖道階梯也。」「星來反復尋繹，久而稍覺有得，頗思博求注解以資參討。」對於當時坊間流行的葉采、楊伯嵒注本，茅氏病其「粗率膚淺，於是書了無發明，又都解所不必解，其有稍費擬議者則闕焉，至於中間彼此錯亂，字句舛訛。以二子親承朱子緒論，而其爲書乃如此，其他又何論乎？」故茅注擇其不善者而改，其優於前賢者約有數端：一、博採衆説，參以己見。「取四先生全書及宋元來近思録本，爲之校正其異同得失。」二、校而不改，下斷審慎。「舛錯仿朱氏論孟重出錯簡之例，注明其下，不敢擅自更易也。」三、義理之外，兼及考據。「其名物訓詁，雖非是書所重，亦必詳其本末。」此外，該書所擬的篇名與朱子語類所載及葉采所擬亦所異同，如卷五語類作「改過遷善克己復禮」，葉采作「克治」，而茅氏則作「省察克治」；卷十四語類作「聖賢氣象」，葉采作「總論聖賢」，而茅氏則作「觀聖賢」。當是涵泳内容，斟酌再三始定的。

是書收入四庫全書，館臣謂茅氏「取周、張、二程全書及宋元近思録刊本參校同異，薈萃衆説，參以己見」，「於名物訓詁，考證尤詳」，「蓋殫一生之精力爲之也」。於其後序「欲求程朱之學者，其必自馬鄭諸傳疏始」的觀點尤表贊同，稱其「持論光明洞達，無黨同伐異、爭名求勝之私，可謂能正其心術矣」。後世的評價，都認爲茅書開清人以考據注近思録之風，爲乾嘉時江永近思録集註導夫先路，是清中期以來最爲流行的近思録注本之一。

茅星來近思録集註的流布，據現有資料判斷，當起於乾隆間四庫全書的編纂。歷經戰亂，四庫多閣被焚。現存的茅書，有四庫全書文淵、文津、文溯、文瀾四閣之本，其中文瀾閣本原本已不存，今本係丁氏兄弟光緒年間所補抄。浙圖另藏有茅星來近思録集註佚名抄本一種。

經與文淵閣本比對，文津閣本訛、倒、脱、衍爲多，且闕朱熹、吕祖謙序及茅星來附説。而文瀾閣本抄自民間，不知來歷，更是等自鄶下了。張宗祥先生曾據文淵閣本作過批注，指出了該本許多錯誤。清佚名抄本文字與文淵閣本多同，或是抄自閣本之故。故這次校點，取文淵閣本爲底本，而以文津閣本對校。

二〇一三年十月　朱幼文

# 近思録集註原序[一]

子朱子纂輯周程張四先生之書以爲近思録，蓋古聖賢窮理正心、修己治人之要實具於此，而與大學一書相發明者也。故其書篇目要不外三綱領、八條目之間，而子朱子亦往往以小學並稱，意可見矣。先君子默存先生嘗手録是書，俾不肖星來受而卒業，謂曰「此聖道階梯也」。星來反覆尋繹，久而稍覺有得，頗思博求註解，以資參討。顧今坊間所行者，惟建安葉氏集解而已，楊氏詠齋衍註則藏書家僅有存者。星來嘗取讀之，粗率膚淺，於是書了無發明，又都解所不必解，其有稍費擬議處則闕焉。至於中間彼此錯亂，字句舛譌，以二子親承朱子緒論，而其爲書乃如此，其他又何論乎？然彼窮鄉晚進，無明師良友以先後之者，雖使有志於學，得是書而玩心焉，亦恐終無以得其門而入矣。星來用是不揣固陋，輒購取四先生全書及宋元來近思録本，爲之校正其異同得失。其先後次第，悉仍其舊本，舛錯仿朱氏論孟重出錯簡之例，注明其下，不敢擅自更易也。本既定，然後乃敢會萃衆説，參以愚見，支分節解，不留疑竇。其名物訓詁，雖非是書所重，亦必詳其本末，庶幾爲學者多識之一助。又仿朱氏論孟附史記世家、列傳例，取伊洛淵源録中四先生事狀，删其繁複，爲之註釋，以附簡端。蓋是二書相爲表裏，且以見録中所言實可見諸施行，四先生固已小用之而小效也。其與朱子有未盡合處，亦以愚見斟酌從違，使會歸於一也。蓋星來悉心探討，隨得隨記，亦已有年，期於是書粗有所補，弁之篋衍，以爲後之有志於學者取焉。康熙辛丑七月七日歸安茅星來序。

## 校勘記

〔一〕近思録集註原序　文津閣本無「原」字。

# 近思録集註後序

近思録集註既成，或疑名物訓詁非是書所重，胡考訂援據之不憚煩爲？曰：此正愚註之所以作也。自宋史分道學、儒林爲二，而後之言程朱之學者，往往但求之身心性命之間，而不復以通經學古爲事。於是彼稍稍知究心學古者，輒用是爲詬病。以謂道學之説興而經學寖微。噫，何其言之甚歟！夫道者，所以爲儒之具也；而學也者，所以治其具者也。故人不學則不知道，不知道則不可以爲儒，而不通知古今則不可以言學。夫經，其本也，不通經則雖欲博觀今古，亦泛濫而無所歸也。宋史離而二之，過矣。伊川分學者爲三：曰文章，曰訓詁，曰儒者。夫六經，皆文章也。其異同疑似，爲之博考而爲辨之，即訓詁也。子曰：「有德者必有言。」非儒者之文章乎？孟子曰：「不以文害辭，不以辭害志，以意逆志，是爲得之。」非儒者之訓詁乎？然則文章也，訓詁也，而儒之所以爲儒者，要未始不存乎其間。然而伊川且必欲別儒於文章訓詁之外者何也？蓋謂求儒者之道於文章訓詁中則可，而欲以文章訓詁盡儒者之道則不可。其本末先後之間固有辨也，奈之何進訓詁章句之學於儒林，而反别道學於儒之外，其無識可謂甚也。夫道學於政術判爲二事，横渠猶病之，况離道學與儒而二之耶？甚矣其蔽也！蓋嘗竊論之：馬鄭賈孔之説經，譬則百貨之所聚也；程朱諸先生之説經，譬則操權度以平百貨之長短輕重者也。微權度，則貨之長短輕重不見；而非百貨所聚，則雖有權度亦無所用之矣。故愚於是編備著漢唐諸家之説，以見程朱諸先生學之有本，俾彼空疎寡學者無得以藉口焉。乾隆元年正月之望，歸安後學茅星來謹識。

# 近思録集註附説

濂溪先生太極通書取十條。外又遺文一條，附録一條。〇張敬夫曰：朱子以太極圖列於篇首，而題之曰太極通書。朱子曰：潘清逸墓誌敘所著書，以太極圖爲稱首，則此圖當爲書首無疑也。然諸本皆附通書後，讀者遂誤以爲書之卒章，使先生立象盡意之本旨暗而不明，而讀通書者亦不知綱領之在是也。長沙通書本因胡氏所定章次先後移易，又刊去章目，而别以「周子曰」加之，皆非先生之舊，如「理性命」之類則一去其目而遂不可曉。故今特據潘誌置圖篇端，而書之次序章目亦皆復其舊。又曰：漢上朱震子發言陳摶以太極圖傳种放，放傳穆修，修傳先生。衡山胡宏仁仲則以种穆之傳特先生所學之一師，而非至者。武當祁寬居之又謂圖象乃先生指畫以語二程，而未嘗有所爲書。此蓋皆未見潘誌而言。若胡氏之説則又未考先生之學之奥始卒不外乎此圖也。劉靜修曰：朱子發謂周子太極圖得於穆伯長，而胡仁仲因之，陸子靜亦因之。其實則穆死於明道元年，而周子年僅十四歲，安有親相授受之理？子發蓋未之考耳。朱子見潘誌，知圖爲周子所自作，於乾道己丑已敘於通書之後矣。其後八年爲江州濂溪書堂記，則亦曰「不由師傳，默契道體」。又十年，因見張詠事，有「公事陰陽」語，與圖説意合，以得之於心，無所不貫，於是始爲圖以發其秘。又八年爲通書後記，則又云「莫或知其師傳之所自」。蓋朱子亦於此未之考，故具爲説前後不一也。或又謂周子與胡宿、邵古同事潤州一浮屠，此與謂康節因其母舊爲某氏妾，藏其亡夫遺書以歸邵氏者，同爲淺薄不根之説也。吴草廬曰：周子之學乃其自得，而無所師授，朱子發進易傳表蓋踵訛而失其實也。周在南，穆在北，足迹不相及也，何由相授受哉？

明道先生文集取四條。又附録三條，哀詞一條。

伊川先生文集取二十二條。外又手帖一條。○今按，内除首卷「喜怒哀樂未發」一條見遺書，而九卷「卜其宅兆」一條舊誤入遺書，當歸正，仍爲二十二條。

周易程氏傳取百六條。○按晁昭德讀書志十卷，宋志傳九卷、繫辭解一卷，今刻上下經各分上下爲四卷。陳氏曰：伊川止解上下經，其文言上、彖下、象上、彖下、象傳分附於各卦之中，而以序卦分置諸卦之首。唐李鼎祚集解亦然。元符二年正月，易傳成而序之。

程氏經説易説一條，書説二條，詩説三條，春秋説一條，論語説九條，共取十六條。○按陳氏謹謂伊川經説，其目見近思録，其書見時氏本，特易説止繫辭上傳，春秋傳止魯桓九年，書解止「舜格於文祖」，詩解止「四方以無拂」，論語解止「吾從下」。臨川譚善心元之既刻遺書、文集，復欲取諸經説，别求善本讎校鋟木，而易繫取吕氏精義所編，春秋傳取尹氏纂集所補，審校先刊，其餘俟續刻云云。明萬曆間，嘉興徐必達始取經説、易傳、粹言與遺書、外書、文集合刻爲二程全書，禦兒吕氏取而重刊，蓋即譚氏所定本也。但按易説僅增入下繫「乾坤易之門」一條，春秋傳增至哀公八年「齊人歸讙及闡」止，豈譚氏本皆全增而今本或有脱落耶？其餘三經則未有增益。然愚按近思録所取論語説有「古之學者爲己，欲得之於己」一條，則止「吾從下」之説亦未必然。晁昭德讀書志稱論語説十卷，然則陳氏所見時氏本蓋已非全書也。又第三卷「焞到問爲學之方」一條，今本外書無之，則此書又非復朱子所訂之舊矣。

程氏遺書取二百九十六條。○凡程氏門人所記二先生言行，朱子彙爲一編，凡二十五篇，題曰遺書云。○今按，内除第三卷「學者先要會疑」一條、九卷「聖人無一事不順天時」一條、十二卷「邢恕一日三點檢」一條並見外書，九卷「卜其宅兆」一條見文集，而首卷「喜怒哀樂」一條舊誤入文集；又第二卷「敬義何別」一條，葉、呂本與上條分爲二，今並正之；又第三卷「如登山麓」一條歸入横渠語録，共取二百九十一條。

程氏外書取五十條。○其有雜收廣取，或不能審其所自來者，朱子彙爲一編，凡一十五篇，題曰外書云。○今按，「學者先要會疑」、「聖人無一事不順天時」及「邢恕一日三點檢」三條舊誤入遺書，今正之，共爲五十三條。

横渠先生正蒙取二十八條。○今按，第二卷「將修己」一條舊誤入文集，當歸正，爲二十九條。

○愚按，張子書未經朱子手定，故今自正蒙、文集、易説、語録外，所傳寥寥。嘗以晁昭德讀書志及宋史經籍志考之，晁志惟孟子解十四卷、易説十卷、春秋説一卷、信聞紀一卷、經學理窟一卷，宋志則易説十卷、詩説一卷、經學理窟三卷、祭禮一卷，餘無聞焉。豈當時相去未遠，其書已多散逸不著耶？今俗所傳理窟一書，蓋明儒因晁、宋二志中曾有是書，而雜取正蒙、文集諸篇以附會成之者，非其真也。

横渠先生文集取十九條，又行狀四條。○黄瑞節曰：張子文集諸經説、語録皆其門人所記，朱子取以入近思録，凡八十條，惟正蒙乃其手所撰著云。○今按，内除第二卷「將修己」一條見正蒙，「使學者先學禮」一條、第三卷「子貢謂夫子之言性與天道」一條並見語録；又「義理有疑」一條，葉本并「心中有所開」爲一，今照宋本及楊本另繫卷末，爲十七條。

横渠先生易説取八條。○楊時喬曰：今本止六十四卦，無繫辭，實未全之書。然按晁志謂其解甚異，繫辭差詳，與楊説不同。蓋晁氏時猶爲全書，至明始闕也。

横渠先生詩説取二條。○按，朱氏經義考云一卷，今存，但葉、吕諸目無詩説，今增入。下樂説、禮記説仿此。

横渠先生禮樂説取一條。

横渠先生樂説取一條。

横渠先生禮記説取二條。○按，朱氏經義考云三卷，未見。魏鶴山序云是編雖非全解，而四十九篇之目大略固具，且又以儀禮之説附焉。但其説多出正蒙、理窟、信聞録諸書，亦有二程先生之説參錯其間云。

横渠先生論語説取二條。

横渠先生孟子説取七條。○今按，内除第二卷「爲學大益」一條見語録。

横渠先生語録取三十六條，外又雜説一條。○今取第二卷「如登山麓」一條歸入張子語録，恰合黄氏八十條之數。又「學者先學禮」及「性與天道」二條舊誤入文集，「爲學大益」一條舊誤入孟子説。又第三卷「讀書」少一條，葉、吕本與下分爲二，第四卷「心清時」少一條，宋本與下分爲二，今俱并之。又五卷末照宋本增入「凡所當爲」一條。共四十條。

濂溪先生周氏，名惇實，字茂叔，後避英宗舊名改惇頤。英宗舊名宗實，後立爲太子，賜名曙。世家道州營道縣濂溪之上。道州，本永州地，唐平蕭銑，置營州，貞觀六年改道州，宋隸荆湖南路，紹興元年改屬東路，今隸湖廣永州府營道縣，省入州。濂溪，村落名。按，今道州學西有愛蓮池，在濂溪書院之北。父輔成，大中祥符八年賜進士，終賀州桂嶺令，賀州，宋隸廣南東路，南渡後改屬廣西路，今爲縣，隸廣西平樂府。桂嶺，本漢臨賀縣地，隋置桂嶺縣，今廢。裴氏廣州記曰：「大庾、始安、臨賀、桂陽、揭陽爲五嶺。」蓋桂嶺一名臨賀嶺，即五嶺之一也。又一書云：「輔成作桂陽令，多善政。」疑即桂嶺之譌。贈諫議大夫，治平四年神宗登極，遷朝奉郎，加贈父諫議大夫。葬道州營道縣營樂鄉鍾貴里樓田。母鄭氏，封仙居縣太君。仙居，宋淮西光州、浙東台州並有之。五品母、妻封縣君，母則加太字。魏陳群謂：禮典婦因夫爵，無婦人封土命爵之制，秦違古法，漢氏因之，非先王之令典也。輔成先娶唐氏，生礪，唐早卒。侍禁鄭燦者，有女先適盧郎中，盧卒，歸輔成，生周子。先生生於真宗天禧元年丁巳之歲月日。仁宗天聖九年辛未，先生年十五，同母仙居縣太君依舅氏龍圖閣直學士鄭向於京師。「向」，一作「珦」。○龍圖閣在會慶殿西偏北，連禁中。真宗景德元年建，奉太宗御製文集及典籍、圖畫、寶瑞之物，與宗正所進屬籍并置，待置學士官，自是每一帝崩則置一閣。鄭向，字公明，開封陳留人，舉進士甲科，以龍圖閣直學士知杭州，卒。以先生有遠器，愛之如子，龍圖公名子皆用「惇」字，因以「惇」名先生。按，盧郎中子亦名惇文。景祐三年丙子，奏補試將作監主簿。按史，宋制除授職事官，並以寄禄官品高下爲法，凡高一品以上者爲行，下一品者爲守，二品以下者爲試，品同者不用行、守、試。明年，母鄭氏卒，葬于潤州丹徒縣龍圖公之墓側。隋置潤州，取州東潤浦爲名，開寶八年改鎮江軍節度，政和三年升爲府，今因之。按班志，丹徒即春秋之朱方。徐州記：「秦使赭衣鑿其處，因名。」康定元年庚辰，服除，授洪州分寧縣主簿。洪州，今江西南昌府。有獄久不決，先生至，一訊立辨，衆口交稱之。慶曆四年甲申，先生年二十八，部使者薦以爲南安軍司理參軍。部，統也，屬也。轉運使各部一路，故曰部使者，猶漢書稱部刺史也。南安軍，淳化元年以虔州大庾縣建，屬江南西路，今江西南安府。司理，掌獄訟勘鞫之事，不兼他職。五代以來諸州皆有馬步獄，以牙校充。宋太祖慮其任私，高下其手，開寶六年始置諸州司寇參軍，以新進士及選人爲之，後改爲司理。獄有囚，法不當死，轉運使王逵欲深治之。王逵，字仲遠，濮陽人。天禧三年進士，爲江南西路轉運按察使。逵苛刻，吏無敢與相可否，先生獨力爭之，不聽，則置手板，歸取告身，委之而去，手板，即笏也。劉熙釋名云：「笏，忽也。君有命則書其上，備忽忘也。」禮玉藻云：「度二尺有六寸，中博三寸，其殺六分去一。」晉宋以來謂之手板。宋制，文散五品以上則用象，九品以上則用木，武臣、内職並用象。朱子曰：古者笏只插在腰間，不執在手中，令官員執笏最無義理。王伯厚曰：執笏始於宇文周保定四年。告身，潘誌作誥敕。唐選舉志：親品及流外判補皆給以符，爲之告身。其中有褒貶訓戒之辭，蓋即今之誥敕也。曰：「殺人以媚人，吾不爲也。」逵感悟，因得不死。六年丙戌，先生年三十，程太中公攝通守事，攝，猶兼也。通守，即通判也。太中公以大理寺丞知虔州興國縣，故得攝南安軍通判事也。視其氣貌非常人，與語，知其爲學知道也。因與爲友，且使其二子往受學焉。及爲郎官，故事當舉代。郎官者，尚書省曹二十四司郎官，並用知府資序以上人充，未及者爲員外郎。二十四司者：吏部、司封、司勳、考功、户部、度支、金部、倉部、禮部、祠部、主客、膳部、兵部、職方、駕部、庫部、刑部、都官、比部、司門、工部、屯田、虞部、水部也。咸平間，秘書丞陳彭年請用唐故事舉官自代，詔秘書直學士馮拯、陳堯叟參詳之。拯等請令兩省、御史臺、尚書省六品以上，諸司四品以上，授詔，具表讓一人自代，於閤門投下，方得入謝，在外省者授詔三月内，具表附驛以聞。遂著爲令。蓋亦欲如唐制，每官闕，以見舉多者量而授之也。每一遷授，輒以先生名聞。八年戊子，以轉運使王逵薦，移郴州郴縣令。郴，丑林反。○郴州，宋隸荆湖南路，今隸湖廣，縣廢。〇愚按，逵於屬官守正不以爲忤，又能薦之，則其賢於人也遠矣。知州事職方員外郎李初平知其賢，與之語而歎曰：「吾欲讀書，何如？」先生曰：「公老無及矣，某請得爲公言之。」於是初平日聽先生語，二年果有得。而初平旋卒，子幼，護其葬，歸葬之，又往來經紀其家，始終不懈。皇祐二年庚寅，遷桂陽令，桂陽縣，亦屬郴州，有愛蓮池，相傳先生爲令時所鑿。在郴、桂皆有治績。至和元年甲午，用薦者言，以大理寺丞知洪州南昌縣。大理寺丞者，帶職以寄禄也。元豐正官制，以宣德郎换之。自此凡省寺監官領空名者一切罷去，而易之以階，因以寄禄，後倣此。于慎行筆麈曰：宋時大縣四千户以上，選朝官知；小縣三千户以下，選京官知。蓋以京朝官之銜知某縣事，非外吏也，與縣令不同。愚按，前爲郴與桂陽者，縣令也；此則以京官知縣事也，後倣此。縣人迎，喜曰：「是能辨分寧獄者，吾屬得所訴矣。」於是更相告語，莫違教命，蓋不惟以抵罪爲憂，實以污善政爲恥也。嘉祐元年丙申，先生年四十，以太子中舍僉書合州判官事，尋轉殿中丞。中舍，潘延之墓誌作中書，朱子行實作中書舍人。愚按，文獻通考唐東宫官屬有上舍人、中舍人，或謂之中書舍人，孝和實録王友貞爲太子中書舍人，則稱謂雖殊，於義皆通。合州，宋隸潼川府路，今屬四川重慶府。簽判，掌裨贊郡政，總理諸案文移，斟酌可否，以白於其長而罷行之。宋太宗以諸州戎幕缺官，選朝士補之，俾分理事，選人則爲判官，京官則爲簽判。事不經先生手，吏不敢決；苟下之，民不肯從。五年庚子，先生年四十四，解職東歸。明年，遷國子監博士，通判虔州。虔州，宋隸江南西路，紹興初改爲贛州，取章、貢二水以名州也。今因之，隸江西。先是，先生在合州，趙清獻公時爲使者，趙清獻公，名抃，字閲道。其先京兆奉天人，自祖湘始家於衢，遂爲西安人。中景祐元年進士乙科，仁宗末，公充梓州路轉運使。或譖先生，趙公臨之甚威，而先生處之超然，然趙公疑終不釋。及是，趙公適來爲守，宋庠爲樞密使，選用武臣多不如舊法，趙公陳其不可。陳升之除樞密副使，趙公與唐介、吕誨、范師道同言升之交結宦官，進不以道，章二十餘上，不省，乃乞補外，出知虔州。熟視先生所爲，執其手曰：「今日乃知周茂叔也。」八年癸卯，英宗登極，遷尚書虞部員外郎，尋移判永州。永州，宋隸荆湖南路。今陞爲府，屬湖廣。四年，權發遣邵州事，馬氏通考：「熙寧二年，詔轉運使用本資序人即充，資序下一等爲權，二等爲權發遣。」然按此則神宗前已有權發遣之例，不始熙寧二年也。邵州，宋隸荆湖南路，寶慶元年以理宗潛藩升府，改名寶慶。今因之，屬湖廣。新學校以教其人。先是，邵之學在牙城中，左獄右庾，卑陋弗稱。先生至，遷於城之東南。神宗熙寧元年戊申，先生年五十二，用清獻公及吕正獻公薦，擢授廣南東路轉運判官。清獻公時參知政事。吕正獻公，名公著，字晦叔，河南人，夷簡子也。中仁宗慶曆二年進士，官至司徒，贈申國公。宋太祖以藩臣擅有財賦，不歸王府，乾德後，僭僞略平，始置諸道轉運使，以總利權。開寶六年，廣南平，除徐澤爲判官。轉運判官始此。三年，轉虞部郎中，提點本路刑獄。先生不憚出入之勤、瘴毒之侵，瘴，知亮反。雖荒崖絶島，人迹所不至之處，亦必緩視徐按，務以洗冤澤物爲任。會有疾，又水齧仙居縣太君墓，因請知南康軍以歸，南康軍，太平興國七年，以江州星子縣建，宋隸江南西路。今江西南康府府治。後有愛蓮池，相傳周子鑿池種蓮於其中。而改葬太君於江州德化縣清泉社。江州，今江西九江府。葬畢，曰：「强起而來者爲葬耳，今猶欲以病污麾紱耶？」强，區兩反。紱，印組也。上南康印，分司南京。真宗景德三年二月，以太祖舊藩宋州歸德軍改爲應天府。大中祥符七年二月建爲南京，作鴻慶宮以奉太祖、太宗聖像。先生自少信古好義，以名節自砥礪，奉己甚約，俸禄盡以周宗族、奉賓友。比歸，妻子饘粥或不給，曠然不以爲意。少、好，並去聲。比，必二反。饘，同饘，諸延反。力不能反故鄉，廬山之麓有溪焉，廬山，在九江府城南，距南康府城北十五里。麓，山足。發源於蓮花峰下，峰在九江府城北，晉董奉常隱於此。清潔紺寒，下合於湓江，湓，音盆。〇湓江即湓浦，在九江府城外，接於大江，故謂之湓江，晉志作湓浦。先生濯纓而樂之，因寓以「濂溪」之號，而筑書堂於其上焉。今九江府城南有濂溪。六年，清獻公再尹成都，英宗時清獻公以龍圖閣直學士知成都。熙寧五年，成都以戍卒爲憂，朝廷擇遣大臣爲蜀人所愛信者，特命公以大學士知成都，是再尹也。聞先生之去，拜章乞留。朝命及門，而先生卒矣，熙寧六年六月七日也，年五十有七。葬仙居縣太君墓左。二子壽、燾時皆太廟齋郎。所著書有太極圖、易説、易通數十篇、詩十卷。朱子曰：易説世無傳本，易通疑即通書，蓋易説既依經以解義，易通則通論其大旨而不係於經者也，特不知其去「易」字而爲今名始於何時耳。寧宗嘉定十三年六月二十二日，賜謚曰元。謚法：主善行德曰元。理宗淳祐元年追封汝南伯。

明道先生程氏，名顥，字伯淳。其先曰喬伯，爲周大司馬，封於程，遂氏。國語觀射父語昭王曰：重黎氏世叙天地，周程伯休父其後也，宣王時失其官守而爲司馬氏。太史公自叙亦云。喬伯疑即休父字，然未詳其出何書也。顧氏曰：左傳襄二十三年「程鄭嬖於公」，注鄭亦荀氏宗，可見晉之程氏乃荀氏之别，不與休父同出，今既祖休父，又祖程嬰，則誤矣。朱子註論、孟，如太公姜姓、吕氏名尚，别姓氏甚明；至子夏姓卜、子禽姓陳之類，皆以氏爲姓；齊宣王姓田氏，則并姓氏而爲一矣；自鄭漁仲始著氏族略，前人多未講此。愚按，朱子語類謂姓是總腦處，氏是後來次第分别處，如魯本姬姓，後有孟氏、季氏，同爲姬姓而氏不同。然則朱子於此未嘗不明，特以無關義理，不暇致詳耳。世居中山之博野。中山，春秋之鮮虞也，戰國時爲中山國。中山記曰：「城中有山，因名。」漢高帝置中山郡，後魏道武帝改爲定州，後周以深州博野屬焉，唐因之，太平興國初，改定州爲定武軍節度，慶曆八年始置定州路安撫使，統定、保、深、祁、廣信、安肅、順安、永寧八州，永寧即博野也。政和三年升爲府，賜名中山，屬河北西路。博野，漢涿郡蠡吾縣地，後漢分置博陵縣，後魏改爲博野，宋雍熙四年置寧邊軍，景德元年改永定軍，天聖七年改永寧軍，屬河北道。宣和十年，廢爲博野縣，靖康後陷於金。按，今定州屬北直真定府，博野屬北直保定府，博野有二程先生祠，定州至洛陽一千二百里。高祖贈太子少師，諱羽，太宗朝以輔翊功顯，賜第於京師，居再世，葬河南，遂爲河南人。先生生於仁宗明道元年壬申之歲月日。先生生而神氣秀爽，異於常兒。未能言，叔祖母任氏太君抱之行，不覺釵墜。任，平聲。釵，初皆反。○任氏，贈大理寺丞諱道之妻，封長壽縣太君。明道集有程殿丞墓誌銘，丞諱瑜，字叔寶，即其子也。釵，婦人岐笄。後數日方求之，先生以手指示，隨其所指而往，果得釵，人皆驚異。數歲强記過人，强，區兩反。十歲能爲詩賦，十二三時群居庠序中如老成人，見者無不愛重。故户部侍郎彭公思永謝客至學舍，一見異之，許妻以女。妻，音娶。○彭思永，字季長，廬陵人，熙寧三年，以户部侍郎致仕，卒。按，明道集有彭公墓誌。○按，思永爲中丞時，因歐陽公有帷簿不修之謗，遂以告蔣之奇，上章劾之，帝詰問，辭窮坐貶，則思永之爲人可見。特其能識明道於髫齔中，爲不可及耳。嘉祐二年丁酉，先生年二十五，中進士第，是年歐陽文忠公知貢舉，御試及第出身者凡七百七十七人，是科程、張二先生外，如二蘇、曾子固、朱公掞，乙科吕和叔，其最著也。先是，貢士張、吴二人以殿試黜落，積忿降元昊，大爲中國之患，自此殿試遂免黜落。調京兆府鄠縣主簿。調，去聲。鄠，侯古反，或作扈。○調，選也。京兆府，今陝西西安府。唐玄宗開元元年十二月以雍州爲京兆府，宋初爲永興軍，宣和二年詔復稱京兆府。按，朱子詩傳則鄠即古崇國之地，而文王滅之以作邑於豐者也。令以其年少，未知之。民有借兄宅居者，發地中藏錢，兄之子訴曰：

「父所藏也。」令以無證佐，不能決。先生曰：「此易辨耳。」問兄之子曰：「爾父藏錢幾何時矣？」曰：「四十年矣。」「彼借宅居幾何時矣？」曰：「二十年矣。」即遣吏取錢十千視之，謂借宅者曰：「今官所鑄錢，不五六年即遍天下，此錢皆爾未居前數十年所鑄，何也？」其人遂服。令大奇之。南山僧舍有石佛，南山，即終南山也。詩小雅斯干之詩「幽幽南山」註「南山，終南之山」，則亦以終南爲南山也。亦名中南，孔穎達云：昭四年左傳曰「荆山、中南，九州之險」，是此一名中南也。劉長樂曰：終南在鎬京之南，故曰南山。胡氏曰：按鄠、長安之西南，皆曰終南山。鄠縣在南山下，北至長安城六十里。歲傳其首見光，遠近男女聚觀，晝夜雜處，爲政者畏其神，莫敢禁止。先生語其僧曰：「俟復見，必先白吾，職事不能往，當取其首就觀之。」自是不復有光矣。府境水害，倉卒興役，諸邑率皆狼狽，惟先生所部飲食茇舍無不安便。時盛暑，泄利大行，死亡甚衆，獨鄠人無死者。所至治役，人不勞而事集，嘗謂人曰：「吾之董役，乃治軍法也。」游定夫曰：先生董役，雖祁寒盛暑，不擁裘，不御蓋，時所巡行，衆莫測其至，故人自致力，常先期畢事。異時夫伍中夜多譁，一夫或怖，萬夫競起，姦人乘虛爲盜者，不可勝數。先生以師律處之，遂訖去無譁者，及役罷夫散，部伍猶整肅如常。初至鄠，有監酒稅者以賄播聞，然怙力文身，自號能殺人，衆皆憚之，文身者，謂故刻其肌以丹青涅之，所以文飾其身也。雖監司州將未敢發。州將，謂知州也。聞先生至，其人心不自安，輒爲言曰：「外人謂某盜官錢，新主簿將發之，其勢窮，必殺人。」言未訖，先生笑曰：「人之爲言，一至於此。足下食君之禄，詎肯爲盜？萬一有之，將救死不暇，安能殺人？」其人默不敢言，後亦私償其所盜，卒以善去。當路者欲薦之，問所欲，先生曰：「薦士當以才之所堪，不當問所欲。」按，唐桓彦範薦陽嶠爲御史，或以爲嶠不樂摶擊之任，彦範曰：「爲官擇人，豈必待其所欲？所不欲者尤須與之，所以長難進之風，抑躁求之路。」其見頗與此合。再期，以避親罷，時太中公以尚書虞部員外郎知鳳州事也。調江寧府上元縣主簿。上元，古金陵地，唐肅宗上元二年改今名。上元田税不均，比他邑尤甚。其美田地爲貴家富室以厚價薄其税而買之。小民苟一時之利，久則不勝其弊。先生爲令畫法，民不知擾，而一邑大均。爲，去聲。其始富者不便，多爲浮論，欲摇止其事，既而無一人敢不服者。後諸路行均税法，慶曆中，王素言天下田賦輕重不等，請均定。既而有言州縣多逃田，未可盡括，朝廷亦重勞人，遂罷。嘉祐五年，復議均税，遣官分行諸路，而秘書丞高本亦在遣中，獨以爲不可行，纔均數郡田而止。邑官不足，益以他官，經歲歷時，文案山積，而尚有訴不均者，計其力比上元不啻千百矣。會令罷去，先生攝邑事。邑劇訴訟，日不下二百，爲政者疲於省覽，奚暇及治道。先生處之有方，不閲月，民訟遂簡。江南稻田賴陂塘以溉，陂，布眉反。溉，吉器反。○澤障曰陂。溉，灌也。盛夏塘堤大決，計非千夫不可塞，法當由府轉達漕司，漕司，轉運使也。然後計功調役，非月餘不可。調，去聲。調，算度也。先生曰：「如是則苗稿久矣，民將何食？救民獲罪，所不辭也。」遂發民塞之，歲則大熟。江寧當水運之衝，舟卒病者則留之，爲營以處，曰「小營子」，歲不下數百人，至者輒死。先生察其由，蓋既留，然後請於府給券乃得食，比有司文移具，則困於飢已數日矣。比，必二反。「文」下今本無「移」字。先生白漕司，給米貯營中，至者與之食，自是生全者大半。八年癸卯，先生年三十一，仁宗登遐。記曲禮「告喪曰天王登假」，鄭氏曰：「登，上也；假，已也。上已者，若僊去云爾。」孔穎達曰：「言上升已矣，若僊去然也。」陳氏曰：「登，升也；假，與遐同。言其所升高遠，猶漢書稱大行。行，循行之行，讀作去聲，以其往而不返，故曰大行也。」愚按，魏孫毓云：謚法「大行受大名，細行受細名」，初崩未謚而嗣帝已立，臣下所稱辭宜有異，故謂之大行，言其有大德行，必受大名若稱謚也。據此則陳説非也，唯所釋「登遐」較鄭、孔説爲優。遺制，官吏成服三日而除。三日之朝，府尹率群官將釋服，時王贄知府事。先生曰：「請至夜除之，不然則所服止二日耳。」尹怒不從。先生曰：「公自除之，某非至夜不敢除也。」一府相視，無敢除者。顧亭林曰：君喪之禮，戰國來已久廢，漢文帝乃特著之爲令。然詔但云「吏民三日釋服」，蓋吏民於天子之喪當齊衰三月，而今以三日，故世謂以日易月。初未嘗概之臣子。又云「殿中當臨者，旦夕各十五舉音。已下服大紅，十五日小紅，十四日纖，七日釋服」。已下者，下棺，謂已葬也。自始崩至葬，皆斬衰；及已葬，而大功，而小功，而纖，以示變除之漸。漢諸帝自崩至葬有百餘日者，未葬則服不除，已葬變爲輕服，則又三十六日。此所以制其臣子，未嘗以日易月也。至唐玄宗、肅宗之喪，遂改爲初崩之後二十七日。而宋仁宗遺制官吏成服三日而除，蓋變而逾短，不無追咎夫漢文之作俑矣。胡致堂曰：自漢文短喪之後，能斷然行三年者，惟晉武帝、魏孝文、周高祖，可謂難得矣。然晉武帝既爲裴、杜所惑，行禮不備。魏孝文之禮若備矣，而服非所服。周高祖衰麻苫塊卒三年之制，最爲賢行，然推明通喪止於五服之内，不及群臣，非所以教天下著於君臣之義也；又在喪頻出遊幸，無門庭之寇，興師伐鄰。此皆禮所不得爲者，由高祖不學，無稽古之臣以輔之。使高祖至性如魏、晉二君，而講禮如孝文之詳，教臣下以方喪三年，不出遊幸，不動兵革，以終禮制，雖三代何以加諸？茅山有龍池，茅山，在江寧府句容縣東南四十五里，山形如勾字，初名句曲山，因茅君得道於此，更今名。愚按，茅山本不在上元，因長吏使往請龍，故及之。其龍如蜥蜴而五色。蜥，音昔。蜴，因易。○顏師古曰：爾雅云「蠑螈，蜴蜥，蝘蜓，守宮」，是則一類耳。揚雄方言云「在澤中者謂之蜥蜴」。祥符中，中使取二龍，中途乃奏一龍飛空而去，自是嚴奉以爲神物。先生嘗捕而脯之，使人不惑。按伊川言伯淳守官南方，長吏使往茅山請龍，辭之，謂祈請鬼神，當使信嚮者則有應，今先懷不信，便非義理。既到茅山邑，勅使人於水中捕得二龍，持之歸，復爲小兒玩之致死。此爲魚蝦之類，但形狀差異，如龍之狀爾。廣南亦有此蟲，其形狀同，但齧人有害，不似茅山不害人也。其始至邑，見人持竿以黏飛鳥，取其竿折之，教之使勿爲，自此鄉民子弟不敢畜禽鳥。時謝師直爲江東轉運判官，師宰來省其兄，嘗從先生假公僕掘桑白皮。師直，名景温；師宰，名景平。其先陳郡陽夏人，以父絳知鄧州，卒於官，葬焉，遂爲鄧之穰縣人，皆進士。後師宰官至秘書丞，卒。桑白皮者，取桑嫩根，用銅刀刮去青黃薄皮一重，取裏白皮切焙乾用也。先生曰：「漕司役卒甚多，何爲不使？」曰：「本草説，桑白皮出土見日者殺人，陶弘景名醫別録云「采無時，出土上者殺人」。但江邊多出土，不可輕信。○按，原書無「見日」二字，蓋出土上者必見日，師宰以但云出土意猶未明，故加「見日」二字以足其意。以伯淳所使人不欺，故假之耳。」師宰之相信如此。再期，移澤州晉城令。澤州，宋屬河東路，今隸山西，宋白曰取濩澤爲名。晉城在州城東，今廢。澤人淳厚，尤服先生教命。其俗樸野不知學，先生擇其秀異，爲置學舍，朝夕督厲誘進。去邑纔十餘年，而服儒服者蓋數百人矣。先生爲政，條教精密，而主之以誠心，其民被服先生之化，暴桀子弟知有恥不犯。邑幾萬室，三年間無强盜及鬭死者。秩滿，代者且至，吏夜叩門稱有殺人者，先生曰：「吾邑安有？此誠有之，則某邨某人也。」問之果然。蓋先生固疑此人惡少之弗革者也。河東財賦窘迫，官所科買，歲爲民患，雖至賤之物，至官取之，則其價翔湧，多者至數十倍。按，和、預買始於太平興國七年，凡官所須物，多有司下諸州，從風土所宜及民産厚薄而率買，謂之科率。但諸路科買多出倉猝，故其價翔湧。○按，司馬温公言，太宗平河東，立糴法，時斗米十餘錢，民樂與官爲市，其後物貴而和糴不解，遂爲河東世世患。蓋温公但就米而言，其實他物都如此。先生常度所需，使富民預儲，定其價而出之，富室不失倍息，而鄉民所費比常歲十不過二三。民税常移近邊，載往則道遠，就糴則價高。先生擇富民之可任者預使購粟，邊郡所費大省，民力用紓。紓、舒，通用。○移，運移也。近邊，謂近地之邊也。按，宋以前漕輓皆以民運，隨處儲倉，轉相遞送。又，時西夏叛服不常，河東地近陝西，故往往留作邊儲。富民，即晉城之富民也。預使於邊郡儲粟以待，則就糴而價不甚高，民不必載粟以往矣，故費省力紓。丘瓊山謂漢、唐、宋漕輓皆是轉相遞送，至明始用長運之法。然愚按，馬氏通考謂宋自蔡京從曾孝廣策，始更四路轉般爲直達京師之法，而漕法始壞，則長運不自明始也。縣庫有雜納錢數百千，常借以補助民力。雜納錢，謂民間所納之雜税也。部使者至，則告之曰：「此錢令自用而不敢私，請一切不問。」令，先生自謂也。言「令自用」，見非國之正課也，「不敢私」，指借以補助民力而言。使者屢更，無不從者。先時民憚差役，役及則互相糾訴，鄉鄰遂爲仇讎。先生盡知民産厚薄，第其先後，按籍而命之，無有辭者。河東義勇，農隙則教以武事，然應文備數而已，先生至，晉城之民遂爲精兵。仁宗康定初，詔河北、河東添籍强壯，皆以時訓練。慶曆二年，籍强壯揀十之七爲義勇，且籍民丁以補其不足。義勇者，籍其民强壯者爲軍，刺手背爲義勇字，各營於其州，給以俸廪，分番訓練，不願者釋之。按韓魏公言今之義勇，河北幾十五萬，河東幾八萬，稍加簡練，亦唐之府兵。今觀明道爲之，而晉城之民遂爲精兵，亦可見韓公之言信而有徵也。然韓公欲刺陝西民爲義勇，司馬公力争不聽，後卒爲陝西之患，其故何也？蓋治得其人，則兵精而民不擾，不然則徒見其擾民而已。温公語韓公有言「公長在此地可也」。嗚呼，人不可以常得，而法已一作而不能以復止矣，可不慎乎？晉俗尚焚屍，雖孝子慈孫習以爲安，先生教諭禁止，民始信之。而先生去後，郡官有母死，憚於遠致，以投烈火，愚俗視傚，先生之教遂廢，識者恨之。按，顧氏曰：火葬之俗盛行於江南。宋紹興間，監登聞鼓院范同言，生則奉養之具惟恐不至，死則燔然而捐棄之。國朝著令，貧無葬地者，許以官地安葬。韓琦鎮并州，以官錢市田數頃，給民安葬，至今爲美談。而吴縣尉黄震亦言，傷風敗俗，莫此爲甚。今且習以爲常，恬不知怪，悖謬喪心，一至於此，豈不哀哉！先生爲令，視民如子，欲訴者或不持牒，徑至庭下陳其所以，先生從容告語，諄諄不倦。在邑三年，百姓愛之如父母。去之日，哭聲振野。後劉立之官晉城，距先生之去已十餘年，見民有聚口衆而不析異者，問其故，曰：「守程公之化也。」其誠心感人如此。用薦者改著作佐郎，尋以御史中丞吕正獻公薦，授太子中允，權監察御史裏行。裏行者，資序未至，未正除監察御史，令於監察御史班裏行也。鄭衆曰：御史之名，周官有之，蓋掌贊書而授法令，非今任也。戰國時秦、趙澠池之會，各命御史書事；又淳于髠謂齊王曰「御史在前」，則皆記事之任，至秦漢爲糾察之官，秦以御史監郡，漢初定禮儀，御史執法，舉不如儀者，輒引去是也。○按，唐馬周起布衣，詔命與監察御史裏行。蓋未命以官，故命於御史裏行，後遂以裏行名官。時神宗熙寧二年己酉，而先生年三十七矣。神宗素知先生名，召對之日，從容咨訪，比二三見，遂期以大用。每將退，必曰頻求對來，欲常相見耳。一日論議甚久，日官報午正，春秋傳「天子有日官，諸侯有日御」。宋名司天監。先生遽求退庭中。中人相謂曰：「御史不知上未食耶？」前後進説甚多，大約以正心窒慾、求賢育才爲先，先生不飾辭辨，獨以誠意感動人主。神宗嘗使推擇人才，先生所薦者數十人，而以父表弟張載暨弟頤爲首。所上章疏輒削稿，不以示子弟，曰：「揚己矜衆，吾所不爲。」嘗言人主當防未萌之欲，神宗俯身拱手曰：「當爲卿戒之。」及因論人才，曰：「陛下奈何輕天下士？」見外書，明道見神宗論人才，上曰：「朕未之見也。」故先生云然。神宗曰：「朕何敢如是！」言之至於再三。神宗嘗問所以爲御史者，對曰：「使臣拾遺補闕，裨贊朝廷，則可；使臣掇拾臣下短長，以沽直名，則不能。」神宗歎賞，以爲得御史體。一日，神宗言及辭命，先生曰：「人主之學惟當務爲急，辭命非所先也。」會同天節，英宗治平四年正月神宗登極，以所生四月十日爲同天節。宮嬪專獻奇巧爲天子壽。先生既言於朝，又顧謂執政戒之。執政曰：「宮嬪實爲，非上意也，庸何傷？」先生曰：「作淫巧以蕩上心，所傷多矣。月令曰：「毋或作淫巧，以蕩上心。」此先生因執政以宮嬪爲之爲無傷，故特引以見監工所以戒百工者如此，固不必其出自上意也。公言非是。」執政辭遂屈。時王荆公安石日益信用，先生每進見，必爲神宗陳君道，以至誠仁愛爲本，未嘗及功利。神宗始疑其迂，而禮貌不衰。嘗極陳治道，神宗曰：「此堯舜之事，朕何敢當？」先生愀然曰：「陛下此言非天下之福也。」荆公寖行其説，先生意多不合，事出必論列，數月之間，章數十上，尤極論者：輔臣不同心、小臣與大計、公論不行、青苗取息，正月放夏料，五月放秋料。蓋麥熟於夏，而正月放之，禾熟於秋，而五月放之。至其熟而斂之也，每錢千文加利二百文。如災傷及五分以上，則夏料青苗錢令於秋料送納，秋料於次年夏料送納。歐陽文忠公嘗言，夏料錢於正月俵散，猶是青黄不接之時，若秋料於五月俵散，正是蠶麥成熟、人户不乏之時，何名濟闕，直是放債取利耳。若二麥不熟，則夏料尚欠，豈宜更俵秋欠？其言可謂深切著明矣。○初，陝西轉運使李參以部内多戍兵而糧儲不足，令民自隱度麥粟之贏，先貸以錢，俟穀熟還官號，曰青苗錢。經數年，廪有餘糧。至是，條例司請以諸路常平、廣惠倉錢穀，依陝西青苗錢例。朱子曰：青苗之法，其立意亦未嘗不善，但其給之也以金而不以穀，其處之也以縣而不以鄉，其職之也以官吏而不以鄉人士君子，其行之也以聚斂亟疾之意而不以慘怛忠利之心，是以王氏能行之於一邑而不能行之於天下也。賣祠部牒、宋制，祠部掌諸州宫觀僧尼、道士、童行、住持、教門事務。牒，僧、道度牒也。文獻通考云：神宗熙寧元年，降空名度牒五百道付兩浙運司，令分賜本路，召人納米或錢賑濟。續通考云：時歲河決，知諫院錢公輔建議也。差提舉官多非其人，熙寧二年，置諸路提舉官時條例司上言，民間多願貸青苗錢，乞遍下諸路轉運使施行。仍詔諸路各置提舉二員，管當一員，掌行青苗免役、農田水利，諸路凡四十一人。提舉官既置，往往迎合王安石意，務以多散爲功，民間苦之。及不經封駁，唐宋制，門下省給事中主封駁，詔勅有不可者，封駁還之，駁還而不欲宣泄，重封上之，故曰封駁。不經封駁者，如神宗初立，司馬光罷御史中丞，吕公著封還除目，詔以告直付閤門。熙寧三年，光以言不用，力辭樞密副使，詔允，光辭，收還誥勑。范鎮封還，詔旨者再，帝以詔直付光，不由門下之類是也。按，顧氏曰：漢哀帝封董賢，而丞相王嘉封還詔書。後漢鍾離意爲尚書僕射，數封還詔書，自是封駁之事多見於史，而未以爲專職也。唐制，凡詔勑俱經門下省，事有不便，得以封還。而給事中又有駁正違失之掌，著於六典。五代廢弛，宋太宗淳化四年六月戊寅，始復給事中封駁。而司馬池猶謂門下雖有封駁之名，而詔書一切，自中書以下非所以防過舉也。明代雖罷門下省長官，而獨存六科給事中以掌封駁之任。旨必下科，其有不便，給事中駁正到部，謂之「科參」。六部之官，無敢抗科參而自行者，故給事中之品卑而權特重。萬曆時，九重淵默，泰昌後國論紛紜，而維持禁止，往往賴抄參之力，今人所不知矣。京東轉運使剝民希寵，不加黜責，謂王廣淵也。初，王安石欲行青苗法，蘇轍極言其不可，安石曰：「君言殊有理，當徐思之。」會廣淵乞留本道錢帛五十萬貸之貧民，歲可獲息二十五萬，其事與青苗法合，於是決意行焉。廣淵在京東，一等户給十五千，等而下之，至五等猶給一千。民間喧然，以爲不便。廣淵入奏，謂民皆歡呼感德。先生與諫官李常極論其抑配掊克，迎旨困民，不聽。〇按，廣淵在仁宗時因近昵獻文於英宗潛邸，司馬公論其交結奔競，世無與比，則其爲人固可見矣。興利之臣日進，尚德之風寖衰等十餘事。以上乃章數十上中之切要者，伊川不能悉録其詞，而撮其大旨如此，其詳並見文集。荆公與先生雖道不同，而嘗謂先生忠信。先生每與論事，心平氣和，荆公多爲之動，而言路好直者必欲力攻取勝，由是與言者爲敵矣。按遺書：伯淳嘗言：「管仲猶能言『出令當如流水，以

順人心』，今參政須要做不順人心事，何故？」介甫之意只恐始爲人所沮，其後行不得。伯淳卻道：「但
做順人心事，人誰不願從也？」介甫道：「此則感賢誠意。」卻爲天祺其日於中書大悖，緣是介甫大怒，遂
以死力爭於上前，上爲之一以聽用，從此黨分矣。又外書伯淳言：熙寧初，王介甫行新法，並用君子小
人。君子正直不合，介甫以爲俗學不通世務斥去；小人苟容諂佞，介甫以爲有才知變通而用之。君子
如司馬君實，不拜同知樞密院以去，范堯夫辭同修起居注得罪，張天祺以御史面折介甫被責。介甫性狠
愎，衆人以爲不可，則執之愈堅。君子既去，所用皆小人，爭爲刻薄，故害天下益深。使衆君子未與之
敵，俟其日久自緩，委曲平章，尚有聽從之理。則小人無隙可乘，其害不至如此之甚也。先生言既不
行，懇求外補，神宗猶重其去，上章及面請至十數不許，遂闔門待罪。闔門，謂閉門不復視事
也。神宗將黜諸言者，命除先生監司，差權發遣京西路提點刑獄。復上章曰：「臣言是願
行之，如其妄言，當賜顯責。請罪而獲遷，刑賞混矣。」累請得罷。既而神宗手批暴白同列
之罪，獨於先生無責，改差僉書鎮寧軍節度判官事。澶州於石晉爲鎮寧軍節度，崇寧四年建爲北
輔，五年升開德府，宣和二年罷，輔郡仍隸河北東路，金改爲開州，元明及今並因之，屬北直大名府。○
胡身之曰：唐澶州治頓丘縣，自晉李存審築德勝南北城，及石晉天福三年遂移澶州及頓丘縣於德勝，
以防河津，且懼契丹南牧也。宋景德澶淵之役猶在德勝，熙寧以來澶州治濮陽，又非石晉所移之地。
爲守者嚴刻多忌，通判而下莫敢與辨事，始意先生嘗任臺憲，必不盡力職事，而又慮其慢

已。既而先生事之甚恭，雖筦庫細務，無不盡心，筦，與管同。事小未安，必與之辨，遂無不從者，相與甚歡，屢平反重獄，反，音翻。得不死者前後蓋十數。河清卒於法不他役，時中人程昉爲外都水丞，怙勢蔑視州郡，欲盡取諸埽兵治二股河。河清，宋西京畿縣名。埽兵皆給他役，惟河清兵以汴河所隸，故不他役。程昉，開封人，累官内侍押班副都知，熙寧十年，以河決不白水災憂死。埽，堤岸竹木爲枋，以葦及秫稭實其中，和土以捍水也，今黄河有之。河流派别，於魏州之第六埽曰二股河，其廣二百尺，距魏、恩、德、博之境百三十里，東至德、滄入海。神宗熙寧二年，浚二股河以導東流，蓋司馬温公請用宋昌、程昉之議也。韓魏公以爲不可，惟温公力主之。七月，二股河通大河東流，而商胡河北流稍塞，蓋東流者自滑、恩經德、滄入海之路，北流者商胡河乾寧入海之路。先生以法拒之，昉請於朝，命以八百人與之。天方大寒，昉肆其虐用衆，衆逃而歸。州官晨集城門，吏報河清兵潰歸，將入城。衆官相視畏，昉欲弗納。先生曰：「此逃死自歸，弗納必爲亂。」昉有言：「某自當之。」即親往開門撫諭，約歸休三日復役，衆歡呼而入，具以事上聞，得不復遣。後昉奏事過州，見先生，言甘而氣懾。既而揚言於衆曰：「澶卒之潰乃程中允誘之，吾必訴於上。」同列以告，先生笑曰：「彼方憚我，何能爾也。」果不敢言。會曹村埽決，時先生方救護。小吴相去百里，曹邨、小吴並埽名。熙寧四年八月河溢，澶州曹邨埽決。州帥劉涣以事告急先生，一夜馳至，帥俟於河橋。帥，即知州也。劉涣，字仲章，保州保塞人，連州刺史文質子，與兄滬並有名與時，歷知澶州，以工部尚書致仕。河橋，即河石晉天福六年德勝口所作浮梁也。先生謂帥曰：「曹郵決，京城可虞。臣子之分，身可塞亦爲之，請盡以廂兵見付，事或不集，公當親率禁兵以繼之。」京城，謂大名府城也。仁宗慶曆二年五月，契丹聚兵幽薊，聲言南下。呂夷簡請建都大名，示將親征，以沮其謀，帝從之，以大名府爲北京，故曰京城。廂兵者，諸州之鎮兵以分給役使者也。按，軍分左右廂，唐已有之，但唐於南北牙禁軍亦謂之廂兵。如景雲初以臨淄王押左右廂萬騎，開元中勅裴光庭、蕭嵩分押左右廂兵，至德初擇善騎射者千人爲殿前射生手，分左右廂，魚朝恩以神策軍分左右廂之類，皆謂禁兵。其左右廂兵馬使則鎮兵之廂也，與宋制專謂鎮兵爲廂軍者不同。禁兵者，天子之衛兵，以更番戍邊者也。宋制諸州長吏選所部内兵驍勇者，教習訓練，送闕下以備宿衛，立更戍法，使分番屯戍，捍禦邊固，故諸州皆有禁兵，其餘留本城者謂之廂兵。雖本城時或戍更，然罕教閱，類多給役而已。帥義烈士，遂以本鎮印授先生，曰：「君自用之。」先生得印，不暇入城省親，徑走決隄，決隄，謂河所決之隄也。是時廂兵已在決隄，即下文士卒是也，故授之以印，使聽指麾。諭士卒曰：「朝廷養爾輩正爲緩急耳，爾知曹郵決則注京城乎？吾與爾曹以身捍之。」衆皆感激自效。論者皆以爲勢不可塞，徒勞人耳。先生命善汩者銜細繩以渡決口，水方奔注，達者百一，卒能引大索以濟衆。汩，古忽反，從日月之日，或作泅。銜，一作運。○汩，没也。卒，終也。兩岸並進，晝夜不息，數日而合。其將合也，有大木自中流而下，先生顧謂衆曰：「得彼巨木横流入口，則吾事濟矣。」語纔已，木遂横，衆以爲至誠所致。其後曹邨之下復决，數路困擾，大爲朝廷憂，人謂：「使先生在職，安有是也？」按，熙寧十年大决於曹邨，北流斷絶，河道南徙，東匯於梁山張澤濼，分爲二派，一合南清河入於淮，一合北清河入於海，凡灌郡縣四十五，而濮、齊、鄆、徐尤甚。判大名府文彦博言河勢變移，四散漫流，兩岸俱被水患，而都水止固護東流北岸，希省費之賞，未嘗增修隄岸，今日之决溢非天災，實人力不至也。逾年决口塞，詔改曹邨埽曰靈平。五年十二月，郊祀霈恩，宋制，三年而郊，郊必先享太廟，禮畢加恩肆赦，以爲常制。伊川曰：古者一年之間祭天甚多，春則因民播種而祈穀，夏則恐旱暵而大雩，以至秋則明堂，冬則圜丘，皆人君爲民之心也。凡人子不可一日不見父母，國君不可一歲不祭天，豈有三年一親郊之理。先生曰：「吾罪滌矣，可以去矣。」遂求監局以便養親罷歸，歲餘得監西京洛河竹木務。時太中公得請領崇福宫，崇福宫在嵩山，故先生求監局以便歸養也。宋以河南府爲西京。竹木務，掌受諸路水運材植，抽算商販竹木以給營造。勾當官一人，以京朝官充。范氏曰：先生自此居洛殆歲十年。薦者言其未嘗叙年勞，丐遷秩，特改太常丞。顔師古曰：太常者，王之旌也，畫日月焉。王者有大事則建以行，禮官主奉持之，故曰奉常，後改爲太者，尊大之意也。按，漢景帝中六年改今名。會修三經義，神宗語執政曰：「程某可用。」執政不對。熙寧六年三月，置修經局，以王安石提舉其事，訓詩、書、周禮三經義，以呂惠卿、王雱同修撰。帝欲召明道預其事，安石不可。熙寧八年頒之學宫以取士，先儒傳註盡廢。其後彗見翼軫間，詔求直言，先生應詔，論朝政極切。彗，音遂。見，音現。○彗，妖星。爾雅：「彗星爲欃槍。」文穎曰：孛、彗、長三星，其占略同，而形象少異。孛星光芒短，其光四出，蓬蓬孛孛也。彗星光芒參參，如埽彗。長星有一直指或竟天，或三丈二丈，無常占法。彗、孛星多爲除舊布新，長星多爲兵革事。管子：「彗星見，則修和。」翼軫，南方鶉尾之宿，翼，二十二星，軫，四星，楚荆州分野。按，熙寧八年十月，彗星見，詔求直言，罷手實法，又有星孛於軫，帝以災異數見，避殿減膳。○按，是疏不見文集。元豐元年戊午還朝，神宗手批，與府界知縣，差知扶溝縣事，宋謂開封府爲府界。扶溝，其屬縣也，今屬陳州府。二年二月以右府同薦除判武學。宋以中書、樞密爲二府。中書主文，居左，曰左府，亦曰東府。樞密主武，居右，曰右府，亦曰西府，又或以樞密爲宥府云。樞密薦先生知兵，故命判武學。慶曆三年，詔置武學於武成王廟，以阮逸爲武學諭，未幾省去。熙寧五年六月復置，選知兵書者判武學，置直講，如國子監。新進者言其新法之初，首爲異論，罷復舊任。李定、何正臣劾其學術迂闊，趨向僻異，且新法之初，首爲異論，時顧臨權開封府推官，亦以爲言，故罷。吕正獻公言：顥立身行己，素有本末，武學未爲仕宦要津，而小人齗齗以爲不可，直欲深梗正路耳。不聽。先生爲治專尚寬厚，以教化爲先，雖若甚迂，而民實風動。扶溝素多盜，雖樂歲不減十餘發，先生在官，無復盜患。廣濟、蔡河出縣境，瀕河不逞之民，不復治生業，專以脇取舟人物爲事，歲必焚舟十數以立威。脇，同脅。○廣濟，河名，舊名五丈河，自汴城歷曹濟及鄆，其廣五丈，故名。宋開寶六年詔改名廣濟河。蔡河，即浚儀縣之琵琶溝也，宋三朝會要曰：蔡河，即閔河也。太祖建隆元年，命陳承昭督丁夫導閔河，自新鄭與蔡水合，貫京師，南歷陳、潁，達壽春，以通淮右，舟楫相繼，商賈畢至，都下利之。於是以西南爲閔河，東南爲蔡河，至開寶六年，始改閔河爲惠民河。脅，以威力追脅也。先生始至，捕得一人，使引其類，得數十人，不復根治舊惡，分地而處之，使以挽舟爲業，挽舟，南人用麻繩，北人以竹爲之，名曰百丈。陸放翁曰：蜀人百丈以巨竹四破爲之，大如人臂。且察爲惡者，自是邑境無焚舟之患。畿邑田税重，朝廷歲常蠲除，以爲惠澤，然良善之民憚督責而先輸，逋負獲除者皆頑民也。先生爲約前科獲免者，今必如期而足，於是惠澤始均。司農建言：天下輸役錢，達户四等，而畿内獨止第三，請亦及第四。司農卿，掌邦國倉儲委積之事。漢初置治粟内史，景帝改曰大農，武帝加「司」字。四等，謂計民貧富，分四等輸錢，所謂免役法也。畿内獨止第三，則下户得免，蓋以税重故役少輕也。達，通也，謂通天下之户皆以四等輸錢也。○按，太宗太平興國五年二月定差役法，分諸州户爲九等，上四等充役，下五等免，則此法所云達户四等者，乃宋初差役舊制耳。王安石免役之法則分爲五等輸錢，故其上五事劄子於免役之法云，不得其人而行，五等必不平，募役必不均。而判司農寺鄧綰、曾布亦言，家資之貧富，上下分爲五等，歲以夏秋隨等輸錢。俱明明自云五等矣。且青苗、保甲諸法並以五等爲則，此云四等疑誤。先生力陳不可，司農奏其議，謂必獲罪，而神宗是之，畿邑皆得免。先生爲政常權穀價，不使至甚貴甚賤。會大旱，麥苗且枯，先生教人掘井以溉，一井不過數工，而所灌數畝，闔境賴焉。水災民飢，先生請發粟振貸，振貸，見漢書，顔師古曰：「振，起也，爲給貸之，令其成立也。」俗從貝作賑，非。鄰邑亦請。司農怒，遣使閲實。使至鄰邑，而令遽自陳「穀且登，無貸可也」。先生獨力言民飢，請貸不已，遂得穀六千石，飢者用濟。而司農益怒，視貸籍，户同等而所貸不等，檄縣杖主吏。先生言：「濟飢當以口之衆寡，不當以户之高下，且令實爲之，非吏罪。」乃得已。內侍都知王中正巡閲保甲，權寵至盛，所至陵慢，縣官諸邑供帳，競務華鮮，以悦奉之。供帳之帳，古通用張。○王中正，字希烈，開封人，以父任補入內黄門。熙寧三年十一月立保甲法，其法十家爲保，五十家爲大保，有大保長；十大保爲都保，有都保正副，每一大保夜輸五人警盜，凡告捕所獲，以賞格從事。諸州籍保甲禁令苛急，往往去爲盜，郡縣不敢以聞。方氏云：供帳，謂供具張設也。漢書如高祖留沛張飲，黥布傳「張御食飲」，疏廣傳「設祖道，供張東都門外」，並只用「張」字，皆謂張設也。愚按，史記註張晏曰「張帷，帳也」，觀下文謂「令有故青帳」，則此似當從張說。主吏以請，先生曰：「吾邑貧，安能效他邑。且取於民，法所禁也，令有故青帳可用之。」令，或作今。○令，先生自謂也。先生在邑歲餘，中正往來境上，卒不入。鄰邑有冤訴府，願得先生決之。有犯小盜者，先生謂曰：「汝能改行，吾薄汝罪。」盜叩首願自新。後數月，復穿窬，捕吏及門，盜告其妻曰：「我與太丞約不復爲盜，今何面目見之耶？」遂自經。經，縊也。孫愐曰：頸在前，項在後，故引繩經其頸，謂之自經，以刀割其頸，謂之自剄。元豐三年，官制改，按，宋制臺省寺監官無定員，無專責，悉皆出入分莅庶務。其本司之事類，以他官主判，雖有正官，非特旨供職，亦不任其事，州縣守令多帶中朝職事官外補。故自真宗、仁宗以來，論者以官制淆亂，每以正名爲請，帝慨然欲改其制。六月詔置詳定官制局於中書，命翰林學士張璪、樞密副使張誠一領之，九月頒行。馬氏曰：宋大率以職爲階官。以宰執言之，如吏部尚書爲階官，同中書門下平章爲職，禮部侍郎爲階官、參知政事爲職之類是也。然所謂吏部尚書、禮部侍郎者，未嘗專有所繫屬，治其事則爲職，不職其事則爲階官，猶云可也。獨選人七階則皆以幕職令録之屬爲階官，而幕職令録則各有所係屬之監司、州縣。遂至有以京西路某縣令爲階官，而爲河北路轉運司勾當公事者；有以陝西路某軍節度判官爲階官，而爲河東路某州州學教授者；有以無爲軍判官爲階官，而試秘書省校書郎者。其叢雜可笑尤甚。元豐時未暇革正，至崇寧二年，刑部尚書鄧洵武極言其事，遂以承直郎等七階換之。七階者，承直、儒林、文林、從事、通仕、登仕、將仕也。政和間，改通仕爲從政，登仕爲修職，將仕爲迪功。除奉議郎。朝廷遣官括牧地，時三省、密院欲以牧地募民牧養馬也。民田當没者千頃，往往持累世契券以自明，皆弗用。諸邑已定，而扶溝民獨不服，遂有朝旨改税作租，不復加益，及聽賣易如私田。私田爲税，官田爲租，改税作租，則是官田也。官田不得私自賣易，今聽賣易，故云如私田。民既倦於追呼，又得不加賦，乃皆服。先生以爲不可。括地官至，曰：「民願服而君不許，何也？」先生曰：「民徒知今日不加賦，而不知後日增租，奪田則失業，無以生矣。」「增租」承「改税作租」而言，「奪田」承「責易如私田」而言。因爲言仁厚之道，其人感動，謝曰：「寧受責，不敢違公。」遂去之他邑。會先生罷，括地官復至，謂攝令者曰：「程奉議去矣，爾復何恃而敢稽違朝旨耶？」令不敢違，數日而事集。扶溝地卑，歲有水旱，先生經晝溝洫之法以治之，未及興工而先生去官。先生嘗曰：「以扶溝之地盡爲溝洫，必數年乃成。吾爲經晝十里之地以開其端，後之人知其利，必有繼之者矣。夫爲令之職，必使境内之民凶年饑歲免於死亡，飽食逸居，有禮義之訓，然後爲盡。故吾於扶溝興設學校，聚邑人子弟教之，亦幾成而廢。夫百里之施至狹也，而道之興廢繫焉。是數事者皆未及成，豈不有命與！然知而不爲，而責命之興廢，則非矣。此吾所以不敢不盡心也。」隣邑民犯盜，繫扶溝獄而逸，坐罷。邑人詣府及司農丐留者千數。去之日，不使人知，老穉數百追及境上，攀挽號泣，遣之不去。以親老求近鄉監局，得監汝州酒税。汝州，今屬河南。八年三月五日神宗升遐，詔至洛，故相韓康公爲留守。韓康公，名絳，字子華，真定靈壽人。初以父任爲大理評事，舉進士第三人，王安石薦之入相，封康國公。留守司掌宫鑰，及京城守衛、修葺、彈壓之事，畿内錢穀、兵民之政。宋制，天子巡狩親征，則命親王或大臣總留守事。宋太祖自潞州還，以大梁爲東京，洛陽爲西京，故洛亦有留守，以執政從臣充。先生以檄來，舉哀於府。既罷，謂康公之子宗師兵部曰：「顥以言新法不便忤大臣，同列皆謫官，顥獨除監司，顥不敢當，辭之。念先帝見知之恩，終無以報。」已而泣。宗師，字傳道，第進士，累官至集賢殿修撰，知河中府，卒。兵部曰：「今日朝廷之事如何？」先生曰：「司馬君實、呂晦叔作相矣。」兵部曰：「二公果作相，當如何？」曰：「當與元豐大臣同，若先分黨與，他日可憂。」兵部曰：「何憂？」曰：「元豐大臣皆嗜利者，使自變其已甚害民之法則善矣。不然，衣冠之害未艾也。君實忠直，難與議；晦叔解事，恐力不足耳。」既而果皆如所言。朱子曰：明道言當與元豐大臣共政，此乃聖賢之用、義理之正，非姑爲權譎、苟以濟事於一時也。蓋伊川氣象自與明道不同，而其論變化人材亦有此意。易傳於睽之初爻有不絶小人之説，足見此自是正理也。然亦須有明道廣大規模、和平氣象，而其誠心昭著，足以感人，然後有以盡其用耳。不然，而以權譎利害之心爲之，則其悖理而速禍也，爲尤甚矣。亡何，召先生爲宗正寺丞，宋制，宗正寺判，寺事二人，以宗姓兩制以上充，缺則以宗姓朝官以上知丞事。元豐更官制，詔宗正寺除長貳外，更不專差國姓。未行，以疾卒，元豐八年乙丑六月十五日也，享年五十有四。以是年十月乙酉葬於伊川先塋。子二：端懿、端本。按，明道次子端愨早卒，故不書。今明道集有程邵公墓誌可考也。但太中自撰墓誌，諸孫中有端輔早亡，無端愨，豈端輔即端愨耶？寧宗嘉定十三年謚曰純，謚法：中正精粹曰純。理宗淳祐元年追封河南伯。按，伊洛淵源録云韓持國撰明道墓誌，不傳於世，韓氏家乘經亂不存。然按今宋文鑑中有韓撰明道墓誌，蓋朱子偶未及見耳。

伊川先生名頤，字正叔，明道先生之弟也，於仁宗明道二年癸酉月日生。幼有高識，非禮不動。年十四五，與明道同受學於春陵周茂叔先生。永州寧遠縣有春陵山，春水所出，漢封長沙定王子爲春陵侯於此，今有春陵城。道州，本永州地，故曰春陵。皇祐二年，年十八，上書闕下，勸仁宗以王道爲心、生靈爲念，黜世俗之論，期非常之功。且乞召對，面陳所學，不報。按，今疏稿見文集。遊太學，海陵胡翼之先生方主教導，嘗以「顔子所好何學論」試諸生，得先生所論，大驚，即延見，處以學職。海陵，宋縣名，屬泰州，今省入州。胡翼之先生，名瑗，皇祐四年爲國子監直講。呂希哲與先生鄰齋，首以師禮事焉，既而四方之士從遊者日益衆。呂希哲，字原明，正獻公長子，以恩補官。元祐六年以范淳夫薦爲崇政殿説書，尋擢右司諫，不拜。紹聖初，出知太平州，坐黨，謫居和州。徽宗立，召爲光禄少卿，出守奉祠而卒。舉進士。謂有司以進士舉先生，使入京待禮部試，非如今之既及第而後謂之進士也。嘉祐四年己亥，先生年二十八，廷試報罷，遂不復試。初進士諸科待試京師者恒六七千人，一不幸有故不下詔，往往沉淪十數年，以此毁行干進者不可勝數。嘉祐二年十二月，王洙侍邇英閣講周禮至「州長三年大比」，帝曰：「古者選士如此，今率四五歲一下詔，故士有抑而不得進者，不若裁其數而屢舉之也。」於是詔間歲一舉士，故嘉祐二年舉士而於此復舉也。英宗治平三年，以胡宿言改用三年一貢舉之制。〇按，史謂殿試自嘉祐二年免黜落，然伊川獨「報罷」，何耶？蘇文忠公嘗言：祖宗舊制，過省舉人御試黜落不少，既以慎重取人，又以見名器威福專在人主。至嘉祐末年始盡賜出身，雖文理紕謬亦玷科舉，而近歲流弊之極至，於雜犯亦免黜落，皆非祖宗本意，然則至後來乃始，並雜犯亦免黜落，蓋其初固猶未必，如今盡賜及第也。太中公屢當得任子恩，輒推與族人。治平、熙寧間近臣屢薦，自以爲學不足，不願仕也。原註：按呂申公家傳云：公判太學，命衆博士即先生之居，敦請爲太學正。先生固辭，公即命駕過之。又雜記：英宗治平三年九月，申公知蔡州，將行，言先生「通古今治亂之要，有經世濟物之才，望以不次擢用」。明道行狀云：神宗嘗使推擇人才，明道所薦者數十人，以父表弟張載暨弟頤爲稱首。元豐八年三月，哲宗嗣位。門下侍郎司馬温公，尚書左丞呂申公，及西京留守韓康公，上其行義於朝。原註：按温公集與呂申公同薦劄子，言先生「力學好古，安貧守節，言必忠信，動遵禮義，年餘五十，不求仕進，真儒者之高蹈，聖世之逸民。伏望特加召命，擢以不次，足以矜式士類，裨益風化」。〇葉氏曰：宋元豐官制本唐六典，以尚書、門下、中書爲三省，各以其省長官爲宰相，則侍中、中書令、尚書令是也。既又以秩高不除而以尚書令之貳左右僕射爲宰相，而左僕射兼門下侍郎以行侍中之職，右僕射兼中書侍郎以行中書令之職，復别置尚書左、右丞以代參知政事。司馬温公，名光，陝州夏縣人。仁宗寶元元年進士，官至左僕射，贈温國公，謚文正。十二月丁巳，授汝州團練推官，西京國子監教授。汝州團練推官，階也。西京國子監教授，職也。以汝州之官而任西京國子監之職，馬氏所謂「官制叢雜可笑」。而元豐時，猶未革正者也。按，團練推官後改爲從事郎。先生再辭，尋召赴闕。元祐元年三月，至京師，除宣德郎，祕書省校書郎。祕，從示。先生辭曰：「祖宗時，布衣被召，自有故事。按太祖開寶三年，王昭素召見便殿，令講乾卦及問以治世養身之術，然後授國子監博士，以衰老不受。賜致仕。又真宗咸平五年，种放以張齊賢言召至，以幅巾入見崇政殿，賜坐詢以民政邊事，然後授左司諫、直昭文館。觀此則祖宗時布衣被召，皆先入見而後授以官者，故先生引以爲言。今臣未得入見，未敢祗命。」於是召對。太皇太后面諭，將以爲崇政殿說書，先生辭不獲，始受西監之命。且上奏論經筵三事：其一，以上富春秋，輔養爲急，宜選賢德，以備講官，因使陪侍宿，直陳說道義，所以涵養氣質，薰陶德性。其二，請上左右內侍宮人，皆選老成厚重之人，不使侈靡之物、淺俗之言接於耳目，仍置經筵祗應內臣十人，祗，旨夷反，從示，與從禾從衣者別。祗，敬也。言敬以應經筵之使令也，與「閤門祗候」之「祗」同。使伺上在宮中動息，以語講官，其或小有違失，得以隨事規諫。其三，請令講官坐講，以養人主尊儒重道之心、寅畏祗懼之德。而曰：「若言可行，敢不就職？如不可用，願聽其辭。」原註：劉子三道見文集。又按劉忠肅公文集，有章疏論先生辭卑居尊，未被命而先論事爲非，蓋不知先生出處語默之際，其義固已精矣。鐫，子全反。解，居隘反。去，上聲，詳見治法卷。按文集謂經筵臣寮侍者皆坐，而講者獨立，於禮爲悖。蓋緣講官在御案旁，以手指書，所以不坐，欲乞別一人指書，講官稍遠御案坐講。既而命下以通直郎充崇政殿說書。元豐官制，以通直郎換太子中允、贊善大夫。仁宗景祐元年正月，置崇政殿說書，日輪二人祗候。按文獻通考引吳氏能改齋漫録曰：傅簡公佳話云：「太祖性好藝文，即位未幾，召山人郭無爲於崇政殿講書，至今講官所領階銜，猶曰崇政殿説書云。」然則是官固不始於仁宗也，蓋或中間嘗罷去，而仁宗復置之耳。先生再辭而後受命。四月，例以暑熱罷講。先生奏言：「輔導少主，不宜疏略如此。乞令講官以六參日上殿問起居，六參日，謂一月六赴朝參之日也。元豐官制，侍從官而上日朝垂拱，爲常參官，百司朝官以上每五日一朝紫宸，爲六參官，京朝官以上朔望一朝紫宸，爲朔參官、望參官。蓋常參日太數，朔望參日太疎，故請以六參日也。按下「跬步不離正人」及「間日一講爲益少」之語，則間日進講。程子尚以爲未盡此，乃請以六參日上殿問起居者，蓋程子因時以暑熱罷講，不得已而爲此説耳。非欲以此盡正君之道也。故下文請俟初秋，令講官輪日入侍，則此但就四月罷講時言之可見矣。因得從容納誨，以輔上德。」五月，差同孫覺、顧臨及國子監長貳，看詳國子監條制。先是蔡確因太學生虞蕃訟博士受賄，遂深探其獄，連引朝士，有司緣此造爲法禁，煩苛凝密，博士諸生禁不相見，教諭無所施。御史中丞劉摯以爲言，至是命看詳學制云。孫覺，字莘老，高郵人，官至御史中丞。顧臨，字子敦，稽人，歷刑兵吏三部侍郎兼侍讀。先生所定，大概以爲學校禮義相先之地，而月使之爭，殊非教養之道，請改試爲課，有所未至，則學官召而教之，更不考定高下；制尊賢堂，以延天下道德之士；按文集謂，如胡瑗、張載、邵雍輩，有如此之人至於京師，則長吏造門求見，延請居於堂中，不獨學者得以矜式，又以見長貳之爲教。不敢足諸己，既上求之古人，復博採今之士，取善服義如恐不及，乃爲教之大本、化人之要道，無其人則虚之。鐫解額，以去利誘；鐫，子全反。解，居隘反。去，上聲。○詳見治法卷。省繁文，以專委任；省，所井反。○按，文集：三舍升補，舊專據文簿計較等差，今立法只委長貳以公議推擇，但取學行才器堪爲時用者聞於朝廷，更不須繁文。勵行檢，以厚風教；行，去聲。○按，文集謂：朝廷欲厚風教，必自士人始，近世士風惡薄，士人不修行檢，或無異於市井小人，朝廷未嘗有法以教勵檢束之也。今立法，舉人及仕宦家子弟鬭毆使酒等，本監採察，牒開封府或本貫施行。及置待賓吏師齋，文集中不詳其制。立觀光法，按，文集：四方士子願觀光者，掌儀引入覧堂舍，觀禮儀聽誦，惟不得入齋。如是者亦數十條。詳見文集。○原註：舊實録云：禮部尚書胡宗愈謂先帝聚士以學，教人以經，三舍科條固已精密，宜一切仍舊，因深詆先生，謂不宜使在經筵。六月，上書太皇太后，言今日至大至急。爲宗社生靈長久之計，惟是輔養上德。而輔養之道，非徒涉書史、覧古今而已，要使跬步不離正人，乃可以涵養薰陶，成就聖德。跬，苦委反。禮祭義作「頃」。○司馬法：一舉足曰跬，跬三尺。兩舉足曰步，步六尺。今間日一講，解釋數行，爲益既少。又自四月罷講，直至中秋，不接儒臣，殆非古人旦夕承弼之意。間，音閑，亦音諫。行，音杭。○唐制隻日視朝。雙日謂之間日。宋庠謂唐自中葉以還，雙日及非時大臣奏事，别開延英殿，若今假日御崇政、延和是也。間日，蓋即宋庠所云「假日」也。按仁宗初詔雙日御經筵，俊以王曾言，雖隻日亦召侍臣講讀，可見雙日講讀猶仍唐制，隻日則其特典也。至元豐官制，始以雙日聽政。春二月至端午日，秋八月至長至日，遇隻日入侍邇英閣輪官講讀。然則此所云「間日一講」及「四月至中秋罷講」，皆指元豐之制而言也。然按治平元年九月重陽節當罷講。吕申公、司馬温公言仁宗時無事常開經筵，近以聖體不安，遂於端午及冬至後，盛暑盛寒權罷數月。則此當英宗時已有之，至元豐遂著爲令耳，故程子論之如此。「旦夕承弼厥辟」，見周書冏命篇。請俟初秋，即令講官輪日入侍，陳説義理。仍選臣僚家十一二歲子弟三人，侍上習業。按文集：十歲以上、十二以下端謹穎悟者三人侍上左右，上所讀之書亦使讀之。辨色則入，昏而罷歸。常令二人入侍，一人更休。且以邇英迫隘暑熱，恐於上體非宜，邇英，閣名，在崇政殿西南。景祐二年建邇英者，以其爲燕閒親近儒臣之所，故名。而講日宰臣史官皆入，使上不得舒泰悦懌。請自今一月再講於崇政殿，然後宰臣史官入侍，餘日講於延和殿，延和，便坐殿也，在崇政殿西北向。則後楹垂簾，而太皇太后時一臨之。不惟省察主上進業，其於後德，未必無補，且使講官欲有所言易以上達，所係尤大。又講讀官例兼他職，請亦罷之，使得積誠意以感上心。皆不報。八月，差兼判登聞鼓院。登聞鼓院，宋初改名匭院，太宗雍熙元年復今名。又按宋初鼓司以内臣掌之，鼓在宣德門南街北廊。至道三年命太子中舍王濟勾當鼓司，用朝臣勾當自此始。掌諸上封而進之，以達萬人之情，隸司諫、正言。馬氏通考曰：景德四年詔，改爲登聞鼓院。與前所聞異，未詳孰是。又按宋制，鼓院之外，别有檢院，隸諫議大夫。凡欲上達者，先經鼓院進狀，或爲所抑，則詣檢院並名登聞。按周禮：「太僕建路鼓於大寢之門外而掌其政，以待達窮者。」鄭司農云：「窮謂窮寃失職者，來擊此鼓以達於王，若今時上變事擊鼓矣。」後鄭不從，以爲「達窮者，謂司寇之屬朝士掌以肺石，達窮民聽其辭以告於王」。賈公彦釋之，以爲「窮民先在肺石，朝士達之，乃得繫鼓」也。又秋官大司寇「以肺石達窮民」，註：「肺石，赤石也。」置之外朝門右，凡獨老之欲有復於上而其長弗達者，立於肺石三日，士聽其辭，以告於王而罪其長。又朝士「右肺石達窮民」。沈括曰：長安故宮闕前有唐肺石，尚存其制，如佛寺所擊響石而甚大，可長八九尺，形如垂肺，亦有欵識，但漫剥不可讀，蓋伸寃者擊之，如今之撾登聞鼓也。先生引前說，且言入談道德，出領訴訟，非用人之體，再辭不受。原註：楊時曰：事道與禄仕不同。常夷甫以布衣入朝，神宗欲優其禄，令兼數局，如鼓院、染院之類，夷甫一切受之。及先生爲講官，朝廷亦欲使兼他職，則固辭。蓋前日所以不仕者爲道也，則今日之仕，須其官足以行道乃可受，不然是苟禄也。然後世道學不明，君子辭受取捨，人鮮知之。故常公之受，人不以爲非，而先生之不受，人亦不以爲是也。二年，又上疏論延和講讀垂簾事，且乞時召講官至簾前，問上進學次第。又奏邇英暑熱，乞就崇政、延和殿，或他寬涼處講讀。給事中顧臨以殿上講讀爲不可，有旨修展邇英閣。先生復上疏，以爲修展邇英，則臣所請遂矣。然祖宗以來，並是殿上坐講，自仁宗始就邇英，而講官立侍，蓋從一時之便耳，非若臨之意也。石林葉氏曰：國朝經筵講讀官舊皆坐，乾興後始立。蓋仁宗時年尚幼，坐讀不相聞，故起立欲其近耳，後遂爲故事。熙寧初，吕申公、王荆公爲翰林學士，吴沖卿知諫院，皆兼侍講，始建議，以爲六經言先王之道，講者當賜坐，因請復行故事，下太常禮院詳定。蘇子容、龔鼎臣、周孟陽及禮官王汾、劉攽、韓忠彦等，以爲講讀官曰侍，蓋侍天子，非師道也。且講讀官一等，侍讀仍班侍講上，今侍講坐而侍讀立，不應爲二。申公等議遂格。今講讀官初入，皆坐賜茶，唯當講時起就案立，講畢復就坐，賜湯而退。侍讀亦如之，蓋乾興之制也。今臨之意，不過以尊君爲説，而不知尊君之道。若以其言爲是，則誤主上知見。臣職當輔導，不得不辨。以上三疏皆二年所上，蓋因前諸疏而類叙於此，以見先生重道正君之意。先生在經筵以下，則又統就其爲講官時歷言之也。○按外書：三月二十六日戊寅，伊川奏乞自四月就寬涼處講讀，二十八日移講讀就延和，四月六日丁亥講讀依舊邇英閣，顧子敦封駁，以謂延和執政，得一賜坐啜茶，已爲至榮，豈可使講讀小臣坐殿上，違「咸造勿褻」之義？持國、微仲進呈，令修邇英閣，多置軒窻。已得旨，而吕公方入，令修延義閣，簾内云：「此待别有擘畫，未知何所也。」十五日丙申，邇英進講，文潞公以下預焉。邇英新修展，御坐比舊近後數尺，門南北皆朱漆，釣窻前簾設朱幙障日，殊寬涼矣。先生在經筵，每當進講，必宿齋預戒，潛思存誠，冀以感動上意。而其爲説，常於文義之外，反復推明，歸之人主。一日當講「顔子不改其樂」章，門人或疑此章非有人君事也，將何以爲説。及講，既畢文義，乃復言曰：「陋巷之士，仁義在躬，忘其貧賤。人主崇高，奉養備極，苟不知學，安能不爲富貴所移？且顔子，王佐之才也，而簞食瓢飲；季氏，魯國之蠹也，而富於周公。魯君用舍如此，非後世之監乎？」聞者歎服，而哲宗亦嘗首肯之。不知者或誚其委曲已甚。先生曰：「不於此盡心竭力，而於何所乎？」按遺書：先生講「君祭先飯」處，因說：「古人飲食必祭，食穀必思始耕者，食菜必思始圃者，先王無德不報如此。夫爲人臣者，居其位，食其禄，必思何所得爵禄來，乃得於君也；必思所以報其君，凡勤勤盡忠者，爲報君也。如人主所以有崇高之位者，蓋得之於天，與天下之人共戴也，必思所以報民。古之人君視民如傷，若保赤子，皆是報民也。」每講一處，有以開導人君之處便說。初内臣宮嬪皆攜筆在後抄録，後來見説著倭人之類，皆惡之。呂微仲使人言：「今後且切不可傷觸人。」范堯夫云：「但不道著名字，儘説不妨。」又外書：講「一言可終身行之，其恕乎」，因言人君當推己欲惡，知小民飢寒稼穡艱難。後唐明宗年六十餘即位，猶書田家詩二首於殿壁，常以自誦。上或服藥，即日就醫官問起居，然入侍之際，容貌極莊。時文潞公以太師平章重事，或侍立終日不懈，上雖喻以少休，不去也。元祐元年，司馬温公言彦博宿德元老，宜起以自輔。詔特起平章軍國重事，六日一朝，一月兩起經筵。或問：「君之嚴，視潞公之恭，孰爲得失？」先生曰：「潞公四朝大臣，事幼主，不得不恭；吾以布衣職輔導，亦不敢不自重也。」嘗聞上在宮中起行漱水，必避螻蟻。漱，先奏反，又平聲。螻，盧侯反。蟻，語綺反，經史通作蛾，亦作螘。○言一起行，一漱水，必避螻蟻也。因請之曰：「有是乎？」上曰：「然，誠恐傷之爾。」先生曰：「願陛下推此心以及四海，則天下幸甚。」一日，講罷未退，上忽起憑檻，戲折柳枝。檻軒，前欄也。先生進曰：「方春發生，不可無故摧折。」上不悦。原註：見馬永卿所編劉諫議語録。且云温公聞之亦不悦，或云恐無此事。○朱子曰：折柳事有無不可知，但劉公非妄語人，而春秋有傳疑之法，不應遽削之也。且其涵養善端，培植治本，可爲後法則。但註其下云「或云國朝講筵儀制甚肅，恐無此事」，則得之矣。所講書有容字，中人以黄覆之，曰：「上藩邸嫌名也。」哲宗初名傭，後立爲太子，賜名煦。按遺書，乃講論語「南容三復白圭」章也。胡氏曰：唐宋人率稱東宫及諸王邸第爲藩邸，謂藩國邸第也。顔師古曰：郡國朝宿之舍在京師者，率名邸。邸，至也，言所歸至也。愚按，地官司關註：「征廛者，貨賄之税與所止邸舍也。關下亦有邸客舍，其出布如市之廛。」然則以旅店爲邸舍自漢時已有此稱。梁徐勉戒子崧書亦有「興立邸店」語，後人據師古註，遂謂惟藩國朝宿之舍乃得稱邸，非也。蓋邸，至也，凡所歸至，皆得稱邸耳。先生講罷，進言曰：「人主之勢，不患不尊，患臣下尊之過甚而驕心生耳。此皆近習輩養成之，不可以不戒。請自今舊名嫌名皆勿復避。」按，曲禮：卒哭乃諱，生者不相避名。春秋衛侯名惡，大夫有石惡，君臣同名也。唐太宗二名，令天下不連言者勿避，如民部、李世勣之類，至崩後，始改民部爲户部，世勣則去「世」字稱李勣。胡氏曰：古者死而無謚，不以名爲諱。周人以謚易名，於是乎有諱禮。然如春秋所紀則有不諱者，如莊公名同而書「同盟」，僖公名申而書「戊申」，襄公名午而書「陳侯午」，定公名宋而書「宋人」之類，所謂臨文不諱也。後世不明此義，則有以諱易人之名者，又有以諱易人之姓者。愚者違禮以爲孝，諂者獻佞以爲忠，忌諱繁名實亂，而春秋之法不行。時神宗之喪未除，而百官以冬至表賀。此元祐元年冬至也。自神宗之崩至此連閏月二十有一月矣，其不除喪者，按宋制外庭雖用易月之制，而宮中實行三年服，故十二日而小祥，期而又小祥，二十四日而大祥，再期而又大祥，既以日爲之，又以月爲之，蓋君服三年而臣下則猶依漢制也。此所云「喪未除」及下文「除喪」者，皆指宫中三年之喪而言也。先生言節序變遷，時思方切，請改賀爲慰。程子又言：臣竊慮聖意，以去年冬至及今歲旦已受賀表，不欲改更，此甚不然。後是可以蓋前非，改過不吝，成湯所以稱聖也。及除喪，按喪服「不數閏」，則除喪當在元祐二年六月，此蓋因上文所言而類及之也。○顧氏曰：王肅據三年問「二十五月而畢」，檀弓「祥而縞，是日禫，徙月樂」之文，謂爲二十五月。鄭玄據服問「中月而禫」之文，謂爲二十七月。二説各有所據。古人祭當卜日，小祥卜於十三月之日，大祥卜於二十五月之日，而禫則或於大祥之月，或於大祥之後間一月，自禮記之時而行之已不同矣。按，晉武帝時越騎校尉程猗贊成王肅駁鄭禫二十七月之失，爲六徵三驗，博士許猛扶鄭義作釋六徵解三驗，以二十七月爲得，並見魏書禮志，今制從鄭氏説。朱子曰：看來當如王肅之説爲順，而今從鄭氏之説，雖是禮疑從厚，然未爲當。有司又將以開樂置宴。先生又奏請罷宴，曰：「除喪而用吉禮，則因事用樂可矣。今特設宴，是喜之也。」按，除服而開樂置宴，蓋故事也。范淳夫言：如此則似服除而慶賀，非君子不得已而除之之意。其意蓋與此合。經筵承受張茂則嘗招諸講官啜茶觀畫，先生曰：「吾平生不啜茶，亦不識畫。」竟不往。張茂則，字平甫，開封人，官寧國軍留後，加兩省都都知，卒。

嘗聞後苑以金製水桶，問之，曰：「崇慶宫物也。」崇慶，太皇太后宫名，元祐元年建，楊遵道録作長樂。先生曰：「若上所御，則吾不敢不諫。」一日赴講，會上瘡疹，不坐已累日。疹，止忍反。○疹，癮疹皮外小起。先生退詣宰臣，問：「上不御殿，知否？」曰：「不知。」先生曰：「二聖臨朝，上不御殿，太皇太后不當獨坐，且人主有疾，而大臣不知，可乎？」翼日，宰臣以先生言，奏請問疾，由是大臣亦多不悦。而諫議大夫孔文仲因奏先生汙下憸巧，素無鄉行。憸，思廉反。行，去聲。○孔文仲，字經父，臨江新喻人，與弟武仲、平仲以文聲起江西，時號「三孔」，官至左諫議大夫。憸，利口也。貪黷請求，奔走交結，致市井目爲五鬼之魁，請放還田里，以示典刑。原註：文仲傳載吕申公之言曰：文仲爲蘇軾所誘，脅論事皆用軾意。又吕申公家傳曰：文仲本以伉直稱，然惷不曉事，爲浮薄輩所使以害善良，晚乃自知爲小人所紿，憤鬱嘔血而死。八月，差管勾西京國子監。按，三京留司御史臺、國子監及諸州宫觀官使，皆王安石增置之，以處異議者，蓋閒局也。神宗亦往往以處監司郡守老不任職者，不限員。先生既就職，再上奏乞歸田里，曰：「臣本布衣，因説書得朝官。按，宋目常參官曰朝官，祕書郎而下未常參者曰京官。今以罪罷，則所授官不當得。」三年又請，皆不報。乞歸田里三狀，並見文集。乃乞致仕至再，又不報。以三乞歸田里不報，故不敢復以爲請，而但請致仕也。今二狀並見文集。五年正月，丁太中公憂去官。七年三月服除，除直祕閣，判西京國子監。原註：王公繫年録云：元祐七年三月四日，延和奏事，三省進呈，程頤服除，欲與館職判檢院。時適蘇軾弟轍執政，才進稟，便云「但恐不肯静」，簾中入其説，令只與西監，不復得召。先生再辭，極論儒者進退之道。而監察御史董敦逸奏，以爲有怨望輕躁語。董敦逸，字夢授，吉州永豐人。官至户部侍郎。五月，改授管勾崇福宫。崇福宫在嵩山，熙寧四年詔宫觀嶽廟留官一員，餘聽如分司致仕例，從便居住。未拜，以疾尋醫。時伊川腰胯爲患，故尋醫，今有申河南府乞尋醫狀，見文集。元祐八年，哲宗初親政，申祕閣、西監之命，先生再辭不就。時殿帥苗履見先生於陵下，哲宗紹聖元年二月己酉，葬宣仁聖烈皇后於永厚陵，故先生在陵下，而苗履於此見之也。履，殿前副都指揮使授之子也，累官捧日天武都指揮使。問曰：「朝廷處先生如何則可？」曰：「且如山陵事。苟得專處，雖永安尉可也。」宋諸帝陵寢皆在永安邑境，故先生云。然永安舊本爲鎮，屬鞏縣，宋景德四年以陵寢所在升爲縣，屬河南府，今仍省入鞏。紹聖間，以黨論放歸田里，四年十一月，送涪州編管。涪，音浮。○涪州，宋隸夔州路。今屬四川重慶府。「編管」者，言編之册籍使有所管束，蓋即今之安置也。按今律凡流必加杖一百，其中復有不杖流者，安置其一也。帝一日與輔臣語及元祐政事，曰：「程頤妄自尊大，在經筵多不遜。」於是言者論頤與司馬光同惡相濟，遂有是竄先生至涪，即普静院闢堂註易，黄庭堅扁曰「鉤深」。門人謝良佐曰：「是行也，乃族子公孫與邢恕之爲耳。」公孫，文簡公琳孫也，博野人。先生曰：「族子至愚不足責，故人情厚不敢疑。孟子既知天，焉用尤臧氏？」元符二年正月，易傳成而序之。原註：尹焞曰：

先生踐履盡易，其作傳只是因而寫成，熟讀詳味即可見矣。又曰：先生平生用意惟在易傳，求先生之學，觀此足矣。語録之類出於學者，所記所見有淺深，故所記有工拙，蓋未能無失也。三年正月，徽宗即位，移峽州。峽，音洽。○峽州，古夷陵地，周武帝以扼三峽之口，故名。即今荆州府夷陵州，宋隸荆湖北路。按宋有夷陵縣，即峽州屬邑也。今省入州。四月，以赦復宣德郎，任便居住。按，四月朔日食，詔赦天下。元豐官制，以宣德郎換著作佐郎，大理寺丞。還洛。原註：記善録云：先生歸自涪州，氣貌容色髭髮皆勝平昔。十月，復通直郎，權判西京國子監。先生既受命，即謁告，欲遷延爲尋醫計，既而供職。門人尹焞深疑之。先生曰：「上初即位，首被大恩，不如是，則何以仰承德意？然吾之不能仕，蓋已決矣。受一月之俸焉，然後惟吾所欲耳。」按，楊遵道録云：某在先朝，皆知某者也，故不當如此受。今則皆無相知，只是憐其貧，不使飢餓於我土地，某須領他朝廷厚意，受一月料錢，然官則某必做不得，既已受他誥，却不供職，是與不受同。且略與供職數日，然後惟吾所欲。建中靖國二年五月，追所復官，依舊致仕。原註：前此未嘗致仕而云「依舊」，致仕疑西監供職未久即嘗致仕也，未詳。愚謂「追所復官」指通直郎判西監而言，「致仕」則指前宣德郎任便居住而言。崇寧二年四月，言者論其本因姦黨論薦得官，雖嘗明正罪罰，而叙復過優，原註：云已追所復官，又云叙復過優，未詳。愚謂「叙復」指前復宣德通直而言。今復著書，非毁朝政。於是有旨追毁出身以來文字，其所著書，令監司覺察。原註：語録云：范致虚言程某以邪説詖行，惑亂衆聽，而尹焞、張繹爲羽翼，事下河南府體究，盡逐學徒，復隸黨籍。先生於是遷居龍門之南。龍門，山名，在河南府城西南。括地志云：闕塞山，一名伊闕，而俗名龍門耳。高誘云：伊闕在洛陽西南六十里，禹所辟也。酈道元水經注云：禹疏龍門以通水，兩山相對望之若闕，然伊水歷其間，故名伊闕。止四方學者曰：「尊所聞，行所知可矣，漢書董仲舒傳曾子曰：「尊其所聞，則高明矣；行其所知，則光大矣。」不必及吾門也。」五年，復宣義郎，致仕。元豐官制以宣義郎换光禄衛尉寺、將作監丞。按是年正月有星孛於西方長竟天。帝以星變，避殿損膳，中書侍郎劉逵請帝碎元祐黨碑，寬上書邪籍之禁，帝從之，復謫者仕籍，故先生得復官致仕。大觀元年九月庚午，卒於家，年七十有五。疾革，革，吉逆反。門人進曰：「先生平日所學，正今日要用。」先生力疾微視曰：「道著用便不是。」著，直酌反。力疾者，疾之甚而勉强爲力也。○原註：「門人」，一作「郭忠孝」，尹子曰：「非也。忠孝自黨事起，不與先生往來，及卒，亦不致奠。」然按史，忠孝後爲永興軍路提點刑獄，金人犯永興，或勸忠孝以監司出巡，可以避禍，忠孝不答，極守御之備，城陷不屈死。然則忠孝豈肯畏黨禍者？尹氏所言疑傳聞之誤。陸務觀曰：「郭立之從程先生遊最久，程先生疾革，猶與立之有問答語，著於語録。」尹氏所言恐未足爲據也。其人未出寢門而先生殁。學者謂之伊川先生。子二：曰端中，曰端彦。寧宗嘉定十三年謚曰正，謚法：庶物從之曰正。理宗淳祐元年追封伊陽伯。或謂伊川守正則盡，通變不足。謝顯道曰：陝右錢以鐵，舊矣，有議更以銅者，已而會所鑄子不踰母，謂無利也，遂止。伊川曰：「此乃國家之大利也，利多費省，私鑄者衆，費多利少，盜鑄者息，民不敢盜鑄，則權歸公上，非國家之利乎？」呂東萊曰：農桑，衣食財貨之本，錢布流通，不過權一時之宜而已，所以三代已前論財賦者皆以穀粟爲本。九貢九賦用錢幣爲賦者甚少，俸禄亦是頒田制禄，君卿大夫不過以采地爲多寡，亦未嘗以錢帛爲禄，是故三代之人多地著，不爲末作。漢初尚有古意，王公至佐吏所謂萬石、千石、百石亦是以穀粟制禄，至武帝有事邊陲，國用不足，於是立告緡之法以括責天下。自此古意漸失，錢幣方重。自漢至唐，惟五銖、開元最爲得中，本朝初用開元法，其錢皆可久行。自太宗以張齊賢爲江南轉運，務欲多鑄錢，自此開元之法一變，而錢皆惡薄不可用。不知國家所以設錢以權輕重本末，未嘗取利。彼識見短淺者但以鑄錢所入多爲利，而不知使權歸公上。鑄錢雖多，利之小者，權歸公上，利之大者。南齊孔顗論鑄錢不可惜銅愛工，不惜銅則鑄錢無利，不得利則私鑄不起，私鑄不起則斂散歸公上，此利之大者。徒狗小利，錢便惡薄，則姦民利之，私鑄紛起，利孔四散，乃是以小利失大利，足知此自是不易之論。又有議增解鹽之直者，解，音械。後漢以河中府解縣置州，宋復爲縣，與安邑並隸陝西路河中府。今解復爲州，安邑在州東五十里，隸山西。宋白曰：即夏鳴條之野，有鹽池之利。楊佺期雒陽記曰：河東鹽池長七十里，廣七里。前漢志：池在安邑西南。直，價也。按上蔡語録云，時議增解鹽抄價六千爲八千云。○按，今河東鹽池在條山之麓，環池築墻週一百十六里。池之東西南三面皆不生鹽，惟北面墾地爲畦，引池水灌之，謂之種鹽，須俟南風烈日吹曬使水耗池，鹽方就，如南風不起或遇陰雨則鹽不成。三月至七月爲曬鹽之候，餘月封閉。文獻通考云：宋制顆鹽出解州安邑，解縣兩池以户民爲畦，夫悉蠲其他役，每歲自三月一日墾畦，四月始種，八月乃罷，官廪給之。安邑池每户歲種鹽千席，解縣池減二十席，席一百一十六觔半。又曰：種者曰顆鹽，出解州，煮者曰末鹽，出瀕海。又按宋史：鹽之類有二，引池而成者曰顆鹽，周官所謂盬鹽也。鬻海、鬻井、鬻鹻而成者曰末鹽，周官所謂散鹽也。盬，周禮作「苦」，鄭云杜子春讀「苦」爲「盬」。又按歐陽文忠公跋唐錢義方鹽宗神祠記云：尚書郎張席，自言家寓解州，爲余言安邑、解縣兩池鹽事，云夏月南風來，池面紫色，須臾凝結如雪，土人謂之漫生鹽。而兩池歲役畦夫數百種鹽，公私耗斂，而州縣吏緣以爲姦利，棄漫生鹽不取，誣其苦不可食。又云：前世鹽皆自生，開元中姜師度爲河中尹，而鹽池涸，始置鹽屯。後遂有畦夫營種之課。席因上書論漫生鹽之利，官遂罷畦夫。而議者或害其事，乃曰漫生鹽味苦不可食，又暫結復銷，不可畜。今觀義方之記，以謂陰陽調和，鬼神驅遣，不勞人而擅其利，與夫鑿泉煮海不同，乃知唐世鹽非營種，爲決可信。歐公非妄語者，姑附記於此，以俟博物君子。王伯厚曰：古者川澤之饒，與民共之，自海王之篇祈望之守作俑，於齊至漢二十倍於古，考之漢志鹽官三十有五，唐有鹽之縣一百五，本朝鹽所出者十二路，爲池二，爲監七，爲場二十二，爲井六百有九，法益詳而利無遺矣。伊川曰：「價平則鹽易洩，人人得食，無積而不售者，歲入必倍矣，增價則反是。」已而果然。沈氏筆談曰：鹽澤方百二十里，久雨，四山之水悉注其中未嘗溢，大旱未嘗涸，滷色正赤，在版泉之下，俗謂「蚩尤血」。唯中間有一泉，乃是甘泉，得此水然後可以聚人而成鹽。其北有堯梢水，一謂之巫咸河，如巫咸水入則鹽不復結，故人謂之無鹹河，爲鹽之患，築大隄以防之，甚於備寇盜。原其理，蓋巫咸乃濁水，入滷中，則淤澱滷脈，鹽遂不成，非有他異也。呂伯恭曰：自管仲始興鹽筴以奪民利，天下之鹽皆入禁榷。而其利，惟海鹽與解池之鹽，最資國用。南方之鹽皆出於海，北方之鹽皆出於池。如蜀中井鹽，自贍一方之用，於大農國計不與。今就宋論之，其出於海者，惟淮鹽最資國用，解池之鹽，朝廷專置使以領之，北方之鹽盡出於解池。然南方之鹽管得其人則其害少，惟北方解池之鹽有契丹、西夏之鹽常相參雜，解池之鹽，味不及西夏，價直又西北之鹽較賤，所以沿邊多盜販二國鹽以奪解池之利，故國家每於此措置關防。司馬公既相，薦伊川而起之。伊川曰：「將累人矣，使韓、富當國時，吾猶可以有行也。」韓魏公，名琦，字稚圭，安陽人，中天聖五年進士，熙寧八年卒。贈尚書令，謚忠獻，後追封魏王。富韓公，名弼，字彦國，河南人，中天聖八年進士，以司徒封韓國西，元豐六年卒，贈太尉，謚文忠。並仁、英二宗時當國。及温公大變熙寧，復祖宗之舊，伊川曰：「役法當討論，未可輕改也。」公不然之。按哲宗元祐元年，温公請悉罷免役錢，復差役法。蘇子瞻謂差役、免役各有利害，免役之害，聚斂於上而下有錢荒之患，差役之害，民常在官，不得專力於農，而吏胥緣以爲姦。二害輕重蓋略等。范堯夫亦謂差役一事，尤當熟講而緩行。温公不從，論者以謂温公忠直有餘，而通達不足，但見安石新法之害民，而欲盡變，以復祖宗之舊故也。既而紛紛數年不能定。〇元祐五年，以論差役未使者甚衆，詔中書舍人王嚴叟、樞密都承旨韓川、諫義大夫劉安世同看詳役法，具利害以聞。呂氏曰：差役去衙前之重役，顧役去寬剩之過數，則二法皆可行。又曰：熙豐小人不可不盡去，而熙豐之法，則其善者固不必盡變。青苗、均輸可罷，而顧役之法去多取之弊，而差役之所宜，獨不可乎？保馬、户馬可罷，而保甲之法，因其已成教閲以省兵費，獨不可乎？新經、字説可廢，而罷諸詩賦取經義，獨不可因之以崇經學乎？元祐惟不盡去熙豐之舊人，獨務盡去熙豐之舊法，所以激而爲紹聖以後之紛紛也。邵氏曰：吴、蜀以顧役爲便，秦、晉以差役爲便。亦可以見其梗概矣。〇陸氏曰：梗概猶言大段、大約。枝葉綴於梗，斗斛平於概，故云。

横渠先生張氏名載，字子厚，世大梁人。大梁，今河南開封府祥符縣。父迪，仕仁宗朝，終於殿中丞、知涪州事。涪州，漢涪陵縣地，隋置涪州，在長安南二千三百五十里。贈尚書都官郎中。涪州卒於官，諸孤皆幼，不克歸，僑居於鳳翔郿縣横渠鎮之南大振谷口，因家焉。郿，音媚。〇旅寓而居曰僑。鳳翔，即漢扶風，唐至德元載敕改扶風爲鳳翔郡，在長安西三百五十里。郿在府東南九十里，史記「封棄於邰」即此。先生生於真宗天禧四年庚申之歲月日。先生始就外傅，志氣不群，知虔奉父命，守不可奪，涪州器之。少孤自立，無所不學。與邠人焦寅遊，邠，州名，今屬陝西西安府。寅喜談兵，先生悦其言，慨然以功名自許。按晁氏讀書志有張子注尉繚子一卷，蓋是時作也。仁宗康定元年庚辰，年二十，嘗以書謁范文正公。范文正公名仲淹，字希文，中真宗祥符八年進士乙科。父墉，任武寧軍節度掌書記，卒，公時方二歲，母謝氏貧無依，再適淄川長山朱氏，以朱説名登第，後復姓改今名。公一見知其遠器，欲成就之，乃責之曰：「儒者自有名教，何事於兵？」因勸讀中庸。先生讀其書，雖愛之，猶以爲未足，於是又訪之釋老之書，累年盡究其説，知無所得，反而求之六經。嘉祐初，見二程先生於京師，共語道學之要，先生渙然自信曰：「吾道自足，何事旁求？」乃盡棄異學，淳如也。方未第時，文潞公以故相判長安，文潞公，名彦博，字寬夫，汾州介休人。其先本敬氏，以避晉高祖諱及宋翼祖諱改焉。然按敬從攴，不從文，此誤改也。中天聖五年進士，以太師致仕。黨論起，貶爲太子少保。紹聖四年五月卒，復官，謚忠烈。宋敏求曰：凡節度州爲三品，刺史州爲五品，宋初曹翰以觀察使判潁州，是以四品臨五品州也。同品爲知，隔品爲判。自後唯輔臣、宣徽使、太子太保、僕射爲判，餘並爲知州。聞先生名行之美，聘以束帛，延之學宫，異其禮際，士子矜式焉。嘉祐二年丁酉，先生年三十六，登進士第，始仕祁州司法參軍，祁州，宋隷永興軍路，今屬北直保定府。司法，掌議法斷刑。宋制，凡軍州二萬户，設曹官三員；不滿二萬，置録事參軍、司法參軍，司法兼司户；不滿萬户，止置司法、司户，司户兼録事參軍；户不滿五千，止置司户，兼司法及録事參軍。遷丹州雲巖縣令。丹州，今陝西延安府宜川縣。其政績詳治法篇，後凡散見近思録諸卷者不重出放此。有所教告，常患文檄之出不能盡達於民，每召鄉長於庭，諄諄口諭，使往告其閭里間。長，張兩反。有民因事至庭，或行遇於道，必問某時命某告某事聞否，聞則已，否則罪其受命者。故一言之出，雖愚夫孺子無不預聞。陸氏曰：顧公國寶宰平湖，民有犯賭博、偷盜、不孝諸罪者，既如律治之，則記於冊，朔望召其父兄鄰里而詢之，能改過否？不蹈前轍否？衆皆言其無他也，則喜而遣之，莫對，則量笞之。此法甚善，民之善惡，官府常能記憶而教導懲戒之，則自然漸格矣。如京兆王樂道嘗延致郡學，先生多教人以德，嘗從容語學者曰：「孰能少置意科舉，相從於堯舜之域否？」學者聞言，亦頗有從之者。樂，音洛。○王樂道，名陶，京兆萬年人。第進士，累官御史中丞。○宋史曰：陶始爲韓琦所知，驟加獎拔。在御史時，頗能譏切時政，及爲中丞，則承望風旨，攻琦如仇讎，欲自取重位。呂公著言其反覆不可近，帝亦薄其爲人，不復用。時陶以龍圖閣學士知永興軍，在英宗之初，蓋猶其未變節時也。又按，歐陽公謂陶只因韓絳薦舉始得臺官，及絳爲中丞，與之爭議，絳終得罪。據此則獎拔陶者乃絳也，非魏公也。遷著作佐郎，簽書渭州軍事判官事，渭州，宋初隸秦鳳路，慶曆元年置涇原路，徽宗政和七年升渭州爲平涼軍，金置平涼府，元明及今因之，城北柳河上有宋守蔡挺避暑閣。渭帥蔡子正特所尊禮，軍府之政，小大咨之，先生夙夜從事，所以贊助之力爲多。蔡子正，名挺正，宋史作「政」，應天府宋城人。神宗初加天章閣待制，知渭州。舉籍禁兵悉還府，不使有隱占。建勒武堂，五日一訓之，偏伍鉦鼓之法甚備。諜告夏人集胡盧河，挺出奇兵迎擊，夏人潰，分諸將躡而討之，蕩其七族，進右諫議大夫。然挺爲人譎智深險，在渭歲久，鬱鬱不得志，寓意詞曲，有「玉關人老」之句，中使至，使優伶歌之。傳達禁中，神宗愍之，起爲樞密副使。蓋其人固不足取也。並塞之民嘗苦乏食，並，蒲浪反。塞，先代反。○並，猶傍也，近也。服虔云：依也。而貸於官，帑不能足，帑，他郎反。○帑，金帛藏也。又屬霜旱，屬，之六反。○屬，會也。先生力言於府，取軍儲數十萬以救之。又言戍兵徒往來，不可爲用，戍兵，謂禁兵也。宋懲唐以來藩鎮之弊，分遣禁旅戍守邊城，立更戍法，使往來道路，以習勤苦、均勞逸。自是將不得專其兵，而士卒不至於驕惰。然往往兵將不相識，而緩急不可恃。宋兵力之所以耗弱者，實由於此，故先生言之。○按，熙寧三年，議者有見於此，因部令諸路將官總禁旅，使兵知其將，將練其兵，平居知有訓厲而無番戍之勞，有事而後遣焉，庶不至如張子所云「徒往來不可爲用」矣。然司馬温公又言祖宗朝分番出戍者，欲使知山川險阻也。自置將以來，惟是全將起發，然後與將官偕行，其餘常在本營，飲食嬉遊，養成驕惰，歲月滋久，不可復用。又每將下各有部隊將、訓練官等二十餘人，而諸州又自有總管、鈐轄、都監、監押，設官重複，虚費廪禄。因請盡罷諸路將官，其禁軍各委本州長吏與總管、鈐轄、都監等，使州郡平居武備有餘，然後緩急可責以守死。諫議大夫孫覺亦以爲言。於是稍省諸路將官，然亦不能盡如光等言，蓋此猶戍法未改時之言也。不若損數以募土人爲便。按，富韓公謂客軍不諳邊事之艱苦，不識山川之險易，守則不固，戰則多敗，其數雖多，未若土兵之少而精。而蘇文忠公亦言禁兵戍郡縣，遠者或數千里，月廪歲給之外，又日給其芻糧，三歲一遷，往者紛紛，來者纍纍，無異數十萬兵三歲而一出征也，國家之力安得而不竭乎？彼郡縣之土兵所以鈍敝劣弱而不振者，蓋見郡縣皆有禁兵，待之異等，是以自棄於賤隸役夫之用，而將吏亦莫之教訓。苟能優待郡縣之土兵，豈其資糧，教習訓練，則彼固以歡欣鼓舞，願效其力，而禁兵可以漸省。如此則內無屯聚仰給之費，而外無遷徙供餽之勞，費之省者又已過半矣。其民之願爲兵者皆三十以下則收，限以十年而除其籍。以無用之兵終身坐食之費而爲重募，則應者必衆。彼知其不過十年而復爲平民，則自愛其身而重犯法。如此縣官長無老弱之兵，而民之不任戰者不至於無罪而死。又言進取深入，交鋒兩陣，猶當雜用禁兵，至於平日保境，備御小寇，即須專用極邊土人。慶曆中，趙元昊反，范仲淹、劉滬、种世衡等專務整緝蕃漢熟户弓箭手，所以封殖其家、砥礪其人者，非一道藩籬既成，賊來無所得，故元昊復臣。宋人言禁兵往來之害而欲減數以募土人者，大要所見略同，蓋訓練土兵、責成守臣二者乃備邊良策，若千里命將而遠調四方之兵以扞邊禦寇，勞費倍多，騷擾滋甚，此最失策之甚者。富、蘇二公之言最得其要領，而蘇氏尤爲深切，可與張子之言相發明，因備録之。○愚按，漢順帝時賈昌討區憐等，歲餘不克，朝議遣大將發荆、揚、兗、豫四萬人赴之。李固獨以爲遠涉萬里，士卒疲勞，死亡必衆，比致南嶺，不復堪用，既不足禦敵，當復更發，此謂刻割心腹以補四肢者也。前中郎將尹就討益州叛羌，民患苦之，以爲羌來尚可，尹來殺我。後就徵還，以兵付刺史張喬，喬因其將吏，旬月之間破殄强寇。可見發將無益，州郡可任，宜更選有勇略仁惠任將帥者，以爲刺史、太守。而韓文公論淮西事宜以謂「諸道客兵，羈旅異鄉，與賊不相諳委，望風懾懼，難便前進」。又其「道路遼遠，勞費倍多，士卒有征行之艱，閭里懷離别之思」。其於黄家賊事宜亦云，可見此自是不易良法。而小人好功喜事、造作兵端以至兵連禍結，荼毒生靈，鬼責人非，必生殃咎。此古人所以不輕言兵也。神宗熙寧二年己酉，登用大臣，思有變更，而先生年四十有八矣。

御史中丞呂晦叔薦於朝曰：「張載學有本原，四方之學者皆宗之，可以召對訪問。」上召問治道，以漸復三代爲對。上悦之，曰：「卿宜日見二府議事，朕且將大用卿。」先生謝曰：「臣自外官赴召，未測朝廷新政所安，願徐觀旬月，繼有所獻。」上然之。時王安石方借復古爲說，故神宗聞先生漸復三代之言而悦之，但不知所以復之者異耳。他日見執政，執政語曰：「新政之更，懼不能任事，求助於子何如？」對曰：「朝廷將大有爲，天下之士願與下風。若與人爲善，則孰敢不盡，如教玉人追琢，則人亦故有不能者。」願與之與，去聲。追與鎚同，都回反，古通用。追，詩大雅「追琢其章」，朱註：追，雕也。玉曰琢，金曰雕。分雕、琢爲二，蓋本毛氏傳。然按爾雅，於治玉璞謂之雕，治玉器謂之琢，又云「雕謂之琢」，則雕琢亦治玉之通稱也。蓋毛氏亦據下文「金玉其相」句而分屬之，非雕琢正訓也。故鄭箋不從，而引周禮「追師掌追衡笄以見治玉」，亦名追也。執政默然，所語多不合。除崇文院校書，先生辭，未得謝，復命案獄浙東。時知明州苗振以貪聞，故命先生案問。或言：「張載以道德進，不宜使之治獄。」時明道爲監察御史裏行，特上書言之。呂與叔爲撮其大旨如此。執政曰：「淑問如皋陶，猶且獻囚，庸何傷？」詩魯頌篇曰：「淑問如皋陶，在泮獻囚。」詩本言魯侯有善於訊囚之臣，如皋陶之治獄也。王安石藉以折明道之言，則謂如皋陶聲問之善，且使之治獄，亦一時强詞耳，與詩本文意別。獄成，還朝。會弟天祺以言得罪，天祺名戩，熙寧二年爲監察御史裏行，請罷條例司，因詣中書極陳其事，辭氣甚厲，安石以扇掩面而笑。戩曰：「戩

之狂易，宜爲公所笑，然如公所爲，天下之士之笑之者不少矣。」章十數上，卒不納，遂申臺不視事而待
罪，罷知公安縣。先生益不安，乃謁告西歸，居於横渠故居，遂移疾不起。横渠至僻陋，有田
數百畝以供歲計，約而能足，人不堪其憂，而先生處之益安。學者有問，多告以知禮成性、
變化氣質之道，學必如聖人而後已，聞者莫不動心有進。知，音智。又以爲教之必能養之然
後信，故雖貧不能自給，苟門人之無貲者，雖糲蔬亦共之。貲，音咨。糲，音賴，通作糲。糲，麤
糲也，即今所謂脱粟也。詩召旻「彼疏斯粺」，箋云：「糲十，粺九，鑿八，侍御七。」言糲米十斗，舂爲粺
則九斗，又舂爲鑿則八斗，又舂爲侍御則七斗也。字林：「粟一斛，舂八斗爲糲。」九章筭術：「粟一石爲
糲米六斗。」張晏又謂「一斛粟舂七斗米爲糲」。諸説不同，未詳孰是。其自得之者，窮神化，一天
人，立大本，斥異學，自孟子以來，未之有也。近世喪祭無法，喪惟致隆三年，自期以下，未
始有衰麻之變，期，音基，下同。衰，音摧。○楊氏曰：按儀禮註「前有衰，後有負版，左右有辟領」，惟
子爲父母用之，旁親則不用也。朱子家禮至大功乃無衰、負版、辟領者。蓋家禮初年本也，後朱子之家
所行之禮，旁親不用衰、負版、辟領。朱子曰：古者五服皆用麻，但布有差等，亦皆用冠經，但功、緦之經
小耳。司馬公書儀：斬衰古制，而功、緦不古制，此却可疑。廬陵李氏曰：以布爲衰，綴之於衣，因統
名此衣爲衰，不言裁割而言斬者，取痛甚之意，司馬温公曰：古者既葬，練祥禫皆有受，服變而從輕。今
世俗無受服，自成服至大祥，其衰無變，故於既葬別爲家居之服，是亦受服之意也。徐氏曰：古之喪服

自三年至九月皆有受服，以初喪之衰疏而易壞，故至卒哭即易其衰，而受之以成布。書儀之不言受服者，以有居喪常服也，家禮既不言居喪之常服，又不言葬後之受服，將齊斬之衰可服至三年期年之久乎？抑葬後即除衰服，但存齊衰、斬衰之名乎？凡此皆朱子之偶失，而後人之所當補也，乃秦溪、瓊山亦竟未有補之者，於此書寧無遺憾哉。 祭先之禮，一用流俗節序，燕褻不嚴。「喪惟致隆」以下至此，言近世喪祭之無法也。 先生繼遭期功之喪，始治喪服，輕重如禮，朱子曰：古者布帛精粗，皆有升數，所以言布帛精粗不中數，不鬻於市。今更無此制，聽民之所爲，倉卒間難得中度者，惟有買來自以意擇製之耳。 家祭始行四時之薦，曲盡誠潔。「始行四時之薦」謂不用俗節也。此二節言先生所以盡喪祭之禮者如此。 聞者始或疑笑，終乃信而從之。 一變從古者甚衆。總承喪祭而言。 其家童子，必使灑掃應對，給侍長者。 女子之未嫁者，必使親祭祀，納酒漿，皆所以養孫弟，就成德。孫，同遜。○此又言先生之所以教於家者如此。 聞人之善，喜見顏色。見，音現。 答問學者，雖多不倦，有不能者，未嘗不開其端。 其所至，必訪人才，有可語者，必丁寧以誨之，惟恐其成就之晚。 歲適大歉，至人相食，家人惡米不鑿，將舂之，鑿，音作古，通用糳。○穀梁傳曰：一穀不升曰歉。鑿，精也。說文：糲米一斛舂爲九斗曰鑿。與鄭氏鑿八說不合。愚謂從鄭爲是。 先生急止之，曰：「餓殍滿野，雖蔬食且自愧，又安忍有擇乎！」甚或咨嗟對案不食者數四。 熙寧九年秋，先生感異夢，乃集所立言，謂之正蒙，出示門人曰：「此予歷年致思所得，其言殆與前聖合。大要發端示人而已，其觸類廣之，則將有待於學者爾。」上蔡語録云：橫渠著正蒙時，處處置筆研，得意即書。明道云子厚却如此不熟。明年春，秦鳳帥吕汲公薦之曰：「張載之學，善發聖人之遺意，其術略可措之以復古，乞召還舊職，訪以治體。」秦鳳，即鳳翔府也。熙寧五年，分陝西爲永興、秦鳳路。吕汲公，名大防，字微仲，藍田人。時以龍圖閣待制知秦州。乃復召還館，同知太常禮院。先生曰：「吾是行也，不敢以疾辭，庶幾有遇焉。」及至都，公卿聞風慕之，然未有深知先生者，以所欲行嘗試於人，多未之信。會有言者欲講行冠昏喪祭之禮，冠，去聲。詔下禮官。禮官安習故常，以古今異俗爲説。先生獨以爲可行，且謂「稱不可，非儒生博士所宜」，講行古禮正儒生博士之事，今以古今異俗爲説，是以古禮爲不可行也，故曰「非儒生博士所宜」。朱子曰：橫渠所制禮多不本諸儀禮，有自杜撰處，如温公却是本儀禮，最爲適古今之宜。衆莫能奪，然議卒不決。郊廟之禮，禮官預焉。先生見禮不致嚴，急欲正之，而衆莫之助。知道之難行，欲與門人成其初志，會有疾，謁告以歸。先生知疾不可爲，過洛見二程先生曰：「載病不起，尚可及長安也。」汴京至洛四百里，洛至長安八百五十里，長安至郿二百六十里。行至臨潼，沐浴更衣而寢，及旦視之，亡矣。潼，音同。○臨潼，縣名，在長安東九十里，今屬陝西西安府。熙寧十年十有二月乙亥也，年五十有八，葬涪州墓南之兆。娶南陽郭氏，有子曰因。寧宗嘉定十四年魏了翁爲太常少卿，請謚曰「誠」，議者以「至誠感神曰誠」，不可用而止。理宗淳祐元年追封郿伯。按，横渠没，門人欲謚爲明誠夫子，質於明道先生。先生疑之，而訪於司馬温公，公以爲不可而止。今温公答書在伊洛淵源録，宋史本傳稱謚曰「明」。熊氏性理群書稱謚曰「獻」，未知孰是。黄氏日抄云：魏了翁爲太常少卿，定謚曰「明」。

朱子曰：修身大法，小學備矣；義理精微，則近思録詳之。〇又曰：近思録好看。四子，六經之階梯；近思録，四子之階梯。〇又曰：聖賢説得語言平，如大學、中庸、論、孟，皆平易，近思録是近來人説話，便較切。〇又曰：近思録一書，無不切人身、救人病者。〇又曰：近思録比舊本增多數條，如買櫝還珠之論，尤可以警今日學者用心之謬。〇又曰：近思録文字猝乍看，也是難，有時前面恁地説，後面又不是恁地，這里説得如此，那里又却不如此。仔細看來看去，却自中間有箇路脈，推尋通得四五十條，又却只是一箇道理。〇又曰：向編近思録，欲入數段説科舉壞人心術處，而伯恭不肯，今日乃知此箇病根從彼時已栽種，培養得在心田里了，令人痛恨。〇又曰：易傳自是成書，伯恭都摭來作閫范，今亦載在近思録。某本不喜他如此，按朱子編輯小學，如所引論語、内則、弟子職諸書都自成書，則此條恐非定論。然細點檢來，段段皆日用切近功夫而不可缺者，於學者甚有益。〇又曰：程子所以有功於後學者，最是敬之一字有力。

薛氏曰：近思録宜熟讀，其間有與朱子不同者須參考。

胡氏曰：學者當就小學、近思録熟讀體驗有所得，方可博觀古今。

張氏曰：學者能讀近思録，方可以治經。又曰：予年二十五六時，求近思録不可得，適賈人持至，因得讀之，然後稍知爲學之門。

姚氏曰：予丁卯館錦邨，有出近思録宋刻相示，録中凡先聖賢與諸先生必空一字，想朱子原本式也，五卷末較他本多一條。後於友人處得楊泳齋衍註，閲之，註甚約而精要亦少，其書實宋刻，但嫌其中多載章句、集註語。蓋此時章句、集註未行世，而門人只以師説示學者故也，但與前所見本又有不盡同者。楊名伯嵒，字彦瞻，朱子門人。愚按，宋史有何氏基近思録發揮，不言卷數，元史有黄氏溍近思録廣輯三卷，今皆無傳。

# 近思録原序

淳熙乙未之夏，淳熙二年，孝宗之二年矣。東萊吕伯恭來自東陽，伯恭，尚書右丞好問之孫，其先河東人，五世祖正獻公徙開封，祖好問始居婺州，仕至著作郎兼國史院編修官，謚曰成。東萊，吕氏郡名；東陽，縣名，隸浙東路婺州。婺州，今金華府。過予寒泉精舍。在建陽府建陽縣天湖之陽。李賢曰：儒釋肄業之地通曰精舍，蓋以專精講習所業爲義。亦作精廬。留止旬日，相與讀周子、程子、張子之書，歎其廣大閎博，若無津涯，而懼夫初學者不知所入也。因共掇取其關於大體而切於日用者，以爲此編。總六百二十二條，分十四卷。蓋凡學者所以求端用力、處已治人之要，與夫辨異端、觀聖賢之大略，皆粗見其梗概。粗，一作初。〇愚按，朱子以「求端用力」六者提挈綱維，蓋有總括處，有分貼處，如葉氏謂「求端」指首卷，似矣。然如二卷之「爲學大要」，八卷之「治道大要」，亦欲稍見其端緒，使知所「用力」也。況如所謂存養者察以下無非欲學者察識其端以推而廣之，似不得專指首卷也，至於「用力」、「處已」、「治人」分貼處尤不通之甚，直不足與辨。以爲窮鄉晚進，有志於學而無明師良友以先後之者，誠得此而玩心焉，亦足以得其門而入矣。如此，然後求諸四君子之全書，沈潛反復，優柔厭飫，以致其博而反諸約焉。則其宗廟之美，百官之富，庶乎其有以盡得之。若憚煩勞，安簡便，以爲取足於此而可，則非今日所以纂集此書之意也。愚按，學者固不可取足於此，其實四子書中切當妙處已盡於朱子所纂取，然不讀全書，亦不知朱子纂取之精。此如讀通鑑者不先看十七史，亦不知司馬公棄取之深意。蓋通鑑者治史之法，而近思録者則治經之法。此乃布帛菽粟不可一日無者也。五月五日新安朱熹謹識。新安，本漢丹陽郡地，吴改爲新安，屬江東路，宣和三年改爲徽州。朱子世居新安之永平鄉松巖里，父松爲尤溪尉，亡，朱子年十四，奉遺命依劉子羽寓居崇安，晚徙建陽，從李延平講學。

近思録既成，或疑首卷陰陽變化性命之説，大抵非始學者之事。祖謙竊嘗與聞次緝之意，後出晚進，于義理之本原，雖未容驟語，苟茫然不識其梗概，則亦何所底止？列之篇端，特使之知其名義，有所嚮望而已。「特使」下一本有「之」字。至於餘卷所載講學之方、日用躬行之實，具有科級。循是而進，自卑升高，自近及遠，庶幾不失纂集之指。若乃厭卑近而騖高遠，躐等淩節，流於空虚，迄無所依據，則豈所謂「近思」者耶？朱子曰：近思録首卷難看，所以教伯恭作此數語，以載於後。又曰：如第一卷未曉得，且從第二第三卷看起，久久復看第一卷，則漸曉得。覽者宜詳之。淳熙三年四月四日東萊吕祖謙謹序。

# 近思録集註卷一

## 道體

此篇就理之本然者而言，必於此精察明辨，而後於道知所從入，可以用力以求至焉。凡五十一條。○此卷乃中庸之理，而大學所未及者。然如曰「明德」、曰「至善」、曰「天之明命」、曰「峻德」以至「身心意知」之類，大學固已略見其端，特以方欲明體道之方，而未暇詳夫道之體也。此卷乃一一發明之，蓋道之體既明，而所以體道者自愈以詳審而精密矣。

濂溪先生曰：無極而太極。無，宋本作「无」，下同。○太者，大無以加之謂；極者，至極之義。以其無形之可見，故曰「無極」。朱子曰：「上天之載，無聲無臭」，而實造化之樞紐，品匯之根柢也，故曰「無極而太極」，非太極之外復有無極也。○朱子曰：「上天之載，無聲無臭」，是就有中説無。「無極而太極」，是就無中説有。又曰：老子之言有無，以有無爲二；周子之言有無，以有無爲一。又曰：不言無極，則太極同於一物，而不足爲萬化之根柢；不言太極，則無極淪於空寂，而不能爲萬化之根柢。陳北溪曰：老子曰「復歸於無極」，柳子曰「無極之極」，康節先天圖説亦曰「無極之前陰含陽也，有極之後陽分陰也」，是周子以前已有「無極」之説矣，但意各不同。老子、柳子、康節以氣言，此則專以理言也。又曰：百家諸子都將太極説屬氣形去。如漢志謂太極「函三爲一」，乃是指天地人氣形已具而渾淪未判。老子説「有物混成，先天地生」，正指此也。莊子謂「道在太極之先」，所謂太極亦是指此渾淪未判，而道又别懸空在太極之先，則道與太極分爲二矣。不知道即是太極。道以理之通行者而言，太極是以理之極至者而言。惟理之極至，所以古今人物通行；惟古今人物通行，所以爲理之極至。無二理也。○陳北溪曰：未有天地萬物，先有是理。然是理不是懸空在那裏。才有天地萬物之理，便有天地萬物之氣；才有天地萬物之氣，則此理便全在天地萬物之中。那相接處無些子縫罅，如何分得孰爲先、孰爲後。又曰：理不外乎氣。若説截然在陰陽五行之先，及在陰陽五行之中，便成理與氣爲二物矣。愚按，易所言太極，在兩儀、四象、八卦之先。此所謂太極，即在陰陽、五行、天地、萬物之中。彼處有次第，此處無次第也。蓋彼處在聖人畫卦上説，須是以漸生出，故有次第；此則直就陰陽五行天地萬物自然之理言之，故無次第也。

**太極動而生陽，動極而静；静而生陰，静極復動。一動一静，互爲其根；分陰分陽，兩儀立焉。**復，扶又反。○兩儀謂天地，與易畫卦「兩儀」不同。朱子曰：儀，匹也，如俗所謂一雙一對是也。太極之有動静，是天命之流行也，所謂「一陰一陽之謂道」。誠者，聖人之本，物之終始，而命之「道」也。其動也，誠之通也，「繼之者善」，萬物之所以資始也；其静也，誠之復也，「成之者性」，萬物各正其性命也。動極而静，静極復動，一動一静，互爲其根，命之所以流行而不已也。動而生陽，静而生陰，分陰分陽，兩儀立焉，分之所以一定而不移也。蓋太極者，本然之妙也；動静者，所乘之機也。太極，形而上之道也；陰陽者，形而下之器也。是以自其著者而觀之，則動静不同時，陰陽不同位，而太極無不在焉；自其微者而觀之，則冲穆無朕，而動静陰陽之理，已悉具於其中矣。雖然，推之於前而不見其始之合，引之於後而不見其終之離也。故程子曰：「動静無端，陰陽無始。非知道者，孰能識之？」○朱子曰：太極生陰陽，理生氣也。陰陽既生，則太極在其中，理復在氣之内也。又曰：性猶太極也，心猶陰陽也。太極只在陰陽之中，非能離陰陽也。然至論太極，則太極自是太極，陰陽自是陰陽，惟性與心亦然。所謂「一而二，二而一」也。又曰：太極動即是陽，非動而後生陽也。動極生静，亦非别有一静來繼此動。蓋陰氣流行即爲陽，陽氣凝聚即爲陰，非真有二物相對也。又曰：陰陽有以流行言者，一動一静，互爲其根，寒暑往來是也；有以定位言者，分陰分陽，兩儀立焉，天地上下四方是也。易有兩義，一曰變易，便是流行底；一曰交易，便是對待底。又曰：動則此理行，此動中之太極也；静則此理存，此静中之太極也。蓋陰陽五行，錯綜不失條緒，便是理。又曰：太極動而生陽，周子偶從動處發端，其實自有天地，無非此二者流行旋轉。不動則静，不静則動，中間更無空處。聖人定之以中正仁義，便是主張此二者。蓋聖人之動即天道之元亨，其静則是利貞。所以繼天地之志，述天地之事，與西銘都相貫通。如云「五行之生」至「變化無窮」，亦即「天地之塞，吾其體；天地之帥，吾其性」之意，但説有詳略緩急耳。吴草廬曰：太極無動静，動静者氣機也。氣機一動則太極亦動，氣機一静則太極亦静。故朱子釋云：「太極之有動静，是天命之流行也。」此是爲周子分解太極不當言動静，以天命之有流行，故只得以動静言也。陽變陰合，而生水火木金土。五氣順布，四時行焉。朱子曰：有太極，則一動一静而兩儀分；有陰陽，則一變一合而五行具。然五行者，質具於地，而氣行於天者也。以質而語其生之序，則曰水火木金土。而水、木，陽也；金、水，陰也。又統而言之，則氣陽而質陰也。又錯而言之，則動陽而静陰也。蓋五行之變，至於不可窮，然無適而非陰陽之道。至其所以爲陰陽者，又無適而非太極之本然也，夫豈有所虧欠間隔哉？又曰：水質陰而性本陽，火質陽而性本陰。水外暗而内明，以其根于陽也；火外明而内暗，以其根于陰也。太極圖陽動之中有黑底，陰静之中有白底，是也。横渠言「陰陽之精，互藏其宅」，正此意也。書正義曰：「萬物成形，以微著爲漸；五行先後，亦以微著爲漸。」五行之體，水最微，爲一；火漸著，爲二；木形實，爲三；金體固，爲四；土質大，爲五。○朱子曰：陽變而助陰，故生水；陰合而陽盛，故生火；木金各從其類，故在左右。問：陽何以言變？陰何以言合？曰：陽動而陰隨之，故云變合。又曰：以質語其生之序，而水木爲陽、火金爲陰者，蓋天一生水，地二生火，天三生木，地四生金。一三，陽也；二四，陰也。以氣語其行之序，而木火爲陽，金水爲陰者，蓋以四時而言，則春夏爲陽，秋冬爲陰。又曰：初生水火，流動閃爍，其體尚虚。次生木金，則確然有定形矣。水火初是自生，木金則資於土。蓋天地生物，先其輕清，以及重濁。水火在五行中最輕清，金木重於水火，土又重于金木。又曰：金木水火分屬四時，土則寄旺四季。惟夏季十八日，土氣爲最旺，故能生秋金也。以圖像考之，木生火、金生水之類，各有小畫相牽連。而火生土，土生金，獨穿乎土之内。餘則從旁而過，爲可見矣。問：向聞先生語學者五行不是相生，合下有時多有〔一〕，如何？朱子曰：此難説，若會得底，便自然不相悖，唤做一齊有也得，唤做相生也得。便雖不是相生，他氣亦自相灌注。如人五臟，固不曾有先後，但其灌注時自有次序。又曰：天地始初，混沌未分時，想只有水火二者。水之極濁便成地，火之極清便成風霆雷電日星之屬。又曰：五行之序，木爲之始，水爲之終，而土爲之中。以河圖洛書之數言之，則水一木三而土五，皆陽之生數而不可易者也，故得以更迭爲主，而爲五行之綱。以德言之，則木爲發生之始，水爲貞静之體，而土又包育之母也，故水之包五行也，以其流通貫徹而無不在，木之包五行也，以其歸根反本而藏於此也。若夫土，則水火之所寄，金木之所資，居中而應四方，一體而載萬類者也。問：金木水火，體質屬土？曰：正蒙有一説好，只金與木之體質屬土，水與火却不屬土。葉氏曰：二氣變合而生者，原於對待之體也；一氣循環而生者，本於流行之用也。愚按，唐孔氏謂大禹謨「水火金木土穀惟修」，與洪範之次不同。洪範以生數爲次，大禹謨以相克爲次，周子此所言，即洪範之次也。蓋亦就陰陽生五行者而言。若五行相生次序，則又當云木火土金水矣。今俗復有金木水火土之語，蓋班固白虎通五行章已有之。而左傳昭二十五年「用其五行」注亦如此爲次，正義云：「隨便而言之，不以義爲次也。」又按邵氏皇極經世書謂：「東赤、南白、西黄、北黑，此正色也。驗之於曉午暮夜之時，可見之矣。」張氏崏曰：東方木色青，南方火色赤，西方金色白，北方水色黑，中方土色黄，此五行之氣色，色之分辨也。東赤、南白、西黄、北黑者，一陽之氣色，色之遞變也。故嬰兒始生而赤，稍變而白，人病而黄，老死而黑。物生地下而赤，稍長而白，萎苶則黄，枯槁而黑也。物皆資一陽以生，此四變者，無物不然。五行，一陰陽也；陰陽，一太極也；太極，本無極也。五行之生也，各一其性。朱子曰：五行具，則造化發育之具無不備矣。故又即此而推本之，以明其渾然一體，莫非無極之妙，而無極之妙，亦未嘗不各具於一物之中也。蓋五行異質，四時異氣，而皆不能外乎陰陽；陰陽易位，動靜異時，而皆不能離乎太極。至於所以爲太極者，又初無聲臭之可言，是性之本體然也。天下豈有性外之物哉？然五行之生，隨其氣質而所禀不同，所謂「各一其性」也。各一其性，則渾然太極之全體，無不各具於一物之中，而性之無所不在，又可見矣。○左傳正義云：五物世所行用，故謂之五行。五者各有材能，故傳又謂之五材。釋名云「五氣于其方，各施行也」。白虎通云「爲天行氣，故謂之五行」。朱子曰：五行一陰陽，陰陽一太極，則非太極之後别生二五，而二五之上先有太極也。無極而太極，太極本無極，則非無極之後别生太極，而太極之上先有無極也。問：無極、太極本非二物？曰：無極而太極，則無極之中萬象森列，不可謂之無矣；太極本無極，則太極之體沖漠無眹，不可謂之有矣。又曰：雖云五行各一其性，然一物又各具五行之理，不可不知，康節曾細推來。無極之真，二五之精，妙合而凝。乾道成男，坤道成女，二氣交感，化生萬物。萬物生生，而變化無窮焉。

朱子曰：天下無性外之物，而性無不在，此「無極」、「二五」所以混融而無間者也，所謂「妙合」者也。「真」以理言，無妄之謂也；「精」以氣言，不二之名也。「凝」者，聚也，氣聚而成形也。蓋性爲之主，而陰陽、五行爲之經緯錯綜，又各以類疑聚而成形焉。陽而健者成男，則父之道也；陰而順者成女，則母之道也。是人物之始，以氣化而生者也。氣聚成形，則形交氣感，遂以形化，而人物生生變化無窮矣。自男女而觀之，則男女各一其性，而男女一太極也；自萬物而觀之，則萬物各一其性，而萬物一太極也。蓋合而言之，萬物統體一太極也；分而言之，一物各具一太極也。所謂天下無性外之物，而性無不在者，于此尤可以見其全矣。子思子曰：「語大，天下莫能載焉；語小，天下莫能破焉。」此之謂也。○朱子曰：天地方開，未有人種，自是氣蒸結成兩箇人後，方生許多萬物。所以先言「乾道成男，坤道成女」，然後言「化生萬物」。又曰：生氣流行，一滚而出。初非以其全氣付與人，减下一等與物也。但稟受隨其所得。物因昏塞矣，而昏塞之中亦有輕重，昏塞尤甚者，於氣之渣滓中又復稟得渣滓之甚者耳。又曰：太極只是箇極好至善底道理，人人有一太極，物物有一太極。問：「無極而太極」，先生謂此五字增减不得，而此言「無極之真」，却不言「太極」。曰：「真」字便是太極。真西山曰：就其在人物者言之，性即太極，仁義即陰陽，仁義禮智信即五行。

惟人也，得其秀而最靈。形既生矣，神發知矣，五性感動，而善惡分，萬事出矣。

知，去聲。○朱子曰：此言衆人具動静之理，而常失之於動也。蓋人物之生，莫不有太極之道焉。然陰陽五行，氣質交運，而人之所稟獨得其秀，故其心爲最靈，而有以不失其性之全，所謂天地之心，而人之極也。然形生於陰，神發于陽，五常之性，感物而動，而陽善陰惡又以類分，而五性之殊，散爲萬事。蓋二氣五行，化生萬物，其在人者又如此。自非聖人全體太極有以定之，則欲動情勝，利害相攻，人極不立，而違禽獸不遠矣。○朱子曰：天地之性是理也，才到有陰陽五行處，便有氣質之性。於此遂有昏明厚薄之殊，「得其秀而最靈」，乃氣質以後事。問：靈處是心，抑是性？曰：靈處只是心，不是性。性只是理。問：通書多説「幾」，太極圖却無此意。曰：五性感動，善惡未分處，便是幾。

聖人定之以中正仁義，【本註】聖人之道，仁義中正而已矣。而主靜，【本註】無欲故靜。立人極焉。故聖人與天地合其德，日月合其明，四時合其序，鬼神合其吉凶。

朱子曰：此言聖人全動靜之德，而常本之於靜也。蓋人稟陰陽五行之秀氣以生，而聖人之生又得其秀之秀者，是以其行之也中，其處之也正〔二〕，其發之也仁，其裁之也義。蓋一動一靜，莫不有以全夫太極之道，而無所虧焉。則向之所謂「欲動情勝，利害相攻」者，於此乎定矣。然靜者，誠之復而性之貞也。苟非此心寂然無欲而靜，則又何以酬酢事物之變，而一天下之動哉？故聖人中正仁義，動靜周流，而其動也必主乎靜。此其所以成位乎中，而天地、日月、四時、鬼神有所不能違也。蓋必體立，而後用有以行。若程子論乾坤動靜，而曰「不專一則不能直遂，不翕聚則不能發散」，亦此意耳。○朱子曰：正所以能中，義所以能仁。正與義爲體，中與仁爲用。中仁是動，正義是靜。又曰：中正仁義常在此中流轉，然必倚著靜爲之本。如無夜，則做得晝不分曉；無冬，則做得春夏不長茂。易言「利貞」者，性情也。「元亨」是發用處，必至於「利貞」，乃見乾之實體。萬物至秋冬收斂成實，方見得他本質，故曰「性情」。此亦主靜之説。問：不言禮智，而曰中正，何也？曰：禮智猶説得寬，中正則切而實矣。且謂之禮，尚或有不中節處，謂中則無過不及，乃節文恰好處也。謂之智，尚或有正不正，正則是非端的分明，乃智之正當處也。又曰：圖説首言陰陽變化之原，其後即以人所稟受明之。「秀而最靈」者，純粹至善之性也，所謂太極也。「形生神發」，則陽動陰静之爲也。「五性感動」，則陽變陰合而生水火木金土也。「善惡分」，則成男成女之象也。「萬事出」，則萬物化生之義也。至「聖人定之以中正仁義而主静，立人極」，則又有以得乎太極之全體，而與天地混合無間矣。故又言天地日月、四時鬼神，無不合也。

君子修之吉，小人悖之凶。

朱子曰：聖人，太極之全體，一動一静，無適而非中正仁義之極，蓋不假修爲而自然也。未至此而修之，君子之所以吉也；不知此而悖之，小人之所以凶也。修之悖之，亦在乎敬肆之間而已矣。敬則欲寡而理明，寡之又寡以至於無，則静虚動直，而聖可學矣。○朱子曰：修吉悖凶，最是此篇吃緊處，而其本則主於静。

故曰：「立天之道，曰陰與陽；立地之道，曰柔與剛；立人之道，曰仁與義。」又曰：「原始反終，故知死生之説。」

「死生」，一作「生死」。○朱子曰：陰陽成象，天道之所以立也；剛柔成質，地道之所以立也；仁義成德，人道之所以立也。道，一而已，隨事著見，故有三才之别，而於其中又各有體用之分焉，其實則一太極也。陽也剛也仁也，物之始也；陰也柔也義也，物之終也。能原其始而知所以生，則反其終而知所以死矣。此天地之間，綱紀造化，流行古今，不言之妙，聖人作易，其大意蓋不出此，故引之以證其説。○「立天之道」三句，見易説卦傳。「原始反終」二句，見易系辭上傳。朱子曰：陽主進而陰主退，陽主息而陰主消。進而息者其氣强，退而消者其氣弱，此陰陽之所以爲柔剛也。陽剛温厚居東南，主春夏，而以作長爲事；陰柔嚴凝居西北，主秋冬，而以斂藏爲事。作長爲生，收斂爲殺，此剛柔之所以爲仁義也。楊子所謂「於仁也柔，於義也剛」者，乃自其用處末流言之，蓋亦所謂陽中之陰，陰中之陽，固不妨自爲一義，但不可雜乎此而論之耳。又曰：陰陽是陽中之陰陽，剛柔是陰中之陰陽。陰陽以氣言，剛柔以質言。又曰：仁義中正，既知界限分曉，又須知四者之中仁義是對立關鍵。蓋禮則仁之著，智則義之藏。猶春夏秋冬雖爲四時，而春夏爲陽，秋冬爲陰，是知天地之道不兩則不能以立。故端雖有四，而立之者則兩耳。又曰：說者多以仁爲柔，以義爲剛，非也。蓋仁本是柔，然却是發出來者便是剛；義本是剛，然却收斂向裏者便是柔。仁之體本静，而其用則流行不窮；義之用本動，而其體則各止其所。此即陽中之陰，陰中之陽，互藏其根之意。又曰：始處是生生之初，終處是一定之理。始有處說生，已定處說死，死則不復變動矣。張乖崖說：「斷公事，未判屬陽，已判屬陰。」意蓋如此。朱子曰：造化周流，未著形質，便是形而上者，屬陽；才麗於形質，爲人物，爲金木水火土，便轉動不便，是形而下者，屬陰。若是陽時，便有多少流行變動在。及至成物，一成而不返，如人之初生屬陽，只管有長；及至長成，便只有衰。此氣逐漸衰減，則死矣。周子所謂「原始反終」，只於衰盡處，可見返終之理。大哉易也，斯其至矣！朱子曰：易之爲書，廣大悉備，然語其至極，則此圖盡之，其旨豈不深哉！周子手是圖以授程氏兄弟，程子之言性與天道，多出於此。然卒未嘗明以此圖示人，是必有微意焉，學者不可以不知也。問：孔門工夫皆切己做去。朱子曰：此亦未嘗不切己，皆非在外，乃我所固有也。曰：恐徒長人億度料想之見。曰：理會不得者，固如此。若理會得者，莫非在我便可受用，何億度之有？○此所謂「無極而太極」也，所以動而陽、静而陰之本體也。然非有以離乎陰陽也，即陰陽而指其本體不雜乎陰陽而爲言耳。此太極之動而陽、静而陰也。中○者，其本體也。○愚按，易上下卦各三畫，而此圖左右方亦各外、中、内三重者，蓋天、地、人三才。至極之理，自然而然，而非聖賢心思智慮之所得爲也。周易本義謂：「六爻，五、六爲天，三、四爲人，初、二爲地。」則此圖左方外、中二重爲天，右方外、中二重爲地，左右方内一重爲人。又細分之，則「立天之道曰陰與陽」，而左方外一重爲陽，中一重爲陰；「立地之道曰柔與剛」，而右方外一重爲柔，中一重爲剛；「立人之道曰仁與義」，而左方爲仁，右方爲義。問：左方屬天，右方屬地，固矣。人則兼左右方言之，何也？曰：得天地之理氣，以成性與形，故自不能離天地而獨立也。此陽之動也，太極之用所以行也。此陰之静也，太極之體所以立也。此陰中之陽。陽，動之根也。○愚按，此就右方之白者而言。此陽中之陰。陰，静之根也。○愚按，此就左方之黑者而言。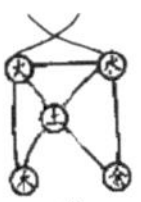此陽變陰合，而生水火木金土也。此陽之變也。此陰之合也。㊌陰盛，故居右。㊋陽盛，故居左。㊍陽稚，故次火。㊎陰稚，故次水。㊏冲氣，故居中。○愚按，凡圖解大小並指太極。其水火木金土各有一小○包之，即所謂「五行之生，各一其性」。性者，即太極也。餘○放此。黄勉齋曰：「質曰水火木金，蓋以陰陽相間言，猶曰東西南北，所謂對待者也。氣曰木火金水，蓋以陰陽相固言，猶曰東南西北，所謂流行者也。」此陽變陰合也。水右火左，而此以交系乎上，陰根陽、陽根陰也。水而木，木而火，火而土，土而金，金復生水，如環無端，五氣布

而四時行也。愚按，動而陽，靜而陰，即兩儀也。陽之動，陰之靜，與陰中之陽，陽中之陰，則四象也。陽變陰合而生水火木金土，即易之「天一地二」云云，而八卦之所由成也。

五行

一陰陽，五殊二實，無餘欠也。陰陽一太極，精粗本末，無彼此也。太極本無極，上天之載，無聲無臭也。

○五行之生，各一其性，而五行各一太極，無假借也。此無極二五，所以妙合而無間也。○愚按，舊本並作〈〉，但細按似與原畫及朱注所謂「經緯錯綜」者不合，因爲正之。其下○者，即上所謂「五行之生，各一其性」，而五行各一太極者是也。又按／自左而右，即從上陽之變者直下；／自右而左，即從上陰之合者直下。相連不斷，以間以水火字，故似乎中斷另起耳。○「乾道成男，坤道成女」，以氣化者言也。各一其性，而男女一太極也。○朱子曰：在動物如牝牡之類，在植物亦有男女，如麻有牡麻及竹有雌雄之類。愚按，氣化者，謂未有人種，陰陽之氣凝結而成者也。○萬物化生，以形化者言也。各一其性，而萬物一太極也。○愚按，形化者，謂既有人種後，交合而生者也。與上「成男」「成女」並兼人物在內。○以上悉本朱子圖解。○朱子曰：先天乃伏羲本圖，非康節所自作。雖無言語，而所該甚廣。凡今易中一字一義，無不自其中流出者。太極却是周子自作，發明易中大概綱領意思而已。

故論其格局，則太極不如先天之大而詳；論其義理，則先天不如太極之精而約。蓋合下規模不同，而太極終在先天範圍之内，又不若彼之自然，不假思慮安排也。若以數言之，則先天自一而二，自二而四，自四而八，以爲八卦。太極亦自一而二爲剛柔，自二而四爲剛善剛惡、柔善柔惡，遂加其一爲中，以爲五行，而遂下及於萬物。蓋物理本同，而象數亦無二致，但推得有大小詳略耳。劉靜修曰：先天、太極之圖，其理實未嘗不一也。先天圖之左方，震一、離兑二、乾三者，即太極圖之左方「陽動」者也。其離兑爲陽中之陰，即陽動中之爲陰靜之根者也。先天圖之右方，巽四、坎艮五、坤六者，即太極圖之右方「陰靜」者也。其坎艮爲陰中之陽，即陰靜中之爲陽動之根者也。蓋凡陽皆乾，凡陰皆坤，其左方皆離之象，右方皆坎之象。先天之與太極圖一也。故先天圖坎離列左右之門，太極圖陽變陰合而即生水火也。河圖亦然，其中宫即所謂太極、無極也，其奇偶即所謂陰陽也。其東北陽之二生數統陰之二成數，即先天、太極圖之左方也。其西南陰之二生數統陽之二成數，即先天、太極圖之右方也。其水火居南北之極，亦猶先天、太極圖之坎離水火各居左右方也。愚按，夫子所言太極，亦但就儀象、卦畫上言耳。周子又就中推去，見得天地萬物莫不皆然。且於其中指出無極示人，則其理愈精而言愈廣矣。然要之，説個「太極」，便包個無極在内；説個「易有太極」，便包個天地萬物之太極在内。則夫子之言實足以該周子之言，而周子之言亦無非發明夫子之言也。朱子實始尊信而表章之，其功偉矣。陸氏曰：正蒙云：「由太虚有天之名，由氣化有道之名。合虚與氣有性之名，合性與知覺有心之名。」朱子謂太虚便是太極圖上面一圓圈，氣化便是陰靜陽動。此是總説。「合虚與氣有性之名」，有這氣便有這理；「合性與知覺有心之名」，知覺又是那氣之虛處。此二句就人上說。本只是一個太虛，漸細分説得密耳。九峰蔡氏曰：横渠四語只是理氣二字，而細分，「由太虛有天之名」，即「無極而太極」之謂，以理言也；「由氣化有道之名」，即「一陰一陽之謂道」之謂，以氣言也；「合虛與氣有性之名」，即「繼之者善，成之者性」之謂，以人物禀受而言也；「合性與知覺有心之名」，即「人心道心」之謂，以心之體而言也。以朱子、九峰之言觀之，則知張子此四語備一篇太極圖說之意。「由太虛有天之名」，是指太極之不雜乎陰陽者言之，所謂「一故神」也。「由氣化有道之名」，是指太極之不離乎陰陽者言之，所謂「兩故化」也。下二句則是「無極之真，二五之精，妙合而凝」以下之事。但濂溪分氣爲二，曰動曰靜，而太極在其中，不離乎動靜，亦不雜乎動靜。横渠分氣爲二，曰虛曰氣，而以太虛爲不雜之太極，太和爲不離之太極。所以朱子謂其落在一邊，又謂其「有未瑩處」。然朱子又嘗謂其「議論極精密」，則此固猶無礙。惟所謂「氣聚散於太虛，猶冰凝釋于水」，朱子謂「其流乃是個大輪回」，此則與程朱不可合者也。

誠，無爲；朱子曰：實理自然，何爲之有，即太極也。○問：既誠而無爲，則恐未有惡。朱子曰：當其未感，五性具備，無有不善。及其應事，始有照管不到處置失宜處。蓋合下本但有善，惡是後一截事。幾，善惡。朱子曰：「幾者，動之微」，善惡之所由分也〔三〕。蓋動于人心之微，則天理固當發見，而人欲亦已萌乎其間矣。此陰陽之象也。○朱子曰：通書每說「幾」字，近則公私邪正，遠則廢興存亡。但於此看破，便斡轉也。此是日用第一親切工夫。「惟精惟一」，「克己復禮」，即其事也。又曰：天理人欲之分，只爭些子，故周子每說「幾」字。然辨之又不可不早，故横渠每說「豫」字。德：愛曰仁，宜曰義，理曰禮，通曰智，守曰信。朱子曰：道之得於心者，謂之德，其别有是五者之用，而因以名其體焉，即五行之性也。○朱子曰：幾善惡，德則但就善者言之。爲聖爲賢，都從此五者做就。仁義禮智信，德之體；愛宜理通守，德之用。誠，性也。幾，情也。德兼性情而言也。蔡虛齋曰：此雖似皆以用而言，然以五者並列，又有德字冠於其上，則其理自明。韓子以其發用之地而目爲道體之全，自不可也。性焉安焉之謂聖，復焉執焉之謂賢，朱子曰：性者獨得于天，安者本全於己，聖者大而化之之稱。此不待學問勉强，而誠無不立，幾無不明，德無不備者也。復者，反而至之，執者，保而持之，賢者，才德過人之稱。此思誠研幾以成其德，而有以守之者也。發微不可見、充周不可窮之謂神。通書。○朱子曰：發，動也。微，幽也。言其不疾而速，一念方萌，而至理已具，所以發之微妙而不可見也。充，廣也。周，遍也。言其不行而至，蓋隨其所寓而理無不到，所以充之周遍而不可窮也。神則聖人之德之至妙而不可測者也。又曰：「發」字、「充」字，就人看微不可見，周不可窮，却是理如此。○問：誠、幾、神，學者當從何入？朱子曰：隨處用工夫。誠是存主處，幾是決擇處。發用處是神，然緊處在幾。黄勉齋曰：此一段只把「體用」二字來讀他便見。誠是體，幾是用；仁義禮智信是體，愛宜理通守是用。在誠爲仁，則在幾爲愛；在誠爲義，則在幾爲宜。性焉復焉，發微不可見，是體；安焉執焉，充周不可窮，是用。

伊川先生曰：「喜怒哀樂之未發謂之中。」中也者，言「寂然不動」者也，故曰「天下之大本」。「發而皆中節謂之和」，和也者，言「感而遂通」者也，故曰「天下之達道」。文集。下同。○說見中庸。「寂然不動」、「感而遂通」二語，易系辭上傳文也。朱子曰：「寂然不動」，衆人皆有是心，至「感而遂通」，惟聖人能之。蓋衆人雖具此心，未發時已汩亂，思慮紛擾，夢寐顛倒，曾無操存之道。感發處，如何得似聖人中節？○按，此條今見遺書，暢潛道本列文集，誤。心一也，有指體而言者，【本註】「寂然不動」是也。○朱子曰：此言性也。有指用而言者，【本註】「感而遂通天下之故」是也。○朱子曰：此言情也。惟觀其所見何如耳。何如，一作「如何」。○見伊川與呂大臨論中書。呂氏以伊川有「凡言心者皆指已發」而言之說，因以書問，而程子答之如此。○朱子曰：程子所謂「凡言心者皆指已發」之說，蓋指心體流行而言，非謂事物思慮之交也。然與中庸本文不合，又恐學者以心爲已發，而不知有未發時涵養之功，故自以爲未當，而復正之如此。

乾，天也。天者乾之形體；乾者天之性情。乾，健也，健而無息之謂乾。「乾之」之「乾」，易傳作「天」。無，易傳作「无」。後凡遇傳之「無」倣此。○乾彖辭。朱子曰：健而不息，便是天之性情。健之體是性，健之用是情。惟其健，所以不息，不可把不息做健。又曰：性情是天愛健處。夫天專言之則道也，「天且弗違」是也。分而言之，則以形體謂之天，以主宰謂之帝，以功用謂之鬼神，以妙用謂之神，以性情謂之乾。易傳。下同。○道兼理與氣而言，如下文「形體」、「主宰」、「功用」、「妙用」、「性情」皆是。形體以氣言，如所謂「天之蒼蒼」是也；主宰以理言，如所謂「惟皇上帝，降衷於下民」是也。功用，造化之有迹者，以二氣之屈伸往來者言也；妙用，造化之無迹者，以屈伸往來之不可測者言也。○朱子曰：天地以生物爲心，心即天之主宰處也。然所謂主宰者，亦即是理，非心之外別有理，理之外別有心也。黄勉齋曰：合而言之，言鬼神則神在其中矣；析而言之，則鬼神者其粗跡，神者其妙用也。伊川言「鬼神者，造化之跡」，此以功用言也；横渠言「鬼神，二氣之良能」，此合妙用而言也。

四德之元，猶五常之仁。偏言則一事，專言則包四者。乾彖傳。偏言者，不全言也。必合義禮智仁字之理方全，今就其中分言之，則仁只是四德之一，所謂偏言也。若專言之，則舉一仁，而四德都在其中，故曰「仁者，人心之全德」。全者，兼義禮智而爲言也。朱子曰：愛之理是偏言，則一事；心之德是專言，則包四者。又曰：偏言之者，如惻隱之類；專言之者，如克己之類。然即此一事便包四者，蓋亦非二物也。陳北溪曰：禮義智亦是心之德，而不可以心之德言者，如家有兄弟四人，稱其家者，只舉長兄位號而言，則下三弟已包在内矣。黄勉齋曰：六經中專言仁者，包四德也；言仁義而不言禮智者，仁包禮、義包智。愚按，從黄氏之説推之，言仁禮而不言義智者，仁包義、禮包智；言禮義而不言仁智者，禮即仁之秩。然處義即智之分別事理，各得其宜處。蓋義禮智皆從仁流出，無仁則生意已亡，義禮智便都没有。故有時不言仁，而衆善自從仁以出，不能離也。此仁之所以包四德而獨尊也。朱子曰：文王只是説「大亨利於貞」，不以分配四時。孔子見此四字好，始分作四件説。孔子之易與文王之易略自不同。

天所賦爲命，物所受爲性。同上。〇朱子曰：理，一也。自天所賦予萬物言之，謂之命；以物所稟受於天言之，謂之性。命猶誥敕，性猶職任。

鬼神者，造化之迹也。乾文言傳曰：「與鬼神合其吉凶。」朱子曰：造化之妙不可得而見，於其氣之往來屈伸者足以見之。微鬼神，則造化無迹矣。陸氏曰：迹，指能屈能伸者言，非謂有迹可見也。

剥之爲卦，諸陽消剥已盡，獨有上九一爻尚存，如碩大之果不見食，將有復生之理，上九亦變則純陰矣。然陽無可盡之理，變於上則生於下，無間可容息也。聖人發明此理，以見陽與君子之道不可亡也。「將有」之「有」，易傳作「見」。復，扶又反。下「爲復」、「復生」，音服，餘同此。間，如字。〇「碩果不食」，剥上九爻辭。果中有仁，則天地生生之心存，故有復生之理。「間不容息」，出淮南子原道訓篇。或曰：剥盡則爲純坤，豈復有陽乎？曰：以卦配月，則坤當十月。以氣消息言，則陽剥爲坤，陽來爲復，陽未嘗盡也。剥盡於上，則復生於下矣。故十月謂之陽月，恐疑其無陽也。陰亦然，聖人不言耳。陰死爲消，陽生爲息。息有止義，而訓爲生者，蓋一事止則一事生，中無間斷，亦剥盡復生之意也。十月爲陽，見爾雅。朱子曰：凡陰陽之生，一爻當一月，須是滿三十日，方滿三十分而成一畫。剥之陽盡于十月，小雪爲純坤，然陽于小雪已生三十分之一分，則坤固未嘗無陽也，但始生甚微，不能成一畫耳。須積漸生去，至冬至，終滿得三十分而成一畫。不是昨日全無，今遂一旦都復，所謂「一氣不頓進，一形不頓虧」也。又曰：陰亦然，以夬、乾、姤推之可見。

聖人所以不言者，便是參贊裁成之道。蓋扶陽抑陰，長善消惡，進君子退小人，自是理當如此。如堯舜之世豈無小人？但有聖人在上，不容他出而有爲耳。愚按，董仲舒謂：十月純陰，疑于無陽，故謂之陽月。四月純陽，疑于無陰，故謂之陰月。觀此則四月亦有陰月之說。程子以爲聖人不言者，蓋特據爾雅及易文言傳而言耳。○饒氏曰：此陰陽消息之理，至精至微，自程子始發之。然但言其理，而未有以驗其氣數之必然也。朱子又從而推明之曰：「是當以一爻分三十分，陰陽日進退一分。剥之陽剥於九月之霜降，而盡于十月之小雪。復之陽則生於小雪，而成於十一月之冬至。夬之陰決于三月之穀雨，而盡于四月之小滿。姤之陰則生於小滿，而成於五月之夏至。」於是理與數合，然後知陰陽絶續之際，果無一息之間斷。而程子之言爲愈信矣。

一陽復於下，乃天地生物之心。先儒皆以靜爲見天地之心，蓋不知動之端乃天地之心也。非知道者，孰能識之？兩「乃」字下，並當有「見」字。朱子謂動是見天地之心，不是天地之心。如十月豈得謂無天地之心？流行固自若也，但人不見耳。愚按，遺書謂「復卦非天地之心，復則見天地之心」，然則程子固已言之矣〔四〕，蓋此爲易傳脱誤無疑也。○復彖曰：「復其見天地之心乎？」下，謂初六畫。初最居下，故曰下也。端，緒也。陽初復，尚微，故以端言之。遇此則陽氣浸長，萬物蕃盛，天地之心反不可得而見矣。朱子曰：十月積陰，陽氣收斂，天地生物之心固未嘗息，但無端倪可見。一陽既復，則生意發動，乃始復見其端緒也。○李氏曰：一陽復于下，程子以動而言也；利貞誠之復，周子以靜而言也。以靜言者，於坤爻指其所歸之地；以動言者，於震爻指其所動之處。所歸之地，利貞之德；

所動之處，又元之德也。言異而意同矣。朱子曰：王弼亦以静而言，然以卦爻之意推之，自當以伊川之説爲正。又曰：學者但如初九象傳所云，知不善則速改，以從善爲最要切處。若云須窺見端倪而心體可識，則又是添却一事也。

仁者天下之公，善之本也。復六二象曰：「休復之吉，以下仁也。」人心之所同然者謂之公，於下仁上見得仁天下之公。有仁則惻隱、羞惡、辭讓，是非之端皆由此出，故曰「善之本也」。徐進齋曰：仁謂初剛，剛復於下，在人則惻隱之心，仁之端也。初不遠復，二從初而復，故曰「以下仁也」。李閎祖曰：「天下之公」，是無一毫私心。「善之本也」，是萬善從此出。○愚按，朱子謂「此語寬而不切」，蓋程子本但就下仁上言之，故如此寬説。朱子取之，則直以仁之德言矣，與易傳本旨微别。

有感必有應。凡有動皆爲感，感則必有應，所應復爲感，所感復有應，所以不已也。感通之理，知道者默而觀之可也。所感，易傳無「所」字。「所以不已也」以上，咸九四傳。末二語，則象「天地感而萬物化生」節傳也。有感必有應，總天地萬物之理言之。「凡有動」五句，所以申明「有感必有應」之意。蓋此理無物不有，無時不然，默而觀之，而天地萬物之情可見矣。○朱子曰：人之氣與天地之氣常相接無間斷，人自不見。如卜筮之類，皆是心自有此物，所以才動便應。凡人一睡一覺，一出一入，一語一默，以至盛衰治亂，無不如此。問：感應工夫，于學者有用處否？曰：此理無乎不在。如繫辭傳所云「精義入神，以致用也，利用安身，以崇德也」，亦是此理。

天下之理，終而復始，所以恒而不窮。恒非一定之謂也，一定則不能恒矣。唯隨時變易，乃常道也。天地常久之道，天下常久之理，非知道者，孰能識之？「乃常道也」以上，恒象「利有攸往，終則有始」傳，其「天地常久」以下，則下「日月得天而能久照」節傳也。天地常久之道，以造化言，如晝夜、寒暑之類是也。天下常久之理，以人事言，如出處、語默之類是也。朱子曰：隨時變易。如君尊臣卑，分固不易，然上下不交亦不得；父子固親親，而所謂「命士以上異宮門」，又有變焉。又如「可以仕則仕，可以止則止」，孟子辭齊王之金，而受宋、薛之饋，皆隨時變易，故可以爲常也。又曰：論其體則終是恒，然體之常所以爲用之變，用之變乃所以爲體之恒。

人性本善，有不可革者，何也？曰：語其性則皆善也，語其才則有下愚之不移。革上六傳。下愚不移，説見論語。所謂下愚有二焉：自暴也，自棄也。人苟以善自治，則無不可移者，雖昏愚之至，皆可漸磨而進。唯自暴者拒之以不信，自棄者絶之以不爲，雖聖人與居，不能化而入也，仲尼之所謂「下愚」也。漸，音尖。「進」下，原書有「也」字。〇「自暴自棄」，説見孟子。「拒之以不信」者，謂其無有此理也。「絶之以不爲」者，則知有此理而謂己之不能爲也。朱子曰：自暴者有强悍意，剛惡之所爲；自棄者有懦弱意，柔惡之所爲。〇朱子曰：以夫子之言觀之，人固自有不移者，而程子則以爲無不可移，蓋以其不肯移而後不可移耳。夫子本但以氣質而言其品第，未及乎不肯、不可之辨也。程子則以稟賦甚異而不肯移，非以稟賦之異而不可移也。然天下自棄自暴者，非必皆昏愚也，往往强戾而才力有過人者，商辛是也。聖人以其自絶於善，謂之「下愚」，然考其歸，則誠愚也。史記稱紂：「資辯捷疾，聞見甚敏，才力過人，手格猛獸。知足以拒諫，言足以飾非。」則天資固非昏愚者，然力可以爲善，而絶之而不爲，非下愚而何？既曰「下愚」，其能革面，何也？曰：心雖絶於善道，其畏威而寡罪，則與人同也。唯其有與人同，所以知其非性之罪也。革上六曰：「小人革面。」

在物爲理，處物爲義。艮彖傳。程子以順理合義解「動静不失其時」，因復言此，以明「理義」二字之意。事物各有當然之則，而在物言之，則謂之理；就吾之所以處之者言之，則謂之義。陳北溪曰：理是體，義是用。理是事物當然之則，義則所以處此理者。陳潛室曰：理對義言，則理爲體而義爲用；理對道言，則道爲體而理爲用。吴草廬曰：凡物必有所以然之故，亦必有所當然之則。所以然者，理也；所當然者，義也。理之有義，猶形影、聲響也。○吕氏曰：湛甘泉改作「在心爲理」，便是義外之病。若以物爲外，是分内外之道，非皆備之旨也。又曰：禪學最怕拈著理字，後來便要拈理字以明其非。禪只打開物字，則理字便好活用。此正僧杲教張侍郎所謂「即用儒家言語改頭换面，接引人去」之術也。姚江格物之説正是此法。

動静無端，陰陽無始。非知道者，孰能識之？經説。下同。○易繫辭傳。朱子曰：「動静無端，陰陽無始」，本不可以先後言。然就中間截斷言之，則亦不害其有先後也。觀周子所言「動而生陽」，則未動之前固已嘗静矣。又言「静極復動」，則已静之後固必有動矣。如春夏秋冬，元亨利貞，固不能無先後，然不冬則無以爲春，不貞則無以爲元，就此言之，又自有先後也。○愚按，程子於咸之感應，恒之變易，復之見天地之心，皆以歸之知道者，而於此復云然。蓋其所以感應，所以變易，天地之心之所以見者，無非道也，亦無非太極之陰陽動静也。必於此有默契焉，而後於天地生物之心，天下感通之理，天地常久之道，静觀默識，而有以自得之矣。

仁者天下之正理，失正理則無序而不和。論語説。失正理，以心言；無序不和，以事言也。朱子曰：仁固是正理，然必以正理從人心上言之，方説得「仁」字全。蓋仁者本心之全德，人若本然之良心存而不失，則所作爲自有序而和。不然，而此心一放，只是以人欲私心爲之，安得有序？安得有和？又曰：如義禮智，皆可謂天下之正理，便是程子之説有太寬處。

天地生物，各無不足之理。常思天下君臣、父子、兄弟、夫婦，有多少不盡分處。分，音問。○遺書。下同。○「天地」二句，以其在物者而言；「君臣父子」二句，以人之所以處物者而言。

「忠信所以進德」，「終日乾乾」，君子當終日「對越在天」也。説見乾九三文言傳。「對越在天」，詩周頌清廟篇之辭也。忠信則所爲皆實，故德自進。乾，天也。「終日乾乾」，則終日「對越在天」矣。越，於也。朱子曰：「忠信進德」，「修辭立其誠」，便是「終日乾乾」。○此一節釋「終日乾乾」之義。

蓋「上天之載，無聲無臭」，其體則謂之易，其理則謂之道，其用則謂之神，其命於人則謂之性。率性則謂之道，修道則謂之教。「上天之載，無聲無臭」，所謂「無極而太極」也。體，體質也，猶言骨子也。該體用而言，静而動，動而静，所以爲易之體也。易者，陰陽錯綜變易之謂，而其所以能陰陽變化者，道也。其功用著見處則謂之神。下三句，説見中庸章句。程子嘗言「吾儒本天」，於此可見。○朱子曰：其體謂之易，在人則心也；其理謂之道，在人則性也；其用謂之神，在人則情也。「其體」三句，就在天者而言；「其命於人」三句，則就在人者言之。孟子去其中又發揮出浩然之氣〔五〕，可謂盡矣。中庸性、道、教皆就理言，然人亦有明知理之當然，而或不免於疑懼而不能以有爲者，則氣之未充也。孟子又於其中發揮出浩然之氣。蓋此氣一生，勇往精進，無復疑懼，從此直上，自有以全夫天命之本然，而性可以盡，道可以凝，即教亦可以自我而立矣。四子書中精藴不外是四者，程子指出示人，學者其詳究焉。故説神「如在其上，如在其左右」，大小大事，而只曰「誠之不可揜如此夫」。徹上徹下，不過如此。形而上爲道，形而下爲器，須著如此説。器亦道，道亦器，但得道在，不繫今與後，己與人。只，音止，俗讀若「質」者非。夫，音扶。著，直酌反，後倣此。○語類以此條爲伊川語。○上文説道已盡，此以見道體無所不在。上而天地鬼神，下而萬事萬物，無非此理。因復引易傳之言以明之。「大小大事」，宋時方言，猶云多少大事也，後倣此。不繫，猶言不拘也。問：形而上下，如何以形言？朱子曰：此言最的當。蓋若以有形、無形言之，則是物與理相間斷也。明道所以謂「惟此語截得上下最分明」。器亦道，道亦器，有分别而不相離也。又曰：「形而上者，指理而言；形而下者，指事物而言。總是須於事事物物上見得此理，然後于己有益。所以大學不謂之窮理，而謂之格物。異端將道理説作玄妙空虛之物，而以人事爲下面粗濁者，故都欲擺脱去也。」此條總發明所以「終日乾乾」之意。〇以上二條以原書不分二先生語，今仍之，後倣此。

醫書言手足痿痹爲不仁，此言最善名狀。仁者以天地萬物爲一體，莫非己也。認得爲己，何所不至？若不有諸己，自不與己相干。如手足不仁，氣已不貫，皆不屬己。痿，音威。痹，音秘，從畀予之畀，與爾雅「鷯鶉雄鶛牝痺」之「痺」從卑者别，彼平聲，此去聲也。今四書大全本「從卑，音畀」者，誤。〇痿痹，張揖曰：「不能行也。」内經痹論篇云：「皮膚不營，故爲不仁。」又曰：「痹在於内則不仁。」痿論篇云：「肌肉不仁，發爲内痿。」又云：「痹而不仁，發爲内痿。」痿與痹分爲二，程子概舉而兼言之，又專屬手足，亦約略言之耳。陳定宇曰：仁者之心，視人物即己身也。體認得人物皆爲己，則此心之仁周流貫通，何所不至？不然則私意間隔，與人物自不相連屬矣。〇朱子曰：與天地萬物爲一體，固是仁。然便將與天地萬物爲一體作仁不得。蓋如此只記得仁之軀殻，必須實見得爲己，方爲親切。黄勉齋曰：所謂仁者，當於「氣已不貫」上求之。故博施濟衆，乃聖之功用。仁至難言，故止曰：「己欲立而立人，己欲達而達人，能近取譬，可謂仁之方也已。」欲令如是觀仁，可以得仁之體。「聖」下，呂本無「人」字，遺書有。令，平聲。〇明道語。〇問：程子作一統説，先生作二段説，如何？朱子曰：程子之説如大屋一般，愚説如大屋下分别廳堂房屋一般。又曰：程子合而言之，上下似不相應，不若分而截看。惟仁者之心如此，故求仁之術必如此也。又曰：無私是仁之前事，與天地成物爲一體是仁之後事。惟無私然後仁，惟仁然後與天地萬物爲一體。學者欲曉得「仁」名義，須並「義禮智」三字看。欲真個見得仁模樣，須是從克己復禮做工夫去。聖人都不説破，在學者以身體之而已矣。

「生之謂性」，性即氣，氣即性，生之謂也。「性即氣」者，見性之不能離乎氣也；「氣即性」者，言氣以成形而性即附於其中也。○按，告子以氣爲性，猶佛氏「作用是性」之説，程子却引來見人生以後便已離氣不得，與告子語意大别。人生氣禀，理有善惡，然不是性中元有此兩物相對而生也。朱子曰：「理」字只作「合」字看，猶言理當如此。承上文而言，性既離氣不得，則人之生也，自不能無善惡之殊矣。然非性中本有此善惡二者相對而生，見性本有善而無惡也。有自幼而善，有自幼而惡，是氣禀有然也。善固性也，然惡亦不可不謂之性也。程子又云：善惡皆天理。謂之惡者，非本惡，但或過或不及便如此，如楊墨之類。○【本註】后稷之「克岐克嶷」，子越椒始生，人知其必滅若敖氏之類。是氣禀有然也。善固性也，然惡亦不可不謂之性也。○「克岐克嶷」，見詩大雅生民篇。楚司馬子良生子越椒，子文曰：「是子也，熊虎之狀而豺狼之聲，弗殺，必滅若敖氏。」後果然。事詳春秋左傳。若敖即子文之祖也，與欒武子所謂「訓之以若敖、蚡冒」之若敖别，蓋彼乃楚武王之祖熊儀也。承上文而言，性既本無不善矣，而有自幼而善不善異者，非其性之有不善也，蓋因氣禀昏濁，性遂爲所汩没，以至於此耳。要之，雖爲所汩没，而其本善者固未嘗不在也。朱子曰：惻隱是善，於不當惻隱者而惻隱便是惡；剛斷是善，於不當剛斷者而剛斷便是惡。然其原却從天理上來，只是爲人欲翻轉，故用之不善而爲惡耳。如放火殺人可謂至惡，若把火去炊飯，殺其所當殺之人，豈不是天理？又如溝渠至濁，當初若無清底水，緣何有此？又曰：如墨氏本是惻隱，孟子推其弊至於無父，豈不是惡？然亦不可不謂之性也。蓋「生之謂性」，「人生而靜」以上不容說，才說性時便已不是性也。上，上聲。「才」，本作「纔」。宋徐鉉曰：古亦用「才」，爲「纔」始字，晉謝混傳：「才小富貴，便豫人家事。」古通用財、裁字。後倣此。〇「人生而靜，天之性也」，見禮樂記篇。朱子曰：「人生而靜」以上，即是人物未生時，只可謂之理，未可名爲性，所謂「在天曰命」也；才說性時，便是人生以後，此理已墮在形氣中，不全是性之本體矣，所謂「在人曰性」也。〇朱子曰：「人生而靜」，「生」字已自雜氣質言之。生而靜以上，便只是理。「才說性」，「性」字雜氣質與本然之性說。「便已不是性」，「性」字却是本然之性。凡人說性，只是說「繼之者善也」，孟子言人性善是也。夫所謂「繼之者善也」者，猶水流而就下也。「孟子言」下，遺書有「人」字。夫，音扶。〇「繼之者善」，見易繫辭上傳，此以上言本然之性。〇朱子曰：易所謂「繼之者善」，在性之先，此引來又在性之後說。蓋易以天道之流行者言，此以人性之發見者言。天道流行如此，所以人性發見亦如此。蓋此發見處便見本原之至善，不待別求。若可別求，則是「人生而靜」以上，却容說也。陳北溪曰：夫子所謂善，是就人物未生之前，造化源頭處說，善乃重字，爲實物。若孟子所謂性善，則是就「成之者性」處說，是人生以後事，善乃輕字，言此性之純粹至善耳。其實由造化源頭處有是「繼之者善」，然後「成之者性」時方能如是之善。則孟子之所謂善，實淵源于夫子之所謂善者而來，而非有二本也。皆水也，有流而至海，終無所汙，此何煩人力之爲也？有流而未遠，固已漸濁，有出而甚遠，方有所濁。有濁之多者，有濁之少者。清濁雖不同，然不可以濁者不爲水也。此又以水之清濁譬之，見人之氣質不同有如此者。朱子曰：水之清者，性之善也。流至海而不汙者，氣質清明。自幼而善，聖人性之，而自全其天者也。流未遠而已濁者，氣質偏駁之甚，自幼而惡者也。流既遠而方濁者，長而見異物而遷焉，失其赤子之心者也。濁有多少，氣之昏明純駁有淺深也。不可以濁者不爲水，是惡亦不可不謂之性也。如此則人不可以不加澄治之功。故用力敏勇則疾清，用力緩怠則遲清。及其清也，則却只是元初水也，不是將清來換却濁，亦不是取出濁來置在一隅也。水之清，則性善之謂也。故不是善與惡在性中爲兩物相對，各自出來。却，俗卻字。〇此一節言人能變化氣質，則本然之性可復也。朱子曰：人雖爲氣所昏，而性則未嘗不在其中，故不可不加澄治之功。惟能學以勝之，則知此理渾然，初未嘗損，所謂「元初水也」。雖濁而清者存，故非將清來換濁；既清則本無濁，故非取濁置一隅也。如此則其本善而已矣，性中豈有兩物對立而並行也哉？問：水亦可以澄治？曰：舊有人嘗裝惠山泉去京師，或時臭了。京師人會洗水，將沙石在筧中，上面傾水，從筧中下去，如此十數番，便漸如故。可見水亦可澄治，但減些分數耳。〇葉氏曰：前以性之本然者言，則曰相對而生；此從性之發見處言，則曰相對各自出來。此理，天命也。順而循之，則道也。循此而修之，各得其分，則教也。自天命以至於教，我無加損焉，此舜「有天下而不與焉」者也。分，音問。與，音預。○語類以此條爲明道語。○此一節見學者所以求道與聖人所以爲教，皆一循夫天命之自然，而不得有所加損於其間也。朱子曰：此理天命也，該始終本末而言也。修道雖以人事言，然其所以修者，莫非天命之本然，非人私智所能爲也。然非聖人有不能盡，故以舜事明之，但非論語本文之意。

觀天地生物氣象。【本註】周茂叔看。○此亦就物之初生時觀之，說見下文。朱子曰：此即周子窗前草不除去，云「與自家意思一般」是也。但亦只是偶然如此，便說出來示人，不是有意專要去守看生物氣象也。

明道先生曰：萬物之生意最可觀，此「元者善之長」也，斯所謂仁也。長，張丈反。○「元者善之長」，見易文言傳。朱子曰：物之初生，淳粹未散，最好看。及幹葉茂盛，便不好看。見孺子入井時，怵惕惻隱之心，只這些子便見得仁。到他發政施仁，其仁固廣，然却難看。又曰：如元亨利貞皆是善，而元則爲善之長，亨利貞皆從此中來。仁義禮智亦皆善，而仁則爲萬善之首，義禮智皆從此中出耳。

滿腔子是惻隱之心。腔子，猶言軀殼也，洛中語。朱子曰：腔只是此身裏虛處，此就人身上指出此理充塞處，最是親切〔六〕。若於此見得，即萬物一體，更無内外之别。又曰：彌滿充實無空闕處，如刀割著亦痛，針刺著亦痛。

天地萬物之理，無獨必有對，皆自然而然，非有安排也。每中夜以思，不知手之舞之，足之蹈之也。安排，俗語，猶言佈置也。然莊子大宗師篇已有之。朱子曰：程子謂「無獨必有對」，要之，獨中亦自有對。如棋盤，路兩兩相對，末稍中間只空一路，若無對者，然却對那三百六十路，所謂「一對萬，道對器」也。又如土亦似無對，然却與金木水火相對，蓋金木水火是有方所，上却無方所，亦對得過。胡敬齋曰：一物之中各有兩儀。如天本屬陽，而「立天之道曰陰與陽」；地本屬陰，而「立地之道曰柔與剛」。豈不是一各含兩之義？水雖屬陰，亦有陽水、陰水，壬癸是也。餘皆然。

中者天下之大本，天地之間，亭亭當當、直上直下之正理。出則不是，唯「敬而無失」最盡。當，去聲。○亭亭當當，俗語也。引以形容中之在我，其體段如此。「出則不是」，言發則不可謂之中也。敬不是中，但能「敬而無失」，即所以全其未發之中也。朱子曰：中只是渾淪在此，萬事萬物之理都從此中出，故曰大本。若昏昧放逸，而或失之，則不是所謂中矣。○以上並明道語。

伊川先生曰：公則一，私則萬殊。人心不同如面，只是私心。此因左傳子産之言而論之如此。公、私，以心言。「只是私心」，所以明「人心不同如面」之故也。公則一循夫義理之當然，而不得意爲豐約，故一。私則各隨其義之所便安〔七〕，而不循上下之分，故萬殊。○按，呂氏童蒙訓亦載此條，語少異。

凡物有本末，不可分本末爲兩段事。灑掃應對是其然，必有所以然。灑，上聲，又去聲。掃，去聲。○齊氏曰：灑掃，如内則所謂「雞初鳴」，「灑掃室堂及庭」；曲禮所謂「爲長者糞，加帚箕上，以袂拘而退，以箕自向而投之」之類是也。應對，如内則所謂「在父母舅姑之所，有命之應唯敬對」；曲禮所謂「長者負劍辟咡詔之，則揜口而對」之類是也。朱子曰：治心修身是本，灑掃應對是末，皆其然之事也。至於所以然，則理也，理無精粗本末。又曰：有本末者，「其然」之事也。不可分者，以其「所以然」之理也。

楊子拔一毛不爲，墨子又摩頂放踵爲之，此皆是不得中。至如「子莫執中」，欲執此二者之中，不知怎麼執得。識得則事事物物上，皆天然有箇中在那上，不待人安排也，安排著則不中矣。怎，津上聲。「事事物物」，葉本作「凡事物」。○説見孟子。怎麼，俗語辭，猶言那個。安排，説見前。朱子曰：聖人義精仁熟，非有意於執中，而自然無過不及，故有執中之名，而實未嘗有所執也。若學未至，理未明，而徒欲求夫所謂中者而執之，殆愈執而愈失。既不識中，乃慕夫時中者，而欲隨時以爲中，吾恐其失之彌遠，未必不流而爲「小人之無忌憚」也。

問：時中如何？伊川先生曰：中字最難識，須是默識心通。須，從彡，俗誤從水作「湏」。按説文湏，古文沬字，有妹、誨二音。與「須臾」之「須」别。且試言一廳則中央爲中，一家則廳中非中而堂爲中，言一國則堂非中而國之中爲中。推此類可見矣。如三過其門不入，在禹、稷之世爲中，若居陋巷，則非中也。居陋巷，在顏子之時爲中，若「三過其門不入」，則非中也。過，平聲。○此蘇季明問，而程子答也。問：禹、稷過門不入，如家有父母，豈可不入？朱子曰：固是，然事亦須量緩急。如洪水之患不甚爲害，未遂至傾國覆都，自當過家見父母。不然，而君父危亡之災急於奔救，雖不過見父母亦不妨也。

无妄之謂誠，不欺其次矣。「无」，俗誤作「旡」。旡，音寄，飲食氣逆不得息也，與有无之「无」異。○朱子曰：无妄是自然之誠，不欺是著力去做底。【本註】李邦直云：「不欺之謂誠。」便以不欺爲誠。徐仲車云：「不息之爲誠。」中庸言「至誠無息」，非以無息解誠也。或以問先生，先生曰云云。○李邦直，名清臣，魏人。紹聖初爲中書侍郎，廷試發策，首倡紹述之説，國事遂變。尋爲曾布所陷，出知大名府而卒。徐仲車，名積，楚州山陽人。以聾疾不仕，後賜謚節孝處士。陳北溪曰：「誠」字後世都説差，至伊川謂「無妄之謂誠」，字義始明。朱子又加以「真實」二字，愈見分曉。後世輒以「至誠」二字加人，只成箇謙恭敬謹意。不知「至誠」二字，惟聖人可以當之，豈可輕以加人？

沖漠無眹，萬象森然已具，未應不是先，已應不是後。沖、冲通用〔八〕。眹從目，直引切，在軫韻，與從月者音義俱别。朕，直稔切，在寢韻，我也，從舟省。○沖漠，澹静貌。眹，幾微萌兆也。森然，參差布列貌。言沖漠至静之中，萌兆尚未發動，而萬事萬物之理，已森然備具於吾性之中。然則雖未應事接物，而其所以出而應接者，其理固已無弗具焉。及其出而應接，亦即其沖漠無眹中充然具足，而初無待於外求者也，又可以先後分乎？○朱子曰：未應固是先，却只是後來事；已應固是後，却只是未應時理。又曰：須看得只此當然之理。沖漠無眹，非此理之外别有一物沖漠無眹也。若形而上下，便有分别。須分得此是體，彼是用，方説得一源；分得此是象，彼是理，方説得無間。若只是一物，却不須更説一源、無間也。如百尺之木，自根本至枝葉皆是一貫，不可道上面一段事無形無兆，却待人旋安排引入來教入塗轍。安排，見前。轍，車轍。塗轍，猶言規矩尺度。蓋古者車之轍迹有一定之度，故云此，以明上文之意。不可道上面無形無兆，是未應，不是先也；不是待安排引入來教入塗轍，是已應，不是後也。○朱子曰：天只是一元之氣流行不息，此便是大本，便是太極。萬物從此流出去，一一各足，無有欠闕，皆自然而然，不是待人旋安排妝點也。既是塗轍，却只是一箇塗轍。此以明上文「一貫」之意。言事雖千頭萬緒，而其理初無有二也。

近取諸身，百理皆具。屈伸往來之義，只於鼻息之間見之。屈伸往來只是理，不必將既屈之氣復爲方伸之氣。生生之理，自然不息。復，扶又反，下「復生」之「復」同。○百理，指天地造化之理而言，如下文「屈伸往來」皆是。首二句是統人之一身言之，鼻息之間又其最易見者，故特指以示人。夫子遠取諸物而於川流，此近取諸身而於鼻息，其義一也。學者能于此驗之，而天地萬物之理可不必遠求而得矣。○朱子曰：此爲横渠「形潰反源」之説而發也。問：屈伸往來，氣也，而程子曰「只是理」，何也？曰：其所屈伸往來者，是理必如此。如「一陰一陽之謂道」，陰陽氣也，其所以一陰一陽循環而不已者，乃道也。如復卦言「七日來復」，其間元不斷續。陽已復生，物極必返，其理須如此。有生便有死，有始便有終。日，即月也，猶詩言「一之日」、「二之日」也。以卦配月，則自五月陽始消而爲姤，至十一月陽生而爲復，凡七月也。程沙隨、鄭亨仲、陸庸成並云：日陽象，月陰象。八，少陰之數；七，少陽之數。故言陽來之期曰七日，言陰來之期曰八月。朱子亦謂：「七日」只取七義，猶「八月有凶」只取八義。王伯厚曰：王介甫詩説云：「彼曰七月、九月，此言一之日、二之日，何也？陽生矣則言日，陰生矣則言月，與易臨「至於八月有凶」，復「七日來復」同意。四月，正陽也。秀葽言月者，以陰始生也。」又曰：復所謂「七日」，其説有三：一謂卦氣起中孚，六日七分之後爲復；一謂過坤六位，至復爲七日；一謂自五月姤一陰生，至十一月一陽生，凡七月。程朱並取自姤至復之説。李子思曰：復剛長以日云者，幸其至之速；臨陽消以月云者，幸其消之遲。○朱子曰：人只有許多氣，須有盡時。盡則魂氣歸於天，形魄歸於地，而死矣。而人死雖終歸於散，亦未便散盡，故祭祀有感格之理。然已散者不復聚，釋氏却謂「人死爲鬼，鬼復爲人」，如此則天地間常只是許多人來來往往，更不由造化生生，必無此理。

天地之間，只有一箇感與應而已，更有甚事？甚，猶何也。朱子曰：「感應」二字有二義：以感對應而言，則彼感而此應；專於感而言，則感又兼應意，如感恩、感德之類。又曰：物固有自内感者，亦有自外感者。如人語極須默，默極須語，以至一動一靜，一往一來，自相爲感，便是内感。如有人自外來喚自家，便是外感。如此看，方周遍平正。

問仁，伊川先生曰：此在諸公自思之，將聖賢所言仁處類聚觀之，體認出來。孟子曰：「惻隱之心，仁也。」後人遂以愛爲仁。愛自是情，仁自是性，豈可專以愛爲仁？孟子言：「惻隱之心，仁之端也。」既曰仁之端，則不可便謂之仁。退之言「博愛之謂仁」，非也。仁者固博愛，然便以博愛爲仁則不可。退之，韓氏，名愈，南陽人。南陽，今懷慶府修武縣。後漢志所謂故南陽，秦始皇更名修武者也。唐貞元八年進士，官至吏部侍郎，謚曰文。○朱子曰：自二程先生以來，學者始知理會仁字，不敢只作愛說。然專務言仁，而於操存涵養之功不免有所忽略，故無復優柔饜飫之味，克己復禮之實，所以爲說恍惚驚怪，弊病百出，殆反不若全不知有仁字，而只作愛字看却之爲愈也。又曰：類聚孔孟言仁處以求夫仁之說，程子爲人之意可謂深切。然專如此用功，却恐不免長欲速好徑之心，滋入耳出口之弊，亦不可不深察也。

問：仁與心何異？此劉安節問也。伊川曰：心譬如穀種，生之性便是仁，陽氣發處乃情也。陳潛室曰：以心爲仁不可，但人心中具此生理；以穀種爲仁不可，但穀種中亦含此生理。其陽處發動，生出萌芽，便是惻隱之情也。又曰：穀不過是穀實結成，而穀之所以才播種而便萌蘗者，蓋以其有生之性。心不過是血氣做成，而心之所以有運動惻隱處，亦以其有生之性。人心之與穀種，惟其有生之性，故謂之仁，而仁則非牿於二者之形也。孟子恐人懸空去討仁，故即人心而言；程子又恐人以人心爲仁，故即穀種而言。

義訓宜，禮訓別，智訓知，仁當何訓？說者謂訓覺、訓人，皆非也。當合孔孟言仁處，大概研窮之，二三歲得之，未晚也。謝氏因程子有「手足痿痺爲不仁」之説，故以有知覺識痛癢者爲仁。覺則可以得其固有之仁，而不可即以覺爲仁也。人則無不具此固有之仁，而不可即以人爲仁也。以覺與人爲仁，與佛氏「作用是性」之説相似。朱子曰：仁是愛之體，覺是智之用。仁統四端，故仁則無不覺，然便以覺爲仁則不可。仁者，人之所以爲人之理也。人則只是形質而已，故「仁者人也」。仁不在人之外，便以人爲仁則不可。○朱子曰：學者實欲求仁，莫若力行之近。惟不學以明其理，故其蔽愚。若主敬、致知交相爲助，則自無此患矣。若欲曉仁之名義，不若且將愛字推求。如見得仁之所以爲愛，與愛之所以不能盡仁，則仁之名義意思瞭然在目矣。諸葛氏曰：泥愛字則不知仁之體，舍愛字則不知仁之用。

性即理也。朱子曰：在心謂之性，在事謂之理。蔡虚齋曰：理指心中之理而言，故爲性。天下之理，原其所自，未有不善。喜怒哀樂未發，何嘗不善？發而中節，則無往而不善。凡言善惡，皆先善而後惡；言吉凶，皆先吉而後凶；言是非，皆先是而後非。「自」下，吕本無「來」字。樂，音洛。中，並去聲。「凡言」上，葉本有「發不中節，然後爲不善，故」十字。○此唐棣問性如何，而程子答之如此。【本註】易傳曰：成而後有敗，敗非先成者也；得而後有失，非得何以有失也？○「本註」以下，葉本無之，今從諸本增。○易傳大有卦之彖傳也。朱子曰：未發之前，氣不用事，所以有善而無惡。又曰：「性即理也」一語，攧撲不破，自孔子後惟伊川説得盡。○蔡虚齋曰：程子「先善後惡」之説固好，然亦有不儘然者，如邪正、災祥、曲直之類。蓋從語言所便，久之遂爲不易之成語耳。愚按，如晉六五爻辭「失得勿恤」、繫辭上傳「吉凶者，言乎其失得也」、下傳「以明失得之報」之類，皆先失後得，則程子之言似不必盡拘也。

問：心有善惡否？此劉安節問也。曰：在天爲命，在義爲理，在人爲性，主於身爲心，其實一也。心本善，發於思慮，則有善有不善。若既發，則可謂之情，不可謂之心。姚氏謂「義」當作「物」字，今從之。其實一也，言其本無有不善也。蓋上三者之本善，人知之，而心則以爲雜於形氣之私，而不能無不善。故程子特明其爲一，以見心之本無不善也。本善，指心之本體而言；既發，承發於思慮而言。不可謂之心，謂不可謂之心之本體也。○朱子曰：謂「既發不可謂之心」，亦記者之誤。程子論心，惟答呂與叔最後一篇爲盡。而張子所謂「心統性情」，亦爲切要。若前所謂心指已發而言之，說則與此正相反而胥失之矣。譬如水，只可謂之水。至如流而爲派，或行於東，或行於西，却謂之流也。此又以水明「既發不可謂之心」之意。

性出於天，才出於氣。氣清則才清，氣濁則才濁。才則有善有不善，性則無不善。陳北溪曰：才是才質、才能。才質以體言，才能以用言也。孟子以其從性善大本處發來，故以爲無不善。要說得全備，須如程子之說方盡。朱子曰：氣禀之殊，其類不一，非但「清濁」二字而已。人有聰明通達、事事理會者，其氣清矣，而所爲未必皆中於理，則是其氣之不醇也。人有謹厚忠信、事事正穩者，其氣醇矣，而所知未必能達於理，則是其氣之不清也。推此類求之自見。又曰：性者心之理，情者心之動，才便是那情之會恁地者。情與才絶相近，情只是所發之路陌，才是會恁地去做底。且如惻隱，有懇切者，有不懇切者，是則才之有不同也。○以上並伊川語。

性者自然完具，信只是有此者也。故「四端」不言信。李果齋曰：五常言信，配五行而言也；四端不言信，配四時而言也。蓋土分旺于四時之季，信已立於四端之中也。

心，生道也。有是心，斯具是形以生。惻隱之心，人之生道也。伊川語。○心指仁而言，蓋仁乃天地生物之心，而人物之所得之以爲心者，故不曰仁而直曰心也。觀下「惻隱之心」句可見。但上三句統就天地萬物言之，「惻隱」句只就人身上指其發見處言耳。有惻隱之心，故凡疾痛屙癢，觸著便動，自然生意周流無間，故曰「人之生道」。○朱子曰：「心生道也」句恐有闕文，蓋此條出張思叔，附師説後，中必是當時改作，行文所以失其本意。

横渠先生曰：氣坱然太虛，升降飛揚，未嘗止息。此虛實動靜之機、陰陽剛柔之始。浮而上者陽之清，降而下者陰之濁。其感遇聚散，爲風雨，爲霜雪，萬品之流形，山川之融結，糟粕煨燼，無非教也。坱，于黨反。「聚散」，吕本作「聚結」。「形」，葉本作「行」，誤。粕，匹各反，莊子天道篇作「糟魄」。○正蒙。下同。○坱然，盛大氤氲之貌。升降飛揚，指氣之流行者而言。下文所以「虛實動靜」、「陰陽剛柔」者，皆此氣之「升降飛揚」者爲之也。「虛實動靜」，氣機所以發動者也，故曰「機」，是言其用；「陰陽剛柔」，萬物所從以出者也，故曰「始」，是言其體。以上言其未成形者，浮而上，降而下，則已成形矣。「感遇聚散」，言陰陽清濁之氣相感相遇，或聚或散，而後各得之以成形，如下風雨霜雪之類是也。糟，酒滓也。粕，許慎云：「已漉麤糟也。」煨燼，火餘也。無非教也，言無非天地所以爲教者也。○朱子曰：「升降飛揚」以下五句，説陰陽之兩端。其感遇聚散，則是説游氣之紛擾也。又曰：「無非教也」，「教」便是説理。禮記中「天道至教，聖人至德」，與孔子「予欲無言」，天地與聖人都一般，精底都從粗底上發見，道理都從氣上流行，雖至粗底物，無非是道理髮見，天地與聖人皆然。

游氣紛擾，合而成質者，生人物之萬殊；其陰陽兩端循環不已者，立天地之大義。朱子曰：游，流行之意。紛擾，參錯不齊也。「游氣紛擾，合而成質」，是指陰陽交會言之，蓋氣之用也。「其」下二句，則就其分開處説，是言氣之本。又曰：「游氣紛擾」當横看，「陰陽兩端」當直看。晝夜運行無息者，便是陰陽之兩端，其四邊散出分擾者，便是游氣。陰陽循環如磨，游氣如磨中出者。「剛柔相摩，八卦相蕩，鼓之以雷霆，潤之以風雨，日月運行，一寒一暑」，此陰陽循環立天地之大義也。「乾道成男，坤道成女」，此游氣紛擾生人物之萬殊也。又曰：循環不已者，「乾道變化」也。合而成質者，「各正性命」也。○朱子曰：張子説似稍支離，當云「陰陽循環升降往來，所以生人物之萬殊，立天地之大義」。

天體物不遺，猶仁體事而無不在也。朱子曰：體物，言天爲物之體，蓋物物皆具天理。體事，謂事事是仁做出來。「禮儀三百，威儀三千」，無一物而非仁也。此明仁體事而無不在之意。高氏曰：三百三千，無非肫肫之仁自然流出，不然則皆虛文而已。「昊天曰明，及爾出王。昊天曰旦，及爾游衍」，無一物之不體也。王，音往。○「昊天」四句，見詩大雅板之篇。出王，出入往來也。游衍，游行衍溢也。言天道無往不在，以明上文「體物不遺」之意。○朱子曰：此亦但言本體如此，及行時須事事著實。如禮樂刑政，文爲制度，觸處皆是，若於此有一毫之差，便於本體有虧欠處也。

鬼神者，二氣之良能也。朱子曰：二氣之屈伸往來，乃理之自然，非有安排布置，故曰「良能」也。問：前載伊川説，今復載此，似乎重也。曰：造化之迹是日月星辰風雨之類，良能是屈伸往來之理，然此語尤精，蓋程説但只渾淪在這裏，此則分明，便見有箇陰陽在。

物之初生，氣日至而滋息；物生既盈，氣日反而游散。至之謂神，以其申也；反之謂鬼，以其歸也。息，生息也。游者，散之以漸之意。伸是氣之方長者，歸是氣之已退者。○朱子曰：人不得其死，其氣未散，故鬱結而成妖孽。若病死之人，此氣消耗已盡，豈更復能鬱結成妖孽？然不得其死者，久之亦散。而子孫精神魂魄自有些小相屬，故祭祀之禮盡其誠敬，便可以致得祖考之魂魄。此等處自是難説，惟横渠説得好，又極密。

性者萬物之一源，非有我之得私也。惟大人爲能盡其道，是故立必俱立，知必周知，愛必兼愛，成不獨成。彼自蔽塞而不知順吾理者，則亦末如之何矣。性爲萬物一源，非有我得私，言道本如是也。但人隔於形氣之私，而不能無彼此之間，故惟大人爲能盡之耳。「立必俱立」四句，正大人所以不私其性，而能盡道之實也。葉氏曰：立者，禮之幹也。知者，智之用也。愛者，仁之施也。成者，義之遂也。自立于禮，以至成於義，學之始終也。張子之教以禮爲先，故首曰立。

一故神。譬之人身，四體皆一物，故觸之而無不覺，不待心使至此而後覺也。此所謂「感而遂通」，「不行而至，不疾而速」也。易説。○易繫辭上傳曰：感而遂通天下之故，非天下之至神，其孰能與於此？惟神也，故不疾而速，不行而至。朱子曰：「神化」二字，惟横渠推得極好。但時以伯恭不肯全載，後未及與他添得。「一故神」，横渠自註云：「兩在故不測。」如所謂陰陽、屈伸、往來、上下，以至行乎仲伯千萬之中，無非此一個物事，所以謂「兩在故不測」。兩在者，或在陰，或在陽也。「兩故化」，自註云：「推行乎一。」凡天下事，一不能化，惟兩而後能化。如一陰一陽，始能化生萬物。然雖是兩，要之亦推行乎此一耳。李先生云：舊理會此段不得，以身去裏面體驗，方見得平穩，因知爲學須如此下工夫。直卿云：「一故神」，猶「一動一静，互爲其根」。「兩故化」，猶「動極而静，静極復動」。

心，統性情者也。語録。下同。○統，猶兼也。朱子云：如統兵之統。○寂然不動，而仁義禮智之理具焉，是統性也。隨感而應，而惻隱、羞惡、辭讓是非之端見焉，是統情也。朱子曰：孟子言「惻隱之心，仁之端也」，是從情上見得心。又言「仁義禮智根於心」，是從性上見得心。蓋心便是包得此性情，故「性情」字皆從「心」。

凡物莫不有是性。由通蔽開塞，所以有人物之別，由蔽有厚薄，故有知愚之别。塞者牢不可開，厚者可以開，而開之也難，薄者開之也易，開則達於天道，與聖人一。別，並必列反。易，音異。○塞者牢不可開，謂物也。厚者開之難，謂愚也。薄者開之易，謂智也。達於天道與聖人一，所謂及其知之成功而一也。惟聖人氣質清明，德性純粹，固不待於開而自無所蔽，其餘則不能無清濁厚薄之殊。故特言此，以見氣質不齊有如此者，不可無矯揉變化之功也。愚按，朱子謂「通蔽開塞，似欠了生知之聖」，恐未得張子立言之意。○以上並横渠語。

## 校勘記

〔一〕合下有時多有　上「有」字，文津閣本作「一」。

〔二〕其處之也正　「也」字原脱，據文津閣本補。

〔三〕善惡之所由分也　「分」，文津閣本作「命」。

〔四〕然則程子固已言之矣　「子」，文津閣本作「氏」。

〔五〕孟子去其中又發揮出浩然之氣　「去」，文津閣本作「於」。

〔六〕最是親切　「是」，文津閣本作「爲」。

〔七〕各隨其義之所便安　「義」，文津閣本作「意」。

〔八〕冲冲通用　「冲」，原作「沖」，據文津閣本改。

# 近思録集註卷二

## 爲學大要

首篇言本然之理，自此至十二卷皆言當然工夫，而此篇及第八卷則所謂統論綱領指趣也。此則「明明德」之事，於學者尤爲切要。蓋必於此知所趨向，而後可語以學問之全功焉。凡一百一十條。

濂溪先生曰：聖希天，賢希聖，士希賢。朱子曰：希，望也，字本作「晞」。愚按，揚子法言「晞顔」之「晞」，從耳目之目，不從日。○問：「聖希天」者，聖人自是與天相似？朱子曰：人如何得似天？亦法天而已。明王奉若天道，建邦設都，無非法天者。伊尹、顔淵大賢也。伊尹恥其君不爲堯舜，堯舜，一夫不得其所，若撻於市。顔淵「不遷怒，不貳過」，「三月不違仁」。朱子曰：說見書及論語〔一〕，皆賢人之事也。志伊尹之所志，學顏子之所學，子，一作「淵」。朱子曰：此言士希賢也。○胡氏曰：周子患人以發策決科、榮身肥家、希世取寵爲事也，故曰「志伊尹之所志」。患人以廣聞見、工文辭、矜智能、慕空寂爲事也，故曰「學顏子之所學」。人能志此志而學此學，則知斯道之大，而其用無窮矣。過則聖，及則賢，不及則亦不失於令名。通書。下同。○朱子曰：三者隨其用力之淺深，以爲所至之近遠，不失令名，以其有爲善之實也。○問：「過則聖」，若過於顏子，則工夫更絶細，此固易見，不知過伊尹時如何？朱子曰：只是更從容而已。過之便似孔子，伊尹終有擔當底意思在。

聖人之道，入乎耳，存乎心，藴之爲德行，行之爲事業。彼以文辭而已者，陋矣。「德行」之「行」，去聲。○朱子曰：欲人真知道德之重，而不溺於文辭之陋也。陳氏曰：聖人之道，仁義中正而已。以此積於中爲德行，道之體也；發於外爲事業，道之用也。○朱子曰：聖賢之心既有是精明純粹之實，以磅礴充塞乎其間，則其著見於外者亦必自然條理分明，光輝發越而不可掩。蓋不必托於言語、著於簡册而後謂之文，但自一身接於萬事，凡其作止語默，人所可得而見者，無適而非文也。或者乃徒求工於文辭間，則所謂文者末矣。

或問：聖人之門，其徒三千，獨稱顏子爲好學。夫詩書六藝，三千子非不習而通也，然則顏子所獨好者何學也？好，並去聲。下同。○朱子曰：先生游太學，胡翼之方主教導，嘗以「顏子所好何學論」試諸生。得先生所論大驚，即延見，處以學職。呂希哲與先生鄰齋，首以師禮事焉。既而四方之士從游者日益衆。伊川先生曰：學以至聖人之道也。聖人可學而至歟？曰：然。學之道如何？曰：天地儲精，得五行之秀者爲人。其本也真而靜，其未發也五性具焉，曰仁、義、禮、智、信。此言人性之本善也。朱子曰：儲，謂儲蓄，蓋氣散則不能生，惟能儲便生。但言五行而不及陰陽者，蓋陰陽即在五行中，所以周子云「五行一陰陽」者。「本」是本體，「真」是不雜人僞，「靜」言其初未感物時。五性便是真，未發便是靜。○胡氏曰：程子此段議論皆自周子太極圖説來。「天地儲精」，「精」字即「二五之精」；「真而靜」，「真」字即「無極之真」。但周子自太極説來，故先真而後精；程子只自天地説來，故先精而後真。「儲」字即是「凝」字。「五性具焉」，即所謂「五行之生，各一其性」也。其中動而七情出，即所謂「五性感動，而善惡分，萬事出」也。形既生矣，外物觸其形而動其中矣。其中動而七情出焉，曰喜、怒、哀、樂、愛、惡、欲。情既熾而益蕩，其性鑿矣。樂，音洛。惡，去聲。「動其」之「其」，文集作「於」。○七情，見記禮運篇。禮運「樂」作「懼」。此言情之動而有不善也。朱子曰：性豈可鑿？但人不循此禮〔二〕，妄有作爲，以害之耳。○朱子曰：詳味「天地儲精」以下數語，與樂記「人生而靜，天之性也；感於物而動，性之欲也」數語相似。是故覺者約其情使合於中，正其心，養其性；愚者則不知制之，縱其情而至於邪僻，梏其性而亡之。此言智愚不同，而善不善之所以分，以見學之不可以已也。約，檢束也。梏，猶桎梏，謂拘攣而暴殄之。朱子曰：「約其情」數語尚是大綱説，下「明諸心」等語便是詳此意。饒雙峰曰：約是工夫，中是準則。「四勿」便是約的工夫，禮便是中的準則。然學之道，必先明諸心，知所往，然後力行以求至，所謂「自明而誠」也。往，一作養。朱子曰：從「往」爲是。○此承上約情、正心、養性，而予以下手工夫也。「自明誠」，説見中庸。朱子曰：明諸心，知所往，窮理之事；力行求至，踐履之事。又曰：緊要處只在先明諸心上，蓋先明之心，方見得聖之可學，有下手處。不然，則亦無以力行以求至矣。誠之之道，在乎信道篤。信道篤則行之果，行之果則守之固。仁義忠信不離乎心，造次必於是，顛沛必於是，出處語默必於是。久而弗失，則居之安，「動容周旋中禮」，而邪僻之心無自生矣。中，去聲。下同。○此節正所謂「力行以求至」也。「信道篤」三句，力行中次序也，而其得力處則全在信道之篤，故不爲他岐所惑而能行果而守固也。「仁義忠信」四句，正極言其行之果、守之固處，三「是」字，指仁義忠信而言。「居之安」以下，則自然而然，而非復用力固守之爲勞矣。明諸心，知所往，智也；信之篤，仁也；行之果，守之固，勇也。故顏子所事，則曰：「非禮勿視，非禮勿聽，非禮勿言，非禮勿動。」仲尼稱之，則曰：「得一善，則拳拳服膺而弗失之矣。」又曰：「不遷怒，不貳過。」「有不善未嘗不知，知之未嘗復行也。」此其好之篤，學之之道也。此一節正言顏子之好學，以求至聖人之道者也。「非禮勿視」四句，正顏子好學之實，所謂「信道篤」也。「得一善」以下，則皆好學之驗，所謂「行果而守固」也。然聖人則不思而得，不勉而中，顏子則必思而後得，必勉而後中。其與聖人相去一息，所未至者，守之也，非化之也。以其好學之心，假之以年，則不日而化矣。此言顏子之於聖人所以未達一間者也。饒雙峰曰：不遷不貳，皆是守而未化之事。若怒自然不遷，心無過可貳，則化而無事於守矣。後人不達，以謂聖本生知，非學可至，而爲學之道遂失。不求諸己而求諸外，以博聞强記、巧文麗辭爲工，榮華其言，鮮有至於道者。則今之學與顔子所好異矣。强，區兩反。鮮，上聲。好，一作「學」。○文集。下同。○此言後人之所以不能至乎聖者，此也。博聞强記，訓詁之學也；巧文麗辭，辭章之學也。朱子曰：學者惟不知聖之可學，而至誤用工夫，故無以至於道。所以爲學必以「明諸心」爲先，而是篇之至緊要處全在於此，此不可以不知也。

橫渠先生問於明道先生曰：定性未能不動，猶累於外物，何如？明道先生曰：所謂定者，動亦定，静亦定，無將迎，無内外。此先明「定」字之意。性以氣質言，猶俗言「性氣」也。朱子曰：是心字意。將，送也。真氏曰：不隨物而往，不先物而動，故曰「無將迎」。理自内出而周於事，事自外來而應以理，理即事也，事即理也，故曰「無内外」。問：定性書是「正心誠意」工夫否？朱子曰：是正心誠意後事。○時先生爲鄠縣主薄，子厚以書問定性之道，而程子爲破其疑如此。苟以外物爲外，牽己而從之，是以己性爲有内外也。且以性爲隨物於外，則當其在外時，何者爲在内？是有意於絶外誘，而不知性之無内外也。既以内外爲二本，則又烏可遽語定哉？此一節正其分爲内外而以爲累，而欲去之之非。夫天地之常，以其心普萬物而無心；聖人之常，以其情順萬事而無情。故君子之學，莫若擴然而大公〔三〕，物來而順應。此一節正言性之所以定處。「擴然大公」二句，乃一書之綱領也。○朱子曰：大公以統體言，順應則就其中細言之。大公，忠也，所謂「維天之命，於穆不已」也。順應，恕也，所謂「乾道變化，各正性命」也。「擴然大公」是「寂然不動」，「物來順應」是「感而遂通」。又曰：所謂「普萬物」、「順萬事」者，即「擴然大公」之謂；「無心」、「無情」者，即「物來順應」之謂。問：學者未能至此，則如何？曰：只是除私意，事至則循理以應之而已。易曰：「貞吉悔亡。憧憧往來，朋從爾思。」苟規規於外誘之除，將見滅於東而生於西也。非惟日之不足，顧其端無窮，不可得而除也。此節引易以見外物不可去之意。上文「擴然大公」便是貞也，「物來順應」則吉而悔亡矣。若「規規於外誘之除」，所謂「憧憧往來」也。「滅於東而生於西」，則「朋從爾思」矣。人之情各有所蔽，故不能適道，大率患在於自私而用智。自私則不能以有爲爲應迹，用智則不能以明覺爲自然。今以惡外物之心，而求照無物之地，是反鑑而索照也。此言性之所以不能定者，其病根固自有在而不得絶外物以求定也。惡，何故反，下並同。○鑑，鏡別名。朱子曰：自私則不能擴然而大公，所以不能以有爲爲應迹；用智則不能物來而順應，所以不能以明覺爲自然。應迹，謂應事物之跡。此程子因横渠病處而藥之也。或問：程子所謂「自私用智」者，恐即是佛氏之自私。朱子曰：常人之自私與佛氏之自私一也。但明道説得闊，非專指佛之自私也。楊氏曰：非知至意誠，則用智而自私。王伯厚曰：反鑑索照，見夏侯湛抵疑。易曰：「艮其背，不獲其身；行其庭，不見其人。」孟子亦曰：「所惡於智者，爲其鑿也。」爲，去聲。○朱子曰：「不獲其身」，

「不見其人」，此説廓然而大公。「所惡於智者，爲其鑿也」，此説物來而順應。與其非外而是内，不若内外之兩忘也。兩忘則澄然無事矣，無事則定，定則明，明則尚何應物之爲累哉！自私、用智之患，其根在於分内外爲二，故復於此詳辯之。葉氏曰：内外兩忘則非自私也，能定而明則非用智也。○朱子曰：明道謂内外兩忘，説得最好。便是易所謂「艮其背，不獲其身；行其庭，不見其人」。不見有物，不見有我，只見所當止也。吴氏曰：廓然不公，則忘我而不獲其身；物來順應，則忘物而不見其人。動静各止其所，斯能内外兩忘。聖人之喜，以物之當喜；聖人之怒，以物之當怒。是聖人之喜怒不繫於心而繫於物也。是則聖人豈不應於物哉？烏得以從外者爲非，而更求在内者爲是也？今以自私用智之喜怒，而視聖人喜怒之正爲何如哉？何如，一作「如何」。○此承上應物而言，以見非外之不可也。以物之當喜當怒，則是聖人之心初未嘗有喜怒也，所謂「廓然大公」也，非自私者可比矣。又以物之當喜當怒，則其可喜可怒者自在物也，所謂「物來順應也」，非用智者可比矣。夫人之情，易發而難制者，惟怒爲甚。第能於怒時遽忘其怒，而觀理之是非，亦可見外誘之不足惡，而於道亦思過半矣。易，音異。○此又但就怒言之，而予以制之之方也。人能如是，則隨情之所發，皆有以省察而檢制之，然後心公理順而性可定也。問：聖人怒時能無怒容否？朱子曰：安有無怒容者？天之怒，雷霆亦震。舜之誅四凶，亦須怒。但當怒而怒，便自中節。事過則消，更不積。許魯齋曰：須於盛怒時堅忍不動，俟心氣平時，審而應之，庶幾無失。陸氏曰：薛文清公自謂二十年治一「怒」字，尚未消磨得盡，以是知克己最難。朱子曰：廓然大公者，仁之所以爲體也。物來順應者，義之所以爲用也。仁立義行，則性定而天下之動一矣。然常人所以不定者，非其性之本然也。自私以賊夫仁，用智以害夫義，是以情有所蔽而憧憧耳。艮其背則不自私矣，行無事則不用智矣。內外兩忘，非忘也。一循乎理，不是內而非外也。要之，聖人之喜怒，大公而順應，天理之極也；衆人之喜怒，自私而用智，人欲之盛也。忘怒則公，觀理則順，二者所以爲自反而去蔽之方也。張子之於道，固非後學所敢議，然意其强探力取之意多，涵泳完養之功少，故不能無疑於此。程子以是發之，其旨深哉！

伊川先生答朱長文書曰：聖賢之言，不得已也。蓋有是言則是理明，無是言則天下之理有闕焉。如彼耒耜陶冶之器，一不制則生人之道有不足矣。聖人之言雖欲已，得乎？然其包涵盡天下之理，亦甚約也。長，張丈反。○朱長文，字伯源，蘇州吴縣人。年未冠，舉嘉祐四年進士乙科，以病足不肯試吏。築室樂圃坊，著書閱古，吴人化其賢。元祐中，起教授於鄉，召爲太學博士，遷秘書省正字。元符初卒。柄曲木曰耒，耒端刃曰耜。耜本金，易斲木。爲耜，謂斲木爲受耜之處也。周禮車人職云：「車人爲耒，庛長尺有一寸，中直者三尺有三寸，上句者二尺有二寸。」鄭玄讀庛爲刺，刺音七賜反，刺謂「耒下前曲接耜」者。賈公彦云耒面謂之庛，又云耒狀若今曲柄枚。又匠人云「耜廣五寸」，其庛亦廣五寸。古者耜一金，二耜爲耦，二人各執一耜爲耦，若「長沮、桀溺耦而耕」。至漢，耜歧頭兩金，象古之耦耕，用牛引也。朱子曰：耜即今之鏵鍫。鏵，胡瓜反。鍫，七消反。耒乃鏵柄。疊山謝氏曰：耒耜今謂之犁。曲木在上，俗名犁衡，即耒也。斲削二片在下，以承鐵二片，俗呼犁壁，即相也。考工記「攻金之工六」，築、冶、鳧、㮚、段、桃，而冶氏爲殺矢；「搏埴之工二」，陶、旊，而陶人爲甗。今概以爲金工、甄工之通稱。○此見聖人有不能已於言之理，非其好爲文章以表見於後世也。後之人始執卷，則以文章爲先，平生所爲，動多於聖人，然有之無所補、無之靡所闕，乃無用之贅言也。不止贅而已，既不得其要，則離真失正，反害於道必矣。贅，音惴。○無益之言爲贅，如人身贅肬也。此以見後人之於言皆可已而不已，非惟不足以明理，而且將有害於道也。

來書所謂欲使後人見其不忘乎善，此乃世人之私心也。夫子「疾没世而名不稱焉」者，疾没世無善可稱云爾，非謂疾無名也。名者可以厲中人，君子所存，非所汲汲。此因朱長文書中有不忘乎名之意，故特辯之。○或云此文乃明道所作。

内積忠信，「所以進德也」；擇言篤志，「所以居業也」。乾九三文言傳。内積忠信，是知之盡其實者；擇言篤志，是行之盡其實者。不知則德固無由而進；知之而不實，有以行之，則亦無以有之，於己而守之而不失也。朱子曰：一言一動必忠必信，是積也。擇言即修省言辭，篤志即立誠。誠即上文忠信。但誠是自然實者，忠信是做工夫實者。德是得之於心，業是見之於事。德欲日進，業欲始終不易，居是存而不失之意。○朱子曰：此節言其大綱，下文則詳其始終工夫之序。又曰：伊川解修辭立誠作擇言篤志，説得來寬。不如明道所言「修其言辭，正爲立己之誠」意更精。「知至至之」，「致知」也，求知所至而後至之，知之在先，故「可與幾」，所謂「始條理者，知之事也」。至謂進之極處也。知之而必求，所以至乎其極，是至之也。幾者，動之微，事之先見者也。可與幾，謂未至乎其極，先見夫事幾，自能向往而精進也。○此明進德之事。「知終終之」，「力行」也，既知所終，則力進而終之，守之在後，故「可與存義」，所謂「終條理者，聖之事也」。終，即居之歸宿處也。知之而終，保守不失，是終之也。義者，事事物物之宜；存者，守而不失也。○此明居業之事。此學之始終也。易傳。下同。結上文。

君子主敬以直其内，守義以方其外。敬立而内直，義形而外方。義形於外，非在外也。坤六二文言傳。朱子曰：敬以直内者，持守之事；義以方外者，講學之功。「直」是直上直下，胸中無纖毫委曲。「方」是割截方正之意。又曰：須先敬以直内，然後能義以方外。敬義既立，其德盛矣，不期大而大矣。「德不孤」也，朱子曰：德是工夫已到，實有得於己者，敬義皆立，然後「德不孤」，二者闕其一則不可行，便是孤。易本論六二之德，言人占得此爻，若直方大，則不習而無不利。夫子遂以敬解直，以義解方，以不孤解大字。敬而無義，則作事出來必錯了。只義而無敬，則無本何以爲義？皆是孤也。須是敬義立，方不孤。無所用而不周，無所施而不利，孰爲疑乎？朱子曰：施之事君，則忠於君；事親，則悦於親；交朋友，則信於朋友。皆不待習，而無一之不利也。

動以天爲无妄，動以人欲則妄矣。无妄之義大矣哉！以上无妄卦傳。震下乾上爲无妄。震，動也；乾，天也。故曰「動以天。」雖無邪心，苟不合正理，則妄也，乃邪心也。此釋「匪正有眚」

之意，不合正理謂匪正也。正，即彖辭「利貞」之「貞」。「則妄也」二句，釋「有眚」意。蓋不正則爲過眚，正則雖不幸而遇災眚之來，亦順受其正而不足以爲患矣。朱子曰：此亦兼動静而言之也。如燕居獨處時，物有來感，理所當應，而此心頑然固執不動。及應事接物處理當如彼，而我之所以應之者乃如此。二者皆爲不合正理。蓋未必其盡出於有意之私也，但爲不見義理之當然，遂陷於不正耳。如賢者過之，其心豈嘗有邪？却不合正理。佛氏亦然。又曰：如王安石，便有邪心夾雜。既已无妄，不宜有往，往則妄也。此釋「不利有攸往」之意。往，謂私意之營爲也。蓋既已无妄，則但當循其實理之自然，以聽禍福之自來，不可有苟得幸免之心，以往而求之也。故无妄之彖曰：「其匪正有眚，不利有攸往。」眚，所景反。眚，過也，災也。以上无妄彖辭傳。

人之蘊畜，由學而大，在多聞前古聖賢之言與行。考跡以觀其用，察言以求其心，識而得之，以畜成其德。行，去聲。○大畜象傳。多聞前古聖賢之言與行，總言君子之學。「考跡」二句，所以就「多聞」句而申明之也。識而得之，以畜成其德，所謂「人之蘊蓄，由學而大」者也。○楊氏曰：君子多識前言往行，非徒資聞見而已，所以畜德也。畜德則所畜大矣，世之學者誇多鬬靡以資聞見而已，亦烏用學爲哉？

咸之象曰：「君子以虚受人。」傳曰：中無私主，則無感不通。以量而容之，擇合而受之，非聖人有感必通之道也。朱子曰：人能克去己私，則心無私主，而物來能應，有感必通也。以量，謂隨我量之大小以容之。擇合，謂擇其見之合於我者而受之。皆謂不虚也。其九四曰：「貞吉悔亡。憧憧往來，朋從爾思。」傳曰：感者人之動也，故咸皆就人身取象。四當心位而不言咸其心，感乃心也。感之道無所不通，有所私係則害於感通，乃有悔也。聖人感天下之心，如寒暑往來雨暘，無不通無不應者，亦貞而已矣。貞者，虚中無我之謂也。乃有，葉本、吕本並作「所謂」，今從易傳。○九三咸其股，九五咸其脢，九四脢之下、股之上，故曰「當心位」。「不言咸其心」者，心無不該，不可以位言也。問：本義云「貞者正而固」，與此不同，何也？朱子曰：凡解經，只須依訓詁説字。如「貞」字作正而固，細玩自有味。解得此，則「虚中無我」亦在其中。林次崖曰：貞者，盡吾所感之道，不必人之應也。惟不必人之應，則心無係系，而無物不感，無感不應，故吉而悔亡。又曰：貞只是往來付之無心，以「憧憧往來」對看便見。若往來憧憧然，用其私心以感物，則思之所及者有能感而動，所不及者不能感也。以有係之私心，既主於一隅一事，豈能廓然無所不通乎？「則思」之「思」，宋本作「心」。○朱子曰：往來是感應常理，憧憧只加一忙迫之心。方往時又便要來，方來時又便要往，猶言助長正心相似。如正其誼便欲謀其利，明其道便欲計其功。又如乍見孺子入井，此心方怵惕欲救，又思内交要譽，便是憧憧之病。又曰：廓然大公，則無憧憧之患矣。物來順應，則無朋從爾思之失矣。林次崖曰：憧憧往來，思也。朋則思之所及者，以其思之所及，故從而目之曰朋，猶云朋黨也。○朱子曰：聖人未嘗不教人思，只是不可憧憧，這便是私了。感應自有箇自然底道理，何必思他。若是義理，自不可不思。又曰：伊川説感通處未盡，往來自當還他有自然之理。看夫子説「日往月來，寒往暑來」，意自分明。

君子之遇艱阻，必自省於身，有失而致之乎？有所未善則改之，無歉於心則加勉，乃自修其德也。蹇象曰：「君子以反身修德。」「有失而致之乎」，乃自省之辭，所謂反身也。「有所未善」二句，正是君子修德處。○此教人以處艱阻之道。

非明則動無所之，非動則明無所用。豐初九傳。離下震上爲豐。離爲火，明也。震爲雷，動也。初九明之始，九四動之始。宜相須以成其用者，故於此合而言之。葉氏曰：知行相須，不可偏廢。非知之明，則動將安之？如目盲之人，動則不知所之也。非行之力，則明亦無所用，如足痿之人，雖有見焉，亦不能行矣。○朱子曰：見善明是平日功夫，用心剛是臨時決斷，二者皆不可闕。而當以平日功夫爲先，不然，則其所動者未必不爲狂妄激發過中之行矣。

習，重習也。時復思繹，浹洽於中，則説也。重，平聲。復，扶又反。説，音悦。○陸氏曰：繹如繹絲，謂窮其端緒。朱子曰：程子雖但言習於思，然事不思則無以行之，而欲行亦不能外於思，二者自不可分説。

以善及人，而信從者衆，故可樂也。樂，音洛。下同。雖樂於及人，不見是而無悶，乃所謂君子。經説。下同。○陳氏曰：「不見是而無悶」，出易乾文言傳。言不見是於人而無悶於心，引以解不知不愠，甚切。朱子曰：爲學之初，固已不求人知，然猶有時爲所動，至此方真能無悶也。

「古之學者爲己」，欲得之於己也；「今之學者爲人」，欲見知於人也。以上二條説並見論語。朱子曰：以爲己事之所當然而爲之，則雖甲兵、錢穀、籩豆、有司之事，皆爲己也。以其可以求知於世而爲之，則雖割股、廬墓、敝車、羸馬，亦爲人耳。善乎張子敬夫之言曰：「爲己者，無所爲而爲者也。」此其語意之深切，有前賢所未發者。學者以是而自省焉，則有以察乎善利之間，而無豪髮之差矣。陳氏曰：此便是義利之分。

伊川先生謂方道輔曰：聖人之道，坦如大路。學者病不得其門耳，得其門，無遠之不到也。求入其門，不由於經乎？「到」上，吕本無「可」字。○方道輔，名元寀，莆田人，仕終宣義郎、威武軍節度推官。此言求道必由於經。今之治經者亦衆矣，然而買櫝還珠之蔽，人人皆是。經所以載道也，誦其言辭，解其訓詁，而不及道，乃無用之糟粕耳。詁，古通作「故」，顔師古以後人改作「詁」爲失真。○買櫝還珠，見韓子外儲説左上篇。訓詁者，爾雅有釋詁、釋訓。釋詁者，釋古今之異辭；釋訓者，辯物之形貌。櫝喻言辭訓詁，珠喻道。糟粕，見前。此言治經須知求道。覬足下由經以求道，勉之又勉，異日見卓爾有立於前，然後不知手之舞、足之蹈，不加勉而不能自止矣。覬，音記。○手帖。○此一節勉道輔以由經求道。「異日」以下，則其得之之驗也。

明道先生曰：「修辭立其誠」，不可不子細理會。言能修省言辭，便是要立誠。若只是修飾言辭爲心，只是爲僞也。省，息井反。蘇季明嘗以治經爲傳道居業之實，居常講習只是空言無實，質之兩先生，故明道告之如此。子細，詳密貌，俗語也，然北史源思禮傳已有之。修省言辭，修治而省察之，恐有失言也。朱子曰：季明祖横渠立言傳後爲修辭之説。明道因言修辭只是如「非禮勿言」耳，非有如横渠之説也。問：何不説事，却説言？曰：事尚可欺人，辭不可掩，故曰言顧行、行顧言。又曰：人多將言語作没緊要，容易説出來。若一一要實，這工夫自是大。若修其言辭，正爲立己之誠意，乃是體當自家「敬以直内、義以方外」之實事。當，丁浪反。○體，猶驗也。當，俗語辭，如所謂勘當、一副當之當，亦唐宋時之方言也。敬義工夫在平日修省，言辭則其臨事勘驗也。如一言不敢妄發，便是敬；而其言之發也必一一當理，便是義。所謂「主己之誠意」者如此。○吕氏曰：凡書帖言語之類，不情謬敬，如未嘗瞻仰而言瞻仰，未嘗渴想而言渴想，種種世情須盡去之，以立其誠。道之浩浩，何處下手？惟立誠纔有可居之處。有可居之處，則可以修業也。浩浩，廣大貌。下手，謂用力處。朱子曰：立誠然後有地可據，而無私累牽擾之患，故可以修業。業是每日事業〔四〕，如今日課是也。「終日乾乾」，大小之事，却只是「忠信所以進德」爲實下手處，「修辭立其誠」爲實修業處。遺書。下同。○見乾文言傳。朱子曰：進德就心上言，如心中實見得理之不妄，如惡惡臭，如好好色，常常如此，則德不期進而進矣。修業就事上言，修辭立誠，便是要立得此忠信。若口不擇言，逢事便説，則忠信亦爲汩没動蕩，而不能以自立矣。○朱子曰：按伊川謂季明曰：「爲學治經最好，不自得，雖盡治五經亦是空言。」蓋明道只辨「修辭」二字，理會其大規模，伊川又理會細密處，都無縫罅。又曰：伊川言亦未盡，如人倫日用及一切應事接物間，所當講求者甚多，豈不更切於治經乎？

伊川先生曰：志道懇切，固是誠意。若迫切不中理，則反爲不誠。蓋實理中自有緩急，不容如是之迫。觀天地之化乃可知。中，去聲。○緩急，猶言先後次序也。朱子曰：讀書窮理，則細立課程耐煩着實，而勿求速解。操存持守，則隨時隨處省察收斂，而毋計近功。如此積累之久，庶幾心意漸馴，根本粗立，而有可據之地矣。又曰：若徒追咎往昔，念念不忘，無復義理悦心之味，正程子所謂「迫切不中理〔五〕，反爲不誠」者也。

明道先生曰：孟子才高，學之無可依據。學者當學顔子，入聖人爲近，有用力處。才高，以天資言，如孟子所謂「非才之罪」及「天之降才」之「才」。故朱子云：孟子才高，自至那地位。又曰：學者要學得不錯，須是學顔子。【本註】云：有準的。「有」上，葉本有「爲」字，今從遺書及諸本。○吕氏曰：如博文約禮，顔子却做得精密，説得平實，乃所謂準的也。

且省外事，但明乎善，惟進誠心，其文章雖不中不遠矣。所守不約，泛濫無功。省，所井反。中，去聲。○省，簡省也。外事，如禮文制度之事皆是。文章，即上所云外事也。「但明乎善，惟進誠心」，正其所守之約處。朱子曰：知至則意誠，善才明，誠心便進。此段疑吕與叔自關中來，初見程子時語。蓋横渠學者多用心於禮文制度之事，而不近裏，故以此告之。又曰：凡事物應接有可以省得者，省亦不妨。但其中自有必不可省者，須思如何處置始得。○以上明道語。

學者識得仁體，實有諸己，只要義理栽培。如求經義，皆栽培之意。語類以此爲明道語。○至公無私之謂仁，而其體則天地萬物周流無間。學者於此識得，則於天理之流行充塞無少欠缺者，自有以洞然於心目之間矣。又須時時操存省察，俾夫所存所發，皆有以盡天理之實，而無一毫人欲之僞以雜之，則此理乃實有之於己，而不爲懸想億測之虛見矣。義理栽培，亦即物而窮其理，隨事而處夫義，則知愈以明，處愈以當，而吾心固有之仁，日以生長，而不可勝用矣。識得仁體，實有諸己，則於心之本然者無所虧。義理栽培，則於事之當然者無所失。如求經義，皆栽培之意，又恐人無處下手，舉此以見意也。朱子曰：識得，是知之也；實有，是得之也。知之只知有此物而已，必須得之，而後此物實爲己有也。○陸氏曰：語類徐寓問明道「學者先須識仁」，朱子謂「未須看此，不如且就博學篤志、切問近思下工夫」。觀此，則嘉隆來談「良知」者，以明道「識仁」語藉口，亦不善讀先儒之書者矣。

昔受學於周茂叔，每令尋顏子、仲尼樂處，所樂何事。樂，並音洛。所見所期不可不遠且大，然行之亦須量力有漸。志大心勞，力小任重，恐終敗事。朱子曰：學者之志固不可不以遠大自期，然苟悦其高而忽於近，慕於大而略於細，則無漸次經由之實，而徒有懸想跂望之勞，亦終不能以自達矣。張南軒曰：學者當以聖人爲準的，然貪高慕遠，躐等以進，非徒無益，而又害之也。

「朋友講習」，更莫如「相觀而善」工夫多。「朋友講習」，見易兑卦象傳。「相觀而善」，見禮學記篇。二者皆言取友之益，然就中較量，講習固所以明道，不如相觀而善，日薰月染，所得更多也。學者但知取友以資講習，而於相觀而善之益，往往習焉不察，程子指以示人，其意深矣。

須是大其心使開闊，譬如爲九層之臺，須大做脚始得。「始」，遺書及宋本、吕本並作「須」。胡季隨曰：心目不可不開闊，功夫不可不縝密也。

明道先生曰：自「舜發於畎畝之中」至「百里奚舉於市」，若要熟，也須從這裏過。「百里奚舉於市」，葉本作「孫叔敖舉於海」，遺書同。這，本倪殿反，迎也。宋儒借作「者」、「箇」字用，然唐人詩中已有之，如無名子雜詞「況伊如鷟這身材」是也，見韋穀才調集，則此字之譌用久矣。後凡用「這」字倣此。○朱子曰：須從這裏過，方認得許多險阻去處。若素不曾行，忽一旦撞將去，少間定墮坑落塹去也。

參也，竟以魯得之。竟，終也。説見論語。○朱子曰：質敏者見得容易，不能堅守，而鈍者又捱得到略曉得處便説道理止此，更不深求。惟曾子不肯放舍，若於此看未透，直是捱得到盡處，所以竟得之。蔡虛齋曰：觀曾子問一篇，則才之魯與其學之確，皆可驗矣。

明道先生以記誦博識爲「玩物喪志」。【本註】云：時以經語録作一册。按，此條出上蔡記憶平日語中，故不書姓名，猶論語憲問恥篇，先儒以謂疑原憲所記是也。鄭轂云：嘗見顯道先生云：某從洛中學時，録古人善行，别作一册。明道先生見之，曰：「是玩物喪志。」蓋言心中不宜容絲發事。胡安國曰：謝先生初以記問爲學，自負該博，對明道舉史書，成篇不遺一字。明道先生曰：「賢却記得許多，可謂玩物喪志。」謝聞此語，汗流浹背。面發赤。及看明道讀史，却又逐行看過，不蹉一字，謝甚不服。後來省悟，却將此事做話頭，接引博學之士。喪，並去聲。「善行」之「行」，去聲。「却又」，吕本作「又却」。行，音杭。蹉，倉坐反，通用「差」。○鄭轂，字致遠，建安人。轂初就學，能知聖人之道在中庸，父鎮奇之。第進士，以秘書郎守臨江，遂丐祠歸。顯道先生，謝氏，名良佐，上蔡人，程子門人。中元豐八年進士，歷仕州縣，建中召對，除書局官，後復去爲筦庫，以飛語坐繫詔獄褫官。有論語説、文集、語録行世。胡安國，字康侯，建安人。中紹聖四年進士，仕至寶文閣直學士，謚文定。朱子曰：明道以上蔡不是理會道理，只以誇多鬭靡爲能。若明道看史不蹉一字，則意思自别。此正爲己、爲人之分。○按，江文卿博極群書，因感朱子之教，自咎云：「某五十年枉費工夫，記許多文字。」朱子曰：「亦不妨多聞，擇其善者而從之，多見而識之。公却無擇善一着耳。今知得，便拽轉，却許多都有用。」可與程子語相發明。李延平曰：讀書者，知其所言莫非吾事，而即吾身以求之，則凡聖賢所至而吾所未至者，皆可勉而進矣。若徒以文字求之，悦其辭義，以資誦説，其不爲玩物喪志者幾希。

禮樂只在進反之間，便得性情之正。樂記曰：「禮主其減，樂主其盈。禮減而進，以進爲文；樂盈而反，以反爲文。禮減而不進則銷，樂盈而不反則放。故禮有報，而樂有反。」○朱子曰：減是退讓、樽節、收斂之意。禮之體本如此，然非人之所樂，故須進步向前着力去做。盈是舒暢、發越、快滿之意。樂之體本如此，然易至於流蕩，却須收拾向裏。如此則禮減而却進，樂盈而却反，所以爲得性情之正。以上並明道語。

父子君臣，天下之定理，無所逃於天地之間。安得天分，不有私心，則行一不義、殺一不辜，有所不爲，有分毫私，便不是王者事。安得天分，言能於天分上安得也。天分，即天理也。父子君臣，各安其分之所當然，而初非有所爲而爲之，故曰「不有私心」。「無所逃」句，出莊子人間世篇。按，朱子嘗言：「莊子謂『子之於親也，命也，不可解於心』，至臣之於君，則曰『義也，無所逃於天地之間』。見得君臣之義，却似逃不得，不得已臣服之，更無一種自然相爲一體處。」然則此語固有病，程子亦只借以明父子君臣之倫爲天分，而不可不安之意。

論性不論氣不備，論氣不論性不明，二之則不是。遺書無「二之則不是」句，註「一本有」云云。此爲論性論氣者言之，非論性與氣也。葉氏謂當在首卷者，非。論性不論氣，論氣不論性，是將性與氣離而二之也，不備不明，故曰不是。○朱子曰：論性不論氣，孟子也；不備，但少欠耳。論氣不論性，荀、楊也；不明，則大害事。又曰：韓子原性言三品，亦是，但不曾分明說是氣質之性耳。孟子說性善，但說得本原處，却不曾說得氣質之性，所以亦費分疏。使程、張之說早出，諸儒自不用紛爭。

論學便須明理，「須」，呂本作「要」〔六〕。○其功夫節目備在下卷。論治便須識體。朱子曰：體是事理當然處。如作州縣便當治告訐、除盜賊、勸農桑、抑末作；立朝廷便當開言路、通下情、消朋黨；爲大吏便當求賢才、去職吏、除暴斂、均力役。此乃一定事體。又曰：如任賢相，杜私門，則立政之要也；擇良吏，輕賦役，則養民之要也；公選將相，不由近習，則治軍之要也；樂聞警戒，不喜導諛，則如爲聽言用人之要也。推此數端，餘皆可見。又曰：大事不曾爲得，却以小事爲當急，便於大體有害。如爲天子近臣，當謇諤正直，又却恬退寡默；及處鄉里，當閉門自守，躬廉退之節，又却向前要做事，便都傷大體。

曾點、漆雕開已見大意，故聖人與之。說見論語。○朱子曰：點見得較高，而做工夫却有欠缺；開工夫精密，而見處或不如曾點也。學者須就自己下學致知力行處做工夫，久之自漸有得。

根本須是先培壅，然後可立趨向也。趨向既正，所造淺深則由勉與不勉也。伊川語。○朱子曰：此即弟子入孝出弟、行謹言信、愛衆親仁，行有餘力則以學文之意。蓋須先從實上培壅一根本，然後學文做工夫去也。又曰：涵養持敬，便是栽培。○愚按，古人於事親敬長之道，小學時都已講明，使之循循從事，所以培壅其根本也。至十五入大學，便可正其趨向。學者皆然，其所造有不同者，則由勉與不勉之別耳。今先王之教既亡，姑息習染根本，自幼先壞，又何從正其趨向以爲作聖之基？此成材所以難也。後有賢父兄，當子弟四五歲知識未開時，宜將小學朝夕與之講解，使根本篤實，待十五六時然後教之以近思録，以正其趨向。如此陶淑，異時成就必有可觀者矣。

敬義夾持直上，「達天德」自此。語類以爲明道語。○朱子曰：夾持者，表裏夾持，更無東西走作去處。直上者，不爲物欲所累而倒東墜西之謂也。最是他下得「夾持」二字好。敬主乎中，義防於外，二者相夾持，要放下霎時也不得，只得直上去，故便達天德。又曰：只一箇提撕警策，通貫動靜，但無事時一直如此持養，有事時便有是非取舍，所以有直内方外之別。薛敬軒曰：敬以直内，戒謹恐懼之事；義以方外，知言集義之事。又曰：敬以直内，涵養未發之中；義以方外，省察中節之和。

懈意一生，便是自棄自暴。

不學便老而衰。血氣以老而衰，志氣則不以老而衰也。惟不學則志無以持，而氣有所不充，則亦不免爲血氣所移，而志氣不能不以老而衰矣。○按，朱子嘗言陸宣公集醫方富，鄭公好佛書，以二公之賢，而晚年乃無復曩時剛大之氣，由學問之功少也。噫！此古人所以耄而好學、自强不息也歟！

人之學不進，只是不勇。明道語。○朱子曰：只是見理不明，故提掇不起，不然，則自住不得。

學者爲氣所勝、習所奪，只可責志。伊川語。

内重則可以勝外之輕，得深則可以見誘之小。内指道義而言，外指富貴利達而言。得深就内而言；誘就外而言。

董仲舒謂：「正其義，不謀其利；明其道，不計其功。」董仲舒，漢廣川人，爲江都王相。王問：「越王勾踐與大夫泄庸、文種、范蠡伐吴，滅之，寡人以爲越有三仁，何如？」仲舒對之以此。○朱子曰：義道是體用，道就大綱言，義則就一事上言之。孟子言「未有仁義而遺親後君」，則是仁義未嘗不利。今董子之言如此，又是仁義未必皆利。蓋孟子之言雖理之自然，然至直捷剖判處，却不若董子之有力。問：貪者舉事有費，不能不計度繁約，而爲之裁處，此與正義不謀利相妨否？朱子曰：當爲而力不及者，酌量區處，乃是義也；力可爲而計費吝惜，則是謀利而非義矣。孫思邈曰：「膽欲大而心欲小，智欲圓而行欲方。」邈，莫角切。行，去聲。○思邈，唐京兆華原人。按新唐書，盧照隣師事孫思邈，照隣有惡疾，不可爲，感而問曰：「高醫愈疾，奈何？」思邈曰：「天有四時五行，人有四支五臟，陽用其形，陰用其精，天與人一也。其結陷奔竭而成爲災異，發爲疾病，亦天與人一也。高醫導以藥石，救以鍼劑；聖人和以至德，輔以人事。故體有可愈之疾，天有可振之災。」照隣問：「人事奈何？」曰：「心爲之君，君尚恭，故欲小。詩曰『如臨深淵，如履薄冰』，小之謂也。膽爲之將，將以果決爲務，故欲大。詩曰『赳赳武夫，公侯干城』，大之謂也。仁者靜，地之象，故欲方。傳曰『不爲利回，不爲義疚』，方之謂也。智者動，天之象，故欲圓。易曰『見幾而作，不俟終日』，圓之謂也。」此蓋程子特撮其大旨如此。○愚按，必先心之小，而後可出以膽之大，不然未有不流爲狂妄者；必先行之方，而後可運以智之圓，不然未有不入於機變者。又不可以不知也。王伯厚曰：心欲小，志欲大，智欲圓，行欲方。蓋文子書有之。可以爲法矣。「以」下，遺書無「爲」字。○結上兩節。

明道先生曰：大抵學不言而自得者，乃自得也。有安排布置者，皆非自得也。「不言」，與孟子「四體不言而喻」之「不言」同。下「安排布置」，便是言。

視聽、思慮、動作，皆天也，人但於其中要識得真與妄爾。朱子曰：皆天也，謂皆是天理。其順發出來，無非當然之理，即所謂真也。其反乎天理，即是妄。然亦莫非天理，但發之不得其當耳。如「善固性也，惡亦不可不謂之性」之意。又曰：妄謂私意，如所謂非禮視聽言動處皆是，不是不中節。

又曰：識字是緊要處，要識得時，須是學始得。

學只要鞭辟近裏，著己而已。辟，婢亦反。遺書註云：「一作約。」○朱子曰：鞭辟近裏，洛中語。辟，驅辟也。言如以鞭驅辟督向裏去也。故「切問而近思」，則「仁在其中矣」。「言忠信，行篤敬，雖蠻貊之邦行矣。言不忠信，行不篤敬，雖州里行乎哉？立則見其參於前也，在輿則見其倚於衡也。夫然後行。」只此是學。只此是學，言不必外求也。葉氏曰：切問、近思者，致知之事；言忠信、行篤敬者，力行之事。○愚按，葉氏以切問、近思二者分屬知行，理固不易，然朱子嘗言「非以爲致知力行之分」者，何也？蓋朱子因問者有「隨人資質各用其力」及「行不假於知」之語，知行有偏廢之患，故謂程子特引以明近裏著己之意，而非以爲知與行之分也，非謂此二者之不可分屬也。或乃執此以掊擊葉氏，誤矣。不言博學篤志者，蓋恐人誤看博學便有向外意，於近裏着己不切故也。質美者明得盡，查滓便渾化，却與天地同體。其次惟莊敬持養，及其至則一也。朱子曰：查滓是私意人欲之消未盡者。人與天地本同體，只緣查滓未去，所以有間隔。若無查滓，便與天地同體。質美者明得盡，是見得透徹，如顔子「克己復禮」，天理、人欲截然兩段，更無查滓。其次既未到此，則須莊敬持養，以消去其查滓，如仲弓「出門如見大賓，使民如承大祭」，常如此持養，久之亦自明徹矣。○朱子曰：質美者明得盡，固是知行俱到。其次亦豈有全不知而能行者？但因持養而所知愈明耳。林氏曰：知行勉强，未到自然地位，皆是查滓。到不思不勉，從容中道，則查滓化矣，故曰與天地同體。

「忠信所以进德」，「修辞立其诚，所以居业」者，乾道也。「敬以直内，義以方外」者，坤道也。李氏曰：乾畫實則誠，坤畫虚則生敬。故乾九二言誠，坤六二言敬。「誠敬」二字始於庖犧心畫，而實天地自然之理也。朱子曰：此二語分屬乾坤者，蓋取健、順二體。忠信立誠自有剛健之體，敬義便有静順之體，進修便是箇篤實，敬義便是箇虚静。故曰「陽實陰虚」。又曰：乾言聖人之學，故曰「忠信所以進德」，「修辭立其誠，所以居業」。坤言賢人之學，故曰「敬以直内，義以方外」。又曰：乾卦並格致誠正言之，坤卦只是説持守。○黄勉齋曰：乾言德業，坤言敬義，雖若不同，而實相爲經緯也。欲進乾之德，必本之於坤之敬；欲修乾之業，必制之以坤之義。非敬則内不直，德何由而進？非義則外不方，業何由而修？終日乾乾，雖進修夫德業，而其用力乃實在於敬義之間。用力於敬義固可以至於大，而所謂大者，乃德之日新而業之富有者也。

凡人才學便須知著力處，既學便須知得力處。著力處是當然工夫，如顔子「博文約禮」之類是也；得力處是自然效驗，如上蔡「去箇矜字」之類是也。○張氏曰：人做得一種工夫，決有一種得力處。讀得一種書，必有一種受益處。目前即不見得，後來自見其效，但當慎擇於初耳。

有人治園圃，役知力甚勞。先生曰：蠱之象「君子以振民育德」，君子之事，唯有此二者，餘無他焉。二者，爲己、爲人之道也。治，平聲。「圃」字句絶，或於「役」字句者，非。知音智。爲，並去聲。○園圃，按邢氏論語正義曰：「周禮大宰職云：『園圃毓草木。』註：『樹果蓏曰圃；園，其樊也。』」然則園者，外畔藩蘺之名，其内之地種樹菜果者，則謂之圃。役，用也。知善其所以治之，力則其治之者也。役知力於園圃，内不足以成己，外不足以及物，其細甚矣。程子以君子之事告之，亦猶孔子告樊遲之意。振民，謂振作而興起之；育德，謂涵育己德。吴氏曰：巽下艮上爲蠱。巽風在内，以鼓動外物，故爲振民；艮山在外，以涵育内氣，故爲育德。

「博學而篤志，切問而近思」，何以言「仁在其中矣」？學者要思得之，了此便是徹上徹下之道。胡雲峰曰：「徹上徹下」，近思録兩存程子之説。「居處恭」三句，則本文恭、敬、忠，是徹下；做到盡頭處，如「篤恭而天下平，修己以安百姓」，便是徹上。此則「博學篤誌、切問近思」是徹下，「仁在其中」是徹上。○陳氏曰：程子欲人思而得之，乃引而不發。朱子於論語集註則謂「從事於此心不外馳，而所存自熟」，盡發以示人矣。

弘而不毅則難立，毅而不弘則無以居之。【本註】西銘言弘之道。弘毅，説見論語集註。不毅，則志氣頹惰，而不足以自守，故難立；不弘，則識量淺狹，而不能以有容，故無以居之。○程子嘗論西銘爲仁之體，即此所言弘之道也。其能體此意，令實有諸己，篤志固執而不變者，便是毅也。○以上並明道語。

伊川先生曰：古之學者，優柔厭飫，有先後次序。今之學者，却只做一場話説，務高而已。飫，於御反。做，俗「作」字，古通用。作音佐。○葉氏曰：古之學者，隨時隨事各盡其力，優柔而不迫，厭飫而有餘，故其用功也實，而自得也深。後之學者，躐等務高，徒資口耳之末而已。常愛杜元凱語：「若江海之浸、膏澤之潤，渙然冰釋，怡然理順，然後爲得也。」杜元凱，名預，晉西安人，官鎮南將軍，以平吴功，進爵當陽侯。著左傳集解，此則其序中語也。引此以明「古之學者，優柔厭飫有序」之意。朱子曰：學者玩理須精熟，使與心浹洽透徹始得。今之學者，往往以游夏爲小，不足學。然游夏一言一事，却總是實。後之學者好高，如人游心於千裏之外，然自身却只在此。好，去聲。吕本「心」下有「於」字，遺書同。○此以明今之學者只做話説務高之意。朱子曰：不要窮高極遠，只於言行上點檢，便自實。今人論道，只論理不論事，只説心不説身，其説至高而蕩然無守，流於空虚異端之説。

修養之所以引年，國祚之所以祈天永命，常人之至於聖賢，皆工夫到這裏，則有此應。「引」，宋本作「延」。「永」，宋本作「引」。今從遺書及葉、吕諸本。○此言凡事不可預期其效，以致工夫不專一也。

忠恕所以公平。造德則自忠恕，其致則公平。無間物我之謂公，施之各當其分之謂平，蓋道本如此也。學者不能大公而至平，惟有盡己之心而推以及物，使彼我之間各得分願，乃所以公平也。然此非必勉强造作而爲之也，其道只在造德而已。造德則省躬克己，私欲漸去，而自然忠恕矣。公平則忠恕之盡也。公以體言，忠也；平以用言，恕也。「造德」二句，所以明首句之意。

仁之道，要之只消道一公字。公只是仁之理，不可將公便唤做仁。公而以人體之，故爲仁。要，音腰。做，臧助反，古通用「作」。○程子因尹和靖有「仁者惟公可以盡之」之説故云然。唤，呼也。便，即也，莊子「未嘗見舟而便操之」也。體，猶中庸「體物而不可遺」之「體」。朱子曰：體者，言以人而體公也。仁爲人心本有，人而不公則害夫仁，故必體此。公在人身上，以爲之骨子，則無所害其仁，而仁流行矣。或以體作「體認」之「體」者，非。○朱子曰：仁爲私意所隔，纔克去己私，則仁便流行。如水爲沙土壅塞，若去沙土，則水自流通。然遂謂無壅塞者爲水，則不可。只爲公則物我兼照，故仁，所以能恕，所以能愛。恕則仁之施，愛則仁之用也。朱子曰：施是從此流出，用是就事上説，「施」、「用」兩字移不得。惟孔孟能如此，下學者極當細看。又曰：恕是推此愛者，愛是恕之所推者。非恕以推此愛，固不能及物；若中無此愛，則亦無以爲推矣。又曰：公在仁之前，恕與愛在仁之後。公則能仁，仁則能愛能恕故也。○以上並伊川語。

今之爲學者，如登山麓，方其迤邐，莫不闊步，及到峻處便止。須是要剛決果敢以進。遺書「便止」作「便逡巡」，無「須是」以下九字，疑誤入也。今按張子語録中有之，但「迤邐」下有「之時」二字，「闊步」下有「大走」二字，「峻處」作「峭峻之處」，蓋當是朱子删正耳。○麓，爾雅：「山足也。」迤邐，行貌。峻處，即後第三卷張子所謂「險阻艱難」是也。但彼以知言，而此以行言耳。蓋行到峭峻之處，大段已是用工夫來，若於此畏難退步，則前功盡棄。孟子所謂「深造之以道」，正須於此處着力精進，過此則有資深逢原之樂矣。

伊川先生曰：人謂要力行，亦只是淺近語。人既能知見，一切事皆所當爲，不必待著意，纔著意便是有箇私心。這一點意氣，能得幾時子？「既能」之「能」，一作「有」。切，音砌，或讀如字。兩「着意」下，遺書並有「做」字。「子」，遺書作「了」，今從葉、吕本。○此爲不能致知而專要力行者言之。朱子曰：言必忠信，行必篤敬，事親必於孝，事長必於弟，自是理所當然，何須時時念念存一「必」字在心？如此便苦難，安得久？

知之必好之，好之必求之，求之必得之。古人此箇學是終身事。果能顛沛造次必於是，豈有不得道理？好，並去聲。○學是終身事，見不是取效旦夕，稍有不得而遂止者也。學者優游漸漬，弗使有間，自無不得之理。

古之學者一，今之學者三，異端不與焉。一曰文章之學，二曰訓詁之學，三曰儒者之學。欲趨道，舍儒者之學不可。

問：作文害道否？此劉安節問也。曰：害也。凡爲文不專意則不工，若專意則志局於此，又安能與天地同其大也？書曰「玩物喪志」，爲文亦玩物也。喪，去聲。○書，周書旅獒篇。吕與叔有詩云：「學如元凱方成癖，文似相如始類俳。獨立孔門無一事，只輸顔氏得心齋。」此詩甚好。古之學者，惟務養情性，其他則不學。今爲文者，專務章句悦人耳目。既務悦人，非俳優而何？俳，音牌。齋，側皆反。「齋」下，葉、吕本無「此詩甚好」四字，今從遺書及宋本增。「古」，一作「昔」。○此以上明作文之害道也。吕與叔，名大臨，學於横渠之門。横渠卒，乃東見二程先生，而卒業焉。元祐中爲太學博士、秘書省正字，范淳夫薦其修身好學，行如古人，可爲講官，不及用而卒。有易詩禮中庸説、文集等行世。元凱，見前。司馬相如，字長卿，漢武帝時人，作子虚、上林等賦。俳優，倡戲也。齋，齋肅純一之意。心齋，見莊子養生主篇。○按，吕與叔詩，上蔡語録、吕氏童蒙訓中並有之，但互有異同。謝録「始」作「反」，「事」作「伎」，「輸」作「傳」，「氏」作「子」。吕則「學」作「文」，「方」作「徒」，「文似」作「賦若」，「始」作「止」，「獨立」作「惟有」，「輸」作「傳」。姑附記，以備參考。

曰：古者學爲文否？曰：人見六經，便以謂聖人亦作文，不知聖人亦攄發胸中所藴，自成文耳，所謂「有德者必有言」也。「以爲」之「爲」，一作「謂」。「亦據」之「亦」，一作「只」。攄，抽居反。「耳」，一作「章」。○宋以易、詩、書、周禮、禮記、春秋爲六經，後凡言六經者倣此。此以下總以明古人非學爲文之意。曰：游、夏稱文學者也？曰：游、夏亦何嘗秉筆學爲詞章也？且如「觀乎天文以察時變，觀乎人文以化成天下」，此豈詞章之文也？説見賁卦。

涵養須用敬，進學則在致知。朱子曰：主敬以立其本，窮理以致其知，二者不可偏廢。使本立而知益明，知精而本益固，二者亦互相發。又曰：涵養中自有窮理工夫，窮其所養之理；窮理中自有涵養工夫，養其所窮之理。兩項都不相離纔見成，兩處便不得。又曰：下「須」字、「在」字，便見得要齊頭着力，不可道知得了方始行。○朱子曰：人能於此二者用力，自然此心常存，衆理昭著，日用應接，各有條理矣。又曰：獨不言「克己」者，蓋敬則自無己可克，如存誠則不消言「閑邪」之意。若有邪僻，只是敬心不純耳。初學則須是三者工夫都到。

莫説道將第一等讓與別人，且做第二等。才如此説，便是自棄。雖與「不能居仁由義」者差等不同，其自小一也。言學便以道爲志，言人便以聖爲志。差，音雌。○因門人問：「學者須志於大，如何？」而程子告之以此。「不能居仁由義」謂之自棄，説見孟子。楊氏曰：「以聖人爲志，猶學射而立的。的立於彼〔七〕，然後射者可視之以求中〔八〕，若其中不中，則在人而已。不立之的，何以爲准？」愚按，程子此條爲人之意可謂深切，臨事觀書常存此意，工夫自然勇猛，不至因循荒廢矣。

問：「必有事焉」，當用敬否？曰：敬是涵養一事，「必有事焉」，須用集義。只知用敬，不知集義，却是都無事也。「是涵養」上，遺書有「只」字。須用，遺書作「須當」。○「必有事焉」，見孟子。必有事焉，即目前尋常舉動皆是敬，兼動靜而言，則有事未嘗不用敬也。觀論語所言「敬事」、「執事敬」之類可見。然若以敬爲有事，專守此心，易流入空虛無用之學，故程子特辯之如此。涵養之敬，就無事時言之。只知用敬，則是都無事也，而以集義爲事，則敬自在其中。○問：敬是涵養一事，敬不足以盡涵養否？朱子曰：五色養其目，聲音養其耳，理義養其心，皆是養也。又問：義莫是中理否？

曰：中理在事，義在心。中，並去聲。○朱子曰：中理只是做得事來，中理義則所以能中理者也，便有揀擇取捨。問：敬、義何别？曰：敬只是持己之道，義便知有是有非。順理而行，是爲義也。若只守一箇敬，不知集義，却是都無事也。朱子曰：敬者，守於此而不易之謂；義者，施於彼而合宜之謂。此二者工夫不可偏廢。彼專務集義而不知主敬者，固有虛驕急迫之病，而所謂義者或非其義；然專言主敬而不知就日用間念慮起處，分别其公私義利之所在，而決取捨之幾焉，則亦未免於昏憒雜擾，而所謂敬者亦非其敬矣。○朱子曰：敬有死敬，有活敬。若只守主一之敬，遇事不濟之以義，則不活。若熟後，敬便有義，義便有敬。静則察其敬與不敬，動則察其義與不義，須敬義夾持，循環無端，則内外透徹。且如欲爲孝，不成只守著一箇孝字。須是知所以爲孝之道，所以侍奉當如何，温清當如何，然後能盡孝道也。清，七性反。○此申明上文不可不知集義之意。不成，宋人語録中每用在句首，作反決之辭，亦當時方言也。侍奉，如服勞奉養之類。「冬温」「夏清」，見記曲禮上篇。温以致其暖，如温被之類；清以致其涼，如扇枕之類。○王伯厚曰：丹書敬義之訓，夫子於坤六二文言發之。孟子以集義爲本，程子以居敬爲先，張宣公謂工夫並進，相須而相成也。按葉、吕諸本自「問敬義何别」以下别爲一條，今從遺書及宋本併之。

學者須是務實，不要近名方是。有意近名，則是僞也。大本已失，更學何事？爲名與爲利，清濁雖不同，然其利心則一也。「須是」下，宋本有「要」字。「是僞」之「是」，吕本作「爲」。

爲，並去聲。○因門人以「子張問達」爲問，而語之以此也。大本，即指上務實而言，萬事皆從實理以出，而人之爲事亦必心無不實，而後可以有成，故曰大本。觀中庸所云「誠者，物之終始，不誠無物」，大本意自明。今既爲僞，則大本已失，雖有所事，皆虚妄耳。○朱子曰：爲學是分内事，纔高自標置，便是不務實也。又曰：雖所爲皆善，但有一毫歆慕外物之心，便是利也。

「回也，其心三月不違仁」，只是無纖毫私意，有少私意便是不仁。少，如字，謂微有私意，不甚多也。漢書「王陵可，然少戇」，亦讀如多少之少，或讀如稍者，誤。○周伯温問「回也，三月不違仁」如何，而程子告之以此。

「仁者先難而後獲」，有爲而作，皆先獲也。古人惟知爲仁而已，今人皆先獲也。「先難」下，呂本有「而」字。「有爲」之「爲」，去聲。門人問「仁者先難後獲」如何，而程子告之以此。爲仁，凡人道之所當爲者皆是。○朱子曰：人惟有此一心。若有一求獲之心，則於所爲不專。又曰：夫子以「先難」爲仁，又嘗以「先事後得」爲崇德，蓋於此小差則心失其正，雖有修德行仁之志，而反以滋其謀利計功之私，仁何自而得，德何自而崇哉？

有求爲聖人之志，然後可與共學；學而善思，然後可與適道；思而有所得，則可與立；立而化之，則可與權。此因夫子之言而論其所謂可者如此。○謝氏曰：學者須先立志，志立則有根本。如樹木必先植其根，而後培養之，能成合抱之木也。故學者必自有求爲聖人之志始。

古之學者爲己，其終至於成物；今之學者爲物，其終至於喪己。爲、喪，並去聲。「爲物」之「物」，一作「人」。○問：前言爲人欲見知於人，與此不同何也？朱子曰：彼則但欲見知於人而已，此則實欲有以爲人，高下固自不同。但平日無學問自修之功，非惟爲人不得，將必且并己而喪之矣。○愚按，前就當下説，此則要其終而言；前就爲工夫處説，此就效驗之極處而言。

君子之學必日新。日新者，日進也。不日新者必日退，未有不進而不退者。唯聖人之道無所進退，以其所造者極也。此勉人進德之語，見不可不日新也。「惟聖人之道」以下，正以見「君子之學必日新」之意，非上言君子之學，下論聖人之道也。○以上並伊川語。

明道先生曰：性靜者可以爲學。外書。下同。○姚肆夏曰：天性沉靜，方可理會道理。若浮動熱鬧，則不能有沉潛入理工夫，故不可以爲學。

弘而不毅則無規矩，毅而不弘則隘陋。毅有强忍意，强忍則分别是非，卓然不惑，故以規矩言之。○愚按，程子前言「難立」與「無以居之」，是推言其究竟如此，此則就當下病痛言也。蓋惟無規矩所以難立，惟隘陋所以無以居之也。

知性善以忠信爲本，此先立其大者。以上並明道語。○「先立乎其大者」，見孟子。大者，謂心也。程子以此語易爲異端所借，故特發明之如此。蓋人不知性之本善，則以仁義非吾心之所固有，而不知所以立矣；不以忠信爲本，則發於念者或有不實，而不能有以立矣。此孟子所以必道性善，而夫子四教必以忠信爲之本也。○愚按，學者須先知性之本善，而後於吾性之中，皆一一有以見其所當然，而不容有一毫人欲之僞，所謂以忠信爲本也。必於此既立，而後可以進於學。呂氏曰：象山以先立其大爲宗旨，舉示詹阜民。阜民安坐瞑目，用力操存半月，一日下樓，忽覺此心中立。象山見之曰：「此理已顯也。」蓋立其所立，非孟子之所謂立耳。

伊川先生曰：人安重則學堅固。朱子曰：輕最害事。飛揚浮躁，所學安能堅固？

「博學之，審問之，慎思之，明辨之，篤行之」，五者廢其一，非學也。說見中庸。○朱子曰：五者多有事在，須先打疊去閒雜思慮，作得基址，方可下手。

張思叔請問，其論或太高，伊川不答，良久曰：「累高必自下。」以上伊川語。○張思叔，名繹，河南壽安人。伊川歸自涪陵，思叔始從之受學，年二十歲矣。詳見伊洛淵源録。累，積累也。

明道先生曰：人之爲學，忌先立標準。若循循不已，自有所至矣。標，卑遙反。○標，表也，謂先立之準而求至之，猶以木立之表而爲之標記也。此先生所以語邵伯温者如此。朱子曰：學者固當以聖人爲師，然才立標準，心中便計較幾時得到聖人處，則有先獲之心矣。○朱子曰：此如「必有事焉而勿正」之謂。觀顔子喟然之嘆，不於高堅瞻忽用力，却就博文禮上進步，則可見矣。又曰：所謂「有爲者亦若是」，及「如舜而已矣」者，必自有的實平穩下工夫處，非徒晝思夜度，以己所爲校舜所爲，而切切然惟恐不如舜也。

尹彦明見伊川後，半年方得大學、西銘看。尹彦明，名焞，洛人，河内先生子漸之孫。靖康元年以布衣召，謝不用，授以和靖處士而歸。後官徽猷閣待制。時彦明年二十，方習舉業，蘇季明指見伊川也。吴氏曰：半年後方得大學、西銘看者，蓋恐驟與之看，或徒生其欲速求達之弊，而於身心茫未有體會處。故先使之聽其言論，觀其行事，教以主敬窮理，切己返身。然後以此示之，則進爲有方，涣然自得，與驟看之者不同矣。○朱子曰：此亦如學記所謂「未卜禘，不視學，游其志」之意。然亦微有病者，蓋天下有許多書，半年間都不使之看，所以彦明終究後來功夫少了。少間措之事業，便有欠闕。

有人説無心。伊川曰：無心便不是，只當云無私心。一本無「伊川曰無心」五字。○按邵氏聞見録云：伊川貶涪州，渡漢江，船幾覆。舟中人皆號泣，伊川獨正襟安坐如常。比及岸，有父老問曰：「當船危時，君獨無怖色，何也？」曰：「心存誠敬耳。」父老曰：「心存誠敬固善，然不若無心。」疑此語爲此而發。○朱子曰：子静謂學者須是除意見，非也。蓋邪意見不可有，正意見不可無。且要除意見之心，即意見也，又如何除之耶？羅氏曰：禪學惟以頓悟爲主，必欲掃除意見，屏絶思慮，將四面八方路頭一齊塞住，使其心更無一線可通，牢關固閉，以冀其一旦忽然有省。就有所見，不過靈覺之光景而已。楊氏曰：六經不言「無心」，惟佛氏言之，亦不言「修性」，惟揚雄言之。心不可無，性不假修，故易止言「洗心盡性」，記言「正心尊德性」，孟子言「存心養性」。

謝顯道見伊川，伊川曰：「近日事如何？」對曰：「『天下何思何慮』？」伊川曰：「是則是有此理，賢却發得太早在。」伊川，一作「伯淳」。○事，謂所事，猶第五卷「做得甚工夫」也。「天下何思何慮」，見易繫辭下傳。○或問：當初發此語時如何？謝氏曰：見得這個事經時無他念，接物亦應副得去。問：如此却何故被一句轉却？曰：當了終須有不透處，當初若不得他一句救拔，便入禪家去矣。伊川直是會鍛鍊得人，說了又道：「恰好著工夫也。」鍛鍊，或作「煆煉」，音義並同。「說了又」下，遺書有「恰」字。○朱子曰：人患不能見得大體，謝氏合下便見得，只是下學工夫都欠，故道「恰好著工夫」，便是教他著下學底工夫。愚按，未事而思，臨事而慮，使理無不明，處無不當，便是著工夫處也。○問：聞此語後如何？謝氏曰：至今未敢道到「何思何慮」地位，始初進時速，後來遲，十數年過，却如夢。如挽弓，到滿時愈難開。然此二十年聞見知識却煞長。

謝顯道云：昔伯淳教誨，只管著他言語。伯淳曰：「與賢說話，却似扶醉漢，救得一邊，倒了一邊。」只怕人執著一邊。「管著」之「著」，上蔡語録作「看」。○只管著他言語，謂但於程子之言執守弗失，而不能有以得其意也。末句乃上蔡所以推明程子之意如此。○朱子曰：上蔡因有發於明道「玩物喪志」之言，故其所論每每過高，如「浴沂禦風」、「何思何慮」之類，皆是墮於一偏。

横渠先生曰：「精義入神」，事豫吾内，求利吾外也。「利用安身」，素利吾外，致養吾内也。易繫辭下傳云：「精義入神，以致用也。利用安身，以崇德也。過此以往，未之或知也。窮神知化，德之盛也。」朱子曰：精熟義理而造於神，事素定乎内，而乃所以求利乎外也；通達其用而身得安，安素利乎外，而乃所以致養其内也。蓋内外相應之理。又曰：「精義入神」疑與行處不相關，然其理透徹乃所以致用。「利用安身」亦疑與崇德不相關，然動作得其理，則德自崇。○問：「求」字似有先獲之心，「精義入神」自有以利吾外，何待於求？朱子曰：然。當云「所以利吾外也」。「窮神知化」，乃養盛自至，非思勉之能强。故崇德而外，君子未或致知也。强，區兩反。○正蒙。下同。○朱子曰：德盛後便能「窮神知化」，如「聰明睿知皆由此出」，「自誠而明」相似。言「窮神知化」乃德盛所自致，自是以上則亦無所用其力矣。蔡虚齋曰：神以存主處言，化以運用處言。

形而後有氣質之性，善反之則天地之性存焉。故氣質之性，君子有弗性者焉。形，謂耳目口鼻成形以後也。反之，猶「湯武反之」之「反」。善反之，謂善於反之也。弗性者，以其非性之本然，故弗以爲性也。○朱子曰：天地之性專指理而言，氣質之性則以理雜氣而言。

德不勝氣，性命於氣；德勝其氣，性命於德。言德不能有以勝其氣，則氣爲之主，而性命皆氣也。德能有以勝其氣，則德爲之主，而性命亦無非德矣。朱子曰：「性命於氣」，是性命都由氣，則性不能全其本然，命不能順其自然。「性命於德」，是性命都由德，則性能全天德，命能順天命。愚按，朱子初以命爲聽命之命，即又以下文分言性天德、命天理，遂將命與性平説，言性與命皆由於氣、由於德也，今從之。窮理盡性，則性天德，命天理。氣之不可變者，獨死生修夭而已。朱子曰：人性本無不善，而氣稟所拘，故有氣與德之異。惟窮理盡性，則善反之功也。「性天德，命天理」，則無不是本原至善之物矣。蓋即孟子所謂「仁之於父子，義之於君臣」，「命也，有性焉，君子不謂命也」之意。○朱子曰：性以其定者而言，命以其流行者而言。黃氏曰：德以所得者而言，理以本然者而言。

莫非天也，陽明勝則德性用，陰濁勝則物欲行。「領惡而全好者」，其必由學乎！莫非天也，兼善惡而言，即下文陽明陰濁是也。「領惡而全好」，見禮記仲尼燕居篇。領，猶治也。惡，指物欲而言。劉氏曰：領惡猶言克己，好謂德性也，學如講習討論、省察克治之類。朱子曰：稟得氣清明者是陽也，此理只在裏面，而德性自用。稟得氣昏濁者是陰也，此理亦只在裏面，但爲昏濁遮蔽，所以物欲自行。又曰：只將自家意思體驗，便見得。

大其心則能體天下之物，物有未體，則心爲有外。世人之心，止於見聞之狹。聖人盡性，不以見聞梏其心，其視天下無一物非我。孟子謂盡心則知性知天，以此。朱子曰：體，猶體認之體，謂以身入事物之中，究見其理也。不以見聞梏其心，乃說聖人盡性事，學者則須先於見聞上做工夫到，然後脱然有貫通處。又曰：盡心只是心極其大，心極其大則知性知天，而無有外之心矣。然孟子之意，本言窮理之至則心自然極其全體而無餘，非欲大其心而後知性知天也。橫渠説固好，若專如此説，便無規矩，此心瞥入虛空裏去，又不可以不知也。天大無外，故有外之心，不足以合天心。朱子曰：有私意則內外扞格，但見得自己身上事，凡物皆不與之相關，便是有外之心。

仲尼絕四，自始學至成德，竭兩端之教也。意，有思也；必，有待也；固，不化也；我，有方也。四者有一焉，則與天地爲不相似矣。「似」下，宋本無「矣」字。○張子解「絶」、「毋」並爲禁止之意，故以此爲聖人設教之道，與論語集注異。意，是思量要如此也。必者，是事未至而期於必行，若預爲之待者然，故曰有待。固者，是事之已過，滯而不化。我者，是事必欲自己出，此心便不弘大，如限於方隅者然，故曰有方。○問：四者相爲終始，而曰「有一焉」，何也？朱子曰：人之爲事，亦有其初未必出於私意，而後來固執而不化者。若曰絶私意則四者皆無，則曰絶一便得，何用更絶四？以此知四者又各是一病。

上達反天理，下達徇人欲者歟！反，復也。以上二條，説並見論語。

知崇天也，形而上也。通晝夜而知，其知崇矣。知及之而不以禮性之，非己有也。故知禮成性而道義出，如天地位而易行。「而知」之「知」如字，餘並音智。○「知崇禮卑，通乎晝夜之道」，「而知成性存存，道義之門」，「天地設位，而易行乎其中」：並見繫辭上傳。○事物形而下者，其理則形而上也。知崇以造其理言，故曰形而上；禮卑以履其事言，則爲形而下矣。性之，謂復其性也。朱子曰：通，猶兼也。知晝不知夜，知夜不知晝，則知皆未盡也。晝夜即幽明、始終、鬼神之謂。成性猶言現成之性，性是本然善者。知崇禮卑，則成性便存存。横渠説「成」字似「習與性成」之意，非是。程子語録謂「萬物自有成性存存，便是生生不已」，却好。及解易則云「成其性存」，其存亦是此病。又云：識見高於上，所行實於下，中間便生生不窮。○張氏曰：見地有餘而踐履不足，則必流於禪。踐履可觀而見地卑下，則止於鄉曲而已。學問之道，只「知崇禮卑」四字盡之。

今正蒙本無「常」字。○困，德之辯也，見易繫辭下傳。德辯，謂以處困之亨與否，辯其德之至不至也。感速，謂吾之感發速也。此者，指德辯感速而言。

困之進人也，爲德辯、爲感速。孟子謂「人有德慧術智者，常存乎疢疾」，以此。「存」上，

言有教，動有法。晝有爲，宵有得。息有養，瞬有存。瞬，音舜。氣一出入爲息，目一開闔爲瞬。朱子曰：横渠「六有」説極好。亦不必終日讀書，或静坐存養，亦是如天地生物，春生夏長，固是不息。秋冬斂藏，生意亦何嘗不流行？學者常提撕，令此心常存，則日有進。又「息亦有養，瞬亦有存」，如「造次顛沛必於是」之意，但説得太緊。

横渠先生作訂頑曰：乾稱父，坤稱母。予兹藐焉，乃混然中處。母，叶滿補切。○朱子曰：天，陽也，以至健而位乎上，父道也；地，陰也，以至順而位乎下，母道也；人禀氣於天，賦形於地，以藐然之身混合無間而位乎中，子道也。然不曰天地而曰乾坤者，天地其形體也，乾坤其性情也。乾者，健而無息之謂，萬物之所資以始者也；坤者，順而有常之謂，萬物之所資以生者也。是乃天地之所以爲天地，而父母乎萬物者，故指而言之。○此四句乃一篇綱領，言人爲天地之子也。故天地之塞，吾其體；天地之帥，吾其性。性，叶息興切。○朱子曰：乾陽坤陰，此天地之氣塞乎兩間，而人物之所資以爲體者也，故曰「天地之塞吾其體」。乾健坤順，此天地之志爲氣之帥，而人物之所得以爲性者

也，故曰「天地之帥吾其性」。深察乎此，則父乾母坤，混然中處之實可見矣。又曰：吾其體、吾其性，有吾去承當之意。陳北溪曰：「塞」字就「塞乎天地之間」句取一字來説氣，「帥」字就「志氣之帥也」句取一字來説理。○此二句言人所以爲天地之子之實，朱子謂此篇大要只在此二句。民吾同胞，物吾與也。朱子曰：人物並生於天地之間，其所資以爲體者，皆天地之塞，其所得以爲性者，皆天地之帥也。然體有偏正之殊，故其於性也，不無明暗之異。惟人也，得其形氣之正，是以其心最靈，而有以通乎性命之全體，於並生之中，又爲同類而最貴焉，故曰「同胞」，則其視之也，皆如己之兄弟矣。物則得夫形氣之偏，而不能通乎性命之全，故與我不同類，而不若人之貴，然原其體性之所自，是亦本之天地，而未嘗不同也，故曰「吾與」，則其視之也，亦如己之所輩矣。惟同胞也，故以天下爲一家，中國爲一人，如下文所云「惟吾與」也，故凡有形於天地之間者，若動若植，有情無情，莫不有以若其性，遂其宜焉。此儒者之道，所以必至於參天地，贊化育，然後爲功用之全，而非有所强於外也。大君者，吾父母宗子；其大臣，宗子之家相也。尊高年，所以長其長；慈孤弱，所以幼其幼。聖其合德，賢其秀也。凡天下疲癃殘疾、惸獨鰥寡，皆吾兄弟之顛連而無告者也。相，去聲，叶息裏切。又叶息與切，與上處「與」叶。長，張丈反。「其幼」之「其」，葉本作「吾」。惸，渠盈反。末句宋本無「皆」、「之」二字。告，叶居候切，又如字，與下「孝」、「肖」叶。○惸，孔安國書傳曰：「惸，單，無兄弟也。」朱子曰：乾父坤母而人生其中，則凡天下之人皆天地之子矣。然繼承天地，統理人物，則大君而已，故爲父母之宗子。輔佐大君，綱紀衆事，則大臣而已，故爲宗子之家相。天下之老一也，故凡尊天下之高年者，乃所以長吾之長。天下之幼一也，故凡慈天下之孤弱者，乃所以幼吾之幼。聖人與天地合其德，是兄弟之合德乎父母者也。賢者才德過於常人，是兄弟之秀出乎等夷者也。是皆以天地之子言之，則凡天下之疲癃、殘疾、惸獨、鰥寡，非吾兄弟無告者而何哉？」〇此一節皆就同胞中推出，見其有殊分而無二理也。〇朱子謂篇首至此如棋局。「于時保之」，子之翼也；樂且不憂，純乎孝者也。「于時保之」，見詩周頌我將篇。翼，恭敬之意，言子之所以恭敬其親者也。樂天知命故不憂，見易繫辭上傳。朱子曰：畏天以自保者，猶其敬親之至也。樂天而不憂者，猶其愛親之純也。又曰：前論天地萬物與我同體之意，固極宏大，然事天工夫則自「於時保之」以下，方極親切。〇朱子謂此下如人下棋。違曰悖德，害仁曰賊，濟惡者不才，其踐形惟肖者也。孝、肖爲韻，而其德、賊復自爲韻。朱子於退之張徹墓銘所謂「法免罝，魚麗等詩隔句用韻」者也。濟，成也。朱子曰：不循天理而徇人欲者，不愛其親而愛他人也，故謂之「悖德」。戕滅天理，自絶本根者，賊殺其親，大逆無道也，故謂之「賊」。長惡不悛，不可教訓者，世濟其凶，增其惡名也，故謂之「不才」。若夫盡人之性而有以充人之形，則與天地相似而不違矣，故謂之「肖」。知化則善述其事，窮神則善繼其志。朱子曰：孝子，善繼人之志，善述人之事者也。聖人知變化之道，則所行者無非天地之事矣；通神明之德，則所存者無非天地之心矣。此二者皆樂天踐形之事也。又曰：化底是氣，有跡可見，故爲事；神底是理，無形可窺，故爲志。不愧屋漏爲「無忝」，存心養性爲「匪懈」。懈，叶居寄切。朱子曰：孝經引詩曰「無忝爾所生」，故事天者，仰不愧，俯不怍，則不忝乎天地矣。又曰「夙夜匪懈」，故事天者，存其心，養其性，則不懈乎事天矣。此二者，畏天之事，而君子所以求踐夫形者也。惡旨酒，崇伯子之顧養；育英才，潁封人之錫類。「惡旨酒」，見孟子及戰國策。崇，國名。伯，爵。史記索隱云：連山易曰「鯀封於崇」，國語有「崇伯鯀」是也。潁，地名。封人，官名，鄭大夫潁考叔也，事見春秋左傳。朱子曰：好飲酒而不顧父母之養者，不孝也。故遏人欲，如禹之惡旨酒，則所以顧天之養者至矣。性者萬物之一源，非有我之得私也。故育英才，如潁考叔之及莊公，則所以「永錫爾類」者廣矣。不弛勞而底豫，舜其功也；無所逃而待烹，申生其恭也。弛，施紙反。○申生，晉獻公世子，事見春秋內外傳及禮記檀弓。謚法：敬順事上曰恭。朱子曰：舜盡事親之道，而瞽瞍底豫，其功大矣。故事天者盡事天之道，而天心豫焉，則亦天之舜也。申生無所逃而待烹，其恭至矣。故事天者夭壽不貳，而修身以俟之，則亦天之申生也。又曰：舜之底豫，贊化育也，故曰功。申生待烹，順受而已，故曰恭。○問：潁封人、申生皆不能無失處，豈能盡得孝道？朱子曰：西銘本是說事天，不是說孝。蓋事親有正不正，若天道純熟，則無正不正之處，只是推此心以奉若之耳。至若申生無所逃而待烹，固爲未盡子道，然若事天如此，則又可謂能盡其道者。蓋人有安天，則無安若命之死，自是理當如此，惟有聽受之而已，固不得以獻公比也。體其受而歸全者，參乎？勇於從而順令者，伯奇也。受，宋本作「愛」，注：一作「受」。愚按，從「受」爲是，且朱子注亦解作「受」。奇，叶渠容切。○「父母全而生之，子全而歸之」，見禮記祭義篇。伯奇，尹吉甫子，爲後母所譖見逐，世傳履霜操爲伯奇自傷而作。朱子曰：「父母全而生之，子全而歸之」，若曾子之「啓手啓足」，則體其所受乎親者，而歸其全也。況天之所以與我者，無一善之不備，亦全而生之也。故事天者，能體其所受於天者而全歸之，則亦天之曾子矣。子於父母，東西南北惟令之從，若伯奇之履霜中野，則勇於從而順令也。況天之所以命我者，吉凶禍福，非有人欲之私。故事天者能勇於從而順受其正，則亦天之伯奇矣。又曰：曾子歸全，全其所以與我者，終身之仁也。伯奇順令，順其所以使我者，一事之仁也。○朱子曰：此文總借事親以明事天之道，如不愧屋漏、存心養性是事天，「匪懈」、「無忝」却説事親。至其説事親處，皆兼常變，言曾子是常，舜、伯奇之徒是變。此自人事言之則如此，天道直是順之，無有不當者。富貴福澤，將厚吾之生也；貧賤憂戚，庸玉汝於成也。庸，用也。玉，寶愛之意。言天正所以寶愛之，以使之成就也。朱子曰：富貴福澤，所以大奉於我，而使吾之爲善也輕；貧賤憂戚，所以拂亂於我，而使吾之爲志也篤。天地之於人，父母之於子，其設心豈有異哉？故君子之事天也，以周公之富而不至於驕，以顏子之貧而不改其樂。其事親也，愛之則喜而弗忘，惡之則懼而無怨，其心亦一而已矣。存，吾順事，没，吾寧也。寧，奴京切。○朱子曰：孝子之身存，則其事親順，不違其志而已，没則安而無所愧於親也。仁人之身存，則其事天者不逆其理而已，没則安而無所愧於天也。蓋所謂「朝聞道夕死」、「吾得正而斃焉」者，故張子之銘以是終焉。【本註】明道先生曰：訂頑之言，極醇無雜，秦漢以來學者所未到。

又曰：訂頑一篇，意極完備，乃仁之體也。陳氏曰：非指與萬物爲一體處爲仁之體，乃言天理流行無間爲仁之體也。學者其體此意，令有諸己，其地位已高。到此地位，自別有見處，不可窮高極遠，恐於道無補也。陳氏曰：見得此理渾然無間、實有諸己後，日用酬酢無往而非此理，更何用窮高極遠？又曰：訂頑立心，便達得天德。又曰：游酢得西銘讀之，即涣然不逆於心，曰此中庸之理也，能求於言語之外者也。游酢，字定夫，建州建陽人。元豐六年進士，調越州蕭山尉，用范忠宣公薦，召爲太學録，改宣德郎，除博士。忠宣罷政，公亦調外，徽宗即位，召還，爲監察御史。真氏曰：中庸綱領在性、道、教三言，而終篇之義無非教人以全天命之性。西銘綱領亦在其體、其性二言，而終篇反復推明，亦欲人不失乾父坤母之所賦予者，爲天地克肖之子而已。故曰即中庸之理。楊中立問曰：西銘言體而不及用，恐其流遂至於兼愛，何如？楊中立，名時，五世祖唐末避地閩中，寓南劍州之將樂縣，因家焉。中熙寧九年進士，後官龍圖閣直學士，提舉杭州洞霄宫。伊川先生曰：横渠立言誠有過者，乃在正蒙。西銘之書，推理以存義，擴前聖所未發，與孟子性善、養氣之論同功，豈墨氏之比哉！西銘明理一而分殊，墨氏則二本而無分。【本注】云：老幼及人，理一也；愛無差等，本二也。陸氏曰：林次崖謂理一分殊，理與氣皆有之。以理言，則太極，理一也，健順五常，其分殊也。以氣言，則渾元一氣，理一也，五行萬殊，其分殊也。此一段發明程子理一分殊之説最明，而羅整菴謂其「未睹渾融之妙」，亦過矣。分殊之蔽，私勝而失仁；無分之罪，兼愛而無義。分立而推理一，以止私勝之流，仁之方也；無别而迷兼愛，以至於無父之極，義之賊也。子比而同之，過矣。且彼欲使人推而行之，本爲用也，反謂不及，不亦異乎！自「明道先生」至此，葉本並大字，無「本注」字。分，並音問。比，必二反。爲，去聲。○問：理一分殊，如同胞、吾與，大君、家相，長幼、殘疾，皆自有差等，是分殊處否？朱子曰：此是一直看，下更須横截看。天氣而地質，與父母固是一理，然吾之父母與天地自是有個親疏。同胞裏面便有理一分殊，吾與裏面亦有理一分殊。龜山正是疑同胞、吾與爲近於墨氏，不知同胞、吾與各自有理一分殊在其中矣。問：龜山語録云「知其理一所以爲仁，知其分殊所以爲義」。曰：仁只是發出來者，至發出來有截然不可亂處，便是義。如愛父母、愛兄弟、愛親戚、愛鄉黨，推而大之，以至於天下國家，只是一個愛流出來，而愛之中便有許多等差，是義也。問：伊川謂西銘，「原道之宗祖」，何如？曰：西銘更從上面説來，原道言「率性之謂道」，西銘則並「天命之謂性」言之耳。又曰：諸子只得見下面一層，源頭處都不曉。又曰：西銘之書，横渠先生所以示人至爲親切，而伊川先生又以理一而分殊者贊之，言雖至約，而理則無餘矣。蓋乾之爲父，坤之爲母，所謂理者也。然乾坤者，天下之父母也；父母者，一身之父母也。則其分不得而不殊矣，故以「民爲吾胞，物爲吾與」者。自其天下之父母者言之，所謂理一者也。然謂之民，則非真以爲吾之同胞；爲之物，則非真以爲吾之同類矣。此自其一身之父母者言之，所謂分殊者也。又况其曰同胞，曰吾與，曰宗子，曰家相，曰老曰幼，曰聖曰賢，曰顛連而無告，則於其中又有如是差等之殊哉！但其所謂理一者，貫乎分殊之中，而未始相離耳。此天地自然古今不易之理，而二先生始發明之。

又作砭愚曰：戲言出於思也，戲動作於謀也。

發於聲，見乎四支，謂非己心，不明也。欲人無己疑，不能也。砭，貶平聲，一音去聲。謀，叶謨悲切。見音現。能，叶年彌切，又古韻明、能通，或自相叶亦可。○砭，說文：「以石刺病也。」服虔春秋傳注：「砭，石也。季世無佳石，故以鐵代之。」言言動之戲，本出於有心，而以爲非心之所爲，而欲人之無己疑，所以明長傲之失。吴氏曰：言雖戲，必以思而出也；動雖戲，必以謀而作也。發於聲，謂戲言也；見乎四支，謂戲動也。過言非心也，過動非誠也。失於聲，謬迷其四體，謂己當然，自誣也。欲他人己從，誣人也。人，叶如丁切。○言言動之過，本非出於有心，而以爲己之所當然，而欲人之從我，所以明遂非之失。吴氏曰：失於聲，謂過言也；繆迷其四體，謂過動也。或者謂出於心者，歸咎爲己戲；失於思者，自誣爲己誠。不知戒其出汝者，歸咎其不出汝者。長傲且遂非，不智孰甚焉？己，並音紀。長，張丈反。下「不知」音智。焉，叶餘輕切。○出於心者，謂戲言、戲動也；失於思者，謂過言、過動也。言動之戲本出於有心，故曰「出汝者，歸咎爲己戲」，是不知戒也。言動之過本非出於有心，故曰「不出汝者，自誣爲己誠」，是不知所以歸咎也。長傲，就歸咎爲己戲而言。遂非，就自誣爲己誠而言。○沈毅齋曰：朱子與江西學者說此篇大旨不越「過、故」二字。蓋有心謔浪之謂戲，無心差失之謂過。戲不可有，推其源而謂之故，欲人深戒於言動未發之先，以爲正心誠意之本。過不能無，指其流而謂之過，欲人自咎於言動已失之後，以爲遷善改過之機。【本註】横渠學堂雙牖，右書訂頑，左書砭愚。伊川曰：「是起爭端。」改訂頑曰西銘，砭愚曰東銘。牖，音酉。「横渠學堂」下，葉本大字，無「本註」字。○牖，説文：「穿壁以木爲窗也。」朱子曰：程子每以西銘開示學者，而東銘則未之及。蓋西銘推人以知天，即近以明遠，於學者之用至爲深切，誠於此反復玩味而有以自得之，則心廣理明，意味自別。東銘雖分別長傲、遂非之失於毫釐之間，所以開警後學不爲不切，然意味有窮，而於下學工夫則猶有未盡者，固不得與西銘「徹上徹下，一以貫之」之旨同日而語也。

將修己，必先厚重以自持。厚重知學，德乃進而不固矣。忠信進德，惟尚友而急賢。欲勝己者親，無如改過之不吝。「不固」之「不」，葉本作「日」，誤。○文集。下同。○修己，即大學誠意、正心、修身工夫也。厚重，如言語簡點、舉止端詳之類。學，兼博學、審問、慎思、明辨而言。德，凡言行皆是，即上文所謂「修己」者也。朱子曰：此蓋古注舊説，而張子從之，但文勢若有反戾而不安耳。呂、楊之説，蓋亦如此。愚按，注疏「學則不固」，其説有二：孔安國云「固，蔽也」。疏云：「君子不能厚重則無威嚴，又當學先王之道以致博聞强識，則不固蔽也。一云固，堅固也。」張子蓋主孔氏説，而朱子則從其後説耳。按此條今見正蒙乾稱章。

横渠先生謂范巽之曰：吾輩不及古人，病源何在？巽之請問。先生曰：此非難悟。設此語者，蓋欲學者存意之不忘，庶游心浸熟，有一日脱然如大寐之得醒耳。范巽之，名育，邠州三水人。贈秘書監祥子也。舉進士，爲涇陽令，以養親謁歸，從横渠學。以薦召授崇文院校書、監察御史裏行，仕至給事中、户部侍郎，卒。此語指「不及古人」二語而言。「設此語者」以下，乃記者所以推原張子之意。存意不忘，謂將「不及古人，病源何在」二語時時存之意念之間，不使有忘。如大寐得醒，乃是悟著病源，便可急下修治之功也。○愚按，張子此條微近釋氏，但釋氏悟破機關，一齊放下，瞥入虛空去。横渠須是識破病源，便可從此實用其功，此爲不同耳。

未知立心，惡思多之致疑；既知所立，惡講治之不精。惡，去聲。朱子曰：未知立心，則或善或惡，胡亂思想，引得許多疑起。既知所立，則此心已立於善而無惡，便又惡講治之不精。又曰：横渠此説甚好，便見有次第處。若是思慮紛然，趨向未定，未有個主宰，如何講學？講治致思，莫非術內，雖勤而何厭？所以急於可欲者，求立吾心於不疑之地，然後若決江河以利吾往。「致思」，宋本作「之思」，注一作「致」。吕本作「之」。愚謂從「致」爲是。術，學術也。可欲者，「可欲之謂善」也。上言思多致疑，則致思之病也。講治不精，則講治之病也。要之，此二者莫非在我學術之內，不可有缺，所以雖勤而不厭也。急於可欲之善，則無善惡之雜，而立吾心於不疑之地矣。若決江河以利吾往，則果於爲善，而不患講治之不精矣。遜此志，務時敏，厥修乃來，故雖仲尼之才之美，然且敏以求之。今持不逮之資，而欲徐徐以聽其自適，非所聞也。「惟學遜志」三句，見書説命下篇。「敏以求之」，見論語。遜，順也。遜志者，遜順其志，使入事中，與之理會也。敏者，勇往精進之意。時者，無間斷也。不逮，謂不及古人之才之美也。此引書及孔子之自言，以見不可動之意。朱子曰：横渠以孔子爲非生知，蓋執「好古敏求」一語，故有此言。不知「好古，敏以求之」，非孔子做不得。又曰：便是生知之資也，須下困知勉行底工夫方得。

明善爲本，固執之乃立，擴充之則大，易視之則小，在人能弘之而已。易，音異。○四「之」字，皆指「善」字而言。以大學八條目言之，則明善，致知格物之事也；固執，誠意正心修身之事也；擴充，齊家治國平天下之事也。以中庸三達德言之，則明善，智也；固執，仁也；擴充，勇也。弘之者，亦廓而大之，使知之無不至，行之無不盡也。

今且只將「尊德性而道問學」爲心，日自求於問學者有所背否，於德性有所懈否。此義亦是博文約禮，下學上達。以此警策一年，安得不長？背，與「倍」同。○長，張丈反。「有所背否」二語，皆自求之辭。道問學，是博之以文也。尊德性，是約之以禮也。蓋皆下學，而上達在其中。張子合而言之，以見聖門工夫已盡於此，無俟別求之意。每日須求多少爲益。知所亡，改得少不善，此德性上之益；姚氏曰：知所亡，是知己之闕失未善處，與子夏「日知所亡」微別。讀書求義理，編書須理會有所歸著，勿徒寫過，又多識前言往行，此問學上益也。著，音略。行，去聲。求義理，則不徒事章句訓詁之末矣；能理會，則不徒事讎校紀録之功矣。多識前言往行，乃其餘事，故言又以兼之。朱子曰：范淳夫一生作此等編書工夫，聖賢之言只忙中草草鈔節一番，未嘗仔細玩味，所以從二先生許久，見處全不精明也。勿使有俄頃閒度，逐日似此三年，庶幾有進。閒，音閑。朱子曰：如今看道理未精進，便須於尊德性上用功；於德性上有不足處，便須於問學上用功。二者須相趲逼，庶得互相振策出來。

爲天地立心，爲生民立道，爲去聖繼絶學，爲萬世開太平。爲，並去聲。○真氏曰：此皆先生以道自任之意。

載所以使學者先學禮者，只爲學禮，則便除去了世俗一副當習熟纏繞。譬之延蔓之物，解纏繞即上去。苟能除去了一副當世習，便自然脱灑也。又學禮，則可以守得定。爲，去聲。○「除去」之「去」，並上聲。上，上聲。○此張子自明其所以使學者先學禮之意。一副，總括之詞，今猶有此語。當，音義見前。解，脱也。○朱子曰：上蔡以横渠教人以禮爲先，故其門人下稍頭，溺於刑名度數之間。不知此都看不得，禮之大體所以易偏。「正容謹節」自是好，如何廢得！○按，此條今見語録。

須放心寬快公平以求之，乃可見道，況德性自廣大。易曰：「窮神知化，德之盛也。」豈淺心可得？易説。○道以事物之所當由者而言，德性則道之得於己而爲性者也。易語，見前。

人多以老成則不肯下問，故終身不知。又爲人以道義先覺處之，不可復謂有所不知，故亦不肯下問。從不肯問，遂生百端，欺妄人我，句。寧終身不知。爲，去聲。復，扶又反。○論語説。○此因論語「不恥下問」之言，而論之如此。葉氏曰：「内則欺己，外則欺人，終於不知而已。」

多聞不足以盡天下之故。苟以多聞而待天下之變，則道足以酬其所嘗知。若劫之不測，則遂窮矣。○刧，居怯反，通作「劫」。後放此。○孟子説。下同。○故，事故也。酬，應也。劫，以力協取也。心通乎道，則隨事物之來，而順其所當然之道以應之，故可以肆應不窮。若徒事乎記問之末，則見聞有限，而事變無窮，卒然臨之以所未嘗知，則窮矣。

爲學大益，在自求變化氣質。不爾，皆爲人之弊，卒無所發明，不得見聖人之奧。「爲人」之「爲」，去聲。○言人之爲學，欲以得益也，而益之大者，則在自求變化氣質而已。故學者須於身心上細細體認，稍有偏駁處，便自覺察而痛改之，此爲己之實學也。不然，則輕浮淺露，無真實切己工夫，故不得見聖人之奧。○東萊謂「變化氣質，方可言學」。朱子曰：此意甚善。但愚則以爲必學方能變化氣質耳。若不讀書窮理，主敬存心，而徒切切計較於昨非今是之間，恐亦勞而無補也。問：氣質不善，可以變化否？曰：須是變化而反之。如人一己百，人十己千，則雖愚必明，雖柔必强。按，此條今見語録。

文理密察，心要洪放。「文理」之「理」，葉、呂本作「要」，今從宋本正之。○語録。下同。○朱子曰：看義理要緊著心，又要寬著心。不緊不足以察其文理之細密，不寛不足以見其規模之宏大也。

不知疑者，只是不便實作。既實作，則須有疑。有不行處，是疑也。「不行」上，宋本有「必」字。○作，非止作事，凡講習討論、省察克治之類皆是。不行，謂行有所不通也。○朱子曰：學者須於思路斷絶無可搜尋處，忽地徹悟，方始有得。

心大則百物皆通，心小則百物皆病。通，謂道理通透，行無不得也。病則窒礙而不通矣。朱子曰：心大則能容天下之物，隨時隨處，各有道理，泛應曲當，故百物皆通。心小則卑陋狹隘，動輒見礙，如敬則拘束而礙和，和則流蕩而礙敬，仁則煦煦姑息而礙義，義又粗暴決裂而礙仁。著得一個便是，容兩個不得，故百物皆病。

人雖有功，不及於學，心亦不宜忘。心苟不忘，則雖接人事，即是實行，莫非道也。心若忘之，則終身由之，則是俗事。行，去聲。○功不及於學，即指下人事而言，或奔走衣食，或應酬世務皆是。不宜忘，謂不宜忘學。如爲一事即用心在一事上，便是敬；爲一事即窮究一事之理，便是義。○朱子曰：人能常求放心，不使廢惰，則雖接人事，而道理自然隨其事之當然而發見矣。學者此最爲要，所以孔門只教人求仁也。

合内外，平物我，此見道之大端。葉氏曰：合内外者，表裏一致，就己而爲言也；平物我者，物我一體，合人己而爲言也。○愚按，見道之大端，猶曾點、漆雕開，見大意而已。若説到細微精密處，則當就内外物我間，一一各究其當然之極，而不使有毫髪之差謬，乃真爲見得到。從此實下工夫，方可深造自得。

既學而先有以功業爲意者，於學便相害。既有意，必穿鑿創意，作起事端也。德未成而先以功業爲事，是代大匠斲，希不傷手也。「起事」下，宋本無「端」字，楊同。○代大匠斲，句見老子道德下篇。先以功業爲意，便有先獲正助之意〔九〕，故曰於學便相害。大匠，藝之已成者也。藝未成而代之斲，少有不傷手者，言不但斲之不善已也，以喻於學便相害之意。李弘齋曰：不必待仕宦有位有職事，方爲功業，但隨力到處，有以及物，即功業也。胡敬齋：學者只是修身，功業是修身之效。若以功業爲意，非惟失本末先後之序，心亦難收。又曰：要立功業是私意，不要立功業亦是私意。只循理而已。

竊嘗病孔孟既没，諸儒囂然，不知反約窮源，勇於苟作，持不逮之資，而急知後世。明者一覽，如見肺肝然，多見其不知量也。多，邢昺云：古人「多」、「祇」同音。如左傳「多見疏也」，服虔本作「祇見疏」，云：「祇，適也。」○囂然，衆説爭持之貌。約，謂體之一處。源，謂道之體也。如西銘所論天地萬物一體，及正蒙發明性情氣質之類，皆是。多，適也。語見論語。○此一節言漢唐以下儒者不知反約窮源，而急知後世之病。方且創艾其弊，默養吾誠。顧所患日力不足，而未果他爲也。創，昌諒反。艾，音乂。○此條按宋文鑒，乃與趙大觀書也。創，懲也。艾，治也。誠即指約與源而言。謂之曰吾誠者，以其爲吾心所固有之實理也。默養者，見不必人之知之也。○此一節乃先生自道其有志反約窮源，不敢急知後世之意。愚按，學者得程朱講明之後，於道之全體大用知之甚易，而不能實用其操存涵養之功，則道終不爲己有，是亦口耳之末而已。必如張子所謂「默養吾誠」，乃爲實得。

學未至而好語變者，必知終有患。蓋變不可輕議，若驟然語變，則知操術已不正。好，去聲。○變者，正道所不能行，用此以通之也。蓋古人或不得已而出於此，自非義精仁熟，有變化從心之妙者，不能與也。若學未至而輕於語變，未有不流爲邪妄者，如王安石之新法是也。

凡事蔽蓋不見底，只是不求益。底，典禮反。○盤覆曰蓋，下曰底。凡物以蓋蔽其上，則底不得見矣，以喻學者掩藏不欲人見之意。葉氏曰：行己無隱，則是非善惡有所取正，庶可增益其所未知所未能。苟固爲蔽覆，恐人之知，是則非求益者也。有人不肯言其道義所得所至，不得見底，又非於吾言無所不説。説，音悦。所得以知言，所至以行言。顏子於聖人之言無所不説，所以默然聽受如愚人。今非於吾言無所不説，而使人不得見底。如此總以見其不求益之意。

耳目役於外，攬外事者，其實是自惰，不肯自治，只言短長，不能反躬者也。惰，吕本作「墮」。○役，用也。攬，兜攬也。所謂外者，凡博聞廣見，通曉世務，無所得於身心者皆是。「只言短長，不能反躬」，謂但知講論古今得失，而不能反求之躬，以實有諸己者也，所謂「耳目役於外，攬外事者」如此。程子以記誦博識爲「玩物喪志」，亦此意也。朱子曰：此亦是見理不透，無安自己身心處，所以如此。

學者大不宜志小氣輕。志小則易足，易足則無由進；氣輕則以未知爲已知，未學爲已學。易，音異。○「志小易足」以下，所以極志小、氣輕之弊，以見學者之大不宜如此也。張氏曰：學者於道理有所見，正宜深潛涵養，孜孜惕惕，益勉其所未至。顧乃詡詡自足，甚者抗顏欲爲人師，適見其陋而已，何足與語於道哉！○以上並横渠語。

## 校勘記

〔一〕說見書及論語　「說」，文津閣本作「書」。

〔二〕但人不循此禮　「禮」，文津閣本作「理」。

〔三〕莫若擴然而大公　「擴」，文津閣本作「廓」。

〔四〕業是每日事業　「是」，文津閣本作「謂」。

〔五〕正程子所謂迫切不中理　「迫」上，文津閣本有「若」字。

〔六〕須呂本作要　此句文津閣本在「論治便須識體」句下。

〔七〕的立於彼　「於」，文津閣本作「在」。

〔八〕然後射者可視之以求中　「以」，文津閣本作「而」。

〔九〕便有先獲正助之意　「意」，文津閣本作「患」。

# 近思録集註卷三

## 格物窮理

自此以後，則細論條目工夫，而此一篇乃大學「致知格物」也。自首卷所論陰陽性命以至末卷聖賢氣象，皆物也，皆其所當格者也，而此卷則其格之之法。漢唐諸儒惟於此未明曉，所以修己治人多不得其道。韓文公原道引大學之言，獨不及「致知格物」。歷漢唐宋明，賢君良相時有，而二帝三王之道未嘗一日行於天地之間，以此故也。此篇乃明善之要，四卷、五卷則誠身之本。朱子於大學章句所謂「在初學尤爲當務之急，而不可以其近而忽之」者也。葉氏曰：「自首條至二十二條，總論致知之方。致知莫大於讀書，二十三條至三十三條總論讀書之法。三十四條以後乃分論讀書之法，而以書之先後爲序。」凡七十八條。

伊川先生答朱長文書曰：心通乎道，然後能辨是非，如持權衡以較輕重，孟子所謂「知言」是也。通道，如所謂「豁然貫通」、「全體大用無不明」是也。格物然後有以通乎道而辯是非。心不通乎道，而較古人之是非，猶不持權衡而酌輕重，竭其目力，勞其心智，雖使時中，亦古人所謂「億則屢中」，君子不貴也。乎，吕本作「於」。中，並去聲。○文集。下同。○此申明上節之意。時中，謂有時而中也。按長文來書云：「上能探古先之陳跡，綜群言之是非，欲其心通默識，固未能也。」故伊川以通與不通之得失告之。

伊川先生答門人曰：孔孟之門，豈皆賢哲，固多衆人。以衆人觀聖賢，弗識者多矣，惟其不敢信己而信其師，是故求而後得。今諸君與頤言纔不合，則置不復思，所以終異也。不可便放下，更且思之，致知之方也。復，扶又反。○曰「門人」者，非一人之詞也，觀下言「諸君」可見。○朱子曰：學者未能有得，當謹守聖賢訓戒以爲根基，如程子所謂「不敢信己而信其師」者，始有寄足之地。不然則飄揺没溺，終不能有以自立也。愚按，學者不得聖賢爲師，則程朱所言具在，潛思静玩，久自有得。

伊川先生答横渠先生曰：所論大概，有苦心極力之象，而無寛裕温厚之氣。非明睿所照，而考索至此，故意屢偏而言多窒，小出入時有之。【本註】明所照者，如目所睹，纖微盡識之矣。考索至者，如揣料於物，約見髣髴耳，能無差乎？厚，一作「和」。「本註」下，葉本有「云夫」二字。○

朱子曰：如正蒙所論道體，覺得源頭有未是處，故伊川云過處在正蒙，如云「由氣化，有道之名」，說得是好，終是生受辛苦。又如「太和」、「太虛」云者，止是說氣，說聚散處，其流乃是個大輪回。蓋其思慮考索所至，非性分自然之知。更願完養思慮，涵泳義理，他日自當條暢。○完養思慮，則明睿自生；涵泳義理，則非考索所至。○上言不思所以不合，此下兩條又言思貴優游涵泳，使之自得，不可强探力索以自苦也。

欲知得與不得，於心氣上驗之。思慮有得，中心悅豫，沛然有裕者，實得也。思慮有得，心氣勞耗者，實未得也，强揣度耳。强，區兩反。度，待洛反。○「實得」者，深造以道，自然而得之於己也。「强揣度」者，乃其强探力索而得之者也，蓋不免正助之病。嘗有人言比因學道，思慮心虛。曰：人之血氣固有虛實。疾病之來，聖賢所不免。然未聞自古聖賢因學而致心疾者。比，音秘。○遺書。下同。○此因上言心氣有寬裕勞耗之不同，而類記之也。蓋嘗有人言於程子，而程子語之如此。比，近也。心，五臟之一也，與他處解作神明主宰者不同。「學道思慮心虛」者，方因學道而思慮，以至心虛也。血氣平和則無疾，虛是不足之疾，實是有餘之疾。心疾即心虛也，心過用則虛，虛則成疾，故曰心疾。

今日雜信鬼怪異說者，只是不先燭理。若於事上一一理會，則有甚盡期？須只於學上理會。事，即指鬼怪異說而言。蓋若於鬼怪異說一一理會，則其事變幻百出而未有窮。惟學則理明，而鬼怪異説自不足以惑之矣。朱子曰：神怪之説，學者未能遽明，惟當以正自守而窮理之有無，久久當自見得。○朱子曰：如玄武，北方之宿，避聖祖諱改作「真」，今乃以爲「真聖」，而作真龜蛇於下，又增天蓬、天猷及翊聖真君作四聖。世之所謂鬼神載在祀典者，皆此類也。顧氏曰：鬼神之説，半是文士寓言，以資詼諧，而後人往往附會成真。甚有如小孤山訛爲「小姑」，杜拾遺訛爲「十姨」，諸如此類，不可枚舉。唐宋時但言靈應，即加封號，而今且必求其人以實之也，荒唐不經甚矣！

學原於思。不思，則雖欲爲學，無所從入，故曰「學原於思」。○朱子曰：學者於敬上未有用力處，且自思入。思之一字，於學者最有力。

伊川先生所謂「日月至焉」與久而「不息」者，所見規模雖略相似，其意味氣象迥别。須心潛默識，玩索久之，庶幾自得。○迥，户頂反，俗作「逈」，非。迥，説文「遠也」。意味，以中之所蘊者言；氣象，以外之所見者言。學者不學聖人則已，欲學之，須熟玩味聖人之氣象，不可只於名上理會，如此只是講論文字。○上意味、氣象並言，而此只言氣象者，蓋意味只於氣象上見，故不别言。只於名上理會者，如訓詁之學是已。

問：忠信進德之事，固可勉强，然致知甚難。伊川先生曰：學者固當勉强，然須是知了方行得。若不知，只是覰却堯，學他行事。無堯許多聰明睿智，怎生得如他「動容周旋中禮」？强，並區兩反，下同。覰，音娶。○問：動容周旋未能中禮，於應事接物之間未免有礙理處，如何？○朱子曰：只此便是學。但能於應酬之頃一一點檢，使合於禮，久之自能中禮也。如子所言，是篤信而固守之，非固有之也。未致知，便欲誠意，是躐等也。勉强行者，安能持久？此就問者之言而辯之也。誠意即忠信。未能致知而欲勉强忠信以進其德，則非有以實見其爲必然而不容已，故不能以持久。○朱子曰：非謂未致知時意不用誠，但知未至，雖欲誠意，其道無由耳。除非燭理明，自然樂循理。性本善，循理而行，是順理事。本亦不難，但爲人不知，旋安排著，便道難也。○樂，音洛。爲，去聲。除非，反決辭，若正言之，如云惟有如此也。「性本善」以下，申明「燭理明，自然樂循理」之意。不知者，未致知也；安排者，勉强行也。難，則不能持久矣。○朱子曰：學者不向自己分上精思熟察，而徒務爲涉獵書史，通曉世故之學，又程子所謂「玩物喪志」者，不可以不知也。知有多少般數，煞有深淺。學者須是真知，纔知得是，便泰然行將去也。般、班通用。○廣韻以「煞」爲「殺」字之俗，宋人語録中時用之，似又藉以爲極至之義，蓋亦如「這」字之誤耳。真知，謂知之深也。泰然，從容自在之貌。○朱子曰：大學「知至」之「至」，舊作「盡」字説，今見得當作「切至」之「至」。知之者切，然後貫通得誠意，意如程子所謂「真知」是也。又曰：所以未能真知者，緣於道理上只就外面理會得許多，却未嘗於裏面十分理會故也。某年二十時，解釋經義與今無異，然思今日，覺得意味與少時自别。少，去聲。稱「某」者，以出門人紀録，不敢名其師也，後倣此。

凡一物上有一理，須是窮致其理。窮理亦多端，或讀書，講明義理，或論古今人物，别其是非，或應接事物，而處其當，皆窮理也。別，彼列反。處，上聲。當，去聲。○陳氏曰：初學窮理工夫，須先就聖賢言語實處爲準則，隨章逐句，虛心詳玩。果實有得，則是非邪正，大分已明，而胸中權度稍定。然後次而及於論古今人物，以相參質。最其後乃及於應接事物，更相證訂，方不至差謬。程子之言其有序矣。

或問：格物須物物格之，還只格一物而萬理皆知？曰：怎得便會貫通？若只格一物便通衆理，雖顏子亦不敢如此道。須是今日格一件，明日又格一件，積習既多，然後脱然自有貫通處。【本註】又曰：所務於窮理者，非道盡窮了天下萬物之理，又不道是窮得一理便到。只要積累多後，自然見去。「又曰所務」下，葉本大字，無「本註」字。○朱子曰：一日一件者，格物工夫次第也；脱然貫通者，知至效驗極致也。又曰：積習多便是學之博，貫通處便是約，不是貫通後又去裏面尋討約。今人務博者却要盡窮天下之理，務約者又謂反身而誠，則天下之理無不在我，皆非也。惟程子積累貫通之説爲妙。○朱子曰：古人自小學中涵養成就，所以大學以格物爲先。今學者從前無此工夫，而但欲於思慮知識求之，更不於操存處用力，縱窮理到極處，亦無實地可據。蓋「敬」字徹上徹下，格物致知，乃其間節次進步處耳。

「思曰睿」，思慮久後，睿自然生。若於一事上思未得，且別換一事思之，不可專守著這一事。蓋人之知識於這裏蔽著，雖强思亦不通也。問：延平「遇一事，當就此事反復推尋，以窮其理；待此一事融釋脱落，然後再窮一事」之説，〔一〕與伊川説如何？朱子曰：程子之意誠善，然窮一事未透，又便別窮一事不得。彼謂有甚不通者，不得已而如此耳。不可便執此説，容易改換，却致工夫不專一也。

問：人有志於學，然知識蔽固，力量不至，則如之何？曰：只是致知。若智識明，則力量自進。

問：觀物察己，還因見物反求諸身否？曰：不必如此説。物我一理，纔明彼，即曉此，此合内外之道也。朱子曰：於此一物上窮得一分之理，即我之知亦致得一分；於物之理窮二分，即我之知亦致得二分；於物之理窮得愈多，則我之知愈廣。其實只是一理，才明彼，即曉此。故大學曰「致知在格物」，而不曰「欲致其知者先格其物」，蓋致知便在格物中，非格之外別有致處也。張氏曰：或謂以吾心之理推之事事物物，則是事物與吾心有二理，非合内外之道矣。又問：致知，先求之四端如何？曰：求之情性，固是切於身。然一草一木皆有理，須是察。【本註】又曰：自一身之中至萬物之理，但理會得多，相次自然豁然有覺處。「又曰自一身之中」下，葉本大字，無「本註」字。「相次」，葉本作「胸次」，誤。○相次者，漸次之意。朱子曰：草木皆有理者，如周禮「仲夏斬陽木，仲冬斬陰木」。知得此理，處之而各得其當，便是。又如鳥獸之情，莫不好生而惡殺，便須見生不忍見死，聞聲不忍食肉，非其時不伐一木，不殺一獸，胎不夭，不覆巢，推此類可見。又曰：此亦程子因人專欲求之四端，故教以一草一木亦皆有理，然亦須有緩急先後之序。若不窮天理，明人倫，講聖言，通世故，乃兀然存心一草木一器用之間，此是何學問？如此而望有所得，是炊沙而欲成飯也。

「思曰睿」，「睿作聖」。致思如掘井，初有渾水，久後稍引動得清者出來。人思慮始皆溷濁，久自明快。睿，音鋭。溷，呼困反。「思曰睿」二語，見周書洪範篇。渾、溷，皆濁也。薛氏曰：思索太苦而無節，則心反爲之動而神氣不清。故凡讀書思索之久，覺有倦意，當斂襟正坐，澄定此心，少時再加思索，則心清而義理自見。以上並伊川語。

問：如何是近思？此鄭亨仲問也。曰：以類而推。近思，説見論語。朱子曰：以類而推者，如「修身」推之而「齊家」，「齊家」推之而「治國」，「親親」推之而「仁民」，「仁民」推之而「愛物」之類。只是從易曉者推將去，一步又一步。若遠去尋討，則不切於己。又曰：自「無穿窬」之心推之，以至於「不言餂」之類；自「無欲害人」之心推之，以至於「一夫不得其所、若撻於市」之類。至如「一飯以奉親」，至於「保四海」、「通神明」，皆此心也。又曰：程子説得「推」字極好。

學者先要會疑。朱子曰：讀書逐句逐字要見著實，若用工粗鹵，不務精思，只道無可疑處，非無可疑，理會未到，不知有疑耳。又曰：書始讀，未知有疑，其次漸有疑，又其次節節有疑。過此一番後，疑漸漸釋，以至融會貫通，都無可疑，方始是學。又曰：聖人之「不憤不啓」，須是教之疑到無可解釋處，方始與説，彼便通透，並從前所疑慮處亦每因此觸發，蓋工夫都在許多思慮不透處也。○按，此條見外書，時氏本拾遺列遺書，誤。

橫渠先生答范巽之曰：所訪物怪神姦，此非難語，顧語未必信耳。物怪，如「石言於晉」類。神姦，如「伯有爲厲」之類。孟子所謂「知性」、「知天」，學至於知天，則物所從出當源源自見。知所從出，則物之當有當無，莫不心諭，亦不待語而後知。「諭」，呂、葉本並作「論」。諸公所論，但守之不失，不爲異端所劫，進進不已，則物怪不須辯，異端不必攻，不逾期年，吾道勝矣。○期，音基。諸公所論，如孔孟之言是也。問：橫渠此書，先生提出「守之不失」一句，何也？朱子曰：且當守此定者，如孔子言「精氣爲物，遊魂爲變」與「非其鬼而祭之諂也」、「敬鬼神而遠之」等語，皆是定者。其他如「伯有爲厲」之類，則其變也。若欲委之無窮，付之以不可知，則學爲疑撓，智爲物昏，交來無間，卒無以自存，而溺於怪妄必矣。間，去聲。○文集。下同。○疑，謂爲異端之說所惑也。物，即指物怪神奸而言。疑撓、物昏，謂爲疑所撓、物所昏也。

子貢謂：「夫子之言性與天道，不可得而聞。」既言「夫子之言」，則是居常語之矣。聖門學者以仁爲己任，不以苟知爲得，必以了悟爲聞，因有是說。○說見論語。此引子貢之言而釋之，以見其所謂「不可得聞者」如此。如夫子「一貫」之言，門人皆與聞也，而唯曾子能以「忠恕」明之，則曾子得聞他人不可得而聞矣。又如孔門問仁者多矣，而唯顔淵、仲弓「請事斯語」，則二子得聞他人不可得而聞矣。推此類觀之，可見以仁爲己任者，非有以知之明而信之篤者不能也。故必了悟而後可以爲聞，不然則口耳之末而已，濟得甚事！○按此條今見語録。

義理之學，亦須深沉方有造，非淺易輕浮之可得也。「沈」，一本作「玩」。易，音異。○朱子曰：聖人言語一重又一重，須入深處看，方有得。若只見皮膚，便有差錯。李氏曰：學問須深潛縝密，然後蹊徑不差。釋氏所謂「一超直入如來地」，其失處正坐此，不可不辯。

學不能推究事理，只是心麤。至如顔子未至於聖人處，猶是心麤。「麤」，經傳通作「粗」。○朱子曰：顔子比之衆人純粹，比之孔子便粗。如「有不善未嘗不知，知之未嘗復行」，是他細膩如此。然猶有此不善處，便是粗。伊川説「未能不勉而中，不思而得，便是過」一段甚好。又曰：聖人言語磨棱合縫，滴水不漏，如言「以德報怨」、「一言興邦」之類，無不仔細。孟子説得便粗，如「今之樂猶古之樂」、「公劉、太王好貨好色」之類。故横渠説孟子「比聖人自是麤」。

「博學於文」者，只要得「習坎」「心亨」。蓋人經歷險阻艱難，然後其心亨通。下上坎爲習坎，卦當重險，而彖辭曰：「維心亨。」朱子曰：文，如應事接物之類皆是。但以事理切磨講究，自是心亨。如讀書，每思索不通，處處窒礙，而其間須有一路可通，只此便是許多艱難險阻，習之可以求通，通處便是亨也。又曰：理會道理到衆説紛然處，却好定著精神看。

義理有疑，則濯去舊見，以來新意。舊見，凡舊人之見與自己舊時之所見皆是。學者於舊見有未安，安若更苦用思索，費力愈多，而於本文之意轉加蒙晦。故當一切濯而去之，但就經文虚心涵泳，令其本意了然，心目之間無少差誤，然後回視舊所見處，自有以見其得失之所在，而豁然無復窒礙矣。

○按，葉氏謂此條及「焞到，問爲學之方」一條，乃總論致知，泉州本系卷末，爲非是，因定從舊本而添入「心中有所開」數語。然則此條惟有此二語，「心中有所開」以下，則葉氏所添入也。今據宋本及楊氏本正之。朱子曰：學者觀書，病在只要向前，不肯退步看。愈向前愈看得不分曉，不若退步却看得審，大概病在執著不肯放下。一是主私意，一是舊有先入之説，雖欲擺脱，亦被他自來相尋。横渠謂「濯去舊見，以來新意」，甚好。

凡致思到説不得處，始復審思明辨，乃爲善學也。若告子則到説不得處遂已，更不復求。復，扶又反。○孟子説。○葉氏曰：以上總論致知之方，以下乃專論求之於書者。○愚按，横渠學問於苦心極力中得來，故往往於難著力處不肯放過。如所云「到峭峻之處要剛決果敢以進，經歷險阻艱難，然後其心亨通」，此又云「到説不得處，始復審思明辯」，皆是如此。蓋此一關過，乃可深造自得耳。

○以上並横渠語。

伊川先生曰：凡看文字，先須曉其文義，然後可求其意。未有文義不曉而見意者也。遺書。下同。文義，文之義也。學者要自得。六經浩渺，乍來難盡曉，且見得路徑後，各自立得一箇門庭，歸而求之可矣。「立得」下，别本無「一」字。周伯温見程子，而程子語之以此。問：門庭豈容各立？朱子曰：此説讀六經只要從師講問，識得如何下工夫，便是立得門庭。却歸去，依此實下工夫，便是歸而求之。

凡解文字，但易其心，自見理。理只是人理甚分明，如一條平坦底道路。詩曰：「周道如砥，其直如矢。」此之謂也。易，音異。砥，諸氏反，孟子引詩作「底」。○「理只是人理」，言只是人人所共具之理也。「甚分明」，言易見也。詩小雅大東之篇。○朱子曰：學者讀書，只除却自己私意，逐字逐句平心體會，久久自然有得。或曰：聖人之言，恐不可以淺近看他。按遺書，程子因上文所言，而及隨象「君子嚮晦入宴息」之説，以謂解者多作「遵養時晦」之「晦」。或問：作甚「晦」字？曰：「此只是隨時之大者，嚮晦則宴息也，更別有甚義？」故或人疑以爲淺近也。曰：聖人之言，自有近處，自有深遠處。如近處怎生强要鑿教深遠得？强，如字。教，平聲。鑿，穿鑿也。揚子曰：「聖人之言遠如天，賢人之言近如地。」頤與改之曰：「聖人之言，其遠如天，其近如地。」揚子名雄，字子雲，爲漢光禄卿。「聖人之言遠如天」二語，見法言五百篇。此又以見聖人之言，雖極淺近處，却自包含無窮，固不必鑿之教深遠也。如夫子告子路修己以敬，而極其至堯舜有所不能盡；語樊遲以愛人知人，而極其至舜與湯治天下之道有所不能外。程子所謂「他人之語，語近則遺遠，語遠則不知近；惟聖人之言，則遠近皆盡」。推此類可見。

學者不泥文義者，又全背却遠去；理會文義者，又滯泥不通。「泥文義」上，宋本有「必」字，遺書無。如子濯孺子爲將之事，孟子只取其不背師之意，人須就上面理會事君之道如何也。又如萬章問舜完廩浚井事，孟子只答他大意，人須要理會浚井如何出得來，完廩又怎生下得來。○將，去聲。「萬」上，楊本無「如」字。○二段皆以申明上文「理會文義者，又滯泥不通」之意。若此之學，徒費心力。朱子曰：讀書專留意小處，失其本領所在，最不可。

凡觀書不可以相類泥其義，不爾，則字字相梗。當觀其文勢上下之意。如「充實之謂美」與詩之美不同。葉氏曰：充實之美在己，詩之美在人，故曰不同。○朱子曰：如揚子「於仁也柔，於義也剛」，到易又以剛配仁，以柔配義。孟子「學不厭知也，教不倦仁也」，到中庸又以成己爲仁，成物爲知。此等須各隨本文意看，便自不相礙。薛敬軒曰：古人文字以數千年傳寫，豈無一字磨錯？必欲字字釋其義，難矣！朱子謂「釋其可通者，闕其不可通者」，又不可以不知也。按，此條横渠易説、語録中竝有之，但「詩之美」上多一「言」字，「美」下多「輕重」二字。

問：瑩中嘗愛文中子：「或問學易，子曰：『終日乾乾』可也。」此語最盡。文王所以聖，亦只是箇不已。瑩中，陳氏，名瓘，宋南劍州沙縣人，神宗朝進士，爲諫官，後謚忠肅。文中子，王氏，名通，字仲淹，隋末不仕，教授於河汾。其弟凝，子福郊、福畤，叙其議論，增益爲書，名曰中説。「終日乾乾」，易乾卦九三爻辭。文中子以爲學易之道無過於此，而以之答繁師玄之問者也，見中説周公篇。「此語最盡」以下，乃瑩中贊文中子之言。先生曰：凡説經義，如只管節節推上去，可知是盡。夫「終日乾乾」，未盡得易，據此一句，只做得九三使。若謂乾乾是不已，不已又是道，漸漸推去，自然是盡，只是理不如此。○「自然」上，宋本有「則」字，楊同。○「乾乾是不已」至「自然是盡」，所以申明節節推上去，可知是盡之意，只是理不如此，所以結「終日乾乾」未盡得易數句之意。○朱子曰：嘗見學者説詩，問他關雎篇，於其訓詁名物都未曉，便説「樂而不淫，哀而不傷」。因言此八字更添「思無邪」三字，便了却一部毛詩，其他三百篇皆成渣滓矣。沈元用問和靖易傳何處切要？尹氏舉「體用一源，顯微無間」八字。李先生曰：「尹説固好，然須看得六十四卦、三百八十四爻都有下落，方始説得此語。若學者未曾仔細理會，便與他如此説，豈不誤他？」愚聞之竦然，自此讀書愈加詳細。

「子在川上曰：逝者如斯夫！」言道之體如此，這裏須是自見得。道之體，「體」字猶云體質，與體用「體」字别。能自見得，則無時無處而非道體之所在也。○朱子曰：道本無體，但因此可以見道之體耳。又曰：天下之物皆道之體，只是水上較親切易見。張繹曰：此便是無窮。先生曰：固是道無窮，然怎生一箇「無窮」便道了得他？道，並去聲。道，言也。朱子曰：固是無窮，須見得所以無窮處，始得。又曰：只爲張氏道得不親切，故云然。

今人不會讀書。如「誦詩三百，授之以政不達，使於四方不能專對。雖多亦奚以爲？」須是未讀詩時，不達於政，不能專對，既讀詩後，便達於政，能專對四方，始是讀詩。「人而不爲周南、召南，其猶正牆面。」須是未讀詩時如面牆，到讀了後便不面牆，方是有驗。説並見論語。馮厚齋曰：讀書必明其理，明理必達之用。讀書不明其理，記誦之末學也；明理不達之用，章句之腐儒也。大抵讀書只此便是法。如讀論語，舊時未讀是這箇人，及讀了後來，又只是這箇人，便是不曾讀也。朱子曰：讀了依舊是這箇人，蓋因不曾得他裏面意思。書自是書，與自己身心無幹。又曰：如口裏讀「思無邪」，心裏却胡思亂想，此便是不曾讀。又如書説「九德」、禮説「九容」處，皆是。

凡看文字，如七年、一世、百年之事，皆當思其如何作爲，乃有益。以上並伊川語。○或以「善人教民，七年亦可以即戎」爲問，而先生以此語之也。葉氏曰：凡觀聖賢治效遲速淺深之殊，要必究其規模之略，施爲之方，乃於己有益。此看文字之法也。○朱子曰：如古人謂三十年制國用，則有九年之食。至孔疏，則推測那三十年果可以有九年食處。料得七年、一世、百年之類亦如此。

凡解經不同無害，但緊要處不可不同耳。外書。下同。○緊要處，如道體之大、求道之方、學術之邪正，得失系焉，故不可不同。

焞初到，問爲學之方。先生曰：公要知爲學，須是讀書。書不必多看，要知其約，多看而不知其約，書肆耳。焞，他昆反。焞，和靖先生名也。揚子法言云：好書而不要諸仲尼，書肆也。朱子曰：如今日看得一板，且看半板，將那精力來更看前半板，直須看得古人意思出，方爲知其約也。頤緣少時讀書貪多，如今多忘了。須是將聖人言語玩味，入心記著，然後力去行之，自有所得。少，去聲。○玩味聖人言語，不能力去行之，雖讀盡古人之書，入心記著，終身不忘，總與自家身心無幹。然不能玩味聖人言語，入心記著，則雖有所爲，亦私意苟且而已。胡敬齋曰：讀書一邊讀一邊便要去做，做得一兩處到身上來，然後諸處亦漸湊得來，久則盡湊得到身上來，始爲不枉用功耳。○朱子曰：古人書皆用竹簡，除非大段有力人方做得。黄霸在獄中從夏侯勝受尚書，凡再踰冬而後傳。蓋古人無本子，除非首尾熟背得方得。東坡作李氏藏書記，其時書猶自難得，晁以道嘗欲得公、穀傳，遍求無之，後得一本，方傳寫得。今書皆有印本，寫亦厭煩，所以讀書苟簡。○葉氏曰：以上總論讀書之法，以下乃分論讀書之法。愚按，今本外書無此條。

初學入德之門，無如大學，其他莫如語、孟。遺書。下同。唐棣初見先生，問初學如何，而先生答之以此。朱子曰：先讀大學，可見古人爲學首末次第，就此立定架子。然後以他書填補教著實，蓋他書皆雜説在裏許。通得大學後，方見得此是格物致知事，此是正心誠意事，此是修身事，此是齊家治國平天下事。又曰：不先乎大學，無以提挈綱領，而盡語、孟之精微；不參之語、孟，無以融會貫通，而極中庸之歸趣。愚按，後來如西山真氏大學衍義，便是朱子所謂「就大學立定架子，以他書填補教著實」者也。其所以不及治國平天下者，以前此致知格物中，於治平實政已都講明，故此只須舉而措之，不消更出也。又人君所患在無修身齊家以上工夫，如果能窮理正心以齊其家，不患不行先王之道也。故真氏獨詳齊家以上者，以此。

學者先須讀語、孟。窮得語、孟，自有要約處，以此觀他經甚省力。語、孟如丈尺權衡相似，以此去量度事物，自然見得長短輕重。「須先」，遺書作「先須」。省，所井反。度，待洛反。○此因門人問聖人之經旨如何窮得，而以此告之也。朱子曰：先讀語、孟，然後觀他書，則如明鏡在此，而妍媸不可逃。不然，則胸中無一箇權衡，多爲所惑。

讀論語者，但將諸弟子問處便作己問，將聖人答處便作今日耳聞，自然有得。若能於論、孟中深求玩味，將來涵養成，甚生氣質！周伯温問學者如何可以有所得，而程子告之以此。甚生，猶怎生也，洛中語。陳定宇曰：謂「愚者明，柔者强」，生出好氣質也，亦通。○朱子曰：孔門問答，曾子聞得底話，顔子未必與聞。今却合在論語一書，後世學者豈不幸事！但患自家不去用心。

凡看語、孟，且須熟玩味，將聖人之言語切己，不可只作一場話說。人只看得此二書切己，終身儘多也。儘，子忍反，古通用「盡」。○玩味方得聖人意思，切己則於身心有益。儘，猶極也，足也。朱子曰：切己，就日用常行中著衣吃飯，事親從兄，儘是學問。○輔慶源曰：切己體察，則一日當有一日之功。若欲只做一場話説，則是口耳之學矣。王伯厚曰：吕成公讀論語「躬自厚而薄責於人」，遂終身無暴怒。袁絜齋見象山讀康誥，有感悟，反己切責，若無所容。前輩切己省察如此。

論語有讀了後全無事者，有讀了後其中得一兩句喜者，有讀了後知好之者，有讀了後不知手之舞之、足之蹈之者。好，去聲。○朱子曰：有得一二句喜者，此一二句喜處便是入頭處，從此著實理會去，將久自解，倏然悟時，聖賢格言自是句句好。

學者當以論語、孟子爲本。論語、孟子既治，則六經可不治而明矣。陳定宇曰：語、孟既治，學正識精，由是而治六經，根本正則易爲力矣，非謂真可不必治而自明也。讀書者當觀聖人所以作經之意，與聖人所以用心，與聖人所以至聖人，而吾之所以未至者，所以未得者。未至以行言，未得以知言。○朱子曰：此段程子説讀書最爲親切，今人只因不曾求聖之意，才拈得些小，便把自己意硬放入裏面，所以愈求而愈遠也。句句而求之，晝誦而味之，中夜而思之，平其心，易其氣，闕其疑，則聖人之意見矣。朱子曰：平其心只是放教虛平，易其氣只是放教寬慢，闕其疑只是莫去穿鑿。今人多要硬捉教住，如何得？○以上並伊川語。

讀論語、孟子而不知道，所謂「雖多亦奚以爲」。朱子曰：知道是方理會得爲人之道，從此實下工夫，更有多少事。但到此地所見不差，真有廣居可居，正位可立，大道可行，向上自然有進步處耳。

論語、孟子只剩讀著，便自意足。學者須是玩味，若以語言解著，意便不足。某始作此二書文字，既而思之又似剩。只有些先儒錯會處，却待與整理過。剩，時正反。些，思計反。○外書。下同。○吴氏曰：剩，餘也，猶言多也。虛心涵泳，多讀而玩味之，則覺得聖賢言語意味深長。若只以語言解著，恐於聖賢言外之意不能包括無遺也，所以意便不足。

問：且將語、孟緊要處看，如何？伊川曰：固是好，然若有得，終不浹洽。蓋吾道非如釋氏，一見了便從空寂去。朱子曰：此程子答吕晉伯問。後來晉伯終身坐此病，説得孤單，入禪學去。學者讀書須逐一去理會，使周匝通貫，無些窒礙，方有進益。○輔慶源曰：人才只將二書緊要處看，便只是要求近功速效，與天理已不相似。所謂「固是好」者，蓋姑取其向學求道之意耳。正使其有近功速效，亦必至於偏枯塞澀，豈復有優遊厭飫、貫通浹洽之意？

「興於詩」者，吟詠情性，涵暢道德之中而歆動之，有「吾與點」之氣象。【本註】又曰「興於詩」是興起人善意，汪洋浩大，皆是此意。「性情」，宋本作「情性」。「點」下，一本有「也」字。「又曰興於詩」下，葉本大字，無「本註」字。○朱子曰：善可爲法，惡可爲戒，則他經皆然。獨以爲「興於詩」者，以詩自有感發人處故也。今讀之無所感發者，正是爲諸儒注解局定，興起人善意不得。游氏曰：興起善意，如觀天保之詩，則君臣之義修矣；觀棠棣之詩，則兄弟之愛篤矣；觀伐木之詩，則朋友之交親矣；觀關雎、鵲巢之詩，則夫婦之經正矣。昔王裒有至性，而弟子至於廢講蓼莪，則詩之興發善心，於此可見矣。鄭漁仲曰：詩自齊魯毛韓四家各爲序訓，而以説相高。漢又立之學宮，以義理相授，遂使聲歌之學日微。曹操平劉表，得漢雅樂郎杜夔，夔老矣，久不肄習，所得於三百篇者，惟鹿鳴、騶虞、伐檀、文王四篇而已，餘聲不傳。太和末，又失其三，左延年所得惟鹿鳴一篇。每正旦大會，太尉奉璧，群臣行禮，東廂雅樂常作者是也。至晉而鹿鳴一篇又無傳矣。又曰：得詩而得聲者三百篇，則系於風、雅、頌；得詩而不得聲者置之，謂之逸詩，如河水、祈招之類，無所系也。朱子曰：古人作詩，只是説他心下所存事。説出來，人便將他詩來歌。其聲之清濁長短，各依他詩之語言，却將律來調和其聲。今人却先安排下腔調，然後作語言去合那腔子，却是來依聲也，豈不是倒了？古人是以樂去就他詩，後世是以詩却就他樂，如何解興起得人？

謝顯道云：明道先生善言詩。他又渾不曾章解句釋，但優游玩味，吟哦上下，便使人有得處。「『瞻彼日月，悠悠我思。道之云遠，曷云能來？』思之切矣。終曰『百爾君子，不知德行。不忮不求，何用不臧？』歸於正也。」曾，音層。行，去聲。「瞻彼日月」八句，詩衛風雄雉篇之辭。蓋明道嘗誦之以教學者，而謝氏特引之以見明道善言詩之意。思之切者，發乎情也；歸於正者，止乎禮義也。慶源輔氏曰：思之切而不歸於正，便入哀傷淫佚去也。何氏子恭曰：讀詩之法，須掃蕩胸次淨盡，然後吟哦上下，諷詠從容，使人感發，方爲有益。又云〔二〕：伯淳常談詩，並不下一字訓詁，有時只轉却一兩字，點掇地念過，便教人省悟。又曰：古人所以貴親炙之也。此條宋本及楊本與上分爲二，但按此以「又云」字起，恐不得另作一條，今姑從近本並之。點，平聲。末句「又曰」之「又」，諸本及外書並作「石」，今據上蔡語録改正。然按謝録中曾恬天隱所記有「石問孟子盡心知性」一條，疑「石」系人名，不書姓，或即謝氏之子歟？而游定夫撰謝氏墓誌已亡，不可考矣。○點掇地，宋時方言。點，點綴；掇，拈取；地，俗語助也。陳氏曰：烝民詩四句，孔子只就中添四字；滄浪之歌，只換兩「斯」字。曾不辭費而意味無窮。明道説詩正得此意。薛敬軒曰：觀朱子詩傳，只轉一兩字點掇念過，蓋得明道言詩意也。王伯厚曰：魏太子擊好晨風而慈父感悟，周磐誦汝墳卒章而爲親從仕，王裒讀蓼莪而三復流涕，裴安祖講鹿鳴而兄弟同食，可謂「興於詩」矣。李柟和伯自言「吾於詩甫田悟進學〔三〕，衡門識處世」，此可爲學詩之法，故備録之。

明道先生曰：學者不可以不看詩，看詩便使人長一格價。長，張丈反。「格」下，近本或無

「價」字。朱子曰：讀詩必如「三復白圭」，方始有味。明敏人不如此看，亦無所補；至鈍人能如此看，亦隨淺深而有所見也。

「不以文害辭」。文，文字之文，舉一字則是文，成句是辭。詩爲解一字不行，却遷就他說，如「有周不顯」，自是作文當如此。爲，去聲。○詩大雅文王篇曰：「有周不顯。」葉氏曰：言周家豈不顯乎？苟直謂之不顯，則是以文害辭。

伊川先生曰：看書須要見二帝三王之道。如二典，即求堯所以治民、舜所以事君。遺書。下同。○朱子曰：唐虞、三代事浩大闊遠，何處測度？不若求聖人之心。如湯誓湯曰「予畏上帝，不敢不正」，熟讀豈不見湯之心？

中庸之書，是孔門傳授，成於子思、孟子。其書雖是雜記，更不分精粗，一衮說了。今人語道，多說高便遺却卑，說本便遺却末。真西山曰：中庸始言天命之性，終言無聲無臭，宜若高妙矣。然曰戒慎，曰恐懼，曰謹獨，曰篤恭，則皆示人以用力之方。蓋必戒、懼、謹、獨，而後能全夫性之善；必能篤恭，而後造無聲無臭之妙。未嘗使人馳心窈冥，而不盡其實者也。

伊川先生易傳序曰：易，變易也，隨時變易以從道也。傳，直戀反，下「此傳」、「所傳」同。○易乾鑿度：孔子曰：「易者，變易也，不易也。」鄭玄曰：易一言而函三義：簡易一也，變易二也，不易三也。朱子曰：易有交易，有變易。交易是陽交於陰，陰交於陽，是卦圖上底，如「天地定位」、「山澤通氣」云云者是也。變易是陽變陰，陰變陽，老陽變爲少陰，老陰變爲少陽，此是占筮之法，如「晝夜寒暑」、「屈伸往來」者是也。或問：易即道也，何以言變易以從道？朱子曰：易之所以變易，固皆理之當然。聖人作易，因象明理，教人以變易從道之方耳。如乾初則潛、二則見之類是也。又曰：程子以易爲人事之書，故云然。其爲書也，廣大悉備，將以順性命之理，通幽明之故，盡事物之情，而示開物成務之道也。聖人之憂患後世，可謂至矣。此一節言聖人作易之大旨也。去古雖遠，遺經尚存。然而前儒失意以傳言，後學誦言而忘味，自秦而下，蓋無傳矣。予生千載之後，悼斯文之湮晦，將俾後人沿流而求源，此傳所以作也。「而忘」之「而」，宋本作「以」。湮，伊真反。沿，夷然反。此一節言後人失易之旨，而傳之所以不可不作也。沿，循也。流即下文所謂辭也，源即下文所謂意也。「易有聖人之道四焉：以言者尚其辭，以動者尚其變，以制器者尚其象，以卜筮者尚其占。」吉凶消長之理，進退存亡之道備於辭。推辭考卦，可以知變，象與占在其中矣。長，張丈反。「易有聖人之道」五句，見易繫辭上傳。張南軒曰：指其所之者，易之辭也，以言者尚之，則言無不當矣；化而裁之者，易之變也，以動者尚之，則動無不時矣。象其物宜者，易之象也，制器者尚之，則可以盡創物之智；極數知來者，易之占也，卜筮者尚之，則可以窮先知之神。○問：辭占是一類，變像是一類，所以下文至精合辭占說，至變合變象說。朱子曰：然。占與辭是一類者，曉得辭方能知得占。變是事之始，像是事之已形者，故亦是一類也。○此以下言學易者當於其辭求之，而其意可得也。

「君子居則觀其象而玩其辭，動則觀其變而玩其占。」得於辭不達其意者有矣，未有不得於辭而能通其意者也。「居則觀其象」二句，見易繫辭上傳。蔡節齋曰：觀象玩辭，學易也；觀變玩占，用易也。學易則無所不盡其理，用易則惟盡乎一爻之用。至微者理也，至著者象也，體用一源，顯微無間。「觀會通以行其典禮」，則辭無所不備。聞，去聲。○朱子曰：自理而觀，則理爲體，象爲用，而理中有象，是一源也；自象而觀，則象爲顯，理爲微，而象中有理，是無間也。言理則先體而後用，蓋舉體而用之理已具；言事則先顯而後微，蓋即事而理之體可見。「觀會通」句，見易繫辭上傳。會，以理之所聚而言；通，以事之所宜而言。衆理會處，便有許多難易窒礙，必於其中得其通處乃可行耳。典禮者，典常之禮。○按尹和靖受易傳序，歸伏讀數日，後見伊川。伊川問所見，和靖曰：「體用一源，顯微無間」二語，似太洩露天機也。伊川曰：汝看得如此，甚善。某亦不得已而言之耳。蓋伊川易傳只就用之顯然者言之，而其本體之精微處即在其中，顧恐學者之習而不察也，故著此二語，程子示人之意可謂深且切矣。然延平李氏以爲須看得六十四卦、三百八十四爻都有下落，方始見得此語之切要，學者又不可以不知也。故善學者求言必自近，易於近者，非知言者也。予所傳者辭也，由辭以得意，則在乎人焉。易，音異。○文集。下同。○朱子曰：「求言必自近」，乃程子吃緊爲人處。學者深味此意，就眼前切近處潛思默契，皆自有高深遠大而不可窮者矣。○王伯厚曰：馮當可謂「王輔嗣蔽於虛無而易與人事疏，伊川專於治亂而易與天道遠」。又謂「近有伊川，然後易與世故通，而王氏之説爲可廢。然伊川往往舍畫求易，故時有不合。又不會通一卦之體以觀其全，每求之文辭離散之間，故其誤十猶五六」。

伊川先生答張閎中書曰：易傳未傳，自量精力未衰，尚覬有少進爾。來書云「易之義，本起於數」，謂義起於數則非也。有理而後有象，有象而後有數。易因象以明理，由象以知數。得其義，則象數在其中矣。【本註】理無形也，故因象以明理。理既見乎辭矣，則可由辭以觀象，故曰「得其義則象數在其中矣」。「易傳」之「傳」，直戀反。覬，音冀。「則非」上，葉本無「謂義起於數」五字，今從文集及諸本增。「而知」之「而」，葉本作「以」。見，音現。○張閎中，見伊洛淵源録，云「不詳其名字」。時易傳成書已久，學者莫得傳授。張閎中以書問先生，且曰「易之義本起於數」，故程子以此答之。其後先生寢疾，始以授尹焞、張繹云。然按史，又謂「焞至閬，得程氏易傳十卦於其門人呂稽中，又得全本於其壻邢純，拜而受之」。則又似非程子親授者。又按楊中立易傳跋云：「伊川先生著易傳，方草具，未及成書，而先生得疾，將啓手足，以其書授門人張繹。未幾繹卒，故其書散亡，學者所傳無善本。政和初，予友謝顯道得其書於京師，示予，錯亂重復，幾不可讀。東歸，待次毘陵，乃始校定，去其重復，踰年而始完。」據此，則程子臨終時但以授繹，未嘗授尹氏，與史傳之言頗合，則淵源録所言或傳聞之誤。○朱子曰：程子説易得其理則象數在其中，固是如此。然泝流以觀，却須先見象數的當下落，方説得理不走作。不然，事無實證，則虛理易差也。必欲窮象之隱微，盡數之毫忽，乃尋流逐末，術家之所尚，非儒者之所務也。隱微，象之難見者也。毫忽，數之難知者也。孫子算術：「蠶所吐絲爲忽，十忽爲秒，十秒爲毫。」言細微之至也。術家，如京房、郭璞之類是也。

知時識勢，學易之大方也。易傳。下同。○夬九二象傳。方，猶術也。朱子曰：如乾卦雖云大通，然初九「潛龍勿用」，上九「亢龍有悔」，此等處最是易之大義。易大抵於盛滿時致戒，蓋陽氣正長，必有消退之漸，自是時勢如此。錢純老曰：下繫謂「六爻相雜，惟其時物」，言惟其時之不同，而其事物亦異。如乾之取龍一物也，或潛或見或躍或飛之不同者，時也。如漸之取鴻亦一物也，而於幹於磐於陸於木之不同者，亦時也。朱子曰：下繫謂「乾至健而知險，坤至順而知阻」。險是上視下，見下之險，故不敢行；阻是下視上，爲上所阻，故不敢進。蓋易要人知進退存亡之道，若有險阻而冒昧前進，是知進而不知退，知存而不知亡，豈易之道耶？他卦皆然，如需卦之類可見。愚謂，自卦言否泰剥復之類，自爻言潛、見、飛、躍之類。

大畜初二，乾體剛健而不足以進，四五陰柔而能止。時之盛衰，勢之强弱，學易者所宜深識也。大畜九二象傳。葉氏曰：乾下艮上爲大畜。初與二雖剛健而不足以進者，以畜之時不利於進，又俱位乎下勢，自不能進也。四與五雖陰柔而能止者，以畜之時在於止，又位據乎上勢，自足以爲止也。○吕氏曰：康節謂「孟子雖不言易，然如説『可以仕則仕，可以止則止』，及禹、稷、顔子易地皆然」之類，非精於易道者，未可與語於此。

諸卦二五雖不當位，多以中爲美，三四雖當位，或以不中爲過。中常重於正也。蓋中則不違於正，正不必中也。天下之理莫善於中，於九二、六五可見。當，並去聲。○震六五傳。朱子曰：程子謂中重於正，固也。然須以正爲先。如人爲一事，必先剖次是非邪正，而後就是與正處斟酌，一無過不及之理，所謂中也。若不能先見正處，又何中之可言乎？又曰：如「君子而時中」，則是中無不正；若君子有時而不中，却正未必中。蓋「正」是骨子好了，而所作事未有恰好處，故正未必中也。又如饑渴飲食是正，若過了些便非中節，中處乃中也。責善，正也，然父子之間不責善，則是正不必中也。蔡虚齋曰：宋敷文閣直學士李椿有云：「易以九居五、六居二爲當位而辭多艱，六居五、九居二爲不當位而辭多吉者，蓋君以剛健爲體而虚中爲用，臣以柔順爲體而剛中爲用。君誠以虚中行其剛健，臣誠以剛中守其柔順，則上下交而其志同矣。」實易爻之通例。楊泳齋曰：九居二，六居五，雖非正也，而各得其中，則爲剛柔之相濟，故多得其吉焉。然訟之九二而「患至掇」，井之九二而「甕敝漏」，豫之六五而「貞疾」，離之六五而「出涕」，是又當以其時而言之。胡敬齋曰：卦爻固以中正爲善，又必有正應，方可有爲。蓋中正則才德不偏，有正應則君臣相遇，方可以成天下之治。

問：胡先生解九四作太子，恐不是卦義。先生云：亦不妨，只看如何用。當儲貳則做儲貳。使九四近君，便作儲貳亦不害。但不要拘一，若執一事，則三百八十四爻，只作得三百八十四件事便休了。「也」，近本俱作「了」。○遺書。下同。○朱子曰：伊川此説極好。然其所作易傳，却不免是三百八十四爻，止作得三百八十四件事用也。又曰：天下之理若正言之，則止作一事用，唯以象言，則當卜筮時，隨他甚事都應得。如泰之初九，若正說引賢進用，便只是引賢進用，惟以「拔茅茹」之象言之，則其他類此者皆可應也。」按宋志，胡氏有易解十卷，又口義十卷，繫辭說卦三卷，今唯口義存。

看易且要知時。凡六爻人人有用。聖人自有聖人用，賢人自有賢人用，衆人自有衆人用，學者自有學者用，君有君用，臣有臣用，無所不通。因問：坤卦是臣之事，人君有用處否？先生曰：是何無用？如「厚德載物」，人君安可不用？以上並伊川語。○厚德載物，坤象傳本文作「坤厚載物」。問：程傳將三百八十四爻作人說，恐道未盡否？朱子曰：也得，但不可執定作人說。有以事言者，有以時言者，有以位言者。以吉凶言之則爲事，以初終言之則爲時，以高下言之則爲位。隨所值而看皆通，所謂「易不可爲典要」也。又曰：太祖一日問王昭素曰：「乾九五『飛龍在天，利見大人』，常人何可占得此卦？」昭素曰：「何害？若臣等占得，則陛下是『飛龍在天』，臣等『利見大人』。」此說得最好。此易之用所以不窮也。蔡虛齋曰：乾卦卦辭只是要人如乾，坤卦卦辭只是要人如坤。至如蒙、蠱等卦，則又須反其義。此有隨時而順之者，有隨時而制之者，易道只是時，時則有此二義，在學者細察之。

易中只是言反覆往來上下。明道語。○外卦曰上曰往，內卦曰下曰來。故泰曰「小往大來」，否曰「大往小來」，咸曰「柔上而剛下」，恒曰「剛上而柔下」，睽曰「火動而上，澤動而下」。又卦變亦有自某卦來之説，如朱子本義，泰自歸妹來六往居四、九來居三，否自漸來九往居四、六來居三，蠱自賁來者初上二下，自井來者五上上下之類。反覆者，即往來上下之反覆也。如乾下坤上「小往大來」而爲泰，坤下乾上「大往小來」而爲否之類是也。然則六十四卦無一卦無往來上下，即無一卦非往來上下之反覆也。但其中如乾、坤、坎、離、大過、頤、中孚、小過八卦反覆觀之，止成一卦；餘五十六卦反覆觀之，遂成兩卦耳。朱子曰：乾、坤、坎、離、大過、頤、中孚、小過八卦爲正對，其餘五十六卦皆反對。正對不變，故反覆觀之，止成八卦；反對者皆變，故反覆觀之，共二十八卦。

作易，自天地幽明，至於昆蟲草木微物，無不合。昆，公魂反。又如字。○外書。下同。○昆，同蜫，蟲總名。鄭康成曰：昆，明也。凡蟲得陽而生，得陰而藏，故謂之昆蟲。高氏曰：亘古亘今，塞天塞地，只是一生機流行，所謂易也。又曰：知易者，一草一木，一禽一獸，皆卦也。静觀真有趣耳。

今時人看易，皆不識得易是何物，只就上穿鑿。若念得不熟，與就上添一德亦不覺多，就上減一德亦不覺少。譬如不識此兀子，若減一隻腳亦不知是少，若添一隻亦不知是多。若識則自添減不得也。

游定夫問伊川「陰陽不測之謂神」，伊川曰：賢是疑了問，是揀難底問？揀，通作簡。○「陰陽不測」句，見易繫辭上傳。揀，選擇也。○朱子曰：揀難底問，自當不答，且使之熟讀聖賢明白切實之言，就已分上依次第做工夫，方有益。又曰：亦有泛然之問，略不經思索，答之未竟而遽已更端者，若隨其所問率然答之，非惟於彼無益，而答之者亦不中語默之節矣。故云然。非謂於此外別有要妙，而欲學者自得之也。尹氏曰：先生自涪陵歸，易傳已成，未嘗示人。門弟子請益，有及易書者，方命小奴取書篋以出，身自發之，以示門弟子。非所請，不敢多閱。門弟子請問易傳事，雖有一字之疑，先生必再三喻之。蓋其潛心甚久，未嘗容易下一字。

伊川以易傳示門人，曰：只說得七分，後人更須自體究。程子恐學者拘守傳說不復體究，

伊川先生春秋傳序曰：天之生民，必有出類之才起而君長之。治之而爭奪息，導之而生養遂，教之而倫理明，然後人道立，天道成，地道平。劉質夫傳春秋，程子以爲不盡本意，故欲更爲之，而書未及竟，莊公後解釋多殘缺，今見經說中，序文則崇寧二年作也。或問伊川春秋傳，朱子曰：中間有說得極好處，如說滕子來朝，以爲滕本侯爵，服屬於魯，自貶降而以子禮見魯，則貢賦少，力易供。程沙隨之說亦然。如難理會處，他亦不爲決然之論。二帝而上，聖賢世出，隨時有作，順乎風氣之宜。不先天以開人，各因時而立政。上，上聲。○隨時有作，謂隨其時而有所製作也。天，謂氣化也。朱子曰：先天，謂天時未至而妄以私意先之，如耕穫菑畬之類，與文言傳之「先天」不同。暨乎三王迭興，三重既備。子丑寅之建正，忠質文之更尚，人道備矣，天運周矣。「三重」說，見中庸。程子本鄭氏說，謂三重爲三王之禮，與朱子章句不同。人道備，承忠、質、文更尚而言。天運

周，承子、丑、寅建正而言。○朱子曰：三重諸説不同，雖程子亦因鄭註，然於文義皆不通。唯呂氏之説爲得，今中庸章句因之。

聖王既不復作，有天下者，雖欲倣古之跡，亦私意妄爲而已。事之謬，秦至以建亥爲正；道之悖，漢專以智力持世。豈復知先王之道也？秦以亥月爲正，自謂水德，欲以勝周也。漢專以智力持世，故禮文制度悉襲秦舊，無復三代之遺風也。

夫子當周之末，以聖人不復作也，順天應時之治不復有也，於是作春秋爲百王不易之大法，所謂「考諸三王而不謬，建諸天地而不悖，質諸鬼神而無疑，百世以俟聖人而不惑」者也。胡敬齋曰：春秋乃孔子因當世之事一一處置，從天理上去，堯舜三代之道具見於此。又曰：讀春秋，便見得君是君，臣是臣，父是父，子是子，長是長，幼是幼。夫婦、朋友，中國、夷狄，截然分明，而各止其所。其於天道、人事無不明備，故曰爲百王大法。

先儒之傳曰：「游、夏不能贊一辭。」辭不待贊也，言不能與於斯耳。

斯道也，惟顔子嘗聞之矣：「行夏之時，乘殷之輅，服周之冕，樂則韶舞。」此其準的也。與，音預。○「游、夏不能贊一辭」，見史記孔子世家。問：此謂顔淵嘗聞春秋大法，何也？朱子曰：不是孔子將春秋大法向顔子説，蓋三代製作極備矣，不可復作。告以四代禮樂，只是集百王之大法。其作春秋，善者則取之，惡者則誅之，要亦明聖王之大法而已。故伊川引以爲據。又曰：四代之禮樂，經世之大法也。春秋之書，亦經世之大法也。然四代之禮樂，是以善者爲法；春秋之書，是以惡者爲戒。

後世以史視春秋，謂褒善貶惡而已，至於經世之大法，則不知也。呂氏曰：春秋固是褒善貶惡，然中如朝聘、郊禘、蒐狩、卒葬，包舉許多典章制度在，則所謂「經世之大法」也。春秋大義數十，其義雖大，炳如日星，乃易見也。惟其微辭隱義，時措從宜者，爲難知也。或抑或縱，或與或奪，或進或退，或微或顯，而得乎義理之安、文質之中，寬猛之宜，是非之公，乃制事之權衡、揆道之模範也。易，音異。○朱子曰：所謂大義易見者，如書「會盟侵伐」，不過見諸侯擅興自肆耳；書「郊禘」，不過見魯僭禮耳。至如三卜四卜，牛傷牛死，是失禮之中又失禮也。「不郊，猶三望」，是不必望而猶望也。書「仲遂卒，猶繹」，是不必繹而猶繹也。如此等，義却自分明。又曰：如書「即位」者，是魯君行即位之禮；不書「即位」者，是不行即位之禮。若桓公之書「即位」，則是桓公自正其即位之禮耳。又如王人子哭救衛，自是衛當救，當時有子哭救之，孔子因存他名字。今諸公解「王人本不書字，因其救衛故書字」。聖人之意，不解恁細碎。又曰：蘇子由解春秋，謂其從赴告，亦是。既書「鄭伯哭」，又書「鄭世子忽」，據史文而書耳。定、哀之時，聖人親見據實而書。隱、桓之世，時既遠，史册亦有簡略處，夫子但據史册寫出耳。問：孔子「予五霸」，豈非時措從宜？曰：是。但其予之中，便有奪底意思。夫觀百物然後識化工之神，聚衆材然後知作室之用，於一事一義而欲窺聖人之用心，非上智不能也。故學春秋者，必優游涵泳，默識心通，然後能造其微也。夫，音扶。○「優游涵泳」二句，見須於逐事逐義而求之，正所謂「觀百物而識化工之神，聚衆材而知作室之用」者也。後王知春秋之義，則雖德非禹湯，尚可以法三代之治。自秦而下，其學不傳。予悼夫聖人之志不明是於後世也，故作傳以明之，俾後之人通其文而求其義，得其意而法其用，則三代可復也。是傳也，雖未能極聖人之蘊奥，庶幾學者得其門而入矣。夫，音扶。○文集。○朱子曰：「德非禹、湯，亦可以法三王之治。」如是，則無本者亦可以措之治乎？語有欠。

詩書載道之文，春秋聖人之用。詩書如藥方，春秋如用藥治病。聖人之用，全在此書，所謂「不如載之行事深切著明」者也。下「五經之有春秋」一條，遺書在「春秋聖人之用」下，分註細書有「一本此下云」五字。史記自序：「聞之董生曰：『子曰：我欲載之空言，不如見之於行事之深切著明者也。』」索隱云：「見春秋緯。」王伯厚曰：緯書起哀、平間，董生時未有之，蓋爲緯書者述此語耳。有重疊言者，如征伐、盟會之類，蓋欲成書，勢須如此。不可事事各求異義。但一字有異，或上下文異，則義須别。遺書。下同。○事事各求異義者，如胡氏謂「書晉侯爲以常情待晉襄，書秦人爲以王事責秦穆」之類。○朱子曰：當時史書掌於史官，想人不得見。夫子取而筆削之，欲使人見得。當時治亂興衰，非是於一字定褒貶。蓋初間王政不行，天下都無統屬，及五霸出而扶持，方有統屬。到後來五霸又衰，如澳、梁之盟，大夫亦出與諸侯之會，自是差異不好。孔子據事直書，好惡自易見。若云去其爵，與其爵，賞其功，罰其罪，孔子亦與、奪、賞、罰不得。春秋所書，本據魯史舊文筆削而成，若欲如此推説，須是得魯史舊文，參較筆削異同，然後可見，而亦豈復可得也！

五經之有春秋，猶法律之有斷例也。律令惟言其法，至於斷例，則始見其法之用也。

此條遺書載在前條「聖人之用」下，細字上有「一本此下云」五字。○斷例者，按周禮「士師掌士之八成」，鄭司農謂「若今時決事比」。蓋取其行事之成者以爲品式，即今之斷例也。范蜀公曰：律之例有八：以、准、皆、各、其、及、即、若。若春秋之「凡」。愚按，今律亦然。或論春秋多有變例，所以前後書法不同。朱子曰：聖人作春秋，欲褒善貶惡，示萬世不易之法。今同此一字，而於此用以誅人，於彼又忽用以賞人，使天下後世求之而莫識其意，則是後世舞文弄法者之所爲也，曾謂大中至正之道而如此乎？

伊川先生曰：學春秋亦善，一句是一事，是非便見於此。此亦窮理之要，然他經豈不可以窮理？但他經論其義，春秋因其行事，是非較著，故窮理爲要。見，音現。「但」上，宋本無「理」字，遺書同。較著，猶漢書孔光傳所謂「較然甚明」也，顔師古曰：較，音角，明貌。嘗語學者且先讀論語、孟子，更讀一經，然後看春秋。先識得箇義理，方可看春秋。所以先讀語孟、更讀一經者，欲使之識義理也。春秋以何爲準？無如中庸。欲知中庸，無如權。須是時而爲中。若以手足胼胝、閉户不出二者之間取中，便不是中。若當手足胼胝，則於此爲中；當閉户不出，則於此爲中。胼，蒲眠反。胝，章移反。○此承上文「先識得箇義理」之意，而言其所以識之道也。胼胝，皮堅也。史記「禹手足胼胝」。閉户，見孟子。○問：閉户不出，如有親戚兄弟在其中，豈可一例不救？朱子曰：事亦須量大小。若小有鬭毆，救之不妨。如兵戈殺人之事，亦只得閉門不管而已。權之爲言，秤錘之義也。何物爲權？義也，時也。只是説得到義，義以上更難説，在人自看如何。秤，丑正反，古通用「稱」。錘，直追反。「時」字，遺書本作「然」，連下「也只是」作一句讀。語類時舉述此以問，與遺書同，今當從之。○此節承上「權」字之意而申明之。秤，衡俗名。錘，權俗名。義者，謂事物之所當然。義以上者，則其所以當然之故也。在人自看如何，謂學者功深力到反求之身而自得之，非可以言語形容也。○問：權便是義否？朱子曰：權是用此義者。問：中便是時措之宜否？曰：以義權之，而後得中。義似秤，權是以此秤去稱量；中是物，得其平處。又曰：權是於精微曲折處曲盡其宜，所以説中之所貴者權。

春秋傳爲案，經爲斷。【本註】程子又云：某年二十時看春秋，黄聱隅問某如何看，某答曰：「以傳考經之事蹟，以經别傳之真僞。」黄聱隅，名晞，字景微，建安人。少通經，聚書數千卷，學者多從之。自號聱隅子，樞密使韓魏公薦以爲太學助教。「某年二十」以下，乃唐棣問春秋如何看，而先生答之也。○朱子曰：左氏曾見國史，考事頗精，只是不知義理；公、穀不曾見國史，考事甚疏，然義理却精。

凡讀史，不徒要記事蹟，須要識治亂安危興廢存亡之理。且如讀高帝一紀，便須識得漢家四百年終始治亂當如何。是亦學也。「要識」下，宋本無「其」字。「帝」下，葉、吕本無「一」字。○理，謂治亂安危興廢存亡之所以然也。如要識得，須先講明道義所在，庶不流爲功利之學。○愚按，全史，資鈍者不能盡看。如司馬公通鑒、馬氏文獻通考二書，千百年治亂興衰，典章制度之得失，具在其中。宋以前散見諸史中，究心甚難，今被二公編輯，條理分明。如此不看，何名爲讀書人？士不通今古而有足用者，未之前聞也。

先生每讀史到一半，便掩卷思量，料其成敗，然後却看，有不合處，又更精思。其間多有幸而成，不幸而敗。今人只見成者便以爲是，敗者便以爲非，不知成者煞有不是，敗者煞有是底。朱子曰：讀史亦易見作史者意思，後面成敗處，他都説得意在前面。如陳蕃殺宦官，但讀前面，許多疎脱都可見也。甘露事亦然。

讀史須見聖賢所存治亂之機，賢人君子出處進退，便是格物。

元祐中，客有見伊川者，幾案間無他書，惟印行唐鑑一部。先生曰：近方見此書。三代以後，無此議論。外書。○范祖禹，字淳夫，爲温公通鑑局編修官，分掌唐史，以其所自得者著成此書。按，外書又曰：范淳夫嘗與伊川論唐事，及爲唐鑑，盡用先生之説。先生謂門人曰：「淳夫乃能相信如此。」○朱子曰：唐鑑亦有緩而不精確處。如言租庸調及楊炎二税法，説得都無收煞，只云在於得人，不在於法。法亦豈可苟者？蓋范氏見熙寧間變更，故有激而言。要之，只那有激，便不平正。又一段論太宗本原，亦未盡。太宗行處儘好，只爲本領不是，與三代更别。張氏曰：唐鑑視胡氏春秋傳更覺簡要，學者能讀唐鑑，方可以治史。○按，此條晁氏客語、時氏本拾遺並有之，但時氏本少「元祐中」三字。以上並伊川語。

橫渠先生曰：序卦不可謂非聖人之藴。今欲安置一物，猶求審處，況聖人之於易？其間雖無極至精義，大概皆有意思。觀聖人之書，須遍佈細密如是。大匠豈以一斧可知哉？

橫渠易說。○序卦，易十傳之一也。以韓康伯註有「序卦非易之藴」之說，故特辨之。朱子曰：以序卦爲非聖人之精則可，謂非易之藴則不可。周子分「精」與「藴」字甚分明。序卦却事事夾雜都有在内，正是易之藴。須是自一箇生出來，以至於無窮，方是精。如「易有太極，是生兩儀，兩儀生四象，四象生八卦」是也。

天官之職，須襟懷洪大方看得。蓋其規模至大，若不得此心，欲事事上致曲窮究，湊合此心如是之大，必不能得也。釋氏錙銖天地，可謂至大，然不嘗爲大，則爲事不得。若畀之一錢，則必亂矣。畀，音秘。○不得此心，謂不得襟懷之洪大也。釋氏之所謂大者，只是言論曠蕩，未嘗身自爲之，所以爲事不得。○朱子曰：冢宰内自王之飲食衣服，外至五官庶事，自大至小，自本至末，千頭萬緒，若不是大其心者區處應副，事到面前，便且區處不下。況於先事措置，思患預防，是著多少精神，所以記得此，復忘彼。佛氏將此心置在無用處，纔動步，便疏脱。所以吾儒貴窮理，須事事物物理會過也。陳君舉曰：冢宰一職，惟制御天子身畔之人。一則環衛之人，二則供奉飲膳酒漿之人，三則出納財賄之人，四則宫中使令之人。蓋以此等與天子褻狎，或用内官或用女奚矣，他卿不能，誰何？所以冢宰盡制禦之。秦漢以環衛之人分入光禄勳、衛尉，以供奉之人分入少府，以出納財用之人分入司農，而宫中出入侍奉使令之人分與大長秋，是冢宰之職分爲三四矣。又曰：太宰之職難看，蓋無許大心胸包羅，記得此，復忘彼。其混混天下之事，當如捕龍蛇搏虎豹，用心力看方可。其他五官便易看，止一職也。復，扶又反。易，音異。○語録。下同。○朱子曰：五官止一職，易看固然。然其中亦有難理會者，如主客行人之官當屬春官，却掌於司寇；土地疆域之事當屬司徒，却掌於司馬。蓋以諸侯朝覲會同之禮既畢，則降而肉袒請刑，司寇主刑，所以賓客屬之有威懷諸侯之意。諸侯有罪，則六師移之，所以土地封疆屬之夏官。陳君舉乃謂「互相檢制之道」，過矣。又曰：周禮一書廣大精微，周家法度在焉。後人皆以周禮非聖人之書，其間細碎處雖可疑，其大體直是非聖人做不得。胡五峰以爲「天官冢宰不當治宫闈燕私事」，蓋彼但見後世宰相請托宫闈，交結近習，以爲不可。殊不知此正人君治國平天下之本，豈可以後世之弊而並廢聖人之良法美意耶？李泰伯周禮論甚好，如説「宰相掌人主飲食男女事」，與某意正合。至若所謂「女祝掌凡内禱祀、禬禳之事」，使後世有此官，則巫蠱之事安從有哉？王伯厚曰：嬪御、奄侍、飲食、酒漿、衣服、次舍、器用、貨賄，皆領於冢宰。冕弁、車旗、宗祝、巫史、卜筮、瞽侑，皆領於宗伯。此周公相成王，格心輔德之法。周之興也，滕侯爲卜正，吕伋爲虎賁氏。侍御僕從，罔非正人。左右攜僕，庶常起士。及其衰也，昏椓靡共，婦寺階亂，膳夫内史，趣馬師氏，締交於嬖寵；瑣瑣姻婭，私人之子，竊位於王朝。至秦而大臣不得議近臣矣，至漢而中朝得以絀外朝矣，至唐而北司是信，南司無用矣，由周公之典廢也。間有詰責幸臣如申屠嘉，奏劾常侍如楊秉，宫中府中爲一體如諸葛武侯，可謂知宰相之職者。唐太宗責房玄齡以「北門營繕，何預君事」，豈善讀周禮者哉！我朝趙普於一薰籠之造，亦制以有司之法；李沆於後宫之立，奏以「臣沆不可」；趙鼎於内苑移竹，責宦者罷其役。庶幾古大臣之風矣！五峰乃謂「周公不當治成王燕私之事」，殆未之思也。又曰：李泰伯云〔四〕：「内宰用大夫士世婦，每宫卿二人，皆分命賢臣以參檢内事。漢世皇后詹事，以二千石爲之，猶有成周遺意」。

古人能知詩者惟孟子，爲其「以意逆志」也。夫詩人之志至平易，不必爲艱嶮求之。今以艱嶮求詩，則已喪其本心，何由見詩人之志？【本註】詩人之情性温厚平易老成，本平地上道著言語。今須以崎嶇求之，先其心已狹隘了，則無由見得。詩人之情本樂易，只爲時事拂著他樂易之性，故以詩道其志。「爲其」、「只爲」之「爲」，並去聲。易，並音異。嶮，虚檢反，通作「險」。喪，去聲。崎，音奇。嶇，豈俱反。樂，音洛。「詩人之情性」下，葉本大字，無「本註」字。○逆，迎也。方言：「自關而東曰逆，自關而西曰迎。」温厚、平易、老成，皆言詩人之情性也。平地上道著言語，見其非有崎嶇也。道，言也。時事或美或惡，有所感動而詩作焉。拂，動也。朱子曰：以意逆志者，逆如迎待之意。若未得其志，只得待之，如「需於酒食」之義。後人讀書，便要去捉將志來，以至束縛之。又曰：某所著詩傳，蓋推尋其脈理，以平易求之，不敢用一毫私意。輔氏曰：温厚、平易、老成，説盡詩人情性。温厚謂和而不流，怨而不怒；平易謂所言皆眼前事；老成謂憂深思遠，達於人情事物之變。此等意思，惟平心易氣以迎之，則有可得。

尚書難看，蓋難得胸臆如此之大。只欲解義，則無難也。問：他書亦須大心胸方讀得，如何張子只説尚書？朱子曰：他書却有次第。且如大學自「格物致知」以至「平天下」，有多少節次。尚書只合下便大。如堯典自「克明峻德，以親九族」，至「黎民於變時雍」，展開是大小大。「分命義和，定四時成歲」，便是心中包一箇三百六十五度四分度之一底天，方見得恁地。若不得一個大底心胸，如何看得？

讀書少，則無由考校得義精。蓋書以維持此心，一時放下，則一時德性有懈。讀書則此心常在，不讀書則終看義理不見。此以見讀書非徒窮理之事，實亦養心之要也。朱子曰：讀書固收心之一助，然只讀書時收得心，而不讀書時便爲事所動，則是心之存時常少、放時常多也。學者當移此讀書工夫，向不讀書處用力，使動静兩得，而此心庶幾無時不存矣。書須成誦。精思多在夜中，或静坐得之。不記則思不起，但通貫得大原後，書亦易記。易，音異。○承上文讀書而言其所以讀之法也。朱子曰：讀書須反復研究，直待不思索時，此意常在心胸之間驅遣不去，方爲有功。又曰：李先生常言：「道理須是日中理會，夜間却去静處坐地思量，方始有得。」所以觀書者釋己之疑，明己之未達，每見每知新益，則學進矣。於不疑處有疑，方是進矣。此又以其驗處言之。○按葉、吕本自「書須成誦」以下，别爲一條，今據原書及宋本併之。

六經須循環理會，義理盡無窮。待自家長得一格，則又見得别。長，張丈反。别，皮裂反。○此即論語「温故知新」之意。然必於一經理會已到，然後再理會一經。若徒循環泛涉，非根柢務實之學也。如中庸文字輩，直須句句理會過，使其言互相發明。中庸文字輩，凡詩、書、論、孟之文皆是。必言中庸者，蓋古聖賢之書無非發明中庸之道，故必於此見之明，而後於事事物物之宜無往不當，其可以之讀他書，亦易爲力。如前程子所言「讀春秋以中庸爲準」是也。句句理會過，則觸處洞然，無所疑滯，自有以見夫不偏不易之道，隨在具足，無少欠缺，融會貫通，不拘所讀，何書而無往，非中庸之道之所在矣。游定夫讀西銘，涣然不逆於心，曰：「此中庸之理。」亦此意也。

春秋之書，在古無有，乃仲尼所自作，惟孟子能知之。非理明義精，殆未可學。先儒未及此而治之，故其說多鑿。治，平聲。○鄭漁仲曰：有未經夫子筆削之春秋，有已經夫子筆削之春秋。孔穎達曰：春秋之名，無所經見。惟昭公二年晉「韓起來聘」，見魯春秋，晉語司馬侯對悼公曰「羊舌肸習於春秋」，悼公使傅其太子，楚語申叔時論傅太子之法，亦云「教之以春秋」。由此觀之，是周之典禮不存，惟魯春秋爲列國所重，皆在夫子未修之前。舊有春秋之目，乃周公伯禽以來，上自天子，下至列國，無不備載，皆周之盛時爲先王之典章，此杜預所謂「周之舊典禮經」是也。今汲塚瑣語亦有魯春秋，記魯獻公十七年事。諸如此類，皆夫子未生之前，未經筆削之春秋。惟孟子所謂「詩亡然後春秋作」，魯史記東遷以後事，已經筆削之春秋也。然則是書乃從來所有，夫子特取而筆削之耳。此言「在古無有」者，亦就其修後言之。見其取義精奥，非他人所得與也。朱子曰：後儒學未至，各以己意揣測，正横渠所謂「非理明義精而治之，故其說多鑿」是也。惟伊川以爲「經世之大法」，得其旨矣。然其間極有難體會處，不若存取胡文定本與後來看，縱未能盡得之，然不中不遠矣。

心中有所開，即便劄記，不思則還塞之矣。更須得朋友之助，一日間朋友論著，則一日間意思差別。須日日如此講論，久則自覺進也。劄，竹洽反。著，直酌反。差，初賣反。別，皮列反。○劄，牋劄也。劄記，謂以牋劄記之也。差，較也，較略也。○按，葉本此條在前第二十一條「以來新意」下，今從宋本及楊本正之。「心中」下，一本有「茍」字。「朋友之助」下，葉本無「一日間朋友論著，則」八字。○以上並横渠語。

## 校勘記

〔一〕然後再窮一事之説　「再」，文津閣本作「別」。

〔二〕又云　「云」，原作「曰」，按此下茅注曰「但按此以『又云』字起」，是字當作「云」，葉采集解、張伯行集解、江永集註均作「云」，今據改。

〔三〕李枏和伯自言吾於詩甫田悟進學　「枏」，原作「聃」，形近而訛，今據王應麟困學紀聞卷三改。

〔四〕李泰伯云　「泰」，原作「太」，據文津閣本改。

# 近思録集註卷四

## 存養

存養，謂存心養性也。此與第五卷皆大學誠意、正心、修身功夫也，而此卷則以涵養於平日者言之。凡七十條。西山真氏曰：大舜十六字開萬世心學之源，後之聖賢更相授受，雖若不同，然大抵教人守道心之正，而遏人心之流耳。孟子於仁義之心則欲其存而不放，本心欲其勿喪，赤子之心欲其不失，凡此皆所謂守道心之正也。易言懲忿窒欲，孔子言克己，大學言好樂憂患則不得其正，孟子言寡欲，以小體之養爲戒，以饑渴之害爲喻。凡此皆所謂遏人心之流也。愚謂，近思録此卷所以守道心之正，第五卷所以遏人心之流。

或問：聖可學乎？濂溪先生曰：可。有要乎？曰：有。請問焉，曰：一爲要。一者無欲也，無欲則靜虛動直。靜虛則明，明則通；動直則公，公則溥。明通公溥，庶矣乎！通書。○朱子曰：一，即所謂太極。靜虛明通，即圖之陰靜；動直公溥，即圖之陽動。又曰：心纔虛便明，明則道理透徹，故通。通者，明之極也。心纔直便公，公則自無物我之間，故溥。溥者，公之極也。靜虛明通，「精義入神」也；動直公溥，「利用安身」也。又曰：靜虛動直便是陰陽，明通公溥便是五行。○朱子曰：此章之旨最爲要切，學者能深玩而力行之，則有以知無極之真、兩儀四象之本，皆不外乎此心，而日用間自無别用力處矣。又曰：學者如何得無欲？故伊川只説「敬」字，庶幾執捉得定，有下手處。

伊川先生曰：陽始生甚微，安靜而後能长。故復之象曰：「先王以至日閉關。」易傳。下同。○至日，冬至之日也。關，周禮司關註：「界上之門。」朱子曰：一陽初復，陽氣甚微，不可勞動，故當安靜以養微陽。如人善端方萌，正欲靜以養之，方能盛大。饒雙峰曰：動者，天地生物之心；而安靜者，聖人裁成之道。則政事云爲之間，凡可以扶陽抑陰而贊參化育者，必將無所不用其至矣。○愚按，上章言純一爲學之要，此又以善端發動處言之，所以示學者操存省察之要，而不可以其微而忽之者也。蓋上章以統體言，此則又就其切要處言耳。

動息節宣，以養生也；飲食衣服，以養形也；威儀行義，以養德也；推己及物，以養人也。頤卦傳。上章言安靜以養微陽，此又歷示以養之之道，見無時無處而不可以養，亦無時無處而可以不養也。

「慎言語」以養其德，「節飲食」以養其體。事之至近而所繫至大者，莫過於言語飲食也。頤象傳。「慎言語」，「節飲食」，象傳語也。真氏曰：天地養萬物，聖人養賢以及萬民，功用至博大也。而象傳獨以言語飲食爲言者，蓋必己得其養而後可推以及人故也。俞氏曰：頤，乃口頰之象，故取其切於頤者言之。充此言語之類，則凡號令政教之出於己者，皆所當慎而不可悖出；充此飲食之類，則凡財賦貨税之入於上者，皆有當節而不可悖入。○此又就上條中舉其至切要者言之。

「震驚百里，不喪匕鬯。」臨大震懼，能安而不自失者，惟誠敬而已。此處震之道也。「震驚百里」二句，震卦彖傳文也。下乃解其意。匕，以載鼎實，升之於俎。其形似畢而不兩岐，以棘木爲之，長二尺，刊柄與末。祭祀之禮，先烹牢於鑊，既納之鼎，而加冪焉。將薦，乃舉冪，而以匕出之，升於俎上。鬯，秬鬯之酒，所以灌地而降神。鄭康成鬱人註云鬱鬯者，「築鬱金煮之，以和鬯酒」，鬯人註云「秬鬯，不和鬱者」。則是鬱者草名，不和以鬱者，則直謂之鬯，言其氣調鬯也。鄭司農及孔穎達則云：「鬯是香草。」愚謂，後鄭爲是。楊氏曰：震雷能驚百里，而不能失匕鬯于主祭之手者，蓋執匕鬯以祭，則一敬之外無餘念，一鬯之外無餘物。當是之時，白刃前臨，猛虎後迫，皆莫之覺，故震雷驚百里亦莫之聞。誠敬所至，而懼有所忘也。○上二條就處常言，此則又就處變時言之。

人之所以不能安其止者，動於欲也。欲牽於前而求其止，不可得也。故艮之道，當「艮其背」，所見者在前，而背乃背之，是所不見也。止於所不見，則無欲以亂其心，而止乃安。艮象辭。朱子曰：人之四肢百骸皆能動作，惟背不能動，「止其背」是止於其所當止之所〔二〕。據象傳「艮其止，止其所也」，自解得分曉。程子謂「止于所不見」，恐如此説費力。愚按，王弼謂「背者無見之物，無見則自然静止」，程子之説蓋本於此。

「不獲其身」，不見其身也，謂忘我也。無我則止矣。不能無我，無可止之道。「行其庭，不見其人」，庭除之間至近也，在背則雖至近不見，謂不交於物也。除，階除也，凡門屏之間曰除。朱子曰：程子所謂「止於所不見」者，只是非禮勿聽言動。「不見其身」者，蓋外既無非禮之視聽言動，則内自不見有私己之欲也。「不交於物」者，便是「奸聲亂色，不留聰明，淫樂慝禮，不接心術，情慢邪僻之氣，不設於身體」之意。又曰：「艮其背，不獲其身」，爲静之止；「行其庭，不見其人」，爲動之止。總只見道理當如此，不見有己亦不見有人也。易意本是如此。今從伊川説，至「不獲其身」處便説不來，「行其庭，不見其人」愈難通。明道答横渠定性書引其語却不差，周子通書之説與伊川同。外物不接，内欲不萌，如是而止，乃得止之道，於止爲無咎也。外物不接，謂不見其人也；内欲不萌，謂不見其身也。按語類或以「外物不接」數語爲只説得静時之止，而朱子然之。蓋接物而當於理，欲之動而不失其正，固無害其爲止也。觀象傳「時止則止，時行則行，動静不失其時」數語可見。

明道先生曰：若不能存養，只是説話。遺書。下同。○此爲讀書講論者言之。蓋古聖賢言語，無非身心切實之學，若不能操存涵養，則無以有之於己。而所以講論者，亦只古人之說話而已，謂於身心無干也。聖賢千言萬語，只是欲人將已放之心，約之使反復入身來，自能尋向上去，「下學而上達」也。約，約束也。朱子曰：反復入身來，非謂將已縱出者收拾轉來，只是知求，則心便在也。又曰：亦非謂只收放心便了，蓋收斂得箇根基方可以做工夫。若但知收放心，不做工夫，則如近日江西所說，只是守那死物事。○朱子曰：昔陳烈先生苦無記性，一日讀孟子至「求其放心」句，忽悟曰：「我心不曾收得，如何記得？」遂閉門靜坐，不讀書百餘日，以收放心，却去讀書，遂一覽無遺。

李籲問：每常遇事，即能知操存之意。無事時如何存養得熟？曰：古之人，耳之於樂，目之於禮，左右起居，盤盂几杖，有銘有戒，動息皆有所養。「曰」上，葉本有「明道」字。○李籲，字端伯，緱氏人。舉進士第，元祐中爲秘書省校書郎，卒。嘗記二先生語一編，號師說，伊川稱之。盤，沐浴之盤。盂，飲器。文中子禮樂篇「刻於盤盂，勒於幾杖」是也。息，謂靜也。有銘有戒，統承「左右起居」二句而言。○此一節言古人所以存養之道，見無時無處而不用其力也。○陸氏曰：朱子白鹿洞學規無誠意正心之目，而以處事接物易之，其發明大學之意最爲深切。蓋所謂誠意正心者，亦說處事接物之際而誠之正之焉耳。明乎此，而凡陽儒陰釋之學可不待辨而明。夫子告顔子克己復禮，而以視聽言動實之，亦此意。今皆廢此，獨有理義之養心耳。但存此涵養意，久則自熟矣。「敬以直內」，是涵養意。此教以無事時存養之法。

吕與叔嘗言患思慮多，不能驅除。朱子曰：李先生嘗言：「心中惡念却易制伏，惟閒雜思慮乍往乍來，相續不斷，難爲驅除耳。」曰：此正如破屋中禦寇，東面一人來未逐得，西面又一人至矣，左右前後，驅逐不暇。蓋其四面空疏，盜固易入，無緣作得主定。又如虛器入水，水自然入。若以一器實之以水，置之水中，水何能入來？蓋中有主則實，實則外患不能入，自然無事。「曰」上，葉本有「明道」二字。○朱子曰：實指理而言，蓋以理爲主，則此心虛明，一毫私意着不得，如一泓清水，有少許沙土便見。

邢和叔言：吾曹常須愛養精力，精力稍不足則倦，所以臨事皆勉强而無誠意。接賓客語言尚可見，况臨大事乎？「所」下，諸本並無「以」字，今從遺書增。强，上聲。○邢和叔，名恕，鄭州陽武人。此程子述邢恕之言如此，亦不以人廢言也。倦以氣而言，無誠意以心而言，接賓客就其事之最近者言之。言語言之間，尚可見其倦與無誠意也。

明道先生曰：學者全體此心。學雖未盡，若事物之來，不可不應。但隨分限應之，雖不中，不遠矣。分，音問。中，去聲。○朱子曰：全體此心，謂此心不爲私欲汩没，便是全而體之，非更有一心能體此心也。此等當以意會。又曰：此亦只爲初學言，其大概更須下工夫，方到得細密的當，止於至善處。如龜山却是隨力量恁地，下稍便都衰塌也。又曰：明道所謂全體此心者，蓋謂涵養本源，以爲致知力行之地而已。未可説得太深，亦不是教人止於此而已也。如云「聖人千言萬語，只要人求其放心，自能導向上去，下學而上達」，亦此意。

「居處恭，執事敬，與人忠」，此是徹上徹下語。聖人元無二語。明道語。○徹上徹下，言自始學以至成德，皆不外此，但有勉强、自然之異耳。元無二語，見無别下工夫處也。朱子曰：自誠身而言，則恭較緊；自行事而言，則敬爲切。○朱子曰：學者讀書須從自己日用躬行處著力體驗，不可有少虧欠處。

伊川先生曰：學者須敬守此心，不可急迫，當栽培深厚，涵泳於其間，然後可以自得。但急迫求之，只是私己，終不足以達道。朱子曰：栽，如種得一物在此，但涵養待守之功繼繼不已，是謂「栽培深厚」。如此而優遊涵泳於其間，則浹洽而有以自得矣。苟急迫求之，則此心已自躁迫紛亂，只是私己而已，終不能優遊涵泳以達於道也。○胡敬齋曰：心不可放縱，亦不可逼迫。故程子以「必有事焉，而勿正，心勿忘，勿助長」爲存心之法，雖借孟子之言，其義甚精。

明道先生曰：「思無邪」，「毋不敬」，只此二句循而行之，安得有差？有差者，皆由不敬不正也。差，初加反。○朱子曰：「毋不敬」，是用功處，所謂「正心誠意」也；「思無邪」，思至此自然無邪，乃功深力到處，所謂「心正意誠」也。又曰：學者求無邪思，當於正心誠意處著力。然不先致知，則正心誠意之功無所施，而所謂敬者亦不得其道，所以應事接物處皆顛倒也。故聖人教人必先自致知始。○愚按，明道所言「思無邪」，當與「毋不敬」一例看，皆在用功處説，觀下「循而行之」諸語可見，不必如朱子所分也。

今學者敬而不見得，又不安者，只是心生，亦是太以敬來做事得重，此「恭而無禮則勞」也。「見」，近本俱作「自」，今從遺書及宋本。○此言敬而不和之病。敬則此心常存，必有所得。「不見得」者，謂不見有所得也。若作「自」字，便與下「不安」犯複矣。恭者，私爲恭之恭也。禮者，非體之禮，是自然底道理也。只恭而不爲自然底道理，故不自在也，須是「恭而安」。此明所以「恭而無禮則勞」之故。私爲恭者，言恭乃人之私自爲之，而非其本然者也。非體之禮，言禮無形體可求，故人爲之恭，以明禮之意。然必循自然之禮以出之，則自在也。不爲自然，便是私爲恭之恭。今容貌必端、言語必正者，非是道獨善其身，要人道如何，只是天理合如此，本無私意，只是箇循理而已。此又明所以能「恭而安」之故。○朱子曰：學者初要持敬。身心如何便得安？須先有些勉强始得。又曰：着意把捉不得，須是先理會箇道理。

今志於義理而心不安樂者何也？此則正是剩一箇「助之長」。雖則心「操之則存，舍之則亡」，然而持之太甚，便是「必有事焉」而正之也。亦須且恁去，樂，音洛。長，張丈反。恁，女禁反。○恁，如此也，指上「持」字而言。言不可以持之太甚，便放下手，亦須且如此持守去也。○朱子曰：整頓收斂，固不無操持太甚之患，然學者且當就整頓收斂處着力，但不可用意安排等候，即成病耳。如此者只是德孤。「德不孤，必有鄰」，到德盛後，自無窒礙，左右逢其原也。此條語類以爲明道語。○如此者，指上「恁」字而言。孤，謂所得孤單，別無所有也。「德盛」則「不孤」矣，至於左右逢原，則「有鄰」矣。與論語本文意別。

敬而無失，便是「喜怒哀樂未發謂之中」。敬不可謂中，但敬而無失，即所以中也。樂，音洛。○此因學者每欲求中於未發之時，故言此以見不必別求也。敬則此心常渾然在中作主宰，自不爲事物所擾亂，故云「即所以中」。

伊川先生曰：司馬子微嘗作坐忘論，是所謂「坐馳」也。「微」，遺書註一作「綦」。○司馬子微，名承禎，唐洛州温人。開元中被召至都，玄宗詔於王屋山置壇室以居。卒，年八十九，贈銀青光禄大夫，謚貞一先生。坐忘，見莊子大宗師篇。按程子又曰：有忘之心，乃是馳也。葉少蘊曰：子微作坐忘論七篇：一敬信，二斷緣，三收心，四簡事，五真觀，六泰定，七得道。又爲樞一篇，以總其要。而別爲三戒，曰簡緣、無欲、静心。且謂得道者，心有五時，身有七候。一動多静少，二動静相半，三静多動少，四無事則静，事觸還動，五心與道合，觸而不動。謂之五時。一舉動順時，容色和悦；二宿疾益消，心身輕爽；三填補夭傷，還元複命；四延數千歲，名曰仙人；五煉形爲氣，名曰天人；六煉氣爲神，名曰神人；七煉神合道，名曰至人。謂之七候。道、釋二氏本相矛盾，而子微之學乃全本於釋氏，大抵以戒、定、慧爲宗，觀七篇序可見。

伯淳昔在長安倉中閒坐，見長廊柱，以意數之，已尚不疑。再數之不合，不免令人一一聲言數之，乃與初數者無差。則知越著心把捉，越不定。數，並上聲。差，初加反。○伊川語。○長安，縣名，今隸西安府。

人心作主不定，正如一箇翻車，流轉動摇，無須臾停，所感萬端。若不做一箇主，怎生奈何？葉本章首有「明道先生曰」五字。「若不做」上，遺書有「心」字。○翻車，今農家所用以引水溉田者也。按後漢書，靈帝「使掖庭令畢嵐作翻車渴烏，施於橋西，用灑南北郊路，以爲可省百姓灑道之費」。又魚豢魏略：「明帝時，博士扶風馬鈞爲園，以無水灌溉，乃作翻車，令兒童轉之引水。」蓋今水車所自始也。又爾雅釋器篇：「繴，謂之罿，罬也。罬，謂之罦，覆車也。」郭璞云：「今之翻車也。有兩轅，中施罥以捕鳥。」然則翻車固有二，今觀所言「流轉動摇，無須臾停」云云，則是謂水車也。○此極言作主不定之病。張天祺昔嘗言：自約數年，自上著牀，便不得思量事。不思量事後，須强把他這心來制縛，亦須寄寓在一箇形象，皆非自然。君實自謂：吾得術矣，只管念箇「中」字。此又爲中所繫縛，且中有何形象？强，如字。「須强」上，遺書有「後」字。「繫縛」上，遺書無「所」字。且「中」下，近本俱無「字」字。○此又引張與司馬二公之事，以明上文之意。「强把這心」以下，乃程子窮極其弊病，以見天祺不思量事之非自然也。「爲中所繫縛」以下，亦程子推言其弊如此也。愚按，天祺欲制其外來者，使不以動吾之心；温公欲守其在中者，使不爲外物所動。朱子所謂「硬截死守」是也。○朱子曰：如釋氏云如何是佛，教人專在此行思坐想，久後忽然有悟，意正如此。譬如人有箇家，不自作主，却倩别人來作主。所以伊川云「持其志」，且教人就裏面理會也。有人胸中常若有兩人焉，欲爲善，如有惡以爲之間，欲爲不善，又若有羞惡之心者。本無二人，此正交戰之驗也。持其志，使氣不能亂，此大可驗。要之，聖賢必不害心疾。間，去聲。「差惡」之「惡」，去聲。「使」，遺書作「便」。○此因人心有善惡交戰之驗，而示以定之法也。兩「此」字，並指「胸中若有兩人」四句而言。交戰者，見其不能自安於不善也。戰勝爲善矣，戰不勝則爲不善矣，此正要緊。開頭「持其志」二語，所以予以自勝之道也。大可驗，言大可驗其志之能持與否也。心疾亦指首四句言也。

某寫字時甚敬，非是要字好，只此是學。明道語。○寫，説文：「謄移書也。」儀禮特牲饋食禮：「卒筮，寫卦。」漢書藝文志：「置寫書之官。」「寫字」之「寫」始此。薛氏曰：事有大小，理無大小。若於事之小者稍有忽略，則天理即有欠缺間斷。故寫字事雖小而必敬者，所以存天理也。

伊川先生曰：聖人不記事，所以常記得；今人忘事，以其記事。不能記事，處事不精，皆出於養之不完固。不記事者，心之虚也；常記得者，心之明也。朱子曰：常人記事、忘事，只是著意之故。

明道先生在澶州日，修橋少一長樑，曾博求之民間。後因出入，見林木之佳者，必起計度之心。因語以戒學者：心不可有一事。澶，呈延反。度，音鐸。○澶州於石晉爲鎮寧軍節度，先生差簽書判官，故在澶州。或問：凡事須思而後通，安可謂「心不可有一事」？朱子曰：事如何不思？但事過則不留於心可也。問：佛氏但願空諸所有，固不是，然明道謂「心不可有一事」，如在試院推算康節數，明日問之，則已忘矣，恐亦空諸所有意？朱子曰：此出上蔡語録，只録得他自己意。顔子「得一善則拳拳弗失」，與孟子「必有事而弗忘」，何嘗要人如此！

入道莫如敬，未有能致知而不在敬者。朱子曰：未知者，非敬無以知；已知者，非敬無以守。

今人主心不定，視心如寇賊而不可制，不是事累心，乃是心累事。當知天下無一物是合少得者，不可惡也。惡，去聲。○此節申明不可不敬之意。主心，所以爲心之主宰者也。累，繫累也。物，即事也。無一物是合少得者，則當即物以窮其理，而順其理之所當然以應之，不可惡其爲心之累而欲一切屏棄之也。「惡」字應上「視心如寇賊而不可制」之意而言。

人只有一箇天理，却不能存得，更做甚人也！按遺書，或問人與禽獸，甚懸絶矣，孟子言「人之所以異於禽獸者幾希」，莫是只在去之存之上有不同處？伊川答以「固是」，而因語之以此也。

人多思慮，不能自寧，只是做他心主不定。要作得心主定，惟是止於事，「爲人君止於仁」之類。如舜之誅四凶，四凶已作惡，舜從而誅之，舜何與焉？「已」，當讀作「人已」之「已」，或因以誤，遺書註一作「他」。與，音預。○止於事者，謂各隨其事之所當止而止之也。止則不爲他事所惑，故心主自定。已作惡者，言四凶自己作惡也。人不止於事，只是攬他事，不能使物各付物。物各付物，則是役物。爲物所役，則是役於物。有物必有則，須是止於事。此節反覆申明當止於事之意。不止於事，則中無主宰，而事物雜投，如見他人之事而爲之兜攬者，言其不切己也。不切己，則必不能盡其事之所當然之道，故不能使物各付物。物即事也，則猶道也。○問：有事則止於事，無事時何所止？曰：止於敬而已。朱子謂「静時能存養，則應接處始得力」，又不可以不知也。○以上並伊川語。

不能動人，只是誠不至。於事厭倦，皆是無誠處。誠以待人，則人無不感，凡事上接下皆然；誠以處事，則事無不成，凡在己在人一也。

静後見萬物自然皆有春意。心主於敬，則無復思慮紛擾自静。静後而此心至虚至明，與天地生意常相接，故「見萬物自然皆有春意」。萬物之生意無時間斷，獨言春者，以春則物生之初，生意尤易見也。詳見首卷「萬物之生意」條下。○張氏曰：明道書窗前有草木覆砌，或勸之芟，明道不可，云「欲常見造物生意」。又置盆池畜小魚數尾，時時觀之，云「欲觀萬物自得意」。草之與魚，人所共見，惟明道見草則知生意，見魚則知自得意，此豈流俗之見可同日而語。

孔子言仁，只説「出門如見大賓，使民如承大祭」。看其氣象，便須「心廣體胖」，「動容周旋中禮」自然。惟慎獨便是守之之法。胖，音盤。中，去聲。○問：孔子告仲弓方是持敬之事，程子如此説，豈不有自然、勉强之異乎？朱子曰：程子之言，舉敬之極致而言也。陳定宇曰：程子恐人認「見賓承祭」作勉强拘束之敬，故云然。蓋欲如所謂「禮之用，和爲貴」也。又曰：謹獨便是守之之法。

又恐人外貌如此，而中心不如此，必於「一念萌動，己所獨知」之地而致謹焉，便是持守此敬之法。聖人「修己以敬」，「以安百姓」，「篤恭而天下平」。惟上下一於恭敬，則天地自位，萬物自育，氣無不和，四靈何有不至？此「體信」「達順」之道，禮運曰：「鳳凰、麒麟皆在郊藪，龍、龜在宮沼，所謂四靈畢至也。」又曰：「體信而達順。」朱子曰：體信是實體此道于身，達順是發而皆中節，推之天下而無所不通也。體信是忠，無一毫之僞；達順是恕，無一物不得其所。又曰：體信是致中意，達順是致和意。

聰明睿知皆由此出，以此事天饗帝。人惟惰慢，故身心放逸而昏昧蔽塞。敬則虛靜而自然通達矣。葉氏曰：天以理言，故曰「事」，動靜語默，無非事也。帝以主宰言，故曰「饗」，如郊祀之類。朱子曰：聰明睿智皆由此出，此便是「自誠而明」。

存養熟後，泰然行將去，便有進。

不愧屋漏，則心安而體舒。

心要在腔子裏。腔子，猶今言軀殼也。朱子曰：但於應事接物時一一中理，便是在也。若只兀然守此心，則是釋氏入定坐禪，一旦有事至於吾前，此心便已放失。問：於未應接時如何？曰：只是戒謹恐懼而已。

只外面有些隙，便走了。「隙」下，近本並有「罅」字，遺書同，今遵宋本。〇陳氏曰：非是裏面本體走出外去，只爲邪念感物逐他去，而本然之正體遂爲所昏蔽。此所以要操存涵養，而不使有些罅隙，以至走出之患也。

人心常要活，則周流無窮，而不滯於一隅。朱子曰：天理便是活，人欲便是死。如大學之有所「憂患」「好樂」，皆滯於一隅也。或疑主一則滯於一隅。曰：不主一，則方理會此事，而心留於彼，此正是滯於一隅。

明道先生曰：「天地設位，而易行乎其中」，只是敬也。敬則無間斷。間，去聲。○「天地設位」句，見易繫辭上傳。朱子曰：天地亦是有主宰方始如此，變易無窮便是天地之敬。問：恐是說天地間實理如此？曰：就天地之間言之，是實理如此，就人身上言之，惟敬然後見得理之實處流行不息。敬纔間斷，便不誠，不誠便無物，是息也。王伯厚曰：易立乎其中，體也；易行乎其中，用也。朱子謂「行以造化言，立以卦位言」。○朱子曰：聖人本意言自然造化流行，程子却借來就人身上而言，敬則此理流行，不敬則間斷。前輩引經文多是如此，如「必有事焉」，孟子本謂做工夫處，程子却引來說自然道理。

「毋不敬」，可以對越上帝。「毋不敬」，說見記曲禮篇。朱子曰：只是內無妄思，外無妄動也。愚按，不妄思則心之所存無非天理，不妄動則外之所爲無非天理，故「可以對越上帝」。

敬勝百邪。朱子曰：學者常提醒此心，使如日之升，則群邪自息。不要苦着力，着力則反不是。○朱子曰：自秦漢以來，儒者皆不識「敬」字，至程子說得如此親切。程沙隨猶非之，以爲孔孟無單說「敬」字者，如「敬親」、「敬長」之類。不知「修己以敬」、「敬而無失」、「聖敬日躋」，何嘗不單獨說來？若有親長時用敬，則無親長時便不敬乎？亦弗思甚矣！

「敬以直内，義以方外」，仁也。當理而無私心爲仁。「敬以直内」，則心無所容其私；「義以方外」，則事又各當於理。故曰仁也。若以敬直内，則便不直矣。「必有事焉，而勿正」，則直也。以敬直内，便有正助之病，故不直言敬，而義可見，故不别言。以上並明道語。

涵養吾一。伊川語。○一，不二不雜，指心之本體言也。有以涵養之，而此心湛然虚明，不至有昏昧放逸之患矣。

「子在川上曰：『逝者如斯夫！不舍晝夜。』」自漢以來儒者，皆不識此義。此見聖人之心「純亦不已」也。「純亦不已」，天德也。有天德便可語王道，其要只在慎獨。明道語。○朱子曰：能慎獨，則無間斷，而其理不窮。若少有不謹，則人欲乘之，而此心不能無間斷矣。又曰：川流不息，天運也；「純亦不已」，聖人之心也。謹獨所以爲不已，學者之事也。

「不有躬，無攸利。」不立己後，雖向好事，猶爲化物。不得以天下萬物撓己，己立後，自能了當得天下萬物。語類以爲伊川語。○「不有躬，無攸利」，蒙卦六三爻辭也。撓，撓亂也。了當，猶言了辦也。己未能自立，則心無所主，雖爲善事，亦不過見事之善勉强行之，終是爲物所化，是不免以天下萬物撓亂己也。若能自立，則應酬在我，物皆聽命，何撓之有？朱子曰：學者平日講究「治國平天下」之道，却于自己身心全未曾理會得，則是明德未明，而欲民之有以新也，無是理也。

伊川先生曰：學者患心慮紛亂，不能寧静，此則天下公病。學者只要立箇心，此上頭儘有商量。立箇心者，謂敬謹操持，不爲事物所摇奪，則自無紛亂不能寧静之患矣。此上頭儘有商量者，言可爲學以進於道也。○朱子曰：學者求放心，正爲要立基址，得此心有存主處，爲學便有歸著，可以用功。

閑邪則誠自存，不是外面捉一箇誠將來存著。今人外面役役於不善，於不善中尋箇善來存著，如此則豈有入善之理？只是閑邪則誠自存。此節总以明「閑邪則诚自存」之意。故孟子言性善皆由内出，只爲誠便存。閑邪更著甚工夫？但惟是動容貌、整思慮，則自然生敬。上言「閑邪則誠自存」，此節見誠爲人心之自然，不假外求，誠存則邪自無從入，更無所用其閑之功也。孟子言性善，如所謂「乍見孺子入井而有怵惕惻隱之心」，「孩提知愛親，稍長知敬兄」之類是也。皆由内出，便是誠也。性善則自無有邪也。「動容貌」，以外言；「整思慮」，以内言。敬勝百邪，正見閑邪不必著甚工夫也。敬只是主一也。主一則既不之東，又不之西，如是則只是中；既不之此，又不之彼，如是則只是内。存此則自然天理明。學者須是將「敬以直内」涵養此意，直内是本。承上文「敬」字而言。其義不之東，不之西，則不偏於一隅，故云「只是中」；不之此，不之彼，則不爲外物所動，故云「只是内」。總以明「主一」之義。朱子曰：主一則所講底義理方始爲我有，不然便無安著處。

【本註】尹彦明曰：敬有甚形影？只收斂身心，便是主一。且如人到神祠中致敬時，其心收斂，更著不得毫髮事，非主一而何？按，和靖自言：初見伊川時，教看「敬」字。焞請益，伊川曰：「主一則是敬。」當時雖領此語，然不若近時看得更親切。祁寬因問「如何是主一」，而尹氏語之以此。○魏鶴山曰：孔門説仁處，大抵都有敬意，如四勿、二如之類是也。左傳「敬，德之聚，能敬必有德」，此意極精。自聖學不明，率往往以擎跽曲拳、正坐拱默之類爲敬。至周、程以後，如「誠」字、「敬」字、「仁」字方得聖賢本指。其所謂「主一無適之謂敬」，最爲親切。

閑邪則固一矣，然主一則不消言閑邪。閑邪，使邪不能入，則心自一矣。然心一則邪自無從可入，更無所事於閑也。有以一爲難見，不可下工夫，如何？一者無他，只是整齊嚴肅，則心便一。一則自是無非僻之奸。此意但涵養久之，則天理自然明。「奸」，近本作「干」，古字通用。○「有以一爲難見，不可下工夫」，程子因門人有此疑，故教之以整齊嚴肅，使有下工夫處也。整齊嚴肅，如正衣冠、尊瞻視之類。一，專一也。朱子曰：主一如持其志，閑邪如無暴其氣。閑邪使邪不得入，主一則守之於内，二者不可有偏，此内外交相養之道也。

有言：未感時，知何所寓？知，指心之知覺而言，與他處「知」字不同。曰：「操則存，舍則亡，出入無時，莫知其鄉」，更怎生尋所寓？只是有操而已。操之之道，「敬以直内」也。朱子曰：若未感時，更尋所寓，便是有兩箇物事，所以道只有操而已。只操便是主宰在這裏。

敬則自虚静，不可把虚静唤做敬。朱子曰：周子説主静，正是要人静定其心，自作主宰。程子又恐只管求靜，遂與事物不交涉，故說「敬」字。又曰：若把虛靜喚作敬，則恐入釋老去。

學者先務，固在心志，然有謂欲屏去聞見知思，則是「絶聖棄智」。有欲屏去思慮，患其紛亂，則須坐禪入定。如明鑑在此，萬物畢照，是鑑之常，難爲使之不照。人心不能不交感萬物，難爲使之不思慮。此一節總以見思慮不能無之意。「絶聖棄知」，見老子道德經上篇。「坐禪入定」，見佛書。若欲免此，惟是心有主。如何爲主？敬而已矣。有主則虛，虛謂邪不能入；無主則實，實謂物來奪之。此一節所以示學者以有思慮而不至於紛亂之道也。或問：程子言「有主則實」，此又言「有主則虛」，何也？朱子曰：此只是有主於中，外邪不能入。自其有主於中言之，則謂之實；自其外邪不入言之，則謂之虛。又曰：「有主則實」指理而言，「無主則實」指私欲而言。大凡人心不可二用，用於一事，則他事更不能入者，事爲之主也。事爲之主，尚無思慮紛擾之患，若主於敬，又焉有此患乎？焉，於虔反。○此又以常情言之，見心之不可無主，以明上文「有主則虛」、「邪不能入」之意。心用於一事，他事更不能入，凡人類然。但若心在此事，或爲此事所牽擾，便無復湛然虛明之體，此又不可以不審耳。○朱子曰：或謂主一、主事不同，恐亦未然。蓋無事則湛然安靜而不鶩於動，有事則隨事應變而不及乎他，是所謂主事者乃所以爲主一者也。若有所係戀，則必有事已過而心未忘，身在此而心在彼者，與主一無適非但不同，直是相反。愚按，朱子謂主事即所以爲主一，與程子說小異。蓋程子從常情之主事言之，則主事與主一有別；朱子直就主事之正理言之，則主事即所以爲主一。二説雖異，而其實相發明也。所謂敬者，主一之謂敬；所謂一者，無適之謂一。且欲涵泳主一之義，不一則二三矣。至於不敢欺，不敢慢，「尚不愧於屋漏」，皆是敬之事也。此節釋「敬」字之義，以及其事也。「不敢欺」、「不敢慢」，以內而言；「不愧」「屋漏」，又兼內外而言之也。朱子曰：無適者，持守得定，不馳騖走作之意耳。無適即是主一，主一即是敬，非無適之外別有主一，主一之外又別有敬也。問：應此事未畢，復有一事至，則當何如？曰：須是一事畢，又理會一事，亦無雜然而應之理。但甚不得已，則權其輕重可也。陳北溪曰：無事時心常在這裏不走作，固是主一；有事時心主著這箇事，更不把別箇事來參插，也是主一。○真西山曰：周子「主靜」之言，程子「主一」之訓，皆其爲人最切者也，而朱子又丁寧反覆之。學者誠於是而知勉焉，戒於思慮之未萌，謹於事物之既接，無少間斷，則德全而欲泯矣。

嚴威儼恪，非敬之道，但致敬須自此入。朱子曰：整齊嚴肅，亦是如此。

「舜孳孳爲善」，若未接物，如何爲善？只是主於敬，便是爲善也。以此觀之，聖人之道，不是但默然無言。主於敬則惡念無從而入，故曰「便是爲善」。朱子曰：程子「未接物」時之論，尤能發明孟子言外之意，學者所當深念也。然程子又嘗言：「不獨財利之利，凡有利心便不可。如作一事須求自家穩便處，皆利心也。」如此則善利之間，相去毫髮，苟辨不明，其不反以利爲善者鮮矣。此大學之道所以雖以「誠意正心」爲重，而必以「致知格物」爲先也。

問：人之燕居，形體怠惰，心不慢者，可否？遺書「慢」下無「者」字。曰：安有箕踞而心不慢者？昔呂與叔六月中來緱氏，閒居中某嘗窺之，必見其儼然危坐，可謂敦篤矣。學者須恭敬，但不可令拘迫，拘迫則難久也。踞，居御反。緱，居侯反。閒，音閑。「敦」下，楊本無「篤」字。「久」下，一本無「也」字。也，遺書作「矣」。○箕踞，申兩足，以手據膝，形如箕也。漢書張耳傳作「箕倨」，曲禮：「坐毋箕。」緱氏，宋縣名，屬河南府，熙寧五年省偃師入緱氏，八年復置偃師縣，省緱氏爲鎮。尹和靖曰：嘗親聞此，乃謂劉質夫也。○薛敬軒曰：古人衣冠偉博，皆所以莊其外而肅其内也。後人服一切簡便短窄之衣，起居動静惟務安適，所以流爲輕佻浮薄，不可救藥也。

思慮雖多，果出於正，亦無害否？伊川曰：且如在宗廟則主敬，朝廷主莊，軍旅主嚴，此是也。如發不以時，紛然無度，雖正亦邪。呂與叔患思慮紛擾，程子告以主於敬則自然不紛擾。因又以此爲問，而程子語之如此。敬以事言，莊以容言，嚴以法言，三者亦非截然分屬，蓋程子特各就其重者言之耳。

蘇季明問：喜怒哀樂未發之前求中，可否？蘇季明，名昞，武功人，亦横渠門人，而卒業於程氏者。元祐末，呂進伯薦其德性純茂，强學篤志，自布衣召爲博士，後坐上書邪黨，竄鄱陽。曰：不可。既思於喜怒哀樂未發之前求之，又却是思也。既思即是已發，【本註】思與喜怒哀樂一般。纔發便謂之和，不可謂之中也。樂，音洛。○朱子曰：程子「纔思即是已發」一語，能發明子思言外之意。蓋言不待喜怒哀樂之發，但有所思即是已發。此意已極精微，説到未發界，至十分盡頭，不可以有加矣。又問：呂學士言當求於喜怒哀樂未發之前，如何？呂學士，謂與叔。但按與叔於元祐中爲太學博士、秘書省正字，未嘗爲學士，疑「學」字乃「博」字之訛，今中庸輯略作「博士」。曰：若言存養於喜怒哀樂未發之前則可，若言求中於喜怒哀樂未發之前則不可。胡敬齋曰：學者做工夫不可太過，太過反成助長，如與叔所謂「求見未發之中，執而弗失」，亦是太過處。雖横渠不免此病，如曰「不舍其虚明善應之體」之類是也。○羅豫章令李延平静坐中看喜怒哀樂未發時作何氣象，李先生謂：「此意不惟於進學有力，亦是養心之要。」陸氏曰：朱子言敬每云「略綽提撕」，蓋惟恐學者下手過重，不免急迫之病，故于延平「觀喜怒哀樂未發」一語，雖悔其始之辜負而服膺之，然於「觀」之一字則到底不敢徇見。於答劉淳叟諸書至觀心説一篇，極言「觀」之病。雖指佛氏而言，而延平之言不能無病，亦在其中。此用力於敬者所不可不知也。又問：學者於喜怒哀樂發時，固當勉强裁抑，於未發之前，當如何用功？曰：於喜怒哀樂未發之前，更怎生求？只平日涵養便是。涵養久，則喜怒哀樂發自中節。强，區兩反。中，去聲。○問：未發時當以理義涵養？朱子曰：未發時著理義不得，才知有理有義便是已發。當此時，有理義之原，未有義理條件，只一箇主宰嚴肅，便是涵養工夫。曰：當中之時，耳無聞，目無見否？曰：雖耳無聞，目無見，然見聞之理在始得。朱子曰：程子「耳無聞，目無見」之答，以下文「若無事時，須見須聞」之説參之，其誤必矣。蓋未發之時，但爲未有喜怒哀樂之偏耳。若其目之有見，耳之有聞，則當愈益精明而不可亂，豈若心不在焉，而遂廢耳目之用哉？賢且說靜時如何？曰：謂之無物則不可，然自有知覺處。朱子曰：「無物」字，恐當作「有物」字。愚按，粹言作「有物」。曰：既有知覺，却是動也，怎生言靜？朱子曰：此語恐説得太過。若云知寒覺暖，便是知覺已動。今未曾著於事物，但有知覺在，何妨其爲靜？不成靜坐便只是瞌睡也！人說「復其見天地之心」，皆以謂至靜能見天地之心，非也。復之卦下面一畫便是動也，安得謂之靜？此承上「既有知覺」、「怎生言靜」之意而言，非以徵喜怒哀樂未發至靜之時也。朱子乃謂于易卦當爲純坤，不爲無陽之象，而不得以復之一陽已動爲比。蓋誤以此爲言喜怒哀樂之未發故耳。

或曰：莫是於動上求靜否？曰：固是，然最難。釋氏多言定，聖人便言止。所謂止，如「爲人君止於仁，爲人臣止於敬」之類是也。易之艮言止之義曰：「艮其止，止其所也。」人多不能止，蓋人萬物皆備，遇事時，各因其心之所重者更互而出。纔見得這事重，便有這事出。若能物各付物，便自不出來也。「便言止」下，近本無「所謂止」三字，今照遺書及宋本增。○釋氏，爲釋迦之教者。定，即前所謂坐禪入定是也。萬物，如喜怒哀樂之類皆是。更互而出，如或喜或怒或哀或樂是也。蓋人萬物皆備，無所偏倚，隨感而應，各當其可，便是止其所也。若心有偏重，則因物而遷，所以人多不能止也。○朱子曰：止於仁敬者，靜也；欲止於仁與敬者，便是動。一動一靜，循環無端。

或曰：先生於喜怒哀樂未發之前，下動字，下靜字？曰：謂之靜則可，然靜中須有物始得。

這裏便是難處。學者莫若且先理會得敬，能敬則知此矣。問：靜中有物者何？朱子曰：只太極也。又曰：此即坤中不能無陽，到動處却是復，只將十二卦排，便見。○朱子曰：未發之時，必有事焉，是乃所謂靜中之知覺，復之所以見天地之心也。及其已發，隨事觀省，是則所謂動上求靜，艮之所以止其所也。持敬之功，則貫乎動靜之間，而學者不可有須臾之間斷者也。或曰：敬何以用功？曰：莫若主一。季明曰：昞嘗患思慮不定，或思一事未了，他事如麻又生，如何？曰：不可，此不誠之本也。須是習，習能專一時便好。不拘思慮與應事，皆要求一。「昞」同「炳」，亦作「昺」，必井反。○麻，謂苧麻也。陸璣草木疏云：「苧，一科數十莖，宿根在土中，至春自生，不須栽種，一歲三刈。」故以爲心亂之喻。其餘如苘麻、大麻之類，則須種乃生，又一科一莖，一歲一刈，便不得爲心亂之喻矣。○朱子曰：修養家，無者硬想成有；參禪家，有者硬想成無。亦是專一方有功，然彼所爲却難。今以人所固有之理而自求之，却甚順而易。○朱子曰：此條是聽他人之問，而從旁竊記，非惟未了答者之意，亦未悉問者之情，故其謬誤最多，讀者詳之。

人於夢寐間，亦可以卜自家所學之淺深。如夢寐顛倒，即是心志不定，操存不固。此下二條皆答劉安節之問也。

問：人心所繫著之事果善，夜夢見之，莫不害否？曰：雖是善事，心亦是動。凡事有朕兆入夢者却無害，舍此皆是妄動。按周禮春官占夢：一正夢，二噩夢，三思夢，四寤夢，五喜夢，六懼夢。心所系著而夢，周禮「噩夢」以下皆是，即樂廣所謂「想」也。惟有「眹兆入夢」者，周禮所謂「正夢」，樂廣所謂「因」也。程子特從而論其得失如此。○朱子曰：聖人無所不用其敬。觀周禮，夢亦有官掌之可見。愚每夢見故舊親戚，次日若不見其人，亦必接其書信，或人説及。如此等便是正夢。又曰：「吾不復夢見周公」，自是箇徵兆如此。蓋聖人志慮未衰，天意猶有運轉，故遂夢見周公，非以思慮也。要之聖人精神血氣與時運相爲流通。楊泳齋曰：如高宗夢得傅説，則自信而不疑，營求於野而果得之。常人心志不定，雖有夢而不敢自信也。

人心須要定，使他思時方思乃是。今人都由心。曰：心誰使之？曰：以心使心則可。人心自由，便放去也。今人都由心，謂心無所主宰也。「以心使心」句，所以明使他思時方思之意。「人心自由」以下，所以明今人都由心之意。問：「以心使心」句有病否？朱子曰：無病，其意只欲此心有所主宰。陳安卿曰：上「心」字即是道心，專以理義言之也；下「心」字即是人心，而以形氣言之也。「以心使心」，則是道心爲一身之主，而人心其聽命也。亦通。

「持其志，無暴其氣」，内外交相養也。說見孟子。心之所之，謂之志。心有所之，當敬謹操持，不可妄有向往。「無暴其氣」者，如一語言，一步趨，安詳和緩，以至喜怒有節之類皆是。志不持，則無以養其氣；而氣不養，則雖欲持其志，不可得也。故曰「内外交相養也」。愚按，「敬以直内」，則志自持矣；「義以方外」，則氣無暴矣。

問：「出辭氣」，莫是於言語上用工夫否？曰：須是養乎中，自然言語順理。若是慎言語，不妄發，此却可著力。論語：「曾子曰：『出辭氣，斯遠鄙倍矣。』」却可著力，言猶可勉强也。惟養乎中，使自然順理，乃爲難耳。

先生謂繹曰：吾受氣甚薄，三十而浸盛，四十五十而後完。今生七十二年矣，校其筋骨，於盛年無損也。繹曰：先生豈以受氣之薄，而厚爲保生邪？夫子默然，曰：吾以忘生徇欲爲深恥。挍、校通。○張南軒曰：若他人養生要康强只是利，伊川説出來純是天理。○以上並伊川語。

大率把捉不定，皆是不仁。外書。下同。○皆是不仁，原所以把捉不定之故也。朱子曰：人心本湛然虚定，私欲奪之，而動摇紛擾矣。然則把捉得定，其惟篤於持敬乎？

伊川先生曰：致知在所養，養知莫過於「寡欲」二字。朱子曰：欲寡則無紛擾之雜，而知愈以明；無變遷之患，而得愈以固。故欲養其知者，當思有以寡其欲也。問：既致知後，如此養否？曰：此不分先後。未知而不養，固無以致知；既知而失其所養，則知亦不能以無失矣。

心定者，其言重以舒；不定者，其言輕以疾。朱子曰：言發於心，心定則言必審，故的確而舒遲；不定則内必紛擾，有不待思而發，故淺易而急迫。此亦氣動志之一驗也。

明道先生曰：人有四百四病，皆不由自家，則是心須教由自家。四百四病者，地、水、火、風四者各有一百一病，合之爲四百四病也。説見佛書。要看「須教」二字，言當操而存之，不可聽其出入也。

謝顯道從明道先生於扶溝。明道一日謂之曰：爾輩在此相從，只是學顥言語，故其學心口不相應，盍若行之？請問焉，曰：且靜坐。伊川每見人靜坐，便歎其善學。扶溝，縣名，宋屬開封府。時明道知扶溝縣，故其門人多於此相從也。朱子曰：亦是程子見人多閒雜思慮，故教之收拾此心耳。然終是小偏。蓋道理自有動時、有靜時，學者不可不專于靜處求。伊川謂「只用敬，不用靜」，便説得平。亦是伊川經歴多，故見得如此。又曰：方無事時敬於自持，及應事時敬於應事，讀書時敬於讀書，便自然該貫動靜，心無時不存。

横渠先生曰：始學之要，當知「三月不違」與「日月至焉」内外賓主之辨，使心意勉勉循循而不能已，過此幾非在我者。文集。○説見論語。勉勉，工夫不間斷也；循循，有次序貌。朱子曰：「三月不違」者，心常在内，雖間或有出時，然終是在外不穩，纔出便入，蓋心安於内，所以爲主。「日月至焉」者，心常在外，雖間或有入時，然終是在内不安，纔入便出，蓋安心於外，所以爲實。此無他，知有致未致，意有誠未誠也。問：過此幾非在我者。曰：此只説循循勉勉，自然住不得。但此關難過，才過得，則所謂欲罷不能，如水漲船行，更無著力處。

心清時少，亂時常多。其清時視明聽聰，四體不待羈束，而自然恭謹。其亂時反是。如此何也？蓋用心未熟，客慮多而常心少也，習俗之心未去，而實心未完也。宋本與下分作二條，但按下文「人又要得剛」句，則此與下本是相承説，自不得分爲二，今從近本併之。○朱子曰：客慮是泛泛思慮。習俗之心是從來習染偏勝之心。實心是義理之心。又曰：橫渠大段用功夫來，説得更精切。學者固未免有散緩時，但才覺得收斂，漸漸做去，但得收斂時多，散緩時少，便是長進處。人又要得剛，太柔則入於不立。亦有人生無喜怒者，則又要得剛，剛則守得定不回，進道勇敢。載則比他人自是勇處多。語録。下同。○此承上節而言。雖用心漸熟，必要剛而後可以有爲也。不立，如爲外物所動皆是，而喜怒爲甚。故下接言亦有無喜怒者，如劉寬、牛弘之類。終身不見其有喜愠之色，而卒不能有所作爲，故曰「又要得剛」。蓋入於不立，則守不定而回，惟剛則守得定而不回矣。無喜怒者，或苦於進道之不勇，而剛則進道勇敢矣。末句勇即剛也，兼不回、勇敢而言。變文言勇者，固張子不敢以剛自居之意，亦以發用處言也。○朱子曰：剛雖未必中道，然終是有筋骨。孔門曾子便過於剛，與孟子相似。世衰道微，人欲橫流，若非剛介有筋骨，人定立不住。又曰：橫渠作正蒙時，或夜裏默坐徹曉。他直是如此勇，方做得。

戲謔不惟害事，志亦爲氣所流。不戲謔亦是持氣之一端。朱子曰：橫渠學力絶人，尤勇於改過，獨以戲謔爲無傷。一日，忽曰：「凡人之過，猶有出於不知而爲之者。至戲謔則皆有心爲之，其爲害尤甚。」遂作東銘。

正心之始，當以己心爲嚴師。凡所動作，則知所懼。如此一二年，守得牢固，則自然心正矣。朱子曰：持守之要，固貴此心常自在整頓，然學未講，理未明，亦有錯認人欲作天理者，又不可以不察也。

定然後始有光明。若常移易不定，何求光明？易大抵以艮爲止，止乃光明。故大學「定」而至於「能慮」。人心多則無由光明。易説。下同。○大畜彖曰：「能止健，大正也。」朱子曰：凡人胸次煩擾，則愈見昏昧；中有定止，則自然光明。莊子所謂「泰宇定而天光發」也。愚按，學者見理不明，則不知所止，故無以有定而光明。此大學言「止於至善」，所以必以知止爲先也。

「動靜不失其時，其道光明。」學者必時其動靜，則其道乃不蔽昧而明白。「動靜不失其時」二句，艮彖傳文也。「學者」以下，乃張子所釋彖傳之意。今人從學之久，不見進長，正以莫識動靜。見他人擾擾，非關己事，而所修亦廢。由聖學觀之，冥冥悠悠，以是終身，謂之「光明」可乎？長，張丈反。○此一節言今之學者不能時其動靜之病。從學，謂人之從己爲學者也。見他人擾擾，初非關己之事也，而己亦爲其所動，不能存誠養志以至於光明，故曰「所修亦廢」。此所以必「行其庭，不見其人」，而後可以止也。○朱子曰：學問臨事不得力，固是靜中欠却工夫，然欲舍動求靜，又無此理。蓋人之身心動靜，二者循環反覆，無時不然，但常存此心，勿令放失，則隨動隨靜，無時不是用力處矣。

敦篤虛靜者，仁之本。仁之本，言是乃爲仁之本也。不輕妄，則是敦厚也；無所繫閡昏塞，則是虚靜也。此難以頓悟，苟知之，須久於道實體之，方知其味。夫仁亦在乎熟之而已。閡、礙同。○孟子説。○閡，隔礙也。「不輕妄」四句，明「敦篤虚靜」四字之意。「此難以頓悟」以下，乃申明「敦篤虚靜」所以爲爲仁之本也。蓋「不輕妄」、「無所系閡昏塞」之爲「敦篤虚靜」，人猶或知之。而「敦篤虚靜」之所以爲爲仁之本，則非久於其道，實有以體驗之於心，不能知也。張子引而不發，亦欲學者深思而自得之耳。○以上並横渠語。

## 校勘記

〔一〕心纔虚便明　「纔」，文津閣本作「一」。

〔二〕是止於其所當止之所　「其」字原脱，據文津閣本補。

# 近思録集註卷五

## 省察克治

性無不善，而情之動則有不善，故當省察而克治之。而情不外喜怒哀樂愛惡欲。其存之身也，不外視聽言動。而七情之發稍不中節便是過，視聽言動稍不自檢便有過。而其中有氣質之偏，有物欲之蔽。反其偏，開其蔽，以復其本然之善，則此卷最爲切要。凡四十二條。按語類，此卷作「改過遷善，克己復禮」。

濂溪先生曰：君子乾乾不息於誠，然必懲忿窒慾、遷善改過而後至。乾之用，其善是，損、益之大莫是過，聖人之旨深哉！朱子曰：「其」字難通，疑當作「莫」字。今從之。○朱子曰：乾乾不息於誠，便是修德之事。懲忿窒慾是損卦大象，遷善改過是益卦大象。修德者必須如此，而後能至於成德。又曰：是者，指去惡進善而言。蓋乾之體乾乾不息，而其用則莫善於去惡進善也。損、益二卦大義亦莫過於此，聖人作易之旨意深矣！○朱子曰：學者於日用應接思慮隱微之間一一加察，其善端之發慊於吾心，而合于聖賢之言，則勉勵而力行之；其邪志之萌愧於吾心，而戾于聖賢之訓，則果決而速去之。總不使有頃刻悠悠意態，則爲學之本立矣。「吉凶悔吝」生乎動。噫，吉一而已，動可不慎乎！通書。○「吉凶悔吝」句，見易繫辭下傳。朱子曰：四者，一善而三惡，故人之所值，福常少而禍常多，不可不謹。問：上文所言皆自修之事，此忽言動何也？曰：所謂懲忿窒慾，遷善改過，皆動上有此等過失。須于方動之時審之，則無凶悔吝。周子所以再言動也。

濂溪先生曰：孟子曰：「養心莫善於寡欲。」予謂養心不止於寡而存耳。蓋寡焉以至於無，無則誠立明通。誠立，賢也；明通，聖也。遺文。○見與張宗範養心亭説。朱子曰：誠立謂實體安固，明通則實用流行。立如「三十而立」之立，通則「不惑」、「知命」而鄉乎「耳順」矣。○仇氏曰：孟子言寡欲，從初學言之也；周子言無欲，從成德言之也。葉氏不察，以孟子指欲之不可無者，故只云寡；周子指欲之不可有者，故必言無。殊不知聲色貨利，人心不可有之欲，正由耳目口鼻，人心不可無之欲，不能節制，以至於此也。其爲欲無有二也。孟子亦正欲漸次克治，歸於無欲而後已，非謂欲不可無，但可寡也。黄勉齋曰：寡欲固善矣，然非真知夫天理人欲之分，則何以施其克治之功哉？故格物致知，人所以爲寡欲之要，學者之所當察也。

伊川先生曰：顔淵問克己復禮之目，夫子曰：「非禮勿視，非禮勿聽，非禮勿言，非禮勿動。」四者身之用也，由乎中而應乎外，制於外所以養其中也。朱子曰：由中應外，是推本視聽言動四者，皆由中而出。蓋泛言其理如此耳，非謂從裏面做工夫也。制外養中，方是說做工夫處。問：克己工夫在內，此言「制於外」，何也？曰：制却在內。又問：此但說仁之體，而不及用。曰：制於外，便是用。顔淵請事斯語，所以進於聖人。後之學聖人者，宜服膺而勿失也。因箴以自警。「箴」與「鍼」通，俗作「針」。○箴以鐵爲之，所以治病者也，故有所警戒，以自治其病者，謂之箴。「服膺勿失」，說見中庸。以上二節言所以作箴由也，乃四箴之序。問：明知其不當視而自接乎目，明知其不當聽而自接乎耳，則將如何？朱子曰：視與見異，聽與聞異。非禮之色雖過乎目，在我不可有視之之心；非禮之聲雖過乎耳，在我不可有聽之之心。

視箴曰：「心兮本虛，應物無迹。操之有要，視爲之則。蔽交於前，其中則遷。制之於外，以安其內。克己復禮，久而誠矣。」內，叶奴大切。矣，叶於禮切。○陳氏曰：心之體本自虛明，而其用則隨物而應，無有形迹也。操而存之之要，以視爲準則而已。蓋物欲之蔽交接於前，則心隨之以遷，故必制之於外，使凡有非禮者不得以接於吾目，而此心虛明之體自安而無所摇矣。如是，乃所以「克己」而「復禮」也。至於用力之久，無有間斷，則自然誠實，不待勉强，乃所謂仁也。輔慶源曰：人之視最在先，遇不當視者，才起一念要視他，便是非禮，故當以視爲操心之則。薛氏曰：所謂蔽者，非只謂非禮之色，凡見一切可好之物，目逐之而動者，皆是。問：「制之於外，以安其內」，却似與「克伐怨欲不行」相似。朱子曰：克己工夫其初亦須着禁制始得，到純熟後，私意自漸消磨去矣。〇愚按，首二句以心之本然者而言，「蔽交於前」二句則物欲累之而失其本然也。「制之於外」句以功之當然者而言，「久而誠」句則功夫之盡而各得其所當然也。制之於外，謂非禮勿視也；內，指仁而言。蔡氏曰：始而克復有以用吾力，久而誠，則私欲淨盡，表裏一貫，自無所容其力矣。聽箴曰：「人有秉彝，本乎天性。知誘物化，遂亡其正。卓彼先覺，知止有定。閑邪存誠，非禮勿聽。」「知誘物化」，本樂記「知誘於外」、「物至而人化物」語。沈誠庵曰：「人有秉彝」二句，是大概說。「知」字方從聽上來，蓋聲一入於耳，則吾心之知遂爲所誘，而與物俱化矣。「亡其正」者，亡其秉彝之天性也。知止有定，聲來自覺善惡，此心作得主宰，不能誘之也。〇朱子曰：視是將這裏底引將去，所以云「以安其內」；聽是聽得外面底來，所以云「閑邪存誠」。又曰：物至則智足以知之而有好惡，這是自然如此。到好惡無節於內，知誘於外，方始不好去。胡雲峰曰：眼在前，不正之色只是前一面來，故云「蔽交於前，其中則遷」；耳在兩旁，不正之聲左右前後皆可來，故曰「知誘物化，遂亡其正」。目之明在外，故當「制之於外，以安其內」；耳之聰在內，故惟在內者「知止有定」乃可耳。言箴曰：「人心之動，因言以宣。發禁躁妄，內斯靜專。矧是樞機，興戎出好。吉凶榮辱，惟其所召。傷易則誕，傷煩則支。己肆物忤，出悖來違。非法不道，欽哉訓辭。」好，如字，葉，去聲。易、道，並去聲。〇宣，布也。發，發言也。矧，況也。樞，户樞。機，弩牙。户之闔闢由於樞，弩之張弛由於機，人之吉凶榮辱由於言，故以爲比，易繫辭上傳所謂「言行，君子之樞機」是也。戎，兵也。

好，善也。「惟口出好興戎」，見書大禹謨篇。道，言也。非法不道，見孝經卿大夫孝章。訓辭，即指「非法不道」句而言。○朱子曰：「人心之動」八句，是就身上謹；「傷易則誕」四句，是當謹於接物間。都説得周遍。輔氏曰：躁屬氣，妄屬欲。不爲氣所動，故靜；不爲欲所分，故專。沈誠庵曰：易煩之病在己，故支誕以損其德；肆悖之病及人，故違忤以反乎己。呂涇野曰：如在官言官，在朝言朝，或言及之而不言，言未及之而言，未見顔色而言，皆是非禮處。推此類可見。胡雲峰曰：易是輕言，煩是多言，肆是放言，悖則純乎不善矣。朱子以爲是四項病，而諸家只解歸「躁」、「妄」二字，非矣。動箴曰：「哲人知幾，誠之於思。志士厲行，守之於爲。順理則裕，從欲惟危。造次克念，戰兢自持。習與性成，聖賢同歸。」行，去聲。○文集。○幾，猶「幾善惡」之幾。惟哲人有以知之，而念慮所動必一於善，而無有不實也。若志士，則當於其行而厲之，而凡有所動作必一於善，而無敢有失也。克，能也。克念，書多方篇所謂「惟狂克念作聖」也。戰兢，詩小旻篇所謂「戰戰兢兢」也。戰戰，恐懼；兢兢，戒謹。「克念」、「戰兢」並承「造次」言，言雖造次之頃，而克念戰兢不敢有忽也。克念以誠於思言，戰兢自持以守於爲言。聖，性之也，謂哲人；賢，習之也，謂志士。及其成功一也，故曰「同歸」。○朱子曰：哲人只于思慮間便見得當爲與不當爲，志士須于事爲已著方見得。又曰：思是動之微，爲是動之著，便該動之精麤。蓋思於内，不可不誠；爲於外，不可不守。又曰：「順理則裕」二語，是最緊要處，此是生死路頭。陳氏曰：循大理之公，則無餒於中，故裕；逐人欲之私，則易陷於下，故危。愚按，非禮不動便是順理，從欲則非禮而動矣。禮者，理而已。「從欲惟危」以上，見動之不可不謹也。「造次克念」二語，乃爲學者言所以存理遏欲工夫也。克念則動於心者無不實，戰兢則動於身者無不謹，内外交致其力也。陳定宇曰：商書曰：「兹乃不義，習與性成。」此伊尹之言，本謂習於惡而與性成者。程子引用此句，則言習於善而與性成者。此「性」字蓋以氣質之性言，與上文「本乎天性」之性不同。

復之初九曰：「不遠復，无祇悔，元吉。」傳曰：陽，君子之道，故復爲反善之義。初，復之最先者也，是不遠而復也。明道曰：「祇」與「底」通用，至也。俞氏曰：初居震動之始，方動即復，故曰「不遠而復」。失而後有復，不失則何復之有？惟失之不遠而復，則不至於悔，大善而吉也。惟聖人本非有失，自無有復，下此則不能以無失，但復之有遠近不同耳。失之而復，自不能無悔；惟未遠而復，故不至於悔，乃元吉也。○此以上明初爻所以爲復之不遠而不至於悔者也。顔子無形顯之過，夫子謂其庶幾，乃「无祇悔」也。過既未形而改，何悔之有？子曰：「顔氏之子，其殆庶幾乎？」見繫辭上傳。形顯，謂形之顯著也。敬軒薛氏曰：不善之端，不待應物而後見。如静中一念之薄即非仁，一念之貪即非義，一念之慢即非禮，一念之詐即非信。君子所以貴慎獨也。既未能不勉而中，所欲不踰矩，是有過也。然其明而剛，故一有不善，未嘗不知，既知，未嘗不遽改。故不至於悔，乃「不遠復」也。中，去聲。○此以上因繫辭上傳夫子之言而釋之，以見必如顔子之明且剛，而後能是有不遠之復也。○以上初九爻傳。學問之道無他也，惟其知不善，則速改以從善而已。易傳。下同。○知不善，明也；速改以從善，剛也。此三句，初九象傳。○尹起莘曰：仲虺善成湯之德，以「從諫弗咈，改過不吝」爲首稱。蓋過者，人所不免，惟能知之而速改之，乃其所以爲賢也。

晉之上九：「晉其角，維用伐邑，厲吉，无咎，貞吝。」傳曰：人之自治，剛極則守道愈固，進極則遷善愈速。如上九者，以之自治，則雖傷於厲，而吉且无咎也。嚴厲非安和之道，而於自治則有功也。治，平聲，下同。○角，剛而居上之物。上九以剛居卦之極，故取爲象。四方爲外，居邑爲内，伐邑以象内自治也。厲，嚴厲也。剛極，謂以陽居上也。進極，謂在晉之終也。○問：本義以爲伐邑，程傳以爲自治，如何？朱子曰：便是程傳多不肯説實事，皆以爲取喻耳。雖自治有功，然非中和之德，故於貞正之道爲可吝也。「於」，宋本作「所以」，今從易傳。朱子曰：吝不在克治，正以其克治之難，而言其合下有此吝耳。「貞吝」之義，只云貞固守此則吝，不應於此獨云于正道爲吝也。

損者，損過而就中，損浮末而就本實也。天下之害，無不由末之勝也。峻宇雕牆，本於宫室；酒池肉林，本於飲食；淫酷殘忍，本於刑罰；窮兵黷武，本於征討。凡人欲之過者，皆本於奉養，其流之遠，則爲害矣。先王制其本者，天理也；後人流於末者，人欲也。損之義，損人欲以復天理而已。損彖：「曷之用二簋，可用享。」○愚按，宫室飲食，固人生日用所不可無，而刑罰征討，亦國家治道所不可廢者。然其末流之過，至於窮奢極欲，任酷吏，好遠略，其害有不可勝言，如秦始、隋煬以此亡國殞身。然則天理人欲之間，其始甚微，其終則不可救，學者顧可以不謹乎？

夬九五曰：「莧陸夬夬，中行无咎。」象曰：「中行无咎，中未光也。」傳曰：夫人心正意誠，乃能極中正之道，而充實光輝。若心有所比，以義之不可而決之，雖行於外，不失其中正之義，可以無咎，然於中道未得爲光大也。蓋人心一有所欲，則離道矣。夫子於此，示人之意深矣。呂本爻象之詞在「則離道矣」下。「夬九五曰」，「夬」上有「故」字，下有「之」字。「夫子於此」二句，在末作結。無「傳曰」二字。莧，許戰反。比，音避。○莧陸，本義及程傳並云「今馬齒莧」，孔疏引馬融、鄭玄、王肅並云「一名商陸」，皆以莧陸爲一。唯董氏分爲二，而朱子發因之。然語類亦有「莧者，馬齒莧。陸者，章陸，一名商陸」之説，未詳孰是。本草謂「其根至蔓，雖盡取之，而旁根復生」，蓋其類難絶，故取爲象。九五切近上六之陰，昵於小人者深，故曰「心有所比」。然爲決之主，其義不可以不決，故曰「以義之不可而決之」。又九五陽剛，其力尚足以決，而居中處正，又不爲過暴，故所行猶不失中正之義。有欲，指「心有所比」而言，所以未得爲光大也。如宋神宗以人言而罷王安石，不久復用，正坐此病。○有所比則心不正，以義之不可而勉强決之則意不誠。朱子曰：事雖正而意潛有所系吝，荀子所謂「偷則自行」，佛家所謂「流注不斷」，皆意不誠之本也。

方説而止，節之義也。節象傳。兑下坎上爲節。兑，説也。坎，險也。説則欲進，而有險在前，則不能進，故有止節之義。

節之九二，不正之節也。以剛中正爲節，如懲忿窒欲，損過抑有餘是也。不正之節，如嗇節於用、懦節於行是也。九二以剛居柔，在節卦是爲不正之節也。剛中正，謂九五也。「嗇節於用」二者，程子亦偶舉以見意耳。他如待人之節而失之薄、處己之節而失之固皆是。

人而無克、伐、怨、欲，惟仁者能之。有之而能制其情不行焉，斯亦難能也，謂之仁則未可也。此原憲之問，夫子答以知其爲難，而不知其爲仁。此聖人開示之深也。「爲仁」下，宋本有「也」字。○經説。○説見論語。朱子曰：克己者從根源斬截，更不復萌。不行者但禁制之，使不行於外耳，若其本則著於心而未能去也。又曰：學者見有不善處便須剗去，若只是遏之使不行，此根常留在裏，使不得。饒氏曰：拔去病根，其道有二：平時莊敬涵養，此積漸消磨法也；臨事省察克治，此勇猛決去法也。

明道先生曰：義理與客氣常相勝，只看消長分數多少，爲君子小人之别。義理所得漸多，則自然知得客氣消散得漸少，消盡者是大賢。長，張丈反。分，音問。别，必列反。○遺書。下同。○客氣者，血氣也，以其非心性之本然，故曰客氣。知得客氣，知字要體認，蓋義理所得漸多，則志氣清明，稍有客氣，便自知覺，不爲所用事矣。○朱子曰：初學者只要牢劄定脚跟與他捱，捱得一毫去，則逐漸捱將去，此心莫退，終須有勝時。

或謂人莫不知和柔寬緩，然臨事則反至於暴厲。伊川曰：只是志不勝氣，氣反動其心也。按遺書當是伊川語，舊本作「明道」，誤。

人不能祛思慮，只是吝，吝故無浩然之氣。祛，丘於反，毆同，從「示」，與從「衣」者別。○祛，攘却也。不能祛思慮是病，吝乃其致病之本也。吝則心胸狹隘，私意纏擾，故無浩然之氣。

治怒爲難，治懼亦難。克己可以治怒，明理可以治懼。氣剛而不能以自制，則易怒；氣柔而不能以自勝，則多懼。惟克己則意氣自消，故可以治怒；明理則事至不惑，故可以治懼。

堯夫解「他山之石，可以攻玉」：玉者温潤之物，若將兩塊玉來相磨，必磨不成，須是得他箇粗礪底物，方磨得出。譬如君子與小人處，爲小人侵陵，則修省畏避，動心忍性，增益豫防，如此便道理出來。「來」下，宋本無「相」字。「箇」上，葉本無「他」字。按遺書有「相」字、「他」字。○堯夫，邵氏，名雍，河南人，後賜謚康節。「他山之石」二句，見詩小雅鶴鳴篇。此程子述邵氏之言如此。

目畏尖物，此事不得放過，便與克下。室中率置尖物，須以理勝他，尖必不刺人也，何畏之有？朱子曰：人有目畏尖物者，故明道教之以此。蓋習見既熟，則不復畏之矣。克己之功皆當如此。問：習在危階上行，亦此意否？曰：此却分明是危，只教習，使不怕。問：習得不怕，少間到危疑之際，心亦不動否？曰：是如此。愚按，遺書：「人有患心疾，見物皆獅子，伊川教之以見即直前捕執之，無物也。久之，疑疾遂愈。」與此可參看。

明道先生曰：責上責下，而中自恕己，豈可任職分？分，音問。○朱子曰：恕，本取義如心，謂如治己之心以治人，如愛己之心以愛人也。故但可施之於人，而不可以施之於己也。漢光武謂「郅惲善恕己量主」，范忠宣公亦謂「恕己則昏」。後世循習，因以寬貰爲義，非其解矣。愚謂，程子平日解「恕」字最分曉，此云「恕己」，疑紀録者之誤。專務責人而不知責己，則於自己職分必不能盡，故不可任以職分。

「舍己從人」，最爲難事。己者我之所有，雖痛舍之，猶懼守己者固，而從人者輕也。舍，並音捨。○「舍己從人」，説見書大禹謨及孟子。朱子曰：此程子爲學者言，若聖人分上則不如此也。「無適也，無莫也，義之與比」，曰「痛舍」則大段費力矣。

「九德」最好。皋陶曰：「亦行有九德：寬而栗，柔而立，願而恭，亂而敬，擾而毅，直而温，簡而廉，剛而塞，强而義。」見虞書皋陶謨篇。朱子曰：九德皆是論反氣質之意，只不曾破氣質耳。問：「而」下一字便是工夫否？曰：然。陳幾亭曰：寬、柔、願、擾是沈潛，下四者即剛克之法。亂、直、簡、剛、强是高明，下五者即柔克之法。陽數常勝，故陽五陰四。

飢食渴飲，冬裘夏葛，若致些私吝心在，便是廢天職。朱子曰：飲食衣服皆道之所在也，若便謂即此是道，則又與龐居士運水搬柴神通妙用同一般病痛。又曰：須看「著些私吝心」字。

獵，自謂今無此好。周茂叔曰：「何言之易也？但此心潛隱未發，一日萌動，復如前矣。」後十二年因見，果知未也。【本註】云：明道先生年十六七時好田獵。十二年暮歸，在田野間見田獵者，不覺有喜心。好，去聲。易，音異。復，扶又反。○見，謂見田獵者。未也，指不覺有喜心而言。○朱子曰：人當以此自檢點，須見得明道尚如此，則在我者當益加操守，不可以此自恕。

伊川先生曰：大抵人有身，便有自私之理，宜其與道難一。道者，純乎天理而不雜以人欲者也。有身則不能以無欲，欲動情勝而去道也遠矣。愚按，私即身，而具非從外至，所謂「雖上智，不能無人心」也。「理」字可玩，惟其爲理之自然，所以修之最難，稍不自檢，則流爲人欲矣。問：此爲理之自然，何也？曰：饑飽勞逸，身自知之，而於他人則不之知也；喜懼愛惡，身自知之，而於他人則不之知也。惟其如此，故有身便有自私之理，而與道難一。是以君子必盡己之心，而推以及物，庶幾心公理得而道可一也。

罪己責躬不可無，然亦不當長留在心胸爲悔。朱子曰：固不可常在胸中爲悔，然若竟説不悔，則今番做錯便休，明日做錯又休，不成説話。問：如何是酌中的道理？曰：不可不悔，但不可留滯。既做錯此事，他時更遇此事，或與此事相類，便須懲戒，不可再做錯也。

所欲不必沈溺。只有所向，便是欲。以上並伊川語。輔慶源曰：學者須是於欲有所向處便加克治，若待其張皇，則用力難矣。

明道先生曰：子路亦百世之師。【本註】云：人告之有過則喜。説見孟子。陳定宇曰：程子深贊子路，欲學者師之，以修身補過也。

人語言緊急，莫是氣不定否？曰：此亦當習，習到言語自然緩時，便是氣質變也。學至氣質變，方是有功。「到」下，吕本無「言語」字。「方」上，宋本無「變」字。疑脱去。

問：「不遷怒，不貳過」，何也？語録有怒甲不遷乙之説，是否？伊川先生曰：是。曰：若此則甚易，何待顔子而後能？曰：只被説得麤了，諸君便道易，此莫是最難，須是理會得因何不遷怒。易，並音異。○甲、乙，設爲彼此之辭也。古人於事理難明，或衆説紛紜者，往往假託甲乙丙丁。如韓非子「罪生甲，禍歸乙」，關尹子「甲言利，乙言害，丙言或利或害，丁言倶利倶害」是也。麤，謂不得其所以然而率口道之也。須看「因何」二字。○許魯齋曰：「不遷怒」，如何便到得？且自「忿思難」爲始。如舜之誅四凶，怒在四凶，舜何與焉？蓋因是人有可怒之事而怒之，聖人之心本無怒也。譬如明鏡，好物來時便見是好，惡物來時便見是惡，鏡何嘗有好惡也？與，音預。好、惡，並如字。○此以下皆反復明「不遷怒」之所以爲難也。世之人固有怒於室而色於市，且如怒一人，對那人説話能無怒色否？有能怒一人而不怒別人者，能忍得如此，已是煞知義理者。若聖人因物而未嘗有怒，此莫是甚難。「義理」下，吕本無「者」字，遺書同。○「怒於室」句，見春秋左傳令尹子瑕言蹶由於楚子之語。原文作「室於怒，市於色」，杜注謂「忿於室家，而作色於市人」也。韓策周最亦有此語，蓋當時方俗言也。君子役物，小人役於物。見人可喜可怒之事，自家著一分陪奉，此亦勞矣。聖人之心如止水。「見人」，從宋本。葉本、吕本並作「今見」，遺書作

「今人見有」。「奉」下，葉、呂本並有「他」字。○役，猶使也，用也。物，如喜怒之類皆是。見有可喜之事便爲喜所動，如屐齒之折是也；見有可怒之事便爲怒所動，如機杼之投是也。見可喜可怒之事而動，如追隨其後而奉承之，自家全不能作主宰，故曰陪奉。止水，言物來畢照，而水未嘗有物，以喻聖人因物而未嘗有怒也。○此又言常人之情與聖人所以不同者如此。朱子曰：明道謂「能於怒時遽忘其怒，而觀理之是非」，此爲學者理未甚明者言之耳。若顏子分上，不消如此說，只是見得理，自不遷不貳矣。

人之視最先，非禮而視，則所謂開目便錯了。次聽次言次動，有先後之序。說見論語。愚按，洪範以人生本然者而言，故先貌，次言，次視，次聽；夫子以日用當然者而言，故先視，次聽，次言，次動。猶易八卦方位之有先後天也。獨不言「思」者，蓋說一「非」字「勿」字，而「思」已立於其中，亦猶四端不言信之意。饒雙峰曰：視聽言動四者，橫渠東銘只云「戲言戲動」，却是二件，中庸「非禮不動」，又只是一件，詳略不同何也？蓋詳言之是四件，約言之只二件。所謂「言行，君子之樞機」是也。言是言，視聽屬動是行。又約言之者只是動，視是目之動，聽是耳之動，言是口之動，動是身之動，故中庸只說「非禮不動」。○或問：此亦與五行之數合乎？曰：眼主肝，屬木；金聲清亮，故聽屬金；言發於氣，屬火。朱子於書洪範篇已言之矣。唯動不言，要之水動物也，則動之屬水明矣。按五行傳以五事分屬木、金、火、水、土，其次第頗與此相符，蓋亦主相克而爲言。但如書六府水、火、金、木、土云云，皆自上克下。此乃倒相克，自下克上耳。蓋五行傳以貌屬木，言屬金，視屬火，聽屬水，則貌、言、視、聽、思，乃爲下克上也。

人能克己，則心廣體胖，仰不愧，俯不怍，其樂可知。有息則餒矣。外書。下同。

○朱子曰：此數語極有味。又曰：當初亦知是好語，謾録於此，今看來直是恁地好。尹和靖曰：克己唯在克其所好，便是下手處。然人未有不知所好處而能克之者，如好財即於財上克，好酒即於酒上克。今人只爲事事皆好，便没下手處，然須擇其偏好甚處先克也。

聖人責己感也處多，責人應也處少。處，上聲。言聖人責己之所以感之者，每處其多；而責人之所以應之者，常處其少。亦「躬自厚而薄責於人」之意。責己處多，則德愈修；責人處少，故人自服。

謝子與伊川先生别一年，往見之。伊川曰：「相别又一年，做得甚工夫？」謝曰：「也只去箇矜字。」曰：「何故？」曰：「子細檢點得來，病痛盡在這裏。若按伏得這箇罪過，方有向進處。」「相别」下，諸本無「又」字，今從遺書及宋本增。「矜」下，宋本無「字」字，遺書有。「仔細檢點得來」句、「病痛盡在這裏」句，姚本於「點」字句、「得來病痛」句，非。「進」下，宋本無「處」字。○胡文定公問：矜字罪過何故恁地大？謝曰：今人做事，只管要誇耀别人耳目，渾不關自家受用事。有底人食前方丈，便向人前吃，只蔬食菜羹，却去房裏吃，爲甚恁地？張氏曰：今人才有意爲學，即有一種抗顔爲人師之氣，威儀容貌已全不似學者。此當入「驕」字罪過，而不止如上蔡所云「矜」字也。如此則讀書説道理適以長傲而已，長傲必飾非，難以言學矣。伊川點頭，因語在坐同志者曰：「此人爲學，切問近思者也。」時朱公掞以諫官召，過洛見伊川。顯道在坐，公掞不語，程子指顯道謂之如此。

思叔詬詈僕夫，伊川曰：何不「動心忍性」？思叔慙謝。此馮忠恕所記尹氏語如此。

明道先生曰：「見賢」便「思齊」，有爲者亦若是。「見不賢而内自省」，蓋莫不在己。「者」下，宋本無「亦」字，遺書有。○此因論語夫子之言而發明之如此，以見學者當自勉也。薛敬軒曰：不獨見當時之人當如此，以至讀古人之書、見古人之賢者皆思齊，見古人之不賢者皆自省，則進善去惡之功益廣矣。

横渠先生曰：湛一氣之本；攻取氣之欲。口腹於飲食，鼻舌於臭味，皆攻取之性也。知德者屬厭而已，不以嗜欲累其心，不以小害大、末喪本焉耳。湛，床減反。「舌」，吕本作「口」。屬，之玉反。厭，於兼反，又如字。喪，去聲。○正蒙。下同。○「屬厭而已」，見左傳。屬，足也。朱子曰：湛一是未感物時湛然純一，此是氣之本。攻取，如目之欲色、耳之欲聲便是。問：攻取是攻取那物否？曰：然。○愚按，「口腹」三句，申明攻取氣之欲，亦以見人之所不能無也。「屬厭」二句，言君子不以口腹鼻舌之欲，而失其湛一之本然也。「不以小害大」二句，又申明所以「屬厭而已，不以嗜欲累其心」之故也。朱子曰：如孔子「失飪不食，不時不食」。不多食，無非天理。若貪口腹，不當食而食，便是人欲。

纖惡必除，善斯成性矣；察惡未盡，雖善必粗矣。纖，細也。成性，猶「習與性成」之意。惡不在大，自念慮之微，以至於一言一動之細，稍有未善處，即惡也。惡無纖而不除，則日用隱微無不一於善，而性之本善者斯以成矣。然雖纖惡必除，而苟察之有未盡，則雖其所作爲未嘗不出於善，而小過不及之間或未盡當焉，而不免有所粗矣。○朱子曰：「善斯成性」句有語病，似性本未善，必如此而後善成性也。

惡不仁，故不善未嘗不知。徒好仁而不惡不仁，則習不察，行不著。好、惡，並去聲，下同。○人能惡不仁，則省躬克己，惟恐有失，故「不善未嘗不知」。不然，則不仁之端，且有潛滋暗長於隱微之中而不自知者矣，故「習不察，行不著」。是故徒善未必盡義，徒是未必盡仁。好仁而惡不仁，然後盡仁義之道。此申明上節之意。善謂好仁也，好仁有善善之意，故以善言。義主於斷制，故必惡不仁，而後有以盡義，是謂惡不仁也。惡不仁得是非之正，故以是言。仁主于樂善，故必好仁，而後有以盡仁。

責己者當知無天下國家皆非之理。此君子所以貴反求諸己也。故學至於「不尤人」，學之至也。不尤人，則必能自反而愈修其德，故曰「學之至」。

有潛心於道，忽忽爲他慮引去者，此氣也。舊習纏繞，未能脱灑，畢竟無益，但樂於舊習耳。樂，音洛。○「潛心于道」者，義理之良心也。他慮，如出見紛華而悦之類。氣，即所謂客氣也。舊習，亦此氣之習熟者也。脱灑，脱然無系累也，猶言除去也。樂於舊習，言以此爲樂，雖明知其無益，而不能以除去也。是故古人欲得朋友與琴瑟簡編，常使心在於此。惟聖人知朋友之取益爲多，故樂朋友之來。「古人」上，近本無「是故」二字，今從宋本增。○論語説。○常使心在於此，則不爲他慮引去矣。

矯輕警惰。語録。下同。○輕則不能厚重以自持，惰則不能振作而有爲。二者爲學之大患，故必有以矯之警之，而後可以進於學。

「仁之難成久矣！人人失其所好。」蓋人人有利欲之心，與學正相背馳，故學者要寡欲。好，去聲。「欲」，或作「慾」。○首二句，禮表記篇，夫子之言。下三句，張子釋人之所以失其所好之故也。能好仁，則當其所好〔五〕，而仁可成矣。人皆反此，而失其所好，仁之所以難成也。蓋學莫大於求仁，而有利欲之心則不能矣，故曰「與學正相背馳」。陳氏曰：仁之難成，私欲間之也。私意行，則所好非其所當好矣。

君子不必避他人之言，以爲太柔太弱。至於瞻視亦有節，視有上下，視高則氣高，視下則心柔。故視國君者，不離紳帶之中。學者先須去其客氣。其爲人剛行，終不肯進。「堂堂乎張也，難與並爲仁矣。」去，上聲。行，音項。「視國君」「不離紳帶」者，如曲禮「天子視不上於袷，不下於帶，國君綏視，大夫衡視，士視五步」，及士相見禮「凡與大人言，始視面，中視抱，卒視面」之類皆是。張子蓋亦約略言之耳。客氣，説已見前。剛行，剛强貌。「堂堂乎張也」二句，見論語。不必避他人之言以爲柔弱者，蓋人多於此致病，故先以此破其疑也。張子於「畏人非笑」嘗再三言之，意可見矣。古之學者，言動舉止皆有節制，而視最易忽，故又抽出言之。玩「至於」字、「亦」字可見，見無在而可苟也。末又引曾子之言，以證爲人剛行終不肯進之意。蓋目者人之所常用，且心常託之，視之上下。且試之，己之敬傲，必見於視。所以欲下其視者，欲柔其心也。柔其心，則聽言敬且信。見，音現。〇此一節明「瞻視亦有節」之意。試之者，欲其反己自驗，而有以知其誠然也。人之有朋友，不爲燕安，所以輔佐其仁。今之朋友，擇其善柔以相與，拍肩執袂以爲氣合，一言不合，怒氣相加。朋友之際，欲其相下不倦，故於朋友之間，主其敬者，日相親與，得效最速。「不爲」之「爲」，去聲。下視柔心接物皆然，此又於其中抽出朋友言之。「今之朋友」五句，所以極言爲燕安而取友之病，以見非下視柔心不可之意。主敬又下視柔心之本也。仲尼嘗曰：「吾見其居於位也，與先生並行也，非求益者，欲速成者。」則學者先須温柔，温柔則可以進學。此又引夫子之言，以明當下視柔心之意。温柔則心虛志遜而可以進學，其不然者反是。詩曰：「温温恭人，惟德之基。」蓋其所益之多。詩大雅抑之篇。引此以見温柔之得益也。

世學不講，男女從幼便驕惰壞了，到長益凶狠。只爲未嘗爲子弟之事，則於其親，已有物我，不肯屈下。病根常在，又隨所居而長，至死只依舊。長，並張丈反，下同。「只爲」之「爲」，去聲，下「只爲」同。「子弟」，宋本作「弟子」。〇世學不講，謂今之世爲學之道不講也。子弟之事，如灑掃應對進退之類皆是。病根即驕惰也。爲子弟，則不能安灑掃應對；在朋友，則不能下朋友；有官長，則不能下官長；爲宰相，則不能下天下之賢。甚則至於徇私意，義理都喪，也只爲病根不去，隨所居所接而長。「有官長」下，宋本無「則」字。「宰相」下，呂本無「則」字。喪，去聲。

○此本上文之意而推言之，正見其病根隨所居而長也。居，居處，以地而言。接，交接，以人而言。人須一事事消了病，則義理常勝。此又結言克治之道。蓋義理常勝，則病根漸去，自不至隨所居所接而長矣。○上章言學者貴于柔順謙和，此又就不能柔順謙和者推其病根，以窮極其流弊也。

凡所當爲一事意不過，則推類如此善也；一事意得過以爲且休，則百事廢。此條近本無之，楊亦併前條失去，今照宋本增。○又采此條，以發上條末二句未盡之意。意不過，謂心有所未安也。爲一事而心有未安，則當以類而推，凡心之有所未安者，皆不可以苟爲也。事事如此，周詳審慎，自無有不善者矣。若以意所便安，不復求進，則天下之事皆視爲不甚經意而有所不爲矣，故曰「百事廢」。○以上並橫渠語。

## 校勘記

〔一〕則當其所好　「當」，文津閣本作「得」。

# 近思録集註卷六

## 齊家之道

此以下即大學「新民」之事也，而此卷則論齊家之道，於父子、兄弟、夫婦以至睦族、恤孤之道，無不具焉。凡二十二條。

伊川先生曰：弟子之職，力有餘則學文，不修其職而學，非爲己之學也。爲，去聲。○經說。○說見論語。此爲後世之教子弟以文者言之。文，凡詩、書、禮、樂、射、御、書、數皆是，亦非後世之所謂文也。然且必待力有餘而後學焉，則其教之先後緩急蓋可見矣。○愚按，弟子之職既修而不學文，則爲子爲弟之道必有所不明。而所以修弟子之職者，亦茍焉而已，又不可以不知也。

孟子曰：「事親若曾子，可也。」未嘗以曾子之孝爲有餘也。蓋子之身所能爲者，皆所當爲也。易傳。下同。○師九二傳。說見孟子。同氏曰：曾子嘗芸瓜作羹，家故貧窶，乃每食必有酒肉。又其父子性情各不相似，奉事甚難。且觀曾皙言志樂與人同，必呼群引類以爲常。兼其所與未必一一爲曾子之樂與〔一〕，而能先意承順，終身不變如此。此可以爲後世法矣。○輔氏曰：孟子只平説去，至程子方看得「可也」有深意。以此知讀書不可不熟讀玩味。

「幹母之蠱，不可貞。」子之於母，當以柔巽輔導之，使得於義。不順而致敗蠱，則子之罪也。蠱九二傳。「幹母之蠱，不可貞」，爻詞也。下則程子所以釋之者如此。九陽剛而二居下，上與六五爲應，是以陽剛之才在下而幹在上，陰柔之事，故取子幹母蠱爲義。二巽體而處柔，於順之義爲多。葉氏曰：人子事親當以承順爲主，而婦人柔暗，尤難以遽曉，苟爲矯拂，而反害其所治之事，則子之過也。從容將順，豈無道乎？若伸己剛陽之道，遽然矯拂則傷恩，所害大矣，亦安能入乎？在乎屈己下意，巽順將承，使之身正事治而已。剛陽之臣事柔弱之君，義亦相近。將承，從易傳，吕本作「相承」。○剛陽，謂九也。伸己剛陽之道，則是貞也，貞則矯拂而傷恩矣，以釋「不可貞」之義。屈己下意，謂下卦也。巽順將承，謂巽體也。末又從事親推廣言之。

蠱之九三，以陽處剛而不中，剛之過也，故小有悔。然在巽體，不爲無順。順，事親之本也，又居得正，故無大咎。然有小悔，已非善事親也。此上三條論事親之道。正倫理，篤恩義，家人之道也。家人卦傳。○或問：今欲正倫理，則有傷恩義；欲篤恩義，又有乖倫理。如何？朱子曰：須是於正倫理處篤恩義，篤恩義而不失倫理方可。新安陳氏曰：皋陶謨「惇叙九族」，惇者即此所謂「篤恩義」也〔二〕，叙者即此所謂「正倫理」也。「惇叙」二字盡齊家之道。

人之處家，在骨肉父子之間，大率以情勝禮，以恩奪義。惟剛立之人，則能不以私愛失其正理，故家人卦大要以剛爲善。家人六二傳。此指初、三、上三爻而言也。朱子曰：父母愛其子，正也。愛之無窮，而必欲其如何，則以私愛而失其正理矣。此天理人欲之關，正宜審慎。王巽卿曰：象傳謂「家人有嚴君焉，父母之謂也」。蓋父道固主乎嚴，母道尤不可以不嚴，猶國有尊嚴之君長也。無尊嚴則孝敬衰，無君長則法度廢。故家人一卦大要以剛嚴爲尚。○引此以足上條之意。

家人上九爻辭，謂治家當有威嚴，而夫子又復戒云，當先嚴其身也。威嚴不先行於己，則怨而不服。「身」下，宋本無「也」字。○上九象傳。此承上條而言，治家固貴剛立，而又必以正己爲先也。趙氏曰：爻於初言閑，三言嗃嗃，上言威。聖人慮後世以爲威嚴有餘而親睦不足，故特釋之，以反身見非嚴厲以爲威也。朱子發曰：威非外求，反之於身而已。後世不知此義，或身不正而尚威嚴，則父子相夷，愈不服矣，安得吉？○此上三條統論治家之道。王伯厚曰：謹獨者，齊家之本，故家人之吉在於反身。

歸妹九二，守其幽貞，未失夫婦常正之道。世人以媟狎爲常，故以貞靜爲變常，不知乃常久之道也。媟，音屑。○象曰：「利幽人之貞，未變常也。」此爲婦人而遇夫之不良者言之。九二陽剛而得中，女之賢正者也。上有正應，而反陰柔之質，則是女賢而配不良者也。五雖不正而動於悦，二能自守其幽靜貞正，乃所利也。○李氏曰：自古人君修身謹行，而無流連荒亡之禍，非獨有忠臣義士，亦由有賢後妃夙夜警戒，以成其德。周宣之姜后，齊桓之衛姬，楚莊之樊妃是也。不獨人君爲然。吴許升爲博徒，妻吕榮躬勤家業以養其姑，數勸升修學，升感激自勵，乃尋師遠學，遂成名。賢婦之助如此。

世人多慎於擇壻，而忽於擇婦。其實壻易見，婦難知，所繫甚重，豈可忽哉？易，音異。○遺書。下同。○上條言夫雖不良，而女能自守其幽貞，爲不失其常道，故復録此以見當慎擇於始也。○壻之行見乎外，故易見；婦則無事可見，故難知。○愚按，今之擇婚以富貴貧賤爲主，而男女賢否往往置之不論〔三〕。甚有明知其不賢，而以其家之富貴或聘財資裝之豐厚勉强俯就，是自誤其子與女也。且富貴無常，而男女之賢否已一定而不可移易矣，可不謹哉！袁氏曰：擇壻擇婦固不可忽，然又須自量自家子女如何。若不相當，則子女終身抱恨，至有不和而生他事者，又不可以不審也。

人無父母，生日當倍悲痛，更安忍置酒張樂以爲樂？若具慶者可矣。「爲樂」之「樂」，音洛。父母俱存曰具慶。問：行狀云「盡性至命，必本於孝弟」，不識孝弟何以能盡性至命也？伊川行，去聲。○行狀者，伊川先生所以狀其兄明道之行者也，詳見末篇。「盡性至命」，説見説卦傳。曰：後人便將性命别作一般事説了。性命、孝弟，只是一統底事，就孝弟中便可盡性至命。如孝般，同「班」。葉本「般」下無「事」字。○朱子曰：若是做時，須是從孝弟上推將去，方始知得性命。如孝弟爲仁之本，非謂孝弟便是仁，但爲仁自孝弟始。若是聖人，如舜之孝，王季之友，便是「盡性至命」。

如灑掃應對與盡性至命，亦是一統底事，無有本末，無有精粗，却被後來人言性命者，別作一般高遠説。故舉孝弟，是於人切近者言之。然今時非無孝弟之人，而不能盡性至命者，由之而不知也。

問：第五倫視其子之疾與兄子之疾不同〔四〕，自謂之私，如何？曰：不待安寢與不安寢，只不起與十起，便是私也。父子之愛本是公，才著些心做，便是私也。「不起」上，遺書有「是」字。第五，氏；倫，名；兄字伯魚，漢京兆人，仕至司空。或問倫曰：「公有私乎？」對曰：「吾子嘗病，一夜十起，退而安寢；吾子有疾，雖不省視，而竟夕不眠。若是者，豈可謂無私乎？」事見後漢書列傳。朱子曰：只就理所當爲處便爲，若又怕人道如何，此却是私意。但倫見得此意，已大段會省察也。又問：視己子與兄子有間否？曰：聖人立法，曰「兄弟之子猶子也」，是欲視之猶子也〔五〕。「喪服，兄弟之子猶子也，蓋引而進之也」，見檀弓上篇。欲視之猶子，程子所以釋禮之意也。間，去聲，下同。○又問：天性自有輕重，疑若有間然？曰：只爲今人以私心看了。孔子曰：「父子之道，天性也。」此只就孝上説，故言父子天性。若君臣、兄弟、賓主、朋友之類，亦豈不是天性？只爲今人小看，却不推其本所由來故爾。己之子與兄之子，所爭幾何？是同出於父者也。只爲兄弟異形，故以兄弟爲手足。人多以異形故，親己之子異於兄弟之子，甚不是也。「父子之道，天性也」，見孝經聖治章。○此兩節總以明己子與兄子一體之意，不得有所異同於其間也。又問：孔子以公冶長不及南容，故以兄之子妻南容，以己之子妻公冶長，何也？曰：此亦以己之私心看聖人也。凡人避嫌者，皆内不足也。聖人自至公，何更避嫌？凡嫁女，各量其才而求配，或兄之子不甚美，必擇其相稱者爲之配，己之子美，必擇其才美者爲之配，豈更避嫌邪？若孔子事，或是年不相若，或時有先後，皆不可知。以孔子爲避嫌，則大不是。如避嫌事，賢者且不爲，況聖人乎？妻，並音娶。「至公」上，葉本無「自」字。「自」下，遺書有「是」字。稱，去聲。○此又借孔子之事以明避嫌不可之意，事見論語。○朱子曰：避嫌自是不可，然亦有理所當避者。如「瓜田不納履，李下不整冠」，「君不與同姓同車，與異姓同車不同服」之類，豈可不避？

問：孀婦於理似不可取，如何？伊川曰：然。凡取以配身也。若取失節者以配身，是己失節也。取，並音娶。○此言孀婦不可娶也。又問：或有孤孀貧窮無托者，可再嫁否？曰：只是後世怕寒餓死，故有是説。然餓死事極小，失節事極大。怕，普駕反。○怕，畏懼也。此言孀婦不可再嫁，正以見其不可取之意。蓋孀婦或有藉口寒餓〔六〕，故程子言此，所以極言節之不可失也。○朱子曰：夫死而嫁固爲失節，然亦有不得已者，聖人不能禁也。故爲之制服以處其子，而母不得與其祭焉，其貶之亦明矣。愚按，周禮媒氏：「中春，司男女之無夫家者而會之。」注：「司，察也。無夫家謂鰥寡者。」小司徒注：「夫家，猶言男女也。」賈疏：「夫，丈夫，則男〔七〕。春秋傳曰『男有室，女有家』，婦人稱家，故以家爲女。」王氏曰：「『一與之齊，終身不改』，固女子之節，然苟盡責其如此，則失所者必多。且非貞節之人，徒使之不嫁以避失節之名，則其陰至於敗俗必有甚者。故聖人特於中春創爲會無夫家者之法，以待中人。其娶之者，亦孟子所謂『娶妻非爲養，而有時乎爲養』也。」

明道曰：病卧於牀，委之庸醫，比之不慈不孝。事親者亦不可不知醫。外書。下同。○父兄之於子弟，皆不可委之庸醫，是兼爲父兄者言之也。而人子事親，尤不可以不謹，故下句專就人子言之。○程長年曰：醫不可不知，但不可行。行醫即近利，熟於世法，人品心術遂壞。

程子葬父，使周恭叔主客。客欲酒，恭叔以告。先生曰：勿陷人於惡。周恭叔，名行己，永嘉人。元祐六年進士，官至秘書省正字。遺書第十七卷或云乃其所爲也〔八〕，其行實見伊洛淵源録。○按禮：「行弔之日不飲酒食肉。」朱子曰：行弔而遇酒食，須力辭。必不得已而留，亦須數辭先起，不可醉飽。

買乳婢多不得已，或不能自乳，必使人。然食己子而殺人之子，非道。必不得已，用二乳食三子，足備他虞。或乳母病且死，則不爲害，又不爲己子殺人之子，但有所費。若不幸致誤其子，害孰大焉？「或不」之「或」，葉本作「我」。食，並音嗣。「二」下，吕本無「子」字。「不爲己子」之「爲」，去聲。○不得已者，如晚年得子，或母有疾之類。然則世之非有不得已而買乳婢者，固非矣。○楊誠齋夫人羅氏生四男三女，悉自乳，曰：「飢人之子以哺吾子，是誠何心哉？」此可謂得伊川之心者矣。葉氏曰：幼吾幼以及人之幼，其慮之周蓋如此。愚按，禮内則：「國君世子生，卜士之妻、大夫之妾，使食子，三年而出。大夫之子有食母，士之妻自養其子。」則乳婢固於禮有之也，但當曲爲體卹，如程子所言耳。

先公大中諱珦，字伯温。前後五得任子，以均諸父子孫。嫁遣孤女，必盡其力，所得俸錢，分贍親戚之貧者。伯母劉氏寡居，公奉養甚。至其女之夫死，公迎從女兄以歸，教養其子，均於子姪。既而女兄之女又寡，公懼女兄之悲思，又取甥女以歸嫁之。時小官禄薄，克己爲義，人以爲難。大，音泰。珦，許亮反。從，才仲反，下「從叔」之「從」同。○太中，宋寄禄官名。元豐定官制，以太中大夫換諫議大夫。伯温以太中大夫致仕。太中，舊名温，字君玉，既登朝後改今名。任子，猶今所謂蔭生也。○問：取甥女歸嫁一段，與前孤孀不可再嫁相反，何也？朱子曰：理固如此，但此亦人所不能盡者。公慈恕而剛斷，平居與幼賤處，惟恐有傷其意，至於犯義理，則不假也。左右使令之人，無日不察其飢飽寒燠。娶侯氏。「處」，家傳作「語」。令，平聲，下同。燠，音鬱。○燠，暖也。○以上言太中公之德，詳見太中家傳。侯夫人事舅姑以孝謹稱，與先公相待如賓客。先公賴其内助，禮敬尤至。而夫人謙順自牧，雖小事未嘗專，必稟而後行。仁恕寬厚，撫愛諸庶，不異己出。從叔幼孤，夫人存視，常均己子。「孤」，吕本作「姑」，誤。○侯夫人，潤州丹徒縣令諱道濟女，太原盂縣人。稟，受命也，如商書「稟令」、左傳「稟命」是也。治家有法，不

嚴而整。不喜笞扑奴婢〔九〕，視小臧獲如兒女，諸子或加呵責，必戒之曰：「貴賤雖殊，人則
一也。汝如是大時，能爲此事否？」笞，丑知反。扑，從手，或從木作「朴」，誤，古通用「撲」。○箠
擊曰笞，杖擊曰扑，今則以爲扑責之通稱。應劭曰：「揚雄方言云：『海岱之間罵奴曰臧，罵婢曰獲。
燕之北郊，民而聓婢謂之臧，女而歸奴謂之獲。』」蓋罵奴婢之醜稱也，今則以爲奴婢之通稱。大，謂年之
長大也，對上「小臧獲」「小」字而言〔一〇〕。先公凡有所怒，必爲之寬解，唯諸兒有過，則不掩也。
常曰：「子之所以不肖者，由母蔽其過，而父不知也。」夫人男子六人，所存惟二，其愛慈可
謂至矣，然於教之之道，不少假也。爲，去聲，下「爲之」同。○六人者：長應昌、次天錫、五韓奴、六
蠻奴並夭，并明道、伊川爲六也。纔數歲，行而或踣，家人走前扶抱，恐其驚啼，夫人未嘗不呵
責曰：「汝若安徐，寧至踣乎！」飲食常置之坐側。嘗食絮羹，即叱止之，曰：「幼求稱欲，
長當何如？」踣，仆同，芳故反。絮，敕慮反。即，呂本作「皆」，家傳同。稱，去聲。長，張丈反，下同。
○飲食置之坐側者，言每當飲食時，必使侍食於坐側，以便教導之也。絮羹，謂羹無味，而就器加以鹽梅
調和之也。曲禮「毋絮羹」，鄭注「絮，猶調也」。○按，朱子與張敬夫論胡文定家程集之誤，云：如「嘗食
絮羹，叱止之」，無「皆」字則不成文理。據此則「即」字當作「皆」爲得。然愚以謂「叱」上無「皆」字亦未至
不成文理〔一一〕，依此作「即」字亦未爲不可，不知朱子何見而云然也。雖使令輩，不得以惡言罵之。
故頤兄弟平生於飲食衣服無所擇，不能惡言罵人，非性然也，教之使然也。與人爭忿，雖直

不右，曰：「患其不能屈，不患其不能伸。」及稍長，常使從善師友遊，雖居貧，或欲延客，則喜而爲之具。稍，蘇老反。○右，助也。稍，漸也。夫人七八歲時，誦古詩曰：「女子不夜出，夜出秉明燭。」自是日暮則不復出房閤。既長，好文而不爲辭章，見世之婦女以文章筆札傳於人者，則深以爲非。閤，古還反，與「閣」別。好，去聲。○文集。○古詩，未詳。「誦古詩」，家傳作「教以古詩」。則知夫人之淑德，所得於庭訓者深也。記曲禮：「女子出門，夜行以燭，無燭則止。」閤，爾雅釋宫篇：「宫中之門謂之闈，其小者謂之閨，小閨謂之閤。」○以上言侯夫人之德，詳見上谷郡君家傳。○此編皆文集居先，而此獨在後者，蓋以是章乃統叙治家之道，凡事上撫下、睦族卹孤之道，無弗具焉，故繫之此也。

橫渠先生嘗曰：事親奉祭，豈可使人爲之？行狀。○事親，謂事生者；奉祭，謂事死者。言皆不可不親致其誠也。○按先生之家，童子必使灑掃應對，給侍長者。女子之未嫁者，必使親祭祀，納酒漿，而因自言如此。○吕滎陽曰：穀梁言：「天子親耕以供粢盛，王后親蠶以供祭服，國非無良農工女也，以爲人之所盡事其祖禰，不若以己之所自親者也。」此説最盡事親之道。蓋孝子事親，須事事躬親，不可委之使令也。

舜之事親，有不悦者，爲父頑母嚚，不近人情。若中人之性，其愛惡略無害理，姑必順之。爲，去聲。嚚，音銀。惡，去聲。○見事親非有甚害理不可從者，必當曲爲承順，而不可輕爲矯拂也。親之故舊所喜者，當極力招致，以悦其親。凡於父母賓客之奉，必極力營辦，亦不計家之有無。然爲養，又須使不知其勉强勞苦，苟使見其爲而不易，則亦不安矣。强，上聲。易，音異。○横渠雜説。○故舊所喜，謂故舊中所喜者。○此承上「順」字之意而申明之。

斯干詩言：「兄及弟矣，式相好矣，無相猶矣。」言兄弟宜相好，不要相學。猶，似也。人情大抵患在施之不見報則輟，故恩不能終。不要相學，已施之而已。好，去聲。上「不要相學」之「相」，吕本作「厮」，蓋長安讀「相」爲「厮」，思必反，亦通作「厮」，又音斯。○詩説。下同。○斯干，小雅篇名。式，語辭。好，和好。輟，止也。己施之而已，言當自盡其道，而不必計人報否也〔一二〕。○朱子曰：如兄能友其弟，弟却不恭其兄，兄不可學弟之不恭而遂忘其友，但當自盡其友而已；如弟能恭其兄，兄却不友其弟，弟不可學兄之不友而遂忘其恭，但當自盡其恭而已。如寇萊公捷倒用印事，王文正公謂他底既不是，不可學他不是，亦是此意。然詩之本意，「猶」字作「相圖謀」説。○張氏曰：此本非正解，朱子既載入詩注，又於小學、近思録載之，其示人之意切矣。蓋兄弟相謀，自非至不令者未忍出此，唯施報相學，常情類然，不可以不謹也。愚按，張子亦第就斯干之詩言之耳。從此類推，則君雖不仁，臣不可以不忠；父雖不慈，子不可以不孝；夫雖不良，婦不可以不順。亦各自盡其當然之分而已。

「人不爲周南、召南，其猶正牆面而立。」常深思此言，誠是，不從此行，甚隔著事，向前推不去。蓋至親至近，莫甚於此，故須從此始。説見論語。此引夫子之言以見正家爲急。「不從此行」三句，接上「是」字之意而申明之。「至親至近」三句，又明所以「不從此行」、「向前推不去」之故也。○張氏曰：古人凡事謹小慎微，家庭間尤爲緊要，能於嫌隙幾微處潛消默化，不使積漸而長，則善矣。

婢僕始至，本懷勉勉敬心，若到所提掇更謹則加謹，慢則棄其本心，便習以性成。故仕者入治朝則德日進，入亂朝則德日退，只觀在上者有可學無可學耳。「至」下，呂本有「者」字。○語録。○此並及教養婢僕之法。蓋一家之中，必使婢僕、下人皆得其道，而後可以爲齊也。末又就上文推廣言之。○以上並横渠語。

## 校勘記

〔一〕兼其所與未必一一爲曾子之樂與　「之」下，文津閣本有「所」字。

〔二〕惇者即此所謂篤恩義也　「義」字原缺，據文津閣本補。

〔三〕而男女賢否往往置之不論　「不」下，文津閣本有「復」字。

〔四〕第五倫視其子之疾與兄子之疾不同　「兄」上，文津閣本有「其」字。

〔五〕是欲視之猶子也　此七字原缺，二程遺書、葉采集解、江永集註均有，且茅注提及，是當有，今據文津閣本補。

〔六〕蓋孀婦或有藉口寒餓　「寒」，文津閣本作「饑」。

〔七〕則男　「男」下，文津閣本有「也」字。

〔八〕乃其所爲也　「其」，文津閣本作「行己」。

〔九〕不喜笞扑奴婢　「扑」，原作「撲」，二程遺書、葉采集解、江永集註均作「扑」，按茅注所言，當作「扑」，今據改。

〔一〇〕對上小臧獲小字而言　「言」下，文津閣本有「耳」字。

〔一一〕然愚以謂叱上無皆字亦未至不成文理　「謂」，文津閣本作「爲」。

〔一二〕而不必計人報否也　「人」下，文津閣本有「之」字。

# 近思録集註卷七

## 去就取舍

身既修，家既齊，則可以出而措之國與天下矣，而出處尤不可苟。漢唐諸儒惟不明此義，故雖王仲淹、韓文公之賢，猶不能無欲速干進之意。因特於此具論之，以見可以出而有爲，則治道治法具在，舉而措之焉可也。不然，則明其進以傳之其徒，無不可者。所以十一卷特詳教學之道，使有所據依，其十卷臨政處事之方，出與處皆可用也。凡三十九條。

伊川先生曰：賢者在下，豈可自進以求於君？苟自求之，必無能信用之理。古之人所以必待人君致敬盡禮而後往者，非欲自爲尊大，蓋其尊德樂道之心，不如是，不足與有爲也。呂本「古之人」作「古人之」。易傳「道」下無「之心」二字。○易傳。下同。○蒙彖傳。

君子之需時也，安靜自守，志雖有須，而恬然若將終身焉，乃能用常也。雖不進而志動者，不能安其常也。需初九象傳。○上條言賢者不可急於求進，此條言雖不進而志或不能不動，則亦不能以守其常也。所以足上條未盡之意。

比：「吉，原筮，元永貞，无咎。」傳曰：人相親比，必有其道，苟非其道，則有悔咎。故必推原占，決其可比者而比之，所比得元永貞，則无咎。元謂有君長之道，永謂可以常久，貞謂得正道。上之比下，必有此三者，下之從上，必求此三者，則无咎也。比，並音避。長，張丈反。○推原占者，謂推原象占之吉凶，以決其可比與否也。元永貞三者，正所謂「決其可比者而比之」也。上比下必有此三者，謂當修其在己者也。下從上必求此三者，謂當審其在人者也。修其在己，使可以當衆之比而無咎；審其在人，亦必其實有足以當吾之比，而後可以無咎也。不然則事不成，必有戮辱之及，事成亦蒙惡逆之名，安能免於咎乎？胡雲峰曰：原筮，本義讀如原蠶、原廟及末「有原」之「原」，訓作「再」，與程傳異。履之初九曰：「素履，往无咎。」傳曰：夫人不能自安於貧賤之素，則其進也，乃貪躁而動，求去乎貧賤耳，非欲有爲也。既得其進，驕溢必矣，故往則有咎。去，上聲。此就人之不能安履其素者痛言之，以見其必有咎也。賢者則安履其素，其處也樂，其進也將有爲也，故得其進則有爲而無不善。處，上聲。樂音洛。○九，陽剛之才，可以上進，而初處至下。能安履其素而往，是不以貧賤而改其所樂者也。異日出而有爲，可即於此而信之矣。此亦孟子所謂「禹、稷、顔子易地皆然」之意。○以上初九爻傳。若欲貴之心與行道之心交戰於中，豈能安履其素乎？承上文，言賢者之進而有爲者，是專以行道爲心者也，天理之公也，故無不善。若使有欲貴之心，交戰於中，則是猶未免乎人欲之私矣，故不能安履其素。○初九象傳。

大人於否之時，守其正節，不雜亂於小人之群類，身雖否而道之亨也。故曰：「大人否亨。」不以道而身亨，乃道否也。否，批美反。○否六二象傳。不以道以下，指「小人吉」而言。道否，見不足爲吉也。所以足夫子未盡之意。胡雲峰曰：二陰在下，小人之群也。大人不爲其群所亂，雖否而亨矣。○張氏曰：小人頗多學爲「包承」者。君子但當安守其否，以俟道亨，不可以彼「包承」於我，自失其守也。慎之慎之！

人之所隨，得正則遠邪，從非則失是，無兩從之理。隨之六二，苟係初則失五矣，故象曰「弗兼與也」，所以戒人從正當專一也。隨六二象傳。○正與是指五之正應而言，邪與非指初而言。二若志系於初之小子，則舍九五之丈夫，必不能於二者兼而與之也。故學者當慎擇所從，使可宗而主，然後爲得也。○高氏曰：里克之中立，鄧析之兩可，壞名喪節多由於此，可不戒哉！

君子所貴，世俗所羞；世俗所貴，君子所賤。故曰：「賁其趾，舍車而徒。」「君子所貴」之「貴」，易傳作「賁」。○賁初九傳「君子所貴」二語，指「賁其趾」而言。「世俗所貴」二語，指「舍車而徒」而言。賁其趾者，自盡其所當爲之道義也。舍車而徒者，不處非道之富貴也。愚按，王弼註云：「在賁之初，以剛處下，居於無位，棄不義而安徒步，以從其志者也。」其説頗與此相發明，因録之。

蠱之上九曰：「不事王侯，高尚其事。」象曰：「不事王侯，志可則也。」傳曰：士之自高尚，亦非一道。上九以陽剛之才，居蠱之終，無系應於下，處事之外無所事之地，是賢人君子「不偶於時，而高潔自守者」也，故下文因此而歷推之。有懷抱道德，不偶於時，而高潔自守者；朱子曰：如疏廣父子，雖未盡出處之正，然親見不可輔導，計惟有去而已。觀有知止足之道，退而自保者；自云「不去，惟貽後悔」，亦是省事恬退底人。有量能度分，安於不求知者；分，音問。問：此與上何以别？朱子曰：知止足，是能爲者。量能度分，是不能爲者。問：此與上有清介自守，不屑天下之事，獨潔其身者。所處雖有得失小大之殊，皆自高尚其事者也。象所謂「志可則」者，進退合道者也。蠱上九傳。

遯者，陰之始長，君子知微，故當深戒。而聖人之意，未便遽已也，故有「與時行」、「小利貞」之教。長，張丈反。○葉氏曰：艮下乾上爲遯。二陰初長，固所當戒。然乾剛在上，九五、六二中正而應，君子於此猶可與時消息，雖未能大正，尚幸其小有可正也。楊誠齋曰：二陰雖長於内，然漸而未驟，四陽猶盛於外，其勢猶可以小有所正，而未至大壞也。問：以象辭「小利貞、浸而長」之語觀之，則小當爲陰柔小人，言小人利於守正，不可以浸長之故，而浸迫於陽也，似與程傳意不同。朱子曰：如程傳所云，則於「剛當位而應，與時行也」之下，當云「止而健，陰進而長，故小利貞」。今但云「小利貞、浸而長也」，而不言「止而健，陰進而長」，則小指陰柔之小可知。況當遯之時，事勢已有不容正之者。程傳雖善，而有不通矣。愚按，王註：「陰道欲浸而長，正道亦未全滅，故『小利貞』。」程子之説蓋本乎此。聖賢之於天下，雖知道之將廢，豈肯坐視其亂而不救？必區區致力於未極之間，强此之衰，艱彼之進，圖其暫安。苟得爲之，孔孟之所屑爲也，王允、謝安之於漢、晉是也。艱，葉本作「難」。○王允，字子師，太原祁人。漢獻帝初平初，爲司徒，與司隸校尉黄琬、僕射士孫瑞等，密謀誅董卓，詳後漢書及魏志。謝安，字安石，陳國陽夏人也。時桓温權震内外，安爲吏部尚書、中護軍，與王坦之盡忠匡翼，卒安晉祚，詳見晉書。○上條言高尚其事，又恐如沮、溺之流，避世長往而不顧，故以此條繼之，言雖知道之將廢，亦不可坐視其亂而不之救也。

明夷初九，事未顯而處甚艱，非見幾之明不能也。如是則世俗孰不疑怪？然君子不以世俗之見怪，而遲疑其行也。若俟衆人盡識，則傷已及而不能去矣。處，上聲。○離下坤上爲明夷初九。明體居初〔一〕，雖有見傷之端〔二〕，其事未顯〔三〕。日入地中，明傷而昏暗，使不得上進，是處甚艱也。君子於行，謂去禄退藏〔四〕，見幾之明也。有所適而主人有言，世俗之疑怪也。漢楚王戊不設酒醴而穆生去之，曰：「不去，楚人將鉗我於市。」當時雖申公之賢，猶以爲過。其後申公卒受胥靡之辱，所謂傷已及而不能去者也。○君子固欲有爲於世，而見幾明决，亦不可少，故以此條繼之。

晉之初六，在下而始進，豈遽能深見信於上？苟上未見信，則當安中自守，雍容寬裕，無急於求上之信也。苟欲信之心切，非汲汲以失其守，則悻悻以傷於義矣〔五〕。故曰：「晉如摧如，貞吉，罔孚，裕，无咎。」此以明罔孚當裕之意。初居晉之下，是始進也。晉如，遂其進也；摧如，不遂其進也。總之惟得正則吉耳。以上初六爻傳。然聖人又恐後之人不達寬裕之義，居位者廢職失守以爲裕，故特云「初六裕則无咎」者，始進未受命當職任故也。若有官守，不信於上而失其職，一日不可居也。此又以見寬裕以待其自信者，惟始進者則可，而不可以概之，有官守而不見信者也，一日不可居，所以極言有官守不信於上而失職者之不可也。○胡雲峰曰：孟子云：「我無官守，我無言責，則我進退豈不綽綽然有餘裕！」即此意。然事非一概，久速唯時，亦容有爲之兆者。此又承上文「一日不可居」而言，見君子當隨時審處，不得執此而遂同小丈夫之悻悻也。爲之兆，如明道爲條例司之類。說見孟子。○以上初六象傳。

不正而合，未有久而不離者也。合以正道，自無終睽之理。故賢者順理而安行，智者知幾而固守。睽，當從「目」，後放此。○睽六三象傳。以六居三，不正也。但上九正應，終必得合，故曰自無終睽之理。

君子當困窮之時，既盡其防慮之道而不得免，則命也，當推致其命，以遂其志。知命之當然也，則窮塞禍患不以動其心，行吾義而已。困象傳。推致者，謂於命之所當然，一一推而致之，以辨其正不正也。遂志者，謂於命之正者，順而受之，而死生禍福有所不計也。○朱子曰：致命，程子解作推致其命。其義雖通，然論語中「致命」字皆作「委致」之致，猶言授命也。又曰：蹇與困不同。象曰「澤無水，困」，是盡乾燥，處困之極，事無可爲者，故只得致命遂志。若「山上有水，蹇」，則猶可進步，如山上之泉，曲折多艱阻，猶有可行，故教以「反身修德」，自不得以困比也。愚按：孔疏謂「遭困厄之世，期於致命喪身，必當遂其高志，不屈撓而移改」，則「致命」固亦作委致其身命解也。馮氏當可曰：君子之處困也，命在天而致之，志在我則遂之。困而安於困者，命之致也；困而有不困者，志之遂也。若小人處之，則凡可以求倖免者，無不爲也，而卒不得免焉，則亦徒喪其所守而已矣。體坎險以致命，體兑説而遂志。苟不知命，則恐懼於險難，隕獲於窮戹，所守亡矣，安能遂其爲善之志乎？難，去聲。戹，烏革反，通用「阨」，俗借用「厄」，非。厄，五果切，説文：「科厄，木節也。」與戹别。

○此又反言以明命之不可不致之意。

寒士之妻，弱國之臣，各安其正而已。苟擇勢而從，則惡之大者，不容於世。困九四傳。

○寒士弱國，指四而言。其妻與臣，謂初也。勢，指二而言。四與初爲正應，然四以不中正處困，其才不足以濟人之困。初比二，二有剛中之才，足以拯困，則宜爲所從矣。若不安其正，而惟勢是從，則惡之大者也。

井之九三，渫治而不見食，乃人有才智而不見用，以不得行爲憂惻也。渫，息列反。○渫，不停，汙也。廣韻云：「除去也。」○九三陽剛，而處下卦之上，在井則已渫治而可食矣。以居下未得其用，故不見食。象傳「行惻」之「行」，猶孟子「行道之人不受」之「行」，程子却解作「道不行」之「行」，故云「以不得行爲憂惻」。○九三象傳。蓋剛而不中，故切於施爲，異乎「用之則行，舍之則藏」者矣。爻位剛而過中，故切於施爲，正於爻辭憂惻上見也。蓋程傳解「心惻」作三自惻，與本義異，故云然。按孔疏亦解作「使我心中惻愴」，與程傳同。○九三爻傳。

革之六二，中正則無偏蔽，文明則盡事理，應上則得權勢，體順則無違悖。時可矣，位得矣，才足矣，處革之至善者也。必待上下之信，故「巳日乃革之」也。「巳日乃革之」，爻辭也。必待上下之信，指卦辭「巳日乃孚」「孚」字而言，蓋必孚而後能革也。葉氏曰：六二居中得正，下卦爲離，故曰文明。二與五應，故曰應上。爻位皆柔，故曰體順。時當變革，則時可矣。居正應上，則位得矣。文明體順，則才足矣。是處革之至善者。然必待上下盡信而後革，故辭曰「巳日乃革之」，謹之至也。如二之才德，當進行其道，則吉而無咎也；不進，則失可爲之時，爲有咎也。此係爲得時乘勢而道可大行者言之。

鼎之「有實」，乃人之有才業也。當慎所趨向，不慎所往，則亦陷於非義。故曰：「鼎有實，慎所之也。」陷，一作「蹈」。○鼎九二象傳。○九二以剛居中，爲鼎有實之象。二居中應，中不至失正，然與初陰密比，已雖自守以正，彼或迫以相求。如董卓曰「我力能族人」，而蔡邕懼禍就徵；華歆初與管幼安齊名，後從曹操主謀，爲首惡。蓋利欲薰於中，禍患怵於外矣。失身從人，陷於不義，而不自知也。嗚呼，可不戒哉！慎所之者，謂當從六五之正應，而雖以初陰之密比，有不得而暱就之也。○此爲人之有才業而急於自見者言之也。

士之處高位，則有拯而無隨。在下位，則有當拯，有當隨，有拯之不得而後隨。艮六二曰：「艮其腓，不拯其隨。」在上位者，可以直行己志，故有拯無隨。如必拯之而不得，則有去而已，不苟隨也。若在下位，則有不得直行己志者矣，故有法所可爲者，是當拯也，束於法而不得爲者，是當隨也。拯之不得而後隨者，蓋事所不便，則爲之請於上，上不見聽，則於隨之中，委曲調護，必於事無有所害而後可也，非徒曰隨之而已。

「君子思不出其位」，位者所處之分也。萬事各有其所，得其所則止而安。若當行而止，當速而久，或過或不及，皆出其位也，況踰分非據乎？分，音問。○「君子思不出其位」，艮象傳文也。下則程子所以釋其意如此。

人之止，難於久終，故節或移於晚，守或失於終，事或廢於久，人之所同患也。艮之上九，敦厚於終，止道之至善也。故曰：「敦艮吉。」敦，篤實也。項氏曰：上九與三相類，皆一卦之主。然九三當上下之交，時不可止而止，故危。上九當全卦之極，時可止而止，故吉。

中孚之初九曰：「虞吉。」象曰：「志未變也。」傳曰：當信之始，志未有所從，而虞度所信，則得其正，是以吉也。信，就中孚而言。始，謂初爻也。未有所從，如孔明之躬耕南陽，不求聞達於諸侯是也。所信，謂於義可從，而其人又可與有爲者也，如孔明之從昭烈是也。虞度所信，如孔明之必待三顧乃見是也。志有所從，則是變動，虞之不得其正矣。度，待洛反。○志有所從，而後爲之虞度其可否焉，則是變動不常矣，豈爲得其正乎？

賢者惟知義而已，命在其中。中人以下，乃以命處義。賢者知義，則自然安命。中人以下知命，則自不爲非義。二者高下雖不同，其素位而行，不願乎外，則一也。如言「求之有道，得之有命，是求無益於得」。知命之不可求，故自處以不求。說見孟子。此所謂中人以命處義者也。程子又曰：孟子之言，猶只爲中人言之，若爲中人以上而言，却只道求之有道，非道則不求，更不消言命也。若賢者則求之以道，得之以義，不必言命。遺書。下同。○求之以道，不枉道而妄求也。得之以義，不非義而苟得也。此所謂賢者知義而命在其中者也。○張氏曰：吴忠節公常言：「要窮就窮，要死就死。」所以後來能以身殉國。蓋人之失身，只爲怕窮怕死，所以無所不至。

人之於患難，只有一箇處置，盡人謀之後，却須泰然處之。有人遇一事，則心心念念不肯捨，畢竟何益？若不會處置了放下，便是無義無命也。難，去聲。○只有一箇處置，是義也；盡人謀之後，却須泰然處之，是命也。心心念念不肯舍，是無命也。不會處置了放下，是無義也。○自首句至「泰然處之」，言處患難之道當如此。「有人遇一事」以下，則言人之未盡其道者也。

門人有居太學而欲歸應鄉舉者。問其故，曰：蔡人尠習戴記，决科之利也。尠，蘇典反，今通作「鮮」。○蔡，州名，上蔡其屬縣也。宋爲淮康軍節度，屬京西北路，今河南汝寧府。尠，少也。按遺書游録云「人有習他經，既而舍之，習戴記，問其故，曰決科之利也」。與此小異。伊川先生曰：汝之是心，已不可入於堯舜之道矣。夫子貢之高識，曷嘗規規於貨利哉？特於豐約之間不能無留情耳。且貧富有命，彼乃留情於其間，多見其不信道也，故聖人謂之「不受命」。有志於道者，要當去此心而後可語也。去，上聲。「語」上，呂本無「與」字。○見游定夫所録二先生語，祁寬所記尹和靖語亦同，註謂謝上蔡事。一本云：明道知扶溝縣事，伊川侍行，謝顯道將歸應舉，伊川曰：「何不止試於太學？」曰：「蔡人尠習禮記，決科之利也。」先生云云，顯道乃止，是歲登第。註云尹子言其詳如此。惟呂堅中所記尹和靖語作游定夫事，誤也。○張卓庵曰：學者多言治生爲急，觀孔子稱回之屢空，而不取賜之貨殖，則知治生之説，終是後人怕餓死，非「志士不忘在溝壑」之義。他人無識見者，不知爲「治生」兩字壞却多少！宜急取孔子之言正之。

人苟有「朝聞道，夕死可矣」之志，則不肯一日安於所不安也。何止一日，須臾不能。如曾子易簀，須要如此乃安。人不能若此者，只爲不見實理。實理者，實見得是，實見得非。爲，去聲。○説見論語及檀弓。朱子曰：實理與實見不同，今合説，必記録有誤。或曰：實理者，指理而言也；實見者，指見而言也。曰：善。凡實理得之於心自別，若耳聞口道者，心實不見。若見得，必不肯安於所不安。人之一身，儘有所不肯爲，及至他事又不然。若士者，雖殺之使爲穿窬，必不爲，其他事未必然。至如執卷者，莫不知説禮義。又如王公大人，皆能言軒冕外物，及其臨利害，則不知就義理，却就富貴。如此者，只是説得，不實見。及其蹈水火，則人皆避之，是實見得，須是有「見不善如探湯」之心，則自然别。昔曾經傷於虎者，他人語虎，則雖三尺童子，皆知虎之可畏，終不似曾經傷者神色懾懼，至誠畏之，是實見得也。「之童」，吕本作「童子」，遺書同。○此節皆反覆申明實見之意。得之於心，是謂有得，不待勉强，然學者則須勉强。古人有捐軀隕命者，若不實見得，則烏能如此？須是實見得生不重於義，生不安於死也。故有「殺身成仁」，只是成就一箇是而已。「德」，楊本作「得」。强，並區兩反。○朱子曰：或謂欲成仁所以殺身，非也。人當殺身時，何暇更計及成仁？只爲死便是，生便不是。故伊川謂「成就一箇是」，成仁乃自人視之云爾，非其人殺身時有此意也。

孟子辨舜、蹠之分，只在義利之間。言間者，謂相去不甚遠，所争毫末爾。義與利，只是箇公與私也。纔出義，便以利言也。只那計較，便是爲有利害。若無利害，何用計較？利害者，天下之常情也。人皆知趨利而避害，聖人則更不論利害，惟看義當爲不當爲，便是命在其中也。「爲有」之「爲」，去聲。○楊氏曰：舜、蹠之分，固只在義利之間，然講之不熟，見之不明，未有不以利爲義者，又學者所當深察也。

大凡儒者，未敢望深造於道，且只得所存正，分别善惡，識廉恥。如此等人多，亦須漸好。别，必列反。○所存正，謂所存於心者正也。如利禄不以動其心，耳目口體之欲不以系其懷，皆是。此以體之存而言。「分別善惡」二句，以用之發而言。蓋所存正則其本立，分別善惡則知所擇，識廉恥則能自守。

趙景平問伊川曰：「子罕言利」，所謂利者何利？曰：不獨財利之利，凡有利心便不可。如作一事，須尋自家穩便處，皆利心也。聖人以義爲利，義安處便爲利。「問」下，一本無「伊川曰」三字。○趙景平，名字爵里未詳。○問：義安處便爲利，只是當然而然，便安否？朱子曰：只萬物各得其分，便是利。君得其爲君，臣得其爲臣，父得其爲父，子得其爲子，何利如之？此「利」字即易所謂「利者義之和」。如釋氏之學，皆本於利，故便不是。

問：邢恕久從先生，想都無知識，後來極狼狽。先生曰：謂之全無知則不可，只是義理不能勝利欲之心，便至如此。「恕」，吕本作「七」。「勝」下，葉本有「其」字。「此」下，吕本有「也」字。○此謝上蔡問，而伊川答之也。恕朋比蔡京、章惇諸奸，誣宣仁有廢立意，同文之獄，組織萬端，禍機莫測，詳見宋史。○朱子曰：他有意爲惡，又濟之以才，故罪過多。

謝湜自蜀之京師，過洛而見程子。子曰：「爾將何之？」曰：「將試教官。」子不答。湜曰：「何如？」子曰：「吾嘗買婢，欲試之，其母怒而弗許，曰：『吾女非可試者也。』今爾求爲人師而試之，必爲此媼笑也。」湜遂不行。湜，音直。「不答」之「不」，吕本作「弗」。媼，烏考反。○謝湜，字持正，金堂人。元豐進士，官至國子博士。○一本云：湜不能用。又曰：湜求見者三，不許，因陳經正以請。先生云：「聞其來問易，遂爲說以獻貴人。」註：獻蔡卞，如「用脫桎梏」之類。按宋志：初，內外學官多朝廷特注，後稍令國子監取其舊試藝等格優者用之，熙寧八年始立教授試法，即舍人院召試大義五道，元祐中罷試法。

先生在講筵，不曾請俸。諸公遂牒户部，問不支俸錢。按通直郎料錢十八貫，時先生嘗典錢使，諸公因問，必是俸給大段不足，後乃知不曾請俸也。户部索前任歷子，先生云：「某起自草萊，無前任歷子。」前任者，蓋以先生曾受西監之命故也。歷者，料量院所給料錢歷。蓋據狀所開受官月日，以令赴户部支俸錢者也。子，俗語助。不支俸錢，則無現任之歷可知，故索前任歷子。先生以布衣薦召，雖恩命屢下，並未受職，故以起自草萊答之。【本註】云：舊例，初入京官時，用下狀，出給料錢歷。先生不請，其意謂朝廷起我，便當「廩人繼粟、庖人繼肉」也。料錢，宋制有柴料、茶料之類，即俸錢也。遂令户部自爲出券歷。爲，去聲，下「爲妻」、「只爲」並同。○諸公以先生無料錢歷，因特令户部自爲出券歷以給之俸也。按先生後自涪陵歸復官，半年不曾請俸，料量院吏忽來索請券狀子，先生云「自來不會寫狀子」，只令弟子録與受官月日事。與此相類，合而觀之，而君子辭受取與之道蓋可見矣。○王氏曰：按周禮天官一官，唯宮正、內宰獨言「均其稍食」。蓋當時治朝之官掌之宮正，禁中之官掌之內宰，所以稍食必二人班之。此等制度非獨關防，所以護養士大夫廉恥多矣。葉竹野曰：按周禮司禄中士四人，下士八人，鄭氏以爲主班禄，今此官職闕，意即孟子所謂「諸侯惡其害己而去其籍」者。然嘗以鄭氏説推之，則周人班禄〔六〕，必使司禄班之，宫正、内宰自給之，不獨杜官吏侵欺，且以養士大夫廉恥。今世班禄有所謂「打請」，有所謂「養券」，盡叢集在料量院，而使士大夫自請，甚非養廉恥之意。伊川所以不請俸，只緣不免持狀而請，豈有「廩人繼粟」之意哉？又不爲妻求封。范純甫問其故。先生曰：「某當時起自草萊，三辭然後受命，豈有今日乃爲妻求封之理？」范純甫即淳夫，蓋以音義相近而通也。純甫名祖禹，字夢得，後改淳父，又或作醇父。陸務觀曰：本字淳，朋友以一字難呼，故增「父」字，非其本也。按遺書，時先生與趙侍郎暨純甫同在後省行，見曉示至節令命婦進表賀太皇及太后、太妃，問先生，先生云「某家無命婦」，二公愕然，問何不敘封，先生因語之如此。問：「今人陳乞恩例，義當然否？人皆以爲本分，不爲害。」先生曰：「只爲而今士大夫道得箇乞字慣，却動不動又是乞也。」因問：「陳乞封父祖如何？」先生曰：「此事體又別。」再三請益，但云：「其説甚長，待別時説。」分，音問。而今猶如今，古字通用。○朱子曰：古者人有才德即舉用，凡有封贈，朝廷自行之，何待陳乞？觀後來郊恩，都不曾爲太中陳請，則陳乞封父祖，程先生亦不爲之矣。問：若是應舉得官，便止當以常調自處，雖陳乞封蔭可也。曰：此自今常人言之可也，然朝廷待士却不當如此。伊川所以難言之也，但云其説甚長，其意以爲要當從科舉法都變了，乃爲正耳。○以上並伊川語。

漢策賢良，猶是人舉之。如公孫弘者，猶强起之，乃就對。强，區兩反。○武帝初即位，招賢良文學之士。時弘以賢良徵爲博士，使匈奴，還報，不合意，乃移病免歸。元光五年，復徵賢良文學，菑川國復推弘。弘謝曰：「前已曾西，用不能罷，願更選國人。」固推弘。見史記及漢書。至如後世賢良，乃自求舉爾。若果有曰「我心只望廷對，欲直言天下事」，則亦可尚已。若志在富貴，則得志便驕縱，失志則便放曠與悲愁而已。「若志」下，呂本無「在」字。○馬氏曰：漢自孝文策晁錯之後，賢良方正皆上親策而第其優劣，或所對意有未盡，如武帝之於仲舒，再策三策，必使理明意盡而後已。孝昭年幼，未即政，故無親策之事，然詔有司問以民所疾苦，如鹽鐵、均輸、榷酤，皆當時大事，令建議之臣與之反覆詰難，講究罷行之宜，卒從其説，爲之罷榷酤。不似後世之策士，徒爲具文也，故其得人爲較盛。又曰：漢以賢良方正與孝廉二科並行，然賢良一科，文帝、武帝每對輒百餘人，又徵詣公車，上書自衒鬻者以千數。而孝廉之選，文帝十二年詔，以爲萬家之縣，無應令者，武帝元朔之詔，亦以爲闔郡不薦一人。蓋賢良則稍有文墨才學者皆可充選，而孝廉則非有實行可見者不容謬舉故也。張氏曰：三代後人才漢爲盛，亦以取士之法近古。如以力田爲科，可使天下無閒田；以孝弟爲科，則亂臣賊子不作。風俗自然淳厚。今國家即不制爲科，學者其可不以此自勉乎！

伊川先生曰：人多説某不教人習舉業，某何嘗不教人習舉業也。人若不習舉業而望及第，却是責天理而不修人事。但舉業既可以及第則已，若更去上面盡力求必得之道，是惑也。若於上面盡力求必得之道，便須追逐時好，曲避忌諱，私意横生矣，故曰是惑也。○愚按，舉業已非根柢切實之學，今更以揣摩爲必得之道，而盡力求之於是，東剽西竊，愈趨愈下，如丘瓊山所謂「不知史册名目、朝代先後、字畫偏旁者，幸登一第，出司文教，而老儒宿望反欲俯而聽其甲乙」，可歎也！

問：家貧親老，應舉求仕，不免有得失之累，何修可以免此？伊川先生曰：此只是志不勝氣。若志勝，自無此累。家貧親老須用禄仕，然「得之不得爲有命」。曰：在己固可，爲親奈何？曰：爲己爲親，也只是一事。若不得，其如命何？孔子曰：「不知命，無以爲君子。」人苟不知命，見患難必避，遇得喪必動，見利必趨，其何以爲君子？爲，有「以爲」之「爲」，如字，餘並去聲。難、喪，並去聲。○上言習舉業者，不可盡力求必得之道，又恐藉口家貧親老，故著此條。

或謂科舉事業奪人之功，是不然。且一月之中，十日爲舉業，餘日足可爲學。然人不志於此，必志於彼。故科舉之事，不患妨功，惟患奪志。「不志」下，吕本無「於」字，外書同。○外書。○以上三條，爲人之應科舉者言之。○朱子曰：祖宗時，科舉法疏闊，張乖崖守蜀，以士人無應舉者，特去尋得李畋出來舉送去。如士人要應舉時，只是著布衫麻鞋，陳狀稱：百姓某人，今聞朝廷取士，來應舉，連投所業。太守略看所業，請就客位，换襴襆相見，方得請試。只一二人，試訖舉送。舊亦不糊名，仁宗時方糊名。

横渠先生曰：世禄之榮，王者所以録有功，尊有德，愛之厚之，示恩遇之不窮也。爲人後者，所宜樂職勸功，以服勤事任，長廉遠利，以似述世風。而近代公卿子孫，方且下比布衣，工聲病，售有司。不知求仕非義，而反羞循理爲不能；不知蔭襲爲榮，而反以虚名爲善繼。誠何心哉！樂，音洛。長，張文反。「無能」之「能」，宋本作「不」，吕本同。○文集。○此條按宋文鑒，乃策問題也。事任，謂事之責任也。似、嗣同。世謂先世，世風猶言家風也。聲，四聲平上去入也。病，八病。按李淑詩苑類格，沈約曰八病者，一平頭：第一字不得與第六字同聲，第二字不得與第七字同聲，如「今日良宴會，歡樂難具陳」，今、歡字同聲，日、樂字同聲也。二上尾：第五字不得與十字同聲，如「西北有高樓，上與浮雲齊」，樓、齊字同聲也。三蜂腰：第二字不得與第五字同聲，兩頭大、中心細，似蜂腰也，如「聞君愛我甘，切欲自修飾」，君、甘皆平聲，欲、飾皆入聲也。四鶴膝：第五字不得與十五字同聲，兩頭細、中心粗，如鶴膝也，如「客從遠方來，遺我一書劄，上言長相思，下言久離別」，來、思皆平聲也。五大韻重疊相犯：如以親字爲韻者，九字内不得更用津、人字，如「吴姬年十五，春日正當壚」，吴、壚同聲也。六小韻非韻腳相犯：但九字中有兩字同韻，如「客子已乖離，那宜遠相送」，子與已同韻，離與宜同韻也。七正紐：如壬紝任入一紐也，一句内有壬字，不得犯紝、任入字，如「我本漢家女，來嫁漢北庭」，家與嫁系正紐也。八旁紐：如一句内有月字，便不得更用元、阮、願等字，如「丈人且安坐，梁陳將欲起」，丈、梁二字系旁紐也。王伯厚曰：唯上尾、鶴膝最忌，餘病亦通。楊龜山曰：應舉乃寒士不得已，藉以進身耳，既得矣，何用應舉！○朱子曰：先德遺風，具在方策，有能誦其言，行其行，不替其志節，則所以世其家者，孰大於是？而區區之蔭襲，又不足道矣。顧氏曰：人主設科以待寒畯，不宜使大臣子弟得與其間，大臣亦不當使其子弟與寒士兢進。魏孝文時，于烈爲光禄勳卿，子登引例求進，烈疏請黜落，孝文以爲有識之言，雖武夫猶知此義也。宋仁宗患縉紳奔競，用宰臣文彦博等言，以韓維好古嗜學，安於靜退，召試學士院不赴，除國子監主薄，可謂得化理之本者矣。唐宋時，大臣子弟多以嫌，不使應科舉，間有及第者，便招物議，以致考覆黜落。至於有明，此法不講，又以非進士一科，不能顯達。三百年來，惟聞一山陰王文端，子中解元，不令赴會試，而唐宋之風蕩然無存矣。

不資其力而利其有，則能忘人之勢。孟子説。○按，今正蒙作者篇有此條，但「力」作「勢」，「則」作「然後」。

人多言安於貧賤，其實只是計窮力屈才短，不能營畫耳。若稍動得，恐未肯安之。須是誠知義理之樂於利欲也乃能。樂，音洛。○語録。下同

天下事，大患只是畏人非笑。不養車馬，食粗衣惡，居貧賤，皆恐人非笑。不知當生則生，當死則死，今日萬鐘，明日棄之，今日富貴，明日飢餓亦不卹，惟義所在。張子因始持朞喪，恐人非笑，己亦若有羞色者。後雖大小功亦服之，人亦熟之不以爲怪矣。因言此以見人非笑之不必畏也。○以上並横渠語。

## 校勘記

〔一〕明體居初　文津閣本作「明體而居，明夷之初」。

〔二〕雖有見傷之端　「有」上，文津閣本有「始」字。

〔三〕其事未顯　「未顯」上，文津閣本有「尚」字，其下有「也」字。

〔四〕謂去禄退藏　「禄」上，文津閣本有「其」字，「禄」下，有「位而」兩字。

〔五〕則悻悻以傷於義矣　「於」，文津閣本作「其」。

〔六〕則周人班禄　「周」上，文津閣本有「是」字。

# 近思録集註卷八

## 治道大要

此二卷乃大學治國平天下之道，而此則其大綱也。猶前致知、存養、省察，詳言爲學工夫，而二卷乃先言爲學大要。蓋此書所以發明大學，先論綱領，次詳條目，固大學之書然也。凡二十五條。

濂溪先生曰：治天下有本，身之謂也；治天下有則，家之謂也。朱子曰：則，謂物之可視以爲法者，猶俗言則例、則樣是也。○真西山曰：漢高祖能誅秦蹙項，而不能割戚姬、如意之寵；唐太宗能取孤隋，攘群盜，而閨門慚德顧不免焉。可見情欲之私，雖英雄之主，尚不能以自克，而家之所以不齊者，率由於此，不可以不謹也。本必端，端本，誠心而已矣；則必善，善則，和親而已矣。此承上文，言所以端本、善則之道。真西山曰：心不誠則私意邪念紛紛交作，欲身之修得乎？親不和則閨門乖戾，情意隔絶，欲家之正得乎？○葉氏曰：以上總論治天下在端本、善則之意。家難而天下易，家親而天下踈也。易，音異。○真西山曰：親則私情易溺，故難；疏則公道易行，故易。朱子曰：不先其難，亦未有能其易者。家人離，必起於婦人，故睽次家人，以「二女同居」，而其「志不同行」也。朱子曰：睽次家人，易卦之序。「二女」以下，睽象傳文。二女，謂睽卦兑下離上，兑，少女，離，中女也。陰柔之性，外和悦而内猜嫌，故同居而志異〔一〕。○堯所以釐降二女於嬀汭，舜可禪乎？吾兹試矣。是治天下觀於家，嬀，音規。汭，如鋭反。此因上文「二女同居不同志」之意，而遂引此以實試矣。嬀水在今山西平陽府蒲州界。朱子曰：釐，理也。降，下也。嬀，水名。汭水北，舜所居也。堯理治，下嫁二女於舜，將以試舜而授之天下也。○葉氏曰：以上明善則在和親之意。治家觀身而已矣。身端，心誠之謂也；誠心，復其不善之動而已矣。朱子曰：所以誠心者，不善之動息於外，則善心之生於内者無不實矣。不善之動，妄也；妄復則无妄矣，无妄則誠焉。矣，從原書，葉、吕本並作「焉」。○雙溪王氏曰：復者賢人之事，无妄者聖人之事。无妄則誠，而復者所以求至於无妄者也。故无妄次復，而曰「先王以茂對時，育萬物」，深哉！通書。○程傳：「茂，盛也。對時，謂順合天時。」朱子曰：无妄次復，亦卦之序。「先王」以下，引无妄卦大象，以明對時育物，惟至誠者能之，而歎其旨之深也。○葉氏曰：以上明端本在誠心之意。

明道先生嘗言於神宗曰：得天理之正，極人倫之至者，堯舜之道也。用其私心，依仁義之偏者，霸者之事也。熙寧二年，先生以御史中丞呂公公著薦，召除太子中允，權監察御史裏行，上疏首言王霸之事。王道如砥，本乎人情，出乎禮義，若履大路而行，無復回曲。霸者崎嶇反側於曲逕之中，而卒不可與入堯舜之道。「曲徑」之「曲」，楊本作「由」。故誠心而王，則王矣；假之而霸，則霸矣。二者其道不同，在審其初而已。易所謂「差若毫釐，繆以千里」者，其初不可不審也。差，初加反。繆，音謬〔二〕。○「差若毫釐」二語，見禮記經解。裴駰曰：今易無此，而易緯有之。陳遯齋曰：按王充論衡注乃易之緯文也，陸德明曰「蓋連山、歸藏之詞」，未詳孰是。大戴禮「差若」作「失之」，「繆以」作「差之」。惟陛下稽先聖之言，察人事之理，知堯舜之道備於己，反身而誠之，推之以及四海，則萬世幸甚。文集。下同。○朱子曰：宣帝雜王霸，原不識王霸，只是以寬慈喚做王，嚴酷喚做霸。自古論王霸，至明道先生此箚，無餘蘊矣。

伊川先生曰：當世之務，所尤先者有三：一曰立志，二曰責任，三曰求賢。今雖納嘉謀，陳善算，非君志先立，其能聽而用之乎？君欲用之，非責任宰輔，其孰承而行之乎？君相協心，非賢者任職，其能施於天下乎？此三者本也，制於事者用也。三者之中，復以立志爲本。所謂立志者，至誠一心，以道自任，以聖人之訓爲可必信，先王之治爲可必行，不狃滯於近規，不遷惑於衆口，必期致天下如三代之世也。相，去聲。復，扶又反。○上條言王霸之辨，以定所趨向。趨向既定，而其所當先者則在此三事也。然愚又以爲如宋之神宗，志向何嘗不立？責任呂、王諸人，何嘗不專？而宋室大壞。此朱子所以必以「致知格物，正心誠意」爲君言也。○此爲太中公上英宗應詔書中語也。陳定宇曰：程子説立志一段，最爲切要，學者亦當如此，但在身在天下有大小不同耳。

比之九五曰：「顯比，王用三驅，失前禽。」傳曰：人君比天下之道，當顯明其比道而已。如誠意以待物、恕己以及人，發政施仁，使天下蒙其惠澤，是人君親比天下之道也。如是，天下孰不親比於上？若乃暴其小仁，違道干譽，欲以求天下之比，其道亦已狹矣，其能得天下之比乎？比，並音避，下同。暴，音僕。○此一節明所以顯比之意。王者顯明其比道，天下自然來比。來者撫之，固不煦煦然求比於物。若田之三驅，禽之去者，從而不追，來者則取之也。此王道之大，所以其民皞皞而莫知爲之者也。煦，音許。田，畋通。○此就「王用三驅，失前禽」而釋之，以見所以爲顯比之意。來者取之，以喻下四陰之順乎五也；去者不追，以喻上一陰之背乎五也。○問：伊川所謂來者撫之，去者不追，與「失前禽」而殺不去者，所譬頗不相類，如何？朱子曰：田獵之禮，置旃以爲門，刈草以爲長圍，田獵者自門驅而入，禽獸向我而出者皆免，惟被驅而入者皆獲，故以前禽比去者不追，獲者譬來則取之，大意如此。胡氏曰：師、比之五，皆取田象。師之「田有禽」，害物之禽也；比之「失前禽」，背己之禽也。在師則執之，王者之義也；在比能失之，王者之仁也。非惟人君比天下之道如此，大率人之相比莫不然。以臣於君言之，竭其忠誠、致其才力，乃顯其比君之道也。用之與否，在君而已，不可阿諛逢迎，求其比己也。在朋友亦然，修身誠

意以待之，親己與否，在人而已，不可巧言令色，曲從苟合，以求人之比己也。於鄉黨親戚，
於衆人，莫不皆然，「三驅，失前禽」之義也。易傳。下同。○此復就「顯比」推廣言之。○此條言
人君自有公平正大之體，綱紀法度之施，以親比於天下，而不必用私恩小惠以取悦也。

古之時，公卿大夫而下，位各稱其德，終身居之，得其分也。位未稱德，則君舉而進之。
士修其學，學至而君求之。皆非有預於己也。農工商賈，勤其事而所享有限。故皆有定
志，而天下之心可一。後世自庶士至於公卿，日志於尊榮，農工商賈，日志於富侈，億兆之
心，交騖於利，天下紛然，如之何其可一也？欲其不亂，難矣！稱，並去聲。分，音問。賈，並音
古。○履象曰：「君子以辨上下，定民志。」詩「萬億及秭」注：「萬億爲兆。」孔穎達曰：億之數有大小
二法，其小者數以十爲等，十萬爲億，十億爲兆也。其大數以萬爲等，萬萬爲億，萬億爲兆也。○此以見
上下各有定分，但當盡力於其所當爲，而不可有慕乎其外之心也。

泰之九二曰：「包荒，用馮河。」傳曰：人情安肆，則政舒緩，而法度廢弛，庶事無節。
治之之道，必有包含荒穢之量，則其施爲寬裕詳密，弊革事理，而人安之。若無含弘之度，
有忿疾之心，則無深遠之慮，有暴擾之患。深弊未去，而近患已生矣，故在「包荒」也。馮，音
憑，下同。○此明所以當「包荒」之意。葉氏曰：不詳密則無深遠之慮，不寬裕則有暴擾之憂。無深遠
之慮則深弊未易革，有暴擾之憂則近患已生。自古泰治之世，必漸至於衰替，蓋由狃習安逸，因

循而然。自非剛斷之君、英烈之輔，不能挺特奮發以革其弊也，故曰「用馮河」。斷，都玩反。○此明所以「用馮河」之意。或疑上云「包荒」，則是包含寬容，此云「用馮河」，則是奮發改革，似相反也。不知以含容之量，施剛果之用，乃聖賢之爲也。此明「包荒」與「用馮河」，相反而實相成之意。含容謂二；剛果謂九。○朱子曰：何萬一之嘗論：「本朝自李文靖、王文正當國以來，廟論主於安靜，凡有建明，便以生事歸之，馴至後世，天下弊事極多。」此説甚好！且如仁宗朝是甚次第時節，國勢却如此緩弱，事多不理。英宗即位，已自有性氣要改作，但以聖躬多病，不久晏駕。神宗繼之，性氣越緊，尤欲更新之，却撞出介甫來承當，所以作壞得如此。

觀：「盥而不薦，有孚顒若。」傳曰：君子居上，爲天下之表儀，必極其莊敬，如始盥之初，勿使誠意少散，如既薦之後，則天下莫不盡其孚誠，顒然瞻仰之矣。觀，古玩反。○此安定胡氏之言，而先生引之也。朱子發曰：祭之初，迎尸入廟，天子涚手，而後酌酒。涚謂之盥。酌酒獻尸，尸得之，灌地而祭，謂之裸。裸之後三獻而薦腥，五獻而薦熟，謂之薦。楊氏曰：按禮，天子諸侯之祭，先於堂上設南面位，行裸鬯薦腥之禮。而後延尸入室，東面位行饋食禮。大夫士之祭，不裸，不薦血腥，惟室中設尸主，東面行饋食禮。故儀禮少牢、特牲禮皆云饋食也。朱子曰：盥與灌不同。灌是以秬鬯之酒灌地以降神，盥只是洗手。凡祭祀，數數盥手。一拜則手拊地，便又著洗，蓋謂精誠之至。但是盥滌而不待乎薦享，有孚已自顒若也。伊川承先儒之誤，恐非易本意。至謂既薦之後，誠意懈散，則先王祭祀只是灌鬯之初猶有誠意，及薦羞之後皆不成禮矣。愚按，程傳：「盥謂祭祀之始，盥手酌郁鬯於地」，則程子固未嘗直以盥爲灌也。但所謂盥者，乃就灌之時而言耳。惟王弼注言「宗廟之可觀，莫盛於盥，至薦簡略，不足復觀」，且引夫子「禘自既灌而往，吾不欲觀」之言爲證，則似直以盥爲灌，而其意亦與程傳薦後「誠意稍散」云云相似，蓋胡説之所本也。又「有孚顒若」，伊川主天下之人説，本義以謂「孚信在中而尊嚴，故下觀而化之」，主在上者説，二説不同。然按彖傳「下觀而化」之言，則夫子明以「有孚顒若」爲下之化，其在上者之自盡其誠敬已在「盥而不薦」句内，程傳得之。惟説「盥而不薦」處，誠如朱子所駁。觀所云但盥而不待薦享，有孚已自顒若，則朱子亦以有孚句作效驗説也。不自從本義而從程傳，蓋明以程傳爲可從也。孔疏「下觀此盛禮，莫不皆化，悉有孚信而顒然」，則亦就下之人言也。

凡天下至於一國一家，至於萬事，所以不和合者，皆由有間也，無間則合矣。以至天地之生，萬物之成，皆合而後能遂，凡未合者，皆爲有間也。若君臣、父子、親戚、朋友之間，有離貳怨隙者，蓋讒邪間於其間也。去其間隔而合之，則無不和且治矣。噬嗑者，治天下之大用也。間，並去聲，惟「之間」、「於其間」，如字。皆有間，「間」上吕本無「有」字。「且治」之「治」，去聲。○噬嗑卦傳。○按程傳，此卦上下二剛爻而中柔，外剛中虚，人頤口之象也。九四一陽，間於其中，爲口中有物之象。口中有物，則隔其上下，而不得合矣。有間，指九四一陽爻而言也。

大畜之六五曰：「豶豕之牙，吉。」傳曰：物有總攝，事有機會，聖人操得其要，則視億兆之心猶一心。道之斯行，止之則戢，故不勞而治，其用若「豶豕之牙」也。豕剛躁之物，若强制其牙，則用力勞而不能止，若豶去其勢，則牙雖存而剛躁自止。君子法「豶豕」之義，知天下之惡不可以力制也。則察其機，持其要，塞絶其本原，故不假刑法嚴峻，而惡自止也。豶，音墳。道，音導。强，如字。○豶豕，去勢也。道之斯行，謂導之爲善也。止之則戢，謂禁其爲惡也。勢，外腎也。○程子又曰：教人之術，如童牛之梏，當其未能觸時，已先制之，善之大者。其次則豶豕之牙也。且如止盜，民有欲心，見利則動，苟不知教，而迫於飢寒，雖刑殺日施，其能勝億兆利欲之心乎？聖人則知所以止之之道，不尚威刑而修政教，使之有農桑之業，知廉恥之道，雖「賞之不竊」矣。此又就止盜言之。○此條言聖人化强暴之法，貴察其機要而治其本原，不徒威刑之是尚也。

解：「利西南，无所往，其來復吉，有攸往，夙吉。」傳曰：西南坤方，坤之體廣大平易。當天下之難方解，人始離艱苦，不可復以煩苛嚴急治之，當濟以寬大簡易，乃其宜也。解，音蟹，下同。易，並音異。難，去聲，下同。復，扶又反，下「不復」、「復盛」、「復生」並同。○坎下震上爲解。以卦變言，其卦自升來。三往居，四入於坤體，故以坤方言。文王八卦方位，坤居西南維，故西南爲坤，平易之方也。○此一節言解之所以利西南也。既解其難而安平無事矣，是「无所往」也。則當修復治道，正紀綱，明法度，進復先代明王之治，是「來復」也，謂反正理也。自古聖王救難定亂，其始未暇遽爲也，既安定，則爲可久可繼之治。自漢以下，亂既除，則不復有爲，姑隨時維持而已，故不能成善治，蓋不知「來復」之義也。此一節釋「無所往」，「來復吉」之義。「有攸往，夙吉」，謂尚有當解之事，則早爲之乃吉也。當解而未盡者，不早去，則將復盛；事之復生者，不早爲，則將漸大。故夙則吉也。去，上聲。○如張柬之等不殺武三思，及勢盛乃欲除之，則無及矣。此一節釋「有攸往，夙吉」之意。

夫有物必有則，父止於慈，子止於孝，君止於仁，臣止於敬，萬物庶事，莫不各有其所。得其所則安，失其所則悖。聖人所以能使天下順治，非能爲物作則也，唯止之各於其所而已。艮象曰：「艮其止，止其所也。」朱子曰：程子於此却自解得分明。又曰：萬物庶事，各有其所，著自家私意不得。

兑説而能貞，是以上順天理，下應人心，説道之至正至善者也。説，並音悦，下同。○兑象曰：「説以利貞，是以應乎天而順乎人。」説就柔外而言，謂三與上也；貞就剛中而言，謂二與五也。若夫「違道以干百姓之譽」者，苟説之道，違道不順天，干譽非應人，苟取一時之説耳，非君子之正道。君子之道，其説於民，如天地之施，感之於心而説服無斁。「之於」，易傳作「於其」。斁，音亦。○干，求也。違道干譽，如所謂私恩小惠是也。斁，厭也。此言説之所以順天應人者也。朱子曰：悦若不剛中，便是違道干譽。○愚按，後世君相，於道之所在可以稍有利於人者，偏不去講求，甚有知之而不肯爲，而私恩小惠，沾沾焉欲以干百姓之譽。究之百姓絶不蒙其利益而已，亦不足以致譽。此皆所謂「苟悦之道」，君子不取也。

天下之事，不進則退，無一定之理。濟之終不進而止矣，無常止也。衰亂至矣，蓋其道已窮極也。聖人至此奈何？曰惟聖人爲能通其變於未窮，不使至於極也，堯舜是也，故有終而無亂。既濟象曰：「終止則亂，其道窮也。」無常止，蓋雖止而有常心，猶可蒙業而安。如漢之文帝、宋之仁宗是也。然既有止心，則怠忽乘之，往往不能以有常，此衰亂所以至也。繫辭下傳云：「神農氏没，黄帝、堯、舜氏作通其變，使民不倦；神而化之，使民宜之。易窮則變，變則通，通則久。」獨言堯舜者，舉其極盛者而言也。觀孟子許行章所言，其大略可概見。○張希獻曰：卦曰「終亂」，而象曰「終止」，則亂非終之能亂也，於其終而有止心，此亂之所由生也。俞玉吾曰：人之常情，處無事則止心生。止則怠，怠則有患。而不爲之防，此所以亂也。當知終止則亂，不止則不亂也。

爲民立君，所以養之也。養民之道，在愛其力。民力足則生養遂，生養遂則教化行而風俗美，故爲政以民力爲重也。春秋凡用民力必書，其所興作不時害義，固爲罪也，雖時且義必書，見勞民爲重事也。後之人君知此義，則知慎重於用民力矣。「爲民」之「爲」，「養之」、「養民」之「養」，並去聲，餘如字。「慎重於民」下，葉本無「用」字。○見春秋隱公七年夏「城中丘」傳。

此一節釋春秋所以用民力必書之意。○廬陵彭氏曰：三代之君，不敢鄙夷其民以從己之欲，每有興作，謀及庶民。如盤庚遷殷，「登進厥民」，号而告之。三代世守此道，觀十月之交詩曰「胡爲我作，不即我謀」，蓋可見矣。然有用民力之大而不書者，爲教之意深矣。僖公修泮宮、復閟宮，非不用民力也，然而不書。二者，復古興廢之大事，爲國之先務，如是而用民力，乃所當用也。人君知此義，知爲政之先後輕重矣。泮，禮記作「頖」。○經説。下同。○此又將春秋之用民力而不書者言之，正以見民力之不可輕用也。泮，半也，諸侯鄉射之宮，東西南有水，而北無形，如半璧，故曰泮宮。蓋天子璧雍，水旋丘如璧，以節觀者，諸侯則半於天子之制也。閟，深閉也。宮，廟也。事並見詩魯頌。按小序：「泮水，頌僖公能修泮宮也。」「閟宮，頌僖公能復周公之宇也。」蓋序以泮水篇有「既作泮宮」句，閟宮篇有「復周公之宇」句，故云。然朱子辨之，則謂：泮水燕飲落成之詩，不爲頌其能修也；閟宮言「莊公之子」，又言「新廟奕奕」，則爲僖公修廟之詩明矣。但詩所謂「復周公之宇」者，祝其能復周公之土宇，非謂其能復周公之屋宇也。愚謂朱子説固然，然序於閟宮篇但言頌僖公能「復周公之宇」，未嘗言「屋宇」。正義釋之，亦以謂魯初土地特大，異於他國，其後君德漸衰，鄰國侵削，境界狹小，至是僖公有德，更能復之，故作詩頌之，亦未嘗有「復屋宇」之説也。要其於二者能舉而修之，則是鑿然無疑者，朱子與舊説一也。

治身齊家以至平天下者，治之道也。建立治綱，分正百職，順天時以制事，至於創制立度，盡天下之事者，治之法也。聖人治天下之道，唯此二端而已。「治之」、「治綱」之「治」，並去聲，餘如字，後放此。○見書解「命羲和」章。朱子曰：聖人治天下之道，固不外此二端。然必人主之心術公平正大，無偏黨反側之私，而後治之法可得而行；必親賢遠佞，講明義理之歸，閉塞私邪之路，而後治之道可得而盡。又不可以不知也。○愚按，經説治道就「克明俊德」至「於變時雍」而言，治法就「乃命羲和」至「庶績咸熙」而言。或疑治道固盡於此矣，治法似非「治歷明時」所可盡者。不知察陰陽，驗氣候，以布順時之政，使人得遂其生養之道，事之最大最先，孰過於此！故堯典首舉而詳載之。然則程子於此，所以提挈綱維，示人爲治之要，亦深切矣。

明道先生曰：先王之世以道治天下，後世只是以法把持天下。遺書。下同。○先王以道治天下，道盡而法已具，法固不外於道也。後世以法把持天下，法立而道已多不合矣。觀後世之天下而曰「把持」，蓋亦不足以言治也。○鶴山魏氏曰：荆公云：「周禮小宰言以法掌祭祀，則亦不與道揆故也。」荆公當以道揆自居，而元不曉道與法不可離。法不本於道，不足爲法；道不施於法，亦不見其爲道。荆公以法不與道揆，故其新法皆商君之法，而非帝王之道。所見一偏，爲害不小。永嘉二陳作唐制度紀綱論云：「得古人爲天下法，不若得之於其法之外。」彼以道德爲法外事，皆因荆公判道、法爲二，後學遂爲此説。如周禮三百六十官，甸稍、縣鄙、井地、溝洫、比閭、族黨，教忠教孝，道正寓於法中。後世以刑法爲法，故法爲申商。

爲政須要有紀綱文章，大曰綱，小曰紀。白虎通曰：「綱謂綱之大繩，紀謂綱中絲縷之目。」文章，其中之品節條理也。「先有司」以下五者，紀綱文章之條目也。「先有司」、説見論語。○愚按，日知録謂明初「錢糧掌於縣丞，案牘掌於主薄，税課掌於大使，爲令者總其要而無所與焉」。又自言其家有嘉靖時屋契，猶用税課司印，則其事一歸之於縣，固在嘉靖後也。然則謂佐貳官不得擅受民詞，非通論矣。但明制佐貳限於資格，清流往往恥爲之，其人亦以卑職冗員自棄，作奸犯科，不自愛重，所以至後來遂舉其事一歸之於縣，縣於是政令繁瑣，而不暇及教化養民之事，吏治之所以愈衰也。今欲凡事必先之有司，使得各舉其職，須要厚其俸，不限以資格，使之退可自給，進知所奮，然後嚴爲之考成，以計功過，亦所以使之各盡其材能也。鄉官、詳見下卷「鄉黨」條下。魏莊渠曰：鄉遂群吏，漢散爲亭長、三老、嗇夫，尚以教導爲務。至唐爲里正、坊正、村正，宋爲保長、耆長，則僕僕執役於官，惟征催錢糧，勾攝公事耳，古意蕩然矣。王氏曰：漢之鄉老、嗇夫，亦皆百石。魏之州縣鄉官，悉由吏部。唐之里正、村正，皆以勳品。宋以後則胥徒任之，賤而多責，人不樂爲。禮庫曰：「古者許多長民之官，往往多自民間推擇。且如五家爲比，有比長，即是五家中自推一人來做，朝廷因爵以下士，命之爲比長。五比爲閭，有閭胥，亦是二十五家中自推一人來做，朝廷因爵以中士，命之爲閭胥。此豈非進賢使能耶？要之，朝廷才進賢使能，天下使知賢者之可尊，能者之可貴，而自勉於善矣。」讀法、按周禮地官：州長「正月之吉，各屬其民而讀法，以考其德行道藝而勸之，以糾其過惡而戒之。歲時祭祀州社，則屬其民讀法，亦如之。正歲則讀教法如初」。黨正「四時孟月吉日，則屬民而讀邦法以糾戒之，春秋祭禜，亦如之。正歲屬民讀法，而書其德行道藝，以歲時涖校比」。族師「月吉屬民讀邦法，書其孝弟睦姻有學者，春秋祭酺，亦如之」。

閭胥「於凡祭祀、役政、喪紀，聚衆庶，既比則讀法，書其敬敏任恤者」。賈公彦曰：讀法者，謂對衆讀一年政令，及十二教之法，使知之也。鄉大夫管五州，去民遠，不讀法。州長管五黨，去民漸親，故歲四讀法。黨正去民彌親，則歲七讀法。族師則十四讀法。閭胥則不拘時節，但聚衆庶，既比即讀法矣。王氏曰：大司徒之職「因此五物者民之常，而施十有二教焉」。又曰「以鄉三物教萬民，而賓興之」。小司徒「正歲則帥其屬而觀教象之法，徇以木鐸，曰不用法者，國有常刑」。則所謂讀邦法者，即此十二教與三物之謂也。朱子謂「周禮中多有説事之綱目者，如屬民讀法，其法不可知」，蓋亦偶未之思耳。愚按，讀法使民知之者，無非欲感發人之善心，懲創人之逸志而已。鄉三物、十二教之類，所以感發其善心也。鄉八刑、徇木鐸之類，所以懲創其逸志也。讀法如今州縣官講鄉約之類，但古以鄉官主之，與民既親，而其責專。又有糾考勸戒之法，而選舉之典即出其中。故官民皆不敢視爲具文。今州縣地廣事繁，以此爲虚行故事而已。是則鄉官不設，則讀法亦不能獨行也。〇王昭禹曰：鄉官之讀法，與夫書考民之德行道藝、孝友睦姻，每於屬民者，非特衆而已，亦所以公是非而明好惡；每於歲之正月吉日者，非徒謹其始而已，亦使之日有所改，月有所化。朱子曰：周禮歲時屬民讀法，其當時所讀者不知云何。今若將孝弟忠信等事撰一文字，或半歲或三月一次，或於城市或於鄉村，聚民而讀之，就爲解説，令其通曉，及所在立粉壁書寫，亦須有益。平價、王氏曰：周禮賈師「禁貴價者，使有恒價」，亦惟三代上可行之。蓋三代聖王，養民者周，而取民者略。商賈五口而當農夫一人，亦受田於國，荒則去幾札，喪則無征。又市政森嚴，所以使之安其業，而樂樂利利者尤備。是故當其貪漁無厭，乘天患而高價厲民，則賈師爲之展成而莫價。後世皆民自爲養，而關津之吏〔三〕，因公擅斂，以掊克之，無所不至。倘賈師之法行，則惟有裹足不至，而小民坐稿而已矣。趙清獻公在會稽，不減粟價，四方商賈輻輳，歲凶而民不饑。後世有以禁民貴糶爲救荒奇策者，此芻狗周官而不知潤澤者也。愚按，賈師就天患之時言之，故王氏之論如此，程子則就其常者言之也。蓋末世人情多欺，商賈尤甚，故必立司市之官，以平其價，使不得欺誑愚民也。按地官司市：「凡市入，則胥執鞭度守，門市之群吏平肆展成奠價，其詐僞飾行價慝者，則胥師察而誅罰之，使不得欺誑。賈者其或有用後始得其情，亦或貨多不及詳檢，則質人治其質劑。國中一旬，郊二旬，野三旬，都三月，邦國期。期内治，期外不治。」蓋既不得使愚民見欺，又爲之期限，使不得好訟，所謂仁之至、義之盡也。「謹權量」，說見論語。○權，銖、兩、斤、鈞、石也。量，龠、合、升、斗、斛也。度，分、寸、尺、丈、引也。不言度者，引文不具也。謹權量，如夏官合方氏「同其數器，壹其度量」是也。顧亭林曰：虞書「同律度量衡」，則通於天下，五歲巡狩而一正之者也。月令「日夜分，同度量，鈞衡石，角斗甬，正權概」，則行於國中，每歲而再正之者也。陳氏曰：舜以五歲同度量，周十有二歲同度量，此步尺所以一而得其正也。後世之尺，或以黍，或以忽，或以指。然黍有大小，絲有巨細，指有長短，此步尺所以異也。又曰：周公頒度量，出以内宰，掌以司市，以合方氏一之，以質人行之同之。其同民心、出治道如此。○愚按，馬貴與氏謂律度量衡四者，惟律差之絲忽，則無以諧聲以定樂，故不可以不同。度量衡則隨世立法，隨地從宜，取其適於用，而初無害於事，固不必盡同也。愚以謂馬說固然，然愚嘗往來北方，見其丈尺斗斛〔四〕，有大小二等，而其物之價，亦適如其大小之數以爲之各別，則不同固無害其爲同也。

獨權衡之大小，四方不同，南方尤甚，甚有以小者出而以大者入，其敝不可窮詰。此關乎人心風俗之大，而非止權衡之不謹而已。有王者起，當亟思所以正之也。但按宋志，稱宋既平定四方，其一應權度斗斛之制，詔有司精考古式，作爲定制，以頒天下。其有不中式者，悉去之。乾德中，又禁民造者，由是尺度量衡之制盡皆復古。然則權量之謹，宋初固行之矣，但未能如先王設官專責，歲必考較，故其法不久遂廢，爲可惜也。皆不可闕也。以上言治之法。法必待人而行，故下兩節詳言所以得人之道。○愚按，此與下卷所論十事，皆明道就經書中舉其最切要者，以爲天下萬世法，亦猶孔子論爲邦而舉四代禮樂也。但此摘其要，故載之治道；彼及其詳，故列於治法也。惟鄉官一項，下十事中亦有之，其餘四者則有以補十事之所未及。彼以法之大者言，此以法之小者言也。人「各親其親」，然後能「不獨親其親」。二語並出記禮運篇，引之以起下文當各舉所知之意。仲弓曰：「焉知賢才而舉之？」子曰：「舉爾所知。爾所不知，人其舍諸？」便見仲弓與聖人用心之大小。推此義，則一心可以喪邦，一心可以興邦，只在公私之間耳。焉，於虔反。喪，去聲。○朱子曰：程子非謂仲弓有固權市寵之意，而至於喪邦，但一蔽於小，則其害有時而至此也，故極言之，以警學者用心之私也。又曰：「人各親其親」以下，舊本或别爲一條，則全章之旨，首尾衡決而皆失之矣。程子此章之説，廣大精微，無所不備。學者所宜詳玩也。○此條明治之法。以上並明道語。

伊川先生曰：治道亦有從本而言，亦有從事而言。從本而言，惟從「格君心之非」，「正心以正朝廷，正朝廷以正百官」。若從事而言，不救則已，若須救之，必須變，大變則大益，小變則小益。格，正也。真西山曰：人君能正其心，湛然清明，物莫能惑，則發號施令，罔有不臧，而朝廷正矣。朝廷正則賢不肖有别，君子小人不相易位，而百官正矣。自此以下，特舉而措之耳。薛敬軒曰：法雖善，久必有弊，要在隨時以審其勢之輕重以救之，勿使至於偏甚，則善也。○此條明治之道。

唐有天下，雖號治平，然亦有夷狄之風。三綱不正，無君臣父子夫婦，其原始於太宗也。故其後世子弟皆不可使，君不君，臣不臣。故藩鎮不賓，權臣跋扈，陵夷有五代之亂。「雖號」上，遺書有「如貞觀、開元間」六字，今當增入。○其原始於太宗者，如太宗以晉陽宫人侍高祖，便無君臣父子夫婦之義。後世子弟不可使者，如玄宗使肅宗至靈武則自立稱帝，使永王璘使江南則反之類是也。藩鎮謂外，權臣謂内。跋扈，强梁貌。陵夷，言丘陵隤墮，漸與地平，風俗頹敗，亦類於此也。漢之治過於唐。漢大綱正，唐萬目舉，本朝大綱正，萬目亦未盡舉。並伊川語。○大綱，如民風、士習、吏治之類。萬目，如口分、世業、租庸調、府兵、省府之類。○朱子曰：北周宇文泰及蘇綽有意復古，制度頗詳盡，唐因之，故萬目舉。吕微仲曰：自古人主事母后，朝見有時，如漢武帝五日一朝長樂宫，祖宗以來事母后皆朝夕見，此事親之法也。前代大長公主用臣妾禮，仁宗以侄事姑之禮見獻穆大長公主，此事長之法也。前代宫闈多不肅，宫人或與廷臣相見，本朝宫禁嚴密，内外整肅，此治内之法也。前代外戚多預政事，本朝母后之族皆不與事，此待外戚之法也。前代宮室多尚華侈，本朝宮殿止用赤白，此尚儉之法也。前代人君雖在宮禁，出輿入輦，祖宗皆步自内庭，出御後殿，此勤身之法也。前代人君在禁中，冠服苟簡，祖宗以來，燕居必以禮，此尚禮之法也。前代多深於用刑，本朝臣下有罪，止於罷黜，此寬仁之法也。王伯厚曰：真文忠公論本朝治體，曰：「立國不以力勝仁，理財不以利傷義，御民不以權易信，用人不以才勝德。恩結乎人心，富藏於天下。君民相孚而猜忌不作，材智不足而忠信有餘。」愚按，觀此二條所言，於程子所謂「大綱正」者可以略見。○此就漢、唐、宋以明治道治法之意。張楊園曰：夫子論爲邦，斟酌四代而損益之。學者遭時遇主，斟酌於漢、唐、宋、明之制，擇其善者而從之，庶乎小康矣。

教人者養其善心而惡自消，治民者導之敬讓而爭自息。外書。下同。○教謂教化也，治謂法制禁令也。愚按，即前「豶豕之牙」一條之意。○此見治天下不徒法度之是尚，以起下條之意。

明道先生曰：必有關雎、麟趾之意，然後可行周官之法度。「可」下，一本有「以」字。○朱子曰：須是自閨門衽席之微，積累至薰蒸洋溢天下，無一民一物不被其化，然後可以行周官之法度。不然，則爲王莽矣。後世論治皆欠此意。

伊川先生曰：「君仁莫不仁，君義莫不義」，天下之治亂，繫乎人君仁不仁耳。離是而非，則「生於其心」，必「害於其政」，豈待乎作之於外哉？是謂仁，非謂不仁也。昔者孟子三見齊王而不言事，門人疑之，孟子曰：「我先攻其邪心。」心既正，然後天下之事可從而理也。夫政事之失，用人之非，知者能更之，直者能諫之。然非心存焉，則一事之失，救而正之，後之失者，將不勝救矣。「格其非心」，使無不正，非大人其孰能之？夫，音扶。知，音智。更、勝，並平聲。○孟子三見齊王，說見荀子大略篇。齊王，本作宣王。一事之失，兼政事用人而言。此承上治道而言，以歸本於君心也。

橫渠先生曰：道千乘之國，不及禮樂刑政，而云「節用而愛人，使民以時」。言能如是則法行，不能如是則法不徒行。禮樂刑政，亦制數而已矣。「不徒」之「不」，葉本作「亦」，誤。○正蒙。下同。○說見論語。「節用愛人，使民以時」者，即孟子所謂仁心也。「禮樂刑政」，即孟子所謂仁政也。張子言此，一以見夫子之言尚未及其法，使後之人知所以求之也；一以見治國之道不當徒恃其法，使後之人知所以先之也。亦即孟子「徒善不足以爲政，徒法不能以自行」之意。

法立而能守，則德可久、業可大。鄭聲、佞人，能使爲邦者喪其所守，故放遠之。喪、遠，並去聲。「所」下，宋本有「以」字，與原書合，但原書「所」上無「其」字。○說見論語〔五〕。可久，則賢人之德；可大，則賢人之業。見易繫辭上傳。上爲行法者言之，欲使後之人知所以立其本也。此爲守法者言之，欲使後之人知有以去其害也。

橫渠先生答范巽之書曰：朝廷以道學、政術爲二事，此正自古之可憂者。巽之謂孔孟可作，將推其所得而施諸天下邪？將以其所不爲而强施之於天下歟？邪，音耶。强，區兩反。○所得，謂道學也。施之天下，謂政術也。所不爲，謂有出於道學之外者也。大都君相以父母天下爲王道，不能推父母之心於百姓，謂之王道可乎？所謂父母之心，非徒見於言，必須視四海之民如己之子。設使四海之内皆爲己之子，則講治之術，必不爲秦漢之少恩，必不爲五伯之假名。相，去聲。見音現。○此所以講求治術者必以道學爲本，而非徒如後世法制禁令之爲也。巽之爲朝廷言，「人不足與適，政不足與間」，能使吾君愛天下之人如赤子，則治德必日新，人之進者必良士，帝王之道不必改途而成，學與政不殊心而得矣。爲，去聲。適，音謫。間，音諫。○文集。○「人不足與適」二句，見孟子。上二節泛論其理，此節乃爲巽之言所以事君之道，以深明道學、政術非二事之意。治德必日新，則不憂爲政之失矣；所進皆良士，則無慮用人之非矣。○道學，體也；政術，用也。就其所得於身心者而言，則曰道學；而以之施於天下，即政術也，無二事也。自後世分爲兩途，而道學無用，則非所以爲道學；政術無體，則又何以爲政術哉！故特引張子此言，以見學與政非有二事，以結全篇之意。

## 校勘記

〔一〕故同居而志異　「志異」，文津閣本作「異志」。

〔二〕繆音謬　「音」，文津閣本作「同」。

〔三〕而關津之吏　「吏」，原作「使」，據文津閣本改。

〔四〕見其丈尺斗斛　「見其」下，文津閣本有「所用」二字。

〔五〕説見論語　「説」，文津閣本作「語」。

# 近思録集註卷九

## 治法

此篇乃斟酌先王之道，使可行於今者，以爲萬世不易之准，學者宜究心焉。凡二十七條。按語類，此卷作「制度」。

濂溪先生曰：古者聖王制禮法，修教化，三綱正，九疇叙，百姓大和，萬物咸若，「者」字今本俱無。○朱子曰：綱，網上大繩也。三綱者，夫爲妻綱，父爲子綱，君爲臣綱也。疇，類也。九疇見書洪範篇。若，順也。此所謂理而後和也。乃作樂以宣八風之氣，以平天下之情。朱子曰：八音以宣八方之風，見國語。宣，所以達其理之分；平，所以節其和之流。八風者，八方之風也。按史記律書，西北不周風，北方廣莫風[一]，東北條風，東方明庶風，東南清明風，南方景風，西南涼風，西方閶闔風。陽生於五，極於九，五九四十五日變，故每風各四十五日而一至。如距冬至四十五日爲立春，而條風至，又四十五日爲春分，而明庶風至，是也，餘六風放此。賈逵並服虔以爲，八卦之風，兑音金，爲閶闔風；乾音石，爲不周風；坤音革，爲廣莫風；艮音匏，爲融風；震音竹，爲明庶風；巽音木，爲清明風；離音絲，爲景風；坤音土，爲涼風。又周禮保章氏「以十有二風察天地之和，命乖別之妖祥」，賈氏云：「三月、六月、九月、十二月皆不見風，惟有八風以當八卦八節，云十二風者，蓋乾之風漸九月，坤之風漸六月，艮之風漸十二月，巽之風漸三月，四維之風主兩月故也。」陳氏樂書謂：「乾，西北之維，爲秋冬之交；坤，西南之維，爲秋夏之交；巽，東南之維，爲春夏之交；艮，東北之維，爲春冬之交。」則賈氏謂「四維之風主兩月」，於理自通。蓋金木水火分行四時，故各有專氣，而風應焉。惟四季屬土，無專氣，故無專風也。李嘉會曰：「八卦主八風，惟辰戌丑未之月，有立春、立夏、立秋、立冬在其中，故風無定風。如立春在前月，則兼前月之風；在後月，則兼後月之風。立夏、立秋、立冬皆然。」亦通。○顧亭林曰：今樂久無匏、土二音。笙以木加漆，而不用匏，塤以木爲之，而八音但有其六矣。元熊朋來謂：笙不以竹稱，而以匏稱，是所重在匏也。匏音亡，而清廉忠敬者之不多見。爲禮樂之官者，尚申請而改正之。愚按，宋范蜀公謂：「笙竽以木攢竹，而以匏裹之，是無匏音也。塤以木爲之，是無土音也。」則是八音無匏、土二音，宋儒已先言之矣。然笙竽猶以匏裹之，則匏之音未盡亡也。至元以後，並不復用匏矣。葉少藴避暑録話謂：「元豐末，范蜀公獻樂書以爲言，未及行，至崇寧更定大樂，始具之。舊又無篪，至是亦備。」據此則匏、土二音，宋崇寧時已復，不知何時又廢，如熊氏所云也。

故樂聲淡而不傷，和而不淫，入其耳，感其心，莫不淡且和焉。淡則欲心平，和則躁心釋。朱子曰：淡者理之發，和者和之爲。先淡後和，亦主靜之意也。然古聖賢之論樂，曰「和而已」，此所謂淡，蓋以今樂之妖豔形之，而後見其本於莊正齊肅之意耳。優柔平中，德之盛也；天下化中，治之至也。是謂道配天地，古之極也。「化中」之「中」，一作「成」。朱子曰：欲心平，故「平中」，躁心釋，故「優柔」，則民德之盛可知。溥天之下皆化於中道，則治道之至可見。言聖人作樂功化之盛如此。後世禮法不修，政刑苛紊，縱欲敗度，下民困苦。謂古樂不足聽也，代變新聲，妖淫愁怨，導欲增悲，不能自止。故有賊君棄父，輕生敗倫，不可禁者矣。朱子曰：廢禮敗度，故其聲不淡而妖淫；政苛民困，故其聲不和而愁怨。妖淫故導欲不止，而至於輕生敗倫；愁怨故增悲不止，而至於賊君棄父。嗚呼！樂者古以平心，今以助欲；古以宣化，今以長怨。朱子曰：古今之異，淡與不淡、和與不和而已。不復古禮，不變今樂，而欲至治者，遠矣！「矣」，今本多作「哉」。○通書。○朱子曰：復古禮然後可以變今樂。○朱子曰：自秦滅學，禮學先壞。漢晉以來，諸儒補輯，竟無全書。其頗存者，三禮而已。周官一書，固爲禮之綱領，至其儀文度數，則儀禮乃其本經，而禮記郊特牲、冠義等篇，特其義疏耳。前此猶有三禮、通禮、學究諸科，禮雖不行，而士猶得以誦習而知其說。自王安石變亂舊制，廢罷儀禮，而獨存禮記之科，棄經任傳，其失已甚。而博士諸生又不過誦其虛文，以供應舉而已，一有大議，率茫然不知所措。至若樂之爲數，則又絶無師授。律尺長短，聲音清濁，學士大夫莫有知其說者，而不知其爲闕也。又曰：居今而欲行古禮，恐情文不相稱。不若只就今人所行禮刪修，令有節文制數等威足矣。古樂亦難遽復，姑於今樂中去其噍殺促數之音，並考其律吕，令得其正。更令掌詞命之官，製撰樂章，其間略述教化訓成，及賓主相與之情，人主待臣下恩意之類，令人歌之，亦足以養人心之和平。鄭漁仲曰：三代既没，漢魏嗣興，禮樂之來，陵夷有漸。始則風雅不分，次則雅頌無别，次則頌亡，次則禮亡。按上之回、聖人出，君子之作也，雅也；艾如張、雉子班，野人之作也，風也。合而爲鼓吹曲。燕歌行，其音本幽薊，則列國之風也；煌煌京洛行，其音本京華，則都人之雅也。合而爲相和歌。風者，鄉人之用；雅者，朝廷之用。合而用之，是爲風雅不分。然享，大禮也；燕，私禮也。享則上兼用下樂，燕則不得用上樂，是則風雅之音雖異，燕饗之用則通。及明帝定四品，一曰大予樂，郊廟上陵用之；二曰雅頌樂，辟雍享射用之；三曰黄門鼓吹樂，天子燕群臣用之；四曰短簫鐃歌樂，軍中用之。古者雅用於人，頌用於神。武帝之立樂府，采詩雖不辨雅風，至於郊祀、房中之章，未嘗用於人事，以明神人不可以同事也。今辟雍享射，雅頌無分，應用頌者而改用大予，應用雅者而改用黄門，不知黄門、大予於古爲何樂乎？風雅通歌，猶可以通也；雅頌通歌，不可以通也。曹魏准鹿鳴作於赫篇以祀武帝，准騶虞作巍巍篇以祀文帝，准文王作洋洋篇以祀明帝。且清廟祀文王，執競祀武王，莫非頌聲。今魏家三廟，純用風雅，此頌之所以亡也。頌亡則樂亡矣。是時樂雖亡，禮猶存。宗廟之禮不用之天，明有尊親也；鬼神之禮不用於人，知有幽明也。梁武帝作十二雅，郊廟、明堂、王朝之禮，展轉用之；天地之事、宗廟之事、君臣之事，同其事矣。樂之失也，自漢武始；其亡也，自魏始。禮之失也，自漢明始；其亡也，自梁始。禮樂淪亡之所由，不可不知也。馬貴與曰：案夾漈之論，拳拳乎風雅頌之别，而以爲漢世頗謬其用。然漢明帝之樂凡四，今所傳者惟短簫鐃歌二十二曲，而所謂大予、所謂雅頌、所謂黄門鼓吹，則未嘗有樂章。至於短簫鐃歌，史雖以爲軍中之樂，多叙戰陣之事，然以其名義考之，若上之回則巡幸之事也，若上陵祭祀之事也，若朱鷺則祥瑞之事也。至艾如張、巫山高、釣竿篇之屬，則又各指其事而言，非專爲戰伐也。魏晉以來，仿漢短簫鐃歌爲之而易其名，於是專叙其創業以來伐叛討亂、肇造區宇之事，則純乎雅頌之體，是魏晉以來之短簫鐃歌即古之雅頌矣。

明道先生言於朝曰：治天下以正風俗、得賢才爲本。宜先禮命近侍賢儒及百執事，悉心推訪有德業充備、足爲師表者，其次有篤志好學、材良行修者，延聘敦遣，萃於京師，俾朝夕相與講明正學。「於朝」之「朝」，音潮，下「於朝」同。好、行，並去聲，下同。○近侍賢儒，近侍中之賢儒也。延聘，謂朝廷以禮延聘也，所以待德業充備、足爲師表者也。敦遣，謂命州縣以禮遣之至京也，所以待篤志好學、材良行修者也。萃，聚也。○此節言當擇師以講明正學。顧亭林曰：元虞集謂：「師道立則善人多，今學官猥以資格濫授，何以望師道之立？莫若使守令求經明行修、爲成德之君子者，身師尊之，以教於其郡邑。其次則求操履近正而不爲詭異駭俗者，確守先儒經義師説而不敢妄爲奇論者，衆所敬服而非鄉原之徒者。又其次則取鄉貢至京師罷歸者。」今欲求成德之人，固不可遽得，而如所謂操履近正、確守先儒之説、爲衆所敬服者，亦未至乏人也。而徒因其「又次之」一言，至今循而不改，而耄鄙之夫遂以學官爲糊口之地，教訓之員，名存而實廢矣。其道必本於人倫，明乎物理。其教自小學灑掃應對以往，修其孝悌忠信，周旋禮樂。其所以誘掖激厲、漸摩成就之道，皆有節序。其要在於擇善修身，至於化成天下。自鄉人而可至於聖人之道，弟，音悌。漸，音尖。○此言教士之道，即上所謂正學也。人倫，以道之大者言；物理，以道之小者言。灑掃應對，小學之教也；以往則兼大學言之矣。葉氏曰：擇善者，「致知、格物」也。修身者，「誠意、正心、修身」也。化成天下者，「齊家、治國、平天下」也。鄉人，鄉里之常人也，孟子所謂「我猶未免鄉人」是也。其學行皆中於是者爲成德。取材識明達可進於善者，使日受其業。擇其學明德尊者，爲太學之師，次以分教天下之學。中，去聲。○此二節言擇師之法。學以知言，行以行言。「是」，指其道、其教、其要而言。擇士入學，縣升之州，州賓興於太學，太學聚而教之，歲論其賢者能者於朝。凡選士之法，皆以性行端潔、居家孝悌、有廉恥禮遜、通明學業、曉達治道者。「聚」上，葉本無「太學」二字。○文集。下同。○士，民之俊秀者也。學，縣學。州，州學，即今之府學也。宋以上惟京郡及潛藩之地，方得稱府。宋初州縣不立學，仁宗慶曆四年從范仲淹議，始立學。賓興，見周禮大司徒章，謂以賓禮興起之也。端潔孝弟、廉恥禮遜，以性行言；通明學業，以經義言；曉達治道，以材能言。言以此三者賓興之也。○此一節言擇士之法。此熙寧元年先生爲監察御史時所上疏也。○按文集：始自藩府，至於列郡，擇士之願學、民之俊秀者入學，皆優其廪給，而蠲其身役。凡其有父母骨肉之養者，亦通其優遊往來，以察其行。其大不率教者，斥之從役。漸自太學，及州郡之學，擇其道業之成、可爲人師者，使教於縣之學，如州郡之制。異日則十室之鄉，達於黨遂，皆當修其庠序之制，爲之立師，學者以次而察焉。縣令每歲與學之師，以鄉飲之禮會其鄉老，學者衆推經明行修、材能可任之士，升於州之學，以觀其實。學荒行虧者，罷歸而罪其吏與師。其升於州而當者，復其家之役。郡守又歲與學之師行鄉飲酒之禮，大會郡士，以經義、性行、材能三物賓興其士於太學。太學又聚而教之，其學不明、行不修與材之下者，罷歸以爲郡守學師之罪。升於太學者，亦聽其以時還鄉里，復來於學。太學歲論其賢者能者於朝，謂之選士。朝廷問之經以考其言，試之職以觀其材，然後辨論其等差而命之秩。凡處郡縣之學與太學者，皆滿三歲然後得充薦。其自州郡升於太學者，一歲而後薦。其有學行超卓、衆所信服者，雖不處於學，或處學而未久，亦得備數論薦。在州縣之學，則先使其鄉里長老、次及學衆推之；在太學者，先使其同黨、次及博士推之。其學之師與州縣之長，無或專其私。苟不以實，其懷奸罔上者，師長皆除其任，籍終身不齒。失者亦奪官二等，勿以赦及去職論。州縣之長莅事未滿半歲者，皆不薦士。師皆取學者成否之分數，爲之賞罰。凡公卿大夫之子弟皆入學，在京師者入太學，在外者各入其所在州之學，謂之國子。其有當補蔭者，並如舊制，惟不選於學者不授以職。每歲諸路別言一路國子之秀者升於太學，其升而不當者，罪其監司與州郡之師。太學歲論國子之有學行材能者於朝，其在學賓興考試之法皆如選士。國子自入學，中外通及七年，或太學五年。年及三十以上所學不成者，辨而爲二等，上者聽授以管庫之任，自非其後學業修進、中於論選，則不復使親民政；其下者罷歸之。雖歲滿願留學者，亦聽其在外學。七歲而不中升選者，皆論致太學而考察之，爲二等之法。國子之大不率教者，亦斥罷之。凡有職任之人，其學業材行應薦者，諸路及近侍以聞，處之太學。其論試亦如選士之法，取其賢能而進用之。凡國子之有官者中選，則增其秩。如此則既一以道德仁義教養之，又專以行實材學升進。去其聲律小碎、糊名謄録，一切無義理之弊，不數年間，學者靡然丕變矣。又按，元齊履謙爲國子司業時，初命國子生歲貢六人，以入學先後爲次第。履謙曰：「不考其業，何以興善而得人？」乃酌舊制，立升齋、積分等法，每季考其學行，以次遞升。既升上齋，又必逾再歲始與私試。孟月、仲月試經疑經義，季月試古賦、詔誥、表策。辭理俱優者爲一分，辭平理優者爲半分。歲終積至八分者充高等。以四十人爲額，然後集賢、禮部定其藝業，及格者六人，以充歲貢。三年不通一經，及在學不滿一歲者，並黜之。帝從其議，自是人人勵志，多文學之士。朱子曰：有王者作，必欲乘時改制，以漸復先王之舊，而善今日之俗，則必如明道此議，然後可以大正其本，而盡革其末流之弊。如曰未暇，則莫若且均諸州之解額以定其志，立德行之科以厚其本，罷去詞賦而分諸經、子、史、時務之年，以齊其業。又使治經者必守家法，命題者必依章句，答義者必通貫經文，條舉衆説而斷以己意。學校則遴選實有道德之人，使專教導，以來實學之士。裁減解額、舍選謬濫之恩，以塞利誘之途，則有定志而無奔競之風，有實行而無空言之弊，有實學而無不可用之材矣。此其大略也。

明道先生論十事：一曰師傅。古者自天子達於庶人，必須師友以成就其德業。故舜禹文武之聖，亦皆有所從學。今師傅之職不修，友臣之義未著，所以尊德樂善之風未成於天下。書周官：「立太師、太傅、太保，茲惟三公，論道經邦，燮理陰陽，官不必備，惟其人。少師、少傅、少保，曰三孤，貳公弘化，寅亮天地。」漢書百官公卿表曰：「記曰『三公無官』，言有其人然後充之也。」云舜、禹、文、武之聖，皆有所從學者。按荀子大略篇：「堯學於君疇，舜學於務成昭，禹學於西王國。」劉向新序：「子夏對哀公曰：湯學於威子伯，文王學於鉸時子斯，武王學於郭叔。」君疇，漢書人物表及劉向新序並作「尹壽」。務成昭，新序作「務成跗」，白虎通又云「堯師務成子，舜師尹壽」。但按尸子載務成昭教舜之語，則白虎通疑誤。又按荀子楊倞注引新序，「威」作「成」，「斯」作「思」，無「鉸」字。〇朱子曰：周不置三公之官，只是冢宰以下，六卿爲之。周公嘗以冢宰爲太師，顧命「乃同召太保奭、芮伯、彤伯、畢公、衛侯、毛公」，注：「此六卿也。稱公則三公矣。」蓋三公、三孤以師道輔佐天子，本是加官。後世官制紊亂，遂以爲階官貼職之類，不復有師保之任、論道經邦之責矣。舊猶文臣之有勳德者方除，以其有輔導天子之名故也，後世或以諸王、或以武臣爲之，訛謬益甚。既是天子之子與武臣，豈可任師保之責耶？鄭節卿曰：古者官不必備，惟其人。有其人則備，無其人則兼。以三公言之，召公爲保，周公爲師，而太傅無有焉，二公實兼之也。周公既没，召公爲保，而太師、太傅無有焉，召公實兼之也。三公之下有三少，當時不見其人，召公又兼之。「乃同召太保奭、芮伯、彤伯、畢公、衛侯、毛公」，是六卿之長，召公又兼之。蓋一人之身，而兼總七職矣。又周公以三公兼冢宰，召公以三公兼宗伯，蘇公以三公兼司寇，畢公、毛公以三公兼司馬、司空，是則六卿之官亦不必備也。故嘗以周禮考之，二鄉則公一人，是三公兼鄉老也。一鄉則卿一人，是六卿兼鄉大夫也。軍將皆命卿，是六卿又兼六軍之將也。甚者太公以太師而兼司盟之職，「載在盟府，太師職之」是也。蘇公以三公而兼太史之職，「太史，司寇蘇公」是也。然則所謂「官不必備，惟其人」者，固不獨三公爲然也。葉竹野曰：周官三百六十，已倍於夏商。通考其鄉大夫士之數，六官幾三千人，大抵多兼攝也。蓋官屬有不必專置者，地官如角人、羽人、掌炭、掌茶等職，但征一物，秋官如庶氏、冥氏、穴氏、硩蔟氏、赤犮氏等官，但攻一事，不可兼乎？有不必常置者，田詛則有甸祝、詛祝，祭祀、軍旅、共杖、禁囂，則有伊耆氏、銜枚氏，喪紀則有職喪、喪祝、夏采，不可攝乎？蓋周人因事而置官，周禮因官而存名。置官而不兼其職則官冗，兼官而不存其名則官廢。知周禮兼官之職，又知周禮存官之名，則可與言官制矣。陳及之曰：齊桓令國子、高子各率五鄉，晉景公命士會將中軍且爲太傅，命韓厥將新軍且爲僕大夫，晉悼公令戎御屬校正，司右屬司士，皆古制也。後人疑周官之冗，蓋不知兼攝之義也。二曰六官。王者必奉天建官，故天地四時之職，歷二帝三王未之或改，所以百度修而萬化理也。天地四時之官者，謂天官冢宰、地官司徒、春官宗伯、夏官司馬、秋官司寇、冬官司空也。今周禮冬官職闕。書周官：「冢宰掌邦治，司徒掌邦教，宗伯掌邦禮，司馬掌邦政，司寇掌邦禁，司空掌邦土。」呂伯恭曰：六卿者，萬事之綱也。爲天下者，始於立綱紀，故一曰邦治。綱紀既立，首教以人道之大，故二曰邦教。人道立則必有節文之者，故三曰邦禮。教立禮行，而猶有幹紀亂常者焉，則將帥之事也，故四曰邦政。大罪陳之原野，降此則有司之法在，故五曰邦禁。民遷善遠罪，然後可以永奠其居，故六曰邦土終焉。六卿分職，上下相統，絲牽繩聯。且冢宰相天子，總百官，則司徒以下皆其所統，乃並列之爲六卿何也？綱固在網之中，而首不處乎身之外。乾坤之與六子並列於八方，冢宰之與五卿並列於六職，一也。○愚按，孔氏禮記正義：「書甘誓將戰而『召六卿』，鄭云周禮夏官『天子六軍，其將皆命卿』，則三王同矣。按甘誓及鄭註，則三王同有六卿。鄭注大傳夏書云『所謂六卿者，后稷、司徒、秩宗、司馬、士與共工也』，而不説殷家六卿之名。」案，曲禮六太、五官、六府、六工等，鄭皆云殷時制，蓋以上非夏法，下異周典，故指爲殷禮也。是則太宰、司徒、司馬、司空、司士、司寇，殷之六卿也。但周之六卿放天地四時，而殷之六卿則太宰爲一卿以象天時，司徒以下五卿法地之五行，其取象異也。蓋天官尊，故並著太宰之下。隸屬太宰之官，曰太宰、太宗、太史、太祝、太士、太卜也。地官卑，故五官並列而已。又案賈氏周禮正義序云：「鄭氏云：初，堯冬官爲共工。舜舉禹治水，堯知其有聖德，必成功，故改名司空以寵異之，非常官也。至禹登百揆之任，舍司空之職，爲共工與虞，故曰『垂作共工』，『益作朕虞』。」又云：「堯初天官爲稷，至堯試舜天官之任，謂之百揆。舜即真之後，命禹爲之，即天官也。」然則六卿之官，唐虞三代皆有之，而其名各殊。至以天地四時之官爲六卿，則自周始也。其云「冬官爲共工」，「天官爲稷」，蓋皆就後世之官況之，非唐虞時有天官、冬官之名也。猶左傳言「祝鳩氏，司徒」之類，先儒謂本名祝鳩，言司徒者，以後代官況之是也。馬融、鄭玄以堯命羲、和爲天地之官，分命、申命爲四時之官。孔安國書注亦云：「羲氏、和氏世掌天地四時之官。」蓋猶今欽天監之春夏中秋冬之五官，正非六卿也。至周，以羲、和之職分爲太史、馮相、保章諸職，而天地四時之官則始爲六卿之任矣。○陳及之曰：漢尚書自是少府屬官，當時諸府皆有尚書，所以分爲四曹。如常侍曹主公卿事，二千石曹主郡國二千石事，民曹主凡吏民上書，客曹主外國夷狄事。光武又分主客曹爲南主客曹、北主客曹，凡六曹。然則今之尚書與漢設尚書意異矣。王氏曰：自漢成帝初分尚書，置四曹，至光武分爲六曹，迄於魏晉，或五或六，初無常制。宋齊以來，定爲六曹，稍似周禮。至隋定爲六部。今考其職，則天官冢宰爲尚書令，非吏部也，司士掌群臣之版，其吏部乎？愚按，不獨吏部於古不合，户部似周之司會，非司徒之職也。俞壽翁謂司空之職散見於五官之中，而不知五官之分屬各有意義，豈得以其近似也，遂可混爲司空之職耶？如治官則服食器用，節制王宫，有關治道者屬焉。教官則山林川澤，禁約萬民，有關教道者屬焉。禮、政、刑三官仿此。其所以使之各事其事，以遂其所以爲生之計，如太宰九職，司徒十二職事之類，則司空之職也，故曰事典。觀書周官篇謂司空「居四民，時地利」，則其爲太宰九職、司徒十二職事無疑矣。四民即所謂農工、商賈、嬪婦、臣妾、閑民之類皆是。地利即所謂九穀、草木、山澤之材、藪牧、八材、貨賄、絲枲、疏材之類皆是。「三農生九穀」之類，各有其官掌之。今冬官亡，故不可得而詳。蓋古者民事最重，大約太宰總其大綱，司徒親自頒行，而司空則專主其事者也。至謂禹爲司空「平水土」，而共工則「咨垂」焉。司空之官甚重，而於百工之事無與，亦非也。夫平水土，工事之大者，故司空親自掌之。共工及虞，皆其屬也，則分任之。觀列女傳謂益生五歲而佐禹平水土，則益爲禹之佐明矣。故百工之事，未嘗非司空之職，但工事乃其職之一端，非如今制遂以此盡司空之職也。○程子又曰：後世惟宇文周氏制度爲最善，隋文雖小有善處，然皆出於臆斷。唐治道付之尚書省，近似六官，但法不具也。至唐猶僅存其略，當其治時，尚得綱紀小正。按唐六典三十卷，曰理典、教典、禮典、政典、刑典、事典，即周官太宰之六典也。惟治典以避高宗諱，改作「理」耳。今所傳六典本止紀官階職掌，無復理、教、禮、政、刑、事之目，卷帙如舊。宋詹棫原刻題志固云「比緣兵火，所在闕文」，此或其一也。程子所謂唐僅存其略者，蓋指六典而言也。但六典以侍中、中書令、尚書令爲宰相之職，則政既不出於一，而宫掖屬之宫官，環衛屬之衛尉，衣服飲食屬之光禄、殿中監，器用財貨出納屬之司農、太府、少府諸官。事權迭出，官職冗濫，非復周家太宰之制矣。又按，武后光宅元年，改六曹爲天地四時六官。治時，指貞觀、開元時而言也。今官秩淆亂，職業廢弛，太平之治所以未至。今，指宋制而言，詳見附説官制改注。陳氏曰：古之六卿，其分職也未嘗不通，其聯事也未嘗不分。司徒掌教，司馬掌政，未嘗不分也。有發兵則司徒教士以車甲，升造士則司馬辨論官材，未嘗不通也。司馬之屬司士曰「以德詔爵」，此司馬辨論官材之謂也。魏氏曰：王舉太宰，太宰舉五官於王，六卿各舉其僚屬之長數人，使自以類相舉。此乾坤易簡之道也。漢制六卿亦得自舉掾屬，爭以辟士相高，其治猶爲近古。後世天下之官盡選於吏部，人才不能周知，不得已而用資格，賢不肖混淆矣。顧亭林曰：古人以財爲末，故舜命九官，未有理財之職。周官財賦之事，一皆領之於冢宰，而六卿無專任焉。漢之九卿，八大農，九少府。大農掌財在後，少府掌天子之私財又最後。唐大略與漢不殊，而户部不過尚書省之屬官。今與吏、禮、兵、刑、工並列而爲六，以大司徒教民之職，遂爲理財之專官，非重教化、後財貨之義矣。愚按，漢書百官表：漢初沿秦之舊，以丞相、御史大夫、太尉爲三公。至武帝元狩四年，初置大司馬以冠將軍之號，成帝綏和元年更名御史大夫爲大司空，哀帝元壽二年更名丞相爲大司徒，而司徒、司馬、司空之官始具。哀帝紀亦云：「元壽二年五月，正三公官分職，以董賢爲大司馬，孔光爲大司徒，彭宣爲大司空。」蓋其時古文尚書未出，故不見周官。書中所謂三公、三孤及六卿之官，但見伏生口授牧誓及立政篇有所謂「司徒、司馬、司空」者，遂誤以爲三公而置之。東漢後一因其制，惟易司馬爲太尉爲少異耳。太尉主兵，即司馬之職，司徒主民，司空主土，皆六卿之任，非三公也。又司徒、司馬、司空三卿乃周爲諸侯時制度，爲天子則當設三公、三孤與六卿也。後世踵謬襲訛，莫或正之。又其餘大小官屬，都因事設官，無復條緒。至西魏，宇文泰有意復古，命蘇綽及尚書令盧辯依周禮更定官制，置三公、三孤以爲論道之官，次置六卿以分司庶務，自餘大小官職皆仿周禮爲之，制度頗爲詳盡。隋文帝受禪，從内史崔仲方言，復依漢魏舊制，而周官之法遂罷。然隋既沿漢魏舊制，以太尉、司徒、司空爲三公矣，又本北齊制，别置太師、太傅、太保爲三師，殊不知三師即三公也，而隋岐而二之，誤矣。唐三師三公，因隋之舊，而六省九卿等官，亦皆損益隋制而爲之者。宋元官制叢雜，淆亂更甚，無足論者。至明，設立大學士以髣古之三公，六部尚書以髣古之六卿，似矣。然宰相無所不統，而明制大學士必兼一部銜，則兼禮部者而兵部之事遂不當問耶？此其失一也。既有禮部，又有太常寺，既有刑部，又有大理寺，設官重復，此其失二也。周禮酒正、醢人之屬隸於天官，大小行人之屬隸於秋官，如綱之在綱，有條不紊。今光禄、鴻臚等官各爲統領，繁冗紛遝，此其失三也。至於外官，如布政司乃一道之主，而專司錢谷，然則國家命官分職，惟財用之爲務耶？此其失四也。明之官制視唐宋以來，差爲得之，而猶未爲精密。姑附記於此，以俟後之君子定焉。三曰經界。天生蒸民，立之君使司牧之，必制其恆産，使之厚生，則經界不可不正，井地不可不均，此爲治之大本也。唐尚能有口分授田之制。分，音問。唐高祖武德七年，初定均田、租庸調法，民年十八以上給田一頃，篤疾廢疾給四十畝，寡妻妾三十畝，皆以什之二爲世業，八爲口分。○朱子曰：周家每年一推排，十六歲受田，六十者歸田。其後想亦不能無弊，故蔡澤言商君「決裂井田，廢壞阡陌，以靜百姓之業而一其志」。唐制每歲十月一日，里正預造薄，凡應受田者，皆集於縣令庭中而升降之，若縣令非才，則是日乃胥吏之利耳。范氏曰：唐初定均田，有給田之制，蓋由有在官之田也。其後給田之制不復見，蓋官田益少矣。林氏曰：周制步百爲畝，百畝僅得唐之四十餘畝。唐之口分，人八十畝，幾倍於古。蓋貞觀之盛，户不及三百萬，永徽惟增十五萬。周則王畿千里，已有三百萬家之田，列國不與焉。是以唐制授田倍於周，而地亦足以容之。狹鄉雖裁其半，猶可當成周之制。然按一時户口，而不爲異日計，則後守法難矣。既無振貧之術，乃許之賣田，後魏以來敝法也，是以啓兼併之漸。永徽中，洛多豪右，占田逾制。葉水心曰：周制百步爲畝，唐却闊一步、長二百四十步爲畝。然則百畝爲頃，一夫授田一頃，視周制却是二倍有餘。八十畝爲口分，二十畝爲世業，是一家之田，口分須據下來人數占田多少。周制八家皆私百畝，唐制若子弟多則占田愈多。又唐制田多可以足其人者爲寬鄉，少者爲狹鄉，狹鄉授田減寬鄉之半。其地有厚薄，歲一易者倍授之，寬鄉三易者不倍授。工商者，寬鄉減半，狹鄉不給。並與周制不同。先王建國，只是有分土，無分民，但付之以百里之地，任其自治。蓋治之有倫，則地雖不足，民有餘。苟不能治，或德不足以懷柔，民不心悦而至，則地雖多，而民反少。唐既止用守令爲治，則分田之時不當先論寬鄉狹鄉，當以士論，不當以人論。今却寬鄉自得多，狹鄉自得少，自狹鄉徙寬鄉者，又得並賣口分、永業而去。周制雖授田與民，其間水旱之不時，凶荒之不常，上又振貸救恤，使之可以相補助而不至匱乏。若唐但知授田而已，而無補助之法，縱立義倉振給之名，而既令自賣其田，便自無恤民之實矣。周之制，最不容民遷徙，惟有罪則徙之，唐却容他自遷徙，並得自賣所分之田。方授田之初，其制已自不可久。故唐之比前世，其法雖爲粗立，然已無復先王之制矣。愚按，唐食貨志「徙寬鄉者，縣覆於州，出境則覆於户部」，「自畿内徙畿外、京縣徙餘縣，皆有禁」，田耗十四者免其半，耗十七者皆免之，又置義倉、常平倉，以備凶荒。則唐雖容民遷徙，仍官爲作主，其水旱蠲除，皆制爲定法，使雖有不肖，有司不得意爲上下。此後世所不能及也。周官大司徒「不易之田家百畝，一易之田家二百畝，再易之田家三百畝」。遂人「上地一夫田百畝，萊五十畝；中地一夫田百畝，萊百畝；下地一夫田百畝，萊二百畝」。小司徒「家七人以上，則授之以上地；家六人，則授之以中地；家五人以下，則授之以下地」。是則周制未嘗不計地之薄厚、口之衆寡也。但唐制止據一時户口，又令得自賣其田，當立法之初已自不爲長久計，則後欲其久而不變也，得乎？○朱子曰：今雖未能復古井田之法，宜令逐州逐縣各具民田一畝歲入幾何，輸稅幾何，非法科率又幾何。其一鄉内，逐鄉里不同者，亦依實開州縣一歲所收金穀總計幾何，諸色支費總計幾何，逐項開明有餘者歸之何許，不足者何所取之。俟其畢集，然後選忠厚通練之士數人，類會考究而大均節之，有餘者取，不足者與，務使州縣貧富不至甚相違，則民力之慘舒亦不至大相絶矣。愚按，遺書二程先生謂：「地形不必寬平可以畫方，只可用演算法折計地畝授民。」横渠謂：「必先正經界，經界不正，則法終不定。地有坳垤處不管，只觀四標竿中間地，雖不平饒，與民無害，就一夫之間，所爭亦不多。又側峻處，田亦不甚美。又經界必須正南北，假使地形有寬狹尖斜，經界則不避山河之曲，其田則就得井處爲井，不能就成處，或五七，或三四，或一夫，其實田數則在。又或就不成一夫處，亦可計百畝之數而授之，無不可行者。如此則經界隨山隨河，皆不害於畫之也。」愚按，横渠説較勝，推此則葉水心所謂「江漢以南，濰淄以東，不能行井田之處」，亦有可行者矣。姑存之以俟後之君子酌焉。今則蕩然無法，富者跨州縣而莫之止，貧者流離餓殍而莫之卹，幸民雖多，而衣食不足者蓋無紀極。生齒日益繁，而不爲之制，則衣食日蹙，轉死日多。此乃治亂之機也，豈可不漸圖其制之之道哉！按唐口分、世業之制，其源肇於後魏，而法則宇文周爲最備。如置載師掌任土之法，辨夫家田里之數，會六畜車乘之稽，審賦役斂弛之節，制畿疆修廣之域，頒施惠之要，審牧産之政。其於民間纖悉微細，無不周密詳盡如此。其分田而授宅也，則有司均之，官掌其政令。凡人口十以上，宅五畝；口九以下，宅四畝；口五以下，宅三畝。有室者田百四十畝，丁者田百畝。蓋不但田有制，里亦有制，使之得以安居，而後可以樂業。又宅不別起賦税，如古者五畝之宅，即在公田百畝之中。竊意塋地亦當如是，隨貴賤爲等差，給地使之安葬，與宅地同不起科，所謂「養生喪死無憾」也。至於田之賦税，則司賦之官掌之。有室者田百四十畝，其賦於上者，歲不過絹四丈、綿八兩、粟五斛而已。非桑土則布四丈、麻十觔而已。丁者田百畝，則其賦僅半之而已。中年征其半，下年征什之一，無年則不征其賦。蓋其時所入於上者，皆不過本其民之所自爲，與夫田之所出者而已。又其爲額輕而力易供，而關梁、川澤、茶鹽、礬香諸雜税，非有如後世之銖錙搜摘無不到也。然蘇綽且自歎税法太重，譬之張弓，「非平世法，後之君子，誰能弛之」?其子威聞其言，嘗以爲己任。至隋文帝受禪，定税法，威奏減賦役，務從輕簡，文帝悉從之。於是酒榷、鹽鐵、市税概行罷免，調絹一疋者減爲二丈，役丁十二番者減爲二十日。夫文帝未爲盛德之主，蘇威亦非不世出之賢臣，然且知減賦役以弛民困，君若臣同心一德如此，況其賢於文帝、蘇威者乎？唐建中間，用楊炎議，改作兩税法，於是始以錢爲賦，而論者往往極言其害，以謂使農人賤賣谷帛，易錢入官，所以民困愈甚。至明，納以銀，而錢糧之稱猶仍宋元之舊。然其先田税猶極輕，自宋迄元，江南糧重之處，每畝不過二升、三升，至五升而止。明初亦不過三升、五升，最下有三合、五合者。自嘉靖後，以官田均攤，而賦始重極矣。後有有志斯民者，慨然返宋元上之輕額，與民更始，而復革唐以來輸錢與銀之積弊，使民各隨土地所宜以爲之税，民病庶其有瘳乎？○愚按，經界之法，宋紹興間曾行之。至光宗時，朝議復欲舉行泉、漳、汀三州經界。朱子講求其説，至弓量算造之法，無不畢具，爲疏於朝，卒不果行。然亦止均其税，而未及均其田也。惟林勳本政書欲仿古井田之制，一夫占田五十畝，十六夫爲一井，每井賦二兵、馬一匹，其匹婦之貢絹三尺、綿一兩，非蠶鄉則布六尺、麻二兩。無田游惰末作者皆驅之，使爲隸農以耕田之羨者。其法頗爲詳備。朱子謂勳一生留意此事，後在廣中作守，畫爲數井，亦是廣中無人煙，可以如此云。王伯厚曰：蘇氏云：「三代之君開井田，畫溝洫，謹步畝，嚴版圖，因口之衆寡以授田，因田之厚薄以制賦，經界既定，仁政自成。下及隋唐，風流已遠，然其授民田有口分、世業，皆取之於官，其斂民財有租庸調，皆計之於口。其後變爲兩税。户無主客，以見居爲薄；人無丁中，以貧富爲差。貧者急於售田，則田多而税少；富者利於避役，則田少而税多。僥倖一興，税役皆弊。嘉祐中，薛向、孫琳始議方田，量步畝，審肥瘠，以定賦税之入。熙寧中，吕惠卿復建手實，抉私隱，崇告訐，以實貧富之等。元豐中，李琮追究逃絶，均虚數，虐編户，以補失陷之稅。此三者皆爲國斂怨，所得不補所失。」「昔宇文融括諸道客户，州縣觀望，虛張其數，以實户爲客，雖得户八十余萬，歲得錢數百萬，而百姓困弊，實召天寶之亂。均稅之害，何以異此？」四曰鄉黨。古者政教始乎鄉里，其法起於比閭族黨州縣酇遂，以相聯屬統治，故民相安而親睦，刑法鮮犯，廉恥易格，此亦人情之所自然，行之則效者也。比，必二反。酇，作管反。○説見周禮。○比、閭、族、黨、州、鄉，大司徒章「六鄉」也。鄰、里、酇、鄙、縣、遂，遂人章「六遂」也。並在國中，百里内爲鄉，百里外爲遂。不言鄰、里、鄙、縣者，蓋特舉其大略耳。按周禮，遂官各降鄉官一等，如鄉大夫卿，而遂大夫中大夫，鄉之州長中大夫，而遂之縣正下大夫之類是也。陳氏曰：按周禮六鄉，五家爲比，比有長；五比爲閭，閭有胥；四閭爲族，族有師；五族爲黨，黨有正；五黨爲州，州有長；五州爲鄉，鄉有大夫；六遂則五家爲鄰，鄰有長；五鄰爲里，里有宰；四里爲酇，酇有長；五酇爲鄙，鄙有師；五鄙爲縣，縣有正；五縣爲遂，遂有大夫。其間大小相維，輕重相制，綱舉目張，周詳細密，無以加矣。而要其自上而下，所治皆不過五人，蓋於詳密之中，而得易簡之意。此周家一代良法也。後世人才遠不如古，欲以縣令一人之身，坐理數萬户口，色目繁猥，又倍於昔時，雖欲事不叢脞，其可得乎？○按沈約宋書：「漢制五家爲伍，伍長主之；二伍爲什，什長主之；十什爲里，里魁主之；十里爲亭，亭長主之；十亭爲鄉，鄉有鄉佐、三老，有嗇夫、游徼，各一人。鄉佐有秩，主賦稅；三老主教化，嗇夫主爭訟，遊徼主奸非。」觀此則漢制詳密，猶有鄉黨官遺意，故其制最爲近古，民風淳穆，有由來也。但按後漢志本註曰：「有秩，郡所署。其鄉小者，縣置嗇夫，皆主知民善惡，爲役先後，知民貧富，爲賦多少，平其差品。」觀此則大鄉有秩，小鄉嗇夫，所主相同，無有賦税争訟之分也。風俗通「十里一鄉」，亦與沈志不合。前漢百官表無鄉佐，亦不言有秩所掌。馬貴與曰：國學有司樂、司成，專主教事，而州閭鄉黨之學，未聞有司職教之任者。及考周禮地官，黨正各掌其黨之政令教治，孟月屬民而讀法，祭禮則以禮屬民；州長掌其州之教治政令，考其德行道藝，糾其過惡而勸戒之。然後知黨正即一党之師也，州長即一州之師也。以至下之爲比長、閭胥，上之爲鄉、遂大夫，莫不皆然。蓋古之爲吏者，其德行道藝俱足以爲人之師表，故發政施令，無非教也。以至使民興賢，出使長之；使民興能，入使治之。蓋役之則爲民，教之則爲士，官之則爲吏，皆此人也。秦漢以來，儒與吏始異趨，政與教遂分塗矣。顧亭林曰：北魏李沖奏立鄰里黨正長之官，蘇綽亦以爲宜精加審擇，俾各得一鄉之選以相監統。隋文帝開皇十五年，始盡罷州郡鄉官，歷代良法遂一廢而不可復，惜哉！又曰：明初，命有司擇民間公正可任事者，理其鄉之詞訟。邑里皆置申明、旌善二亭，民有善惡則書之，以示勸懲。凡鄉里争訟，里老於此剖決，事涉重者，始白於官。若不由里老處分，而徑訴縣官，謂之越訴。今縣門榜所謂「越訴笞五十者」以此，亦古者鄉黨官遺意也。愚案，馬氏謂古之吏皆可以爲師，不似後世儒與吏始異趨，政與教遂分塗，其論極精。至謂州閭鄉黨之學無司職教之任者，蓋亦據周禮言之，其寔恐未必然。觀尚書大傳所謂「大夫爲父師，士爲少師」，則士大夫歸老鄉里者，皆其司職教之任者也。又白虎通謂：「古之教民，百里皆有師，里中之老，有道德者爲里右師，其次爲左師，教里中之子弟以道藝、孝悌、仁義。党中立學，教里學所升者。遂中立學，教黨學所升者。」然則閭里以上皆有學，則皆有師可知。又公羊何注謂：「一里八十户，八家共一巷中。里爲校室，選其耆老有高德者，名曰父老，其有辯護伉健者，爲里正，皆受倍田，得乘馬。春夏田作之時，父老及里正旦開門坐塾上，晏出後時者不得出，暮不持樵者不得入。至秋冬入保城郭，里正趨緝績，男女同巷相從，夜績至於夜中。故女功一月得四十五日作，從十月盡正月止。男女有所怨恨，相從而歌。飢者歌其食，勞者歌其事。男年六十、女年五十無子者，官衣食之。使之民間求詩，鄉移於邑，邑移於國，國以聞於天子。故王者不出户牖，盡知天下所苦。十月事訖，父老教於校室，其有秀者移於鄉學，鄉學之秀者移於庠，庠之秀者移於國學，學於小學，諸侯歲貢小學之秀者於天子，學於大學，其有秀者，命曰進士。行同能偶，別之以射，然後爵之。」愚按，何氏所謂「鄉學之秀者移於庠」，即王制所謂選士也。「庠之秀者移於國學，以學於小學」，即王制所謂俊士也。「諸侯歲貢其秀者於天子，以學於大學」，即王制所謂造士也。鄉學即閭黨之學也，閭黨皆屬於鄉，總曰鄉學。五曰貢士[二]。庠序之教，先王所以明人倫、化成天下。此三句言先王所以爲教者如此。下師學鄉射四者，即所謂庠序之教也。今師學廢而道德不一。古者自王宫、國都、閭巷、黨遂莫不有學。國學之政，大司樂及樂師掌之；閭巷之塾，則以大夫士之歸老鄉里及里老之有道德者使教焉，所謂師學也。小學則教之灑掃、應對、進退之節，禮樂射御書數之文；大學則教之致知、格物、誠意、正心、修身、齊家、治國、平天下之道。趨向正而心志專，道德之所以一也。自師學廢而人自爲說，家自爲書，故道德不一。○三禮義宗曰：四代之學，虞及殷各立其學，周則兼而立之。有虞大學爲上庠，小學爲下庠。夏后氏大學爲東序，小學爲西序。殷大學爲右學，小學爲左學。周大學爲東膠，小學爲虞庠。又曰：内則云「人君之子，十年出就外傅」，傅者教學之官。文王世子云「立太傅、少傅以養之」。然則未入學時，已有傅矣。是以內則云「出就外傅」，謂就外室而受教也。外室，在虎門之左、師氏之旁而築宮焉，即所謂異宮也。鄭剛中曰：周人立五學，中曰辟雍，環之以水，水南爲成均，水北爲上庠，水東爲東序，水西爲瞽宗。學禮者就瞽宗，學書者就上庠，學舞干羽籥者就東序，學樂德樂語樂舞者就成均，惟天子承師問道及養老更之類乃就辟雍。陳氏禮書曰：周又有辟雍、成均、瞽宗之名。辟雍即成均也。商之右學，在周謂之西學，亦謂之瞽宗。夏之東序，在周謂之東膠，亦謂之太學。又曰：諸侯之學，小學在內，大學在外。故王制言「小學在公宮南之左，大學在郊」，以其選士由內以升於外，然後達於京故也。天子之學，小學居外，大學居內。故文王世子言「凡語於郊，然後於成均取爵於上尊」，以其選士由外以升於內，然後達於朝故也。又曰：尚書大傳謂：「上老平明坐於右塾，庶老坐於左塾。」班固食貨志曰：「里胥平旦坐於右塾，鄰長坐於左塾。」蓋古者合二十五家而爲之門塾，坐上老、庶老於此，所以教之學也；坐里胥、鄰長於此，所以教之耕也。又周禮賈疏：文王世子云「禮在瞽宗，書在上庠」，鄭注云：「學禮樂於殷之學，功成治定與己同」，則學禮樂在瞽宗，祭禮先師亦在瞽宗矣。若然，則書在上庠，書之先師亦祭於上庠。其詩則春誦夏弦，在東序，則祭亦在東序也。故鄭注文王世子云「禮有高堂生，樂有制氏，詩有毛公，書有伏生」，是皆有先詩當祭可知。長樂劉氏曰：周立四代之學，虞庠以舜爲先聖，夏學以禹爲先聖，殷學以湯爲先聖，東膠以文王爲先聖，各取當時左右四聖成其德業者，爲之先師以配享焉。此天子立學之法也。東萊吕氏曰：周禮大司樂既掌學政，又延請有道德者敬事之，使之教國之子弟，以此見古人心至公。死爲樂祖，祭於瞽宗，其選擇之精可知。

愚按，崔氏謂内則「人君之子十年出就外傅」，則未入學時已先有傅。然觀「六年教之數與方名」，「七年男女不同席、不共食」，「八年出入門户及即席飲食必後長者」之類，則未就傅時固先有以教之矣。蓋古人自孩提時便已教以正道，使義理浸灌滋潤，故後雖欲爲不善，不可得也。「朝夕學幼儀」，幼儀如灑掃、應對、進退之類。必十年乃學之者，蓋前此年尚小，非其所能故也。可見古人當未入學時，便先教以禮節，使知事親敬長之道。至入小學，乃從受詩書禮樂射御書數之業耳。然則張子以禮教學者，最得古人爲教之意。但按内則「四十始仕，五十命爲大夫，服官政」，則似非專指人君之子言之也。大戴禮注云：「内則十年就外傅，謂公卿以下，教子於家也。曲禮十年曰幼學，蓋指就外傅言也。」則非專指人君之子可知。又案北史劉芳傳：「周以上學惟有二，或尚西，或尚東；或貴在國，或貴在郊。至周則學有六，師氏居内，太學在國，四小在郊。」師氏者，國學也。然則國學與太學固爲二也。云四小在郊，則是每郊各置一小學也。周禮「近郊五十里」，則是去都五十里皆有學也。又云：「祭義『天子設四學，當入學而太子齒』，注：『四學，周四郊之虞庠也。』大戴保傅篇云：『帝入東學，上親而貴仁；帝入南學，上齒而貴信；帝入西學，上賢而貴德；帝入北學，上貴而尊爵；帝入太學，承師而問道。』」學分東西南北，又與太學並列爲五，則劉氏以爲四郊虞庠之證，頗似有理。且鄭注固以四學爲周四郊之虞庠，雖正義有設虞夏商周四學之説，而復引皇氏説以爲四郊皆有虞庠，則劉氏之説未爲無據也。但按王制「虞庠在國之四郊」，鄭注「周立小學於西郊」；祭義「祀先賢於西學」，鄭注「周小學也」，疏云「王制所謂『虞庠在國之西郊』是也」，則虞庠似惟西郊有之。而孔氏釋四學爲四代之學者，當爲得之。鄭氏祭義注，疑一時偶誤也。六學亦不見。鄭注又言蔡氏勸學篇云「今之祭酒則周師氏」。洛陽記「國子學宫與天子宫對，太學在開陽門外」。漢魏以降無復四郊之學，至後魏孝文遷都洛邑，始置小學於四門，與國子太學爲三。唐六典仍之，設立國子、太學、四門三館，而四門學生乃取七品以上及侯、伯、子、男子弟補充，非如魏制專爲小學也。吕伯恭曰：周禮設官，下至射天鳥、除蠹物，至微至纖之事尚皆具載，獨於州庠黨庠教學之官反不見何人掌之，亦不見其法何如。蓋緣學校不是官司，非簿書期會之事，故不領於六官。惟國子是世禄之家，「鮮克由禮，以蕩陵德」，不可不設官以教養之。至其所以教養之法，均非簿書期會之可領，學者當識先王之意可也。愚按，陳氏禮書謂成均居中，左東序，右瞽宗，並建於一邱之上，並西郊虞庠爲四學，與祭義所謂設四學者頗合。蓋於虞存其小學，於夏、殷存其大學，而成均則本朝之制，故居中。然則四學者，三大學一小學也。此最爲得之，惟以東膠爲太學則誤也。陳氏既謂成均即辟雍，而辟雍自文王始建，後遂以名天子之學，且居中。南而其爲太學無疑，東膠則大戴記所謂東學也。但案蔡邕謂：「『春夏學干戈，秋冬學羽籥〔三〕，皆於東序』，又謂『大司成論説在東序』，是詔學皆在東序。」故以東序爲太學。而鄭氏禮記注亦有名太學爲東膠之説。正義云：「王制謂『周人養國老於東膠』，以養國老，故知爲太學也。」是則以東序爲太學不自陳氏禮書始也。鄭剛中以辟雍居中爲太學者，得之；而謂南成均與辟雍分爲二，則非也。又大戴東南西北學，劉芳以四郊、虞庠當之，則小學也；鄭剛中以上庠、東序等學當之，則大學也。然皆無確據，姑存之以廣異聞。

鄉射亡而禮義不興。地官州長「春秋以禮會民而射於州序」，賈疏：「先行鄉飲酒之禮乃射，故云以禮也。」鄭注：「序，州黨之學。」疏云：「按下黨正亦云飲酒於序，故知黨學皆名爲序，若鄉則名庠。故禮記鄉飲酒載云：『主人迎賓於庠門之外。』彼鄉大夫行賓賢能，非州長黨正所行，故知庠則鄉學也。」鄭云：「此州長所行，而謂之鄉射者，蓋鄉雖管五州，而鄉大夫或宅居此州之内，則當來臨此射禮，故州長所行而名鄉射也。」禮記正義云：「或鄉之所居州黨不必別立州黨之學，有事則就鄉學爲之，故州之射、黨正之正，齒位皆曰鄉也。」又云：「鄉所居州黨，則鄉大夫代州長、黨正爲主人，故得稱鄉射、鄉飲酒。若州党非鄉所居，則鄉大夫不得爲主人，不得稱鄉射、鄉飲酒，但謂之州射、黨正飲酒可也。」又「鄉老及鄉大夫三年獻賢能之書於王，退而以鄉射之禮五物詢衆庶。一曰和，二曰容，三曰主皮，四曰和容，五曰興舞。」鄭注：「和載六德，容包六行也。主皮則六藝之射，和容謂禮，興舞謂樂。」以六藝中御與書、數於化民稍緩，故特舉禮樂與射而言之也。又鄉射記「惟君有射於國中，其餘則否」，注云：「臣不習武事於君側，以其鄉射在城外，衆庶皆觀焉，故得詢五物。」又鄉大夫賈疏：「案儀禮鄉射云『豫則鉤楹内，堂則由楹外』。又云『序則物當棟，堂則物當楣』。堂謂鄉學。」據鄉大夫所云射禮也。豫謂州學，蓋州長春秋習射於序，名爲鄉射，今鄉大夫還用此鄉射之禮也。鄭云：「豫，讀如『成周宣榭災』之『榭』，周禮作『序』，令從『榭』，凡屋無室曰榭。」賈云：「有虞氏之庠，周以爲鄉學；夏后氏之序，周以爲州黨之學。夏時之序有室，周時州黨之序無室，名同制別。射於序，鄉飲酒在庠，以其序無室，庠有室。」鄭剛中曰：州長射而不飲，黨正飲而不射，至於鄉大夫乃有飲射。觀鄉大夫以禮禮賓之，則鄉飲可知。又云：以鄉射詢之，則鄉射可知。射義言鄉大夫將射，先行鄉飲酒之禮，則有射有飲，乃爲鄉飲。州黨之中未可行鄉飲，故但言「以禮會」、「以禮屬之」而已。呂與叔曰：禮射者，必先比耦。故一耦皆有上耦下耦，皆執弓而挾矢。其進也當階及階，當物及物，皆揖；其退也亦如之。其行有左右，其升降有先後。其射皆拾發，其取矢於楅也。始進揖，當楅及楅皆揖，取矢揖，既搢挾揖，退與將進者揖。其取矢也，有「横弓却手兼弣，順羽拾取」之節焉。卒射而飲，勝者袒決遂執張弓，不勝者襲脱決拾加弛弓，升飲相揖如初。則進退周旋必中禮可見矣。丘瓊山曰：太祖初得天下，即令天下府州縣每日講讀經書罷，於學設一射圃，教學生習射。其有司官閒暇時，與學官一體習射。

**貢士不本於鄉里，而行實不修；**按周禮地官鄉大夫，「正月之吉，受教法於司徒，退而頒之於其鄉吏，使各以教其所治，以考其德行，察其道藝。」「三年則大比，考其德行道藝而興賢者能者。鄉老及鄉大夫帥其吏與其衆寡，以禮禮賓之。」「厥明，鄉老及鄉大夫群吏獻賢能之書於王，王再拜受之。」其州長、黨正以下，詳見前卷「讀法」注。賈公彦曰：「按射義云『古者天子之制，諸侯歲獻貢士』，注引舊説大國三人，次國二人，小國一人。蓋大國三鄉，次國二鄉，小國一鄉，所貢之士與鄉同，則鄉送一人至君所。」愚按，王制「命鄉大夫論鄉學之秀者以升之司徒，曰選士」，蓋先名惟在鄉，今升名進於司徒，其身則猶在鄉學也。「司徒又論其秀者以升於大學，曰俊士」，蓋此身升於大學，非惟升名而已。升於司徒者，猶給鄉之徭役；升於學者，猶給司徒徭役。蓋以學業未成故也。其學業既成，而免於徭役者，則爲造士。「大樂正又論其秀者以告於王，而升於司馬，曰進士」，進士者，謂可進受爵禄也。造士以上，專就鄉之學者言之也。至大樂正論造士之秀者以升之司馬爲進士，則總鄉之學者及王子公卿之子，凡學業成者言之也。蓋鄉人卑，節級升之，故爲選士、俊士以至於造士。王子與公卿之子本位既尊，不須積漸，學業既成，即爲造士。○尚書大傳曰：「諸侯於天子，三歲一貢士。一適謂之好德，再適謂之賢賢，三適謂之有功。」有功者，天子賜以衣服弓矢，再賜以秬鬯，三賜以虎賁百人，號曰命諸侯。又云「貢士一不適謂之過」，注云「謂三年時也」；「再不適謂之敖」，注云「謂六年時也」；「三不適謂之誣」，注云「謂九年時也」。「一絀以爵，再絀以地，三絀而地畢」，注云「凡十五年」。愚按，絀爵猶今之革職留任也。蓋三不適則絀爵，又三年不適則絀地，又三年不適則地盡絀矣。故曰「凡十五年」。孔氏鄉飲酒義疏云：「天子六鄉，諸侯三鄉，卿二，鄉大夫一。鄉各有鄉大夫，而鄉有鄉學。取致仕在鄉之中大夫爲父師，致仕之士爲少師，在於學中，名爲鄉先生，教於鄉中之人，謂之鄉學。每年入學，三年業成，必升於君。若天子鄉則升學士於天子，諸侯鄉則升學士於諸侯。凡升士必用正月。將欲升之，先爲鄉飲酒之禮。」陳祥道禮書曰：閭胥聚民無常時，族師屬民有常月。族師歲屬以月吉與春秋，黨正歲屬以孟吉與正歲，州長歲屬以正月之吉與春秋，然後鄉大夫三年大比之。以卑者其職煩，尊者其事簡也。由黨正而下，有所讀，有所書；州長則有所讀，無所書，而有所考；鄉大夫則攻而與之，無所讀。敬敏任恤，易知者也，故閭師書之；孝弟睦婣有學，難知者也，故族師書之；德行則非特孝弟也，道藝則非特有學也，故黨正書之。書之者易，攻之、興之者難，故書之止於黨正，攻之在州長，興之者在鄉大夫。以卑者其職輕，尊者其任重也。○呂東萊曰：王制論鄉秀士升於司徒，曰選士；司徒又論其士之秀者而升之學，曰俊士，然後方免其徭役。大樂正又論造士之秀者升之司馬，曰進士；司馬辨論官材，論其賢者以告於王而定其論，論定然後官之，任官然後爵之，位定然後禄之。一人之身，未入仕前與既入仕後，凡經七級，然後得禄。

漢、唐以後，大抵自重而漸輕，自緩而漸速。浚儀王氏曰：通典鄉老、鄉大夫舉賢能而賓其禮，司徒教三物而興諸學，司馬辨官材以定其論，太宰詔廢置而持其柄，内史贊予奪而貳其中，司士掌其版而知其數。擇材取士如此之詳也。漢成帝建始四年，初置尚書，有常侍曹，主公卿事；又有二千石曹，掌郡國二十石。後漢改爲吏曹，主選舉、祠祀，尚書令總之。後又爲選部。魏改選部爲吏部，主選事。又曰：裴子野曰周禮始於學校，論之鄉里，告諸六事，而後貢於王庭。其在漢家，州郡積其功能，然後爲五府所辟；五府舉其掾屬而升於朝，三公參其得失，尚書奏之天子。一人之身，所閱者衆；一賢之舉，其課也詳。故官得其才。魏晉易是，所失弘多。萬品千群，俄折於一面；庶僚百位，專斷於一司。吏曹按閱而選舉，不遑訪察於鄉邑。又曰：周禮鄉大夫使民興賢，出使長之；使民興能，入使治之。是使民興鄉之賢能，還以長治其鄉。士自修於家，民自爲鄉謀，故毁譽公，賢否明。衆賓之席弗屬，堂下之觀禮者弗坐，無異辭也。王光遠曰：五家之比，比有長。初未有可書之事，不過防其奇衺而已。五比之閭，則書其敬敏任恤者，是於六行之中可書者二。四閭之族，則書孝友睦姻，是於六行之中可書者四。其於德行道藝，有所未備矣。五族之黨，書其德行道藝，然書之而未能考之。五黨之州，又從而考之。考之而未能賓興之，五州之鄉於是而賓興之。蓋其作成人材之法，如此其詳且悉也。魏莊梁曰：閭胥選於五比二十五家，小善亦取，故書敬敏任恤者。族師選於百家，累善乃取，故書孝友睦姻，有學者質美，未學者弗與矣。黨正選於五百家，善有大焉而後取，故書德行道藝者，其學皆已成材。於是州長考之，以覈其實；鄉大夫賓興，而拔其尤。其法可謂備矣。漢舉孝廉、茂才，尚存古制，得人亦多。魏晉而降，州郡各置九品中正，以别人才，漢制亦漸廢矣。後世科舉之法自隋煬始，殿試之法自武曌始，可勝歎哉！又曰：漢舉賢良、方正、茂才，猶周禮鄉大夫之賓興賢能。其舉孝弟力田，猶遂之興甿，古意猶有存者。故三代以還，兩漢得人爲盛。後世徒存其名而鮮實效，由上下皆以僞蒙也。王明齋曰：按周禮諸侯歲貢士於天子，蓋自邦君之子與民間俊秀，皆在其中。賢者或留用於朝，或反其國。司士於三歲則稽考諸侯所貢之賢否，以行賞罰，記所謂「進爵絀地」也。然司士必言稽士，任以進退其爵禄者，蓋以其任職而觀之，爲得其賢否之實也。○范氏曰：唐楊綰論進士、明經之弊，請令縣令察孝廉，取行著鄉里、學知經術者，薦之於州。刺史考試，升之於省，任各占一經。朝廷擇儒學之士，問經義二十條，對策三道。上第即注官，中第得出身，下第罷歸。其議最爲近古可行，而卒爲庸人沮止。況先王所以致治之具，欲舉而措之天下，不亦難乎！秀民不養於學校，而人材多廢。學記曰：「大學始教，皮弁祭菜，示敬道也；宵雅肄三，官其始也；入學鼓篋，孫其業也；夏楚二物，收其威也；未卜禘不視學，游其志也；時觀而弗語，存其心也；幼者聽而弗問，學不躐等也。此七者，教之大倫也。」王制曰：「春秋教以禮樂，冬夏教以詩書。王太子、王子、群后之太子、卿大夫元士之適子、國之俊選，皆造焉。」周禮：「諸子春合諸學，秋合諸射，以考其藝而進退之〔四〕。」鄭注：「學，太學。射，射宮。」賈疏：「太學在國中〔五〕，即夏后氏東序，在王宮之左也。射宮即國之小學，在西郊，則虞庠是也。王之子得適庶俱在學，若群后、畿内諸侯以下，則庶子賤，不得在學，故皆云適子也。」陳氏禮書曰：學記：「一年視離經辨志，三年視敬業樂群，五年視博習親師，七年視論學取友，謂之小成，九年知類通達，强立而不反，謂之大成。」此中年考校之法也。大胥掌國學士之版，春合舞，秋合聲。於其合聲，則頒次其所學而辨異之。諸子掌國子之倅，春合諸學，秋合諸射，以考其藝而進退之。比年考校之法也。又曰：王制命鄉簡不率教者，至於四不變然後屏之，小樂正簡國子之不率教者，止於二不變則屏之者，先王以匹庶之家爲易治，膏粱之性爲難化。以其易治，故鄉遂之所考常在三年大比之時；以其難化，故國子之出學常在九年大成之後。三年而考，故必四不變然後屏之；九年而簡，則雖二不變屏之可也。古之學政，其輕者有鞭撻，其重者不過屏斥而已。若夫萬民之不服教，其附於刑者歸於士。王伯厚曰：古者養士於成均，以觀其德行，雖天子之元子，亦齒於士也。列之於王闈，以考其中失，雖大夫元士之子，亦列於王子也。禮記正義曰：「按司馬法『百里郊，二百里野』。周禮遂人云『掌邦之野』。既二百里爲野，遂人掌之，則此不帥教者移之在遂，自應遂大夫掌之，則亦遂大夫帥國之俊，選於遂學而行禮也。但六鄉州學主射，黨正主正齒位。遂則與縣州同，鄙與黨同。縣鄙皆屬於遂，雖各立學，總曰遂學。或遂之所居縣鄙不立縣鄙之學，有事則在遂學，與鄉同。」楊龜山曰：按太宰「八則」，「三曰廢置以馭其吏，四曰禄位以馭其吏士」。蓋自鄉論秀士升之於司徒，自司徒而升之於學，曰造士。而後大司樂論造士之秀者升之司馬，曰進士。則所謂士者，蓋未有禄位也。司馬辨論官材，論定然後官之，任官然後爵之，位定然後禄之，非修之於鄉、升之於司馬則禄位不可得也。故以禄位馭之。太宰歲終令百官正其治，受其會，聽其致事，而詔王廢置。三歲大計群吏之治而誅賞之，則爲吏者有職任焉，與士異矣。故以廢置馭之。禄位、廢置初不相因也，而王介甫曰：「廢置所以治之，禄位所以待之。」治之者政也，待之者禮也，徒治之以政而不待之以禮，則將免而無恥，失其旨矣。文獻通考曰：先公嘗言：「西漢博士隸太常，有周成均隸宗伯之意。州有博士，郡有文學掾，五經之師，儒宫之官，長吏辟置，布列郡國，亦有黨庠遂序之意。然有二失。鄉里學校人不升於太學，而補弟子員者自一項人。公卿弟子不養於太學，而任子盡隸光禄勳自有四科。考試殊塗異方，下之心術分裂不一，上之考察馳騖不精。」愚按禮記正義，則王制「簡不帥教」至於四不變，即學記「中年考校」之法也。其「命鄉簡不帥教者以告」，謂初入學一年之終也。不變右鄉移之左，左鄉移之右，謂三年之時。「不變移之郊」，謂五年之時。「不變移之遂」，謂七年之時。「不變屏之遠方」，謂九年之時。「如初禮」者，謂「習射上功、習鄉上齒」也。又周禮鄉大夫「三年大比」，而此則「中年考校」者，蓋彼據鄉之選舉言，此就學之考試言也。中猶間也，謂間一年而考校之也。六曰兵役。古者府史胥徒受禄公上，按，周禮宰夫八職：「五曰府，掌官契以治藏；六曰史，掌官書以贊治；七曰胥，掌官叙以治叙；八曰徒，掌官令以徵令。」鄭注：「凡府史皆其官長所自辟除。」「胥徒，民給徭役者。」「胥讀如諝，謂其有才智爲什長。」賈疏：「按禮記王制云『下士視上農夫食九人，禄足以代耕』，則府食八人，史食七人，胥食六人，徒食五人。其官並亞士，故號『庶人在官者』也。」王氏曰：按周禮太宰爲正，小宰爲貳，宰夫爲考，以至旅下士凡六十三人，而府史胥徒止百五十人。五官亦然。夫官若是其衆，而其下吏止若此，先王所以省吏員者亦至矣。吏省則其禄易給，禄厚則人知自愛。故當時庶人之在官，凡有秩禄者無非賢德之人。而漢猶做此意，佐史有斗食之秩，長安游徼吏有百石之秩，左馮翊有二百石卒史。張敞爲膠東相，吏追捕有功者，得一切比三輔，尤異。自是以後，百石吏皆差自重，賢人君子往往多出其間，得先王遺意。後上世不然，自鄉差之法變爲顧役，天下之事付之游手之民，又從而奪其庸，是教之爲姦而又授之其也。自朝廷，下至州縣，每一職一司，官長不過數人，而胥吏不勝其衆，則夫官之不勝吏姦也亦明矣，天下何從而治哉！由是言之，則夫太宰之所以省吏員者，直欲夫禄之易給也；吏之所以必給其禄者，直欲人之知自愛也。又曰：成周之制，下士與庶人在官者同禄，故知官與吏無甚分也。漢去古未遠，蕭曹以刀筆吏佐命爲元勳，故終西漢之世公卿多出胥吏，而儒雅賢德之人亦多借徑於吏以發身，博士弟子之明經者多補太守卒吏。東漢流品漸分，然以胡廣而爲郡散吏，袁安世傳易學而爲縣功曹，應奉讀書五行並下而爲郡決曹吏，王充、徐稚皆以從事功曹起家，而不以爲屈。無他，始有禄以養其廉，而後有功名之塗以盡其用也。則周官之府史胥徒，其不以卑職冗員限其終身可知已。後世不爲之謀其生，而但爲之抑其格，則犯科爲姦、不自愛重者十人而九。此亦爲之長者之過也。貴與馬氏曰：按兩漢二千石長吏皆可以自辟曹掾，而所辟之人多取管屬賢士之有才守者，蓋必如是乃能知閭里之姦邪，黔庶之休戚，故治狀之顯著常必由之。後世長吏既不與之以用人之權，而士自一命以上拘於三互之法，不使之效職顯能於本土，士之賢者亦以隱情惜己不預郡府之事爲高，而與郡守、縣令共治其民者，則皆兇惡貪饕、舞文背理之胥吏，大率皆本土人也。然則豈三互之法可行之於僚掾，而獨不可行之於胥吏？可施之於有行止之命官，而獨不可施之無藉賴之惡少乎？呂氏曰：自封建變郡縣，仕宦如歷傳舍，而胥吏坐長子孫，仕宦素不練習，而胥吏皆諳熟典故。朝廷一舉一動，必不能出此輩之手，天下者，胥吏之天下耳。然猶五方雜用，自朱賡作相，盡以其鄉人布列各衙門，而線索始一，更盤踞深固，不可破矣。而兵農未始判也。

今驕兵耗匱國力，亦已極矣。臣謂禁衛之外不漸歸之農，則將貽深慮。府史胥徒之役毒徧天下，不更其制，則未免大患。

俊卿章氏曰：三代役法莫詳於周。周禮五兩軍師之法，此兵役也；師田追胥之法，此徒役也；府史胥徒之有其人，此胥役也。比閭族黨之相保，此鄉役也。有司徒焉，則因地之善惡而均役；則有族師焉，則校民之衆寡以起役；有鄉大夫焉，則辨年之老少以從役；有均人焉，則論歲之豐凶以行復役之法。愚按，此所謂兵，即兵役也；此所謂役，即胥役也。「府史胥徒受禄公上」，就役言；「兵農未始判」句，就兵言。二句乃言古之制如此。「驕兵」二句，言兵之弊；「禁衛」以下，則言當思所以處兵之道也。「府史胥徒之役」二句，言役之弊；「不更其制」以下，則言當思所以處役之道也。鄭康成謂：周禮小司徒職云：「乃會萬民之卒伍而用之，五人爲伍，五伍爲兩，四兩爲卒，五卒爲旅，五旅爲師，五師爲軍，以起軍旅。」又云：「凡起徒役，無過家一人。」是天子六軍之士出自六鄉也。朱子則謂：鄉遂之民以衛王畿，凡有征討，止用丘甸之民。章俊卿又謂：司馬注王有四方之事，則冢宰命師於諸侯，小宰掌其戒具，虎賁氏以牙璋發之，畿兵不出也。三説不同。蓋王有征討之事，先命師於諸侯，不足則用丘甸之民，又不足然後及六卿與六遂也。周衰，天子之命令不行於諸侯，於是專用六軍之士，故祈父之詩作。朱子曰：今日之患在於主兵之員多，朝廷雖知其無用，始存其名〔六〕，日費國家之財不可勝計，又刻剥士卒，使士卒困怨於下。若更不變而通之，則其害未艾也。此但可責之郡守，他分明謂之郡將，若使之練習士卒，修治器甲，築固城壘，以爲一方之守，豈不隱然有備而可畏！王東巖曰：古者兵法與役法不同。兵法自外及内，如有兵事，先遣邦國，不得已及遂，又不得已及鄉。若役法，先内及外。此先王均内外輕重之意。陳及之曰：林勳本政書曰：凡調役之法，宜使丁夫皆十人爲聯，歲輸一人，祇役一月，周而復始。凡執役在官，則其九人各於其家償其三日之役，如此民無道路之勞，官無交番之冗，公私各得其所，周禮所謂「五人爲伍，十人爲聯」者也。想先王用民，大要如是。如王制每人役其三日，煩擾爲甚。○按，蘇文忠公言：「三代之法，兵農爲一，至秦始分爲二，及唐中葉盡變府兵爲長征卒。自是以來，民不知兵，兵不知農，農出穀帛以養兵，兵出性命以衛農，天下便之，雖聖人復起，不能易也。」韓魏公亦言：「養兵雖非古，然使良民得免父子兄弟夫婦生離死别之苦，實萬世之仁也。」二公之言，誠所謂有達時識變者。葉竹野氏乃謂「唐府兵之制未盡合古，故不能無將驕卒惰之患，其亦迂矣。」李鄴侯論府兵興廢之由：「至武后以後，甚有蒸熨手足以避其役。山東戍卒多齎繒帛自隨，邊將誘之寄於府庫，晝則苦役，夜縶地牢，利其死而没入其財，還者十無二三。其殘虐如此。」司馬温公論保甲之害：「至保正長以泥堋除草爲名，聚之教場，得賂則縱，否則留之。公私勞擾數路，耕耘收穫之事幾盡廢。」然則兵農合一之説爲可行於今乎？不可行於今乎？此不待智者而能決也。惟有屯田之法得行，則循今之制而不失古之意。愚謂於此有數善焉。彼應募爲兵皆强悍無賴，今使之得有所事，不至於爲非，一也。開墾荒田，可使天下無廢壤，二也。且彼因屯田獲利，耕者浸多，而吾可以省游手坐食之費，以稍寬民之力，三也。故農不可兼兵，而兵必不可不使知農也。胡敬齋謂：「屯田須於近便處立屯，如戍兵就在近邊之地耕屯，郡兵就在近郡之地耕屯。一兵撥田一區，其入可食六七口，免其糧税。春夏秋就在屯所於少暇小習戰法，冬則入邊城大講武備。其田皆官府措置。」胡氏之言，頗有條理，因附著於此。朱子曰：永嘉諸公以爲兵農之分反自唐府兵始，却是如此。蓋府兵家出一人，以戰以戍，并分番入衛，則此一人便不復爲農矣。七曰民食。古者民必有九年之食，無三年之食者，以爲國非其國。臣觀天下耕之者少，食之者衆，地力不盡，人功不勤，雖富室强宗，鮮有餘積，況其貧弱者乎？或一州一縣有年歲之凶，即盜賊縱横，飢羸滿路。如不幸有方二三千里之災，或連年之歉，則未知朝廷以何道處之，其患不可勝言矣。固宜漸從古制，均田務農，公私交爲儲粟之法，以爲之備。王制曰：「國無九年之畜曰不足，無六年之畜曰急，無三年之畜曰國非其國也。」吕東萊曰：古者以三十年之通制國用，則有九年之畜。遇歲有不登，爲人主者貶損減省。如周禮「九式」所謂「喪荒」之式，又遺人掌縣鄙之委積以待凶荒，而大司徒又以薄征散利，凡諸侯莫不有委積以待凶荒。凶荒之歲，爲符信發粟振饑而已。後世勢有不能行，則如李悝之平糴法，豐年收之甚賤，凶年出之振飢。其法常行，則穀價不貴，四民亦可各安其居。至漢耿壽昌爲常平倉，亦本此法。又如漢宣帝本始元年，民載粟入關，毋得用傳，後來販粟者免税。此法一行，米粟流通，更有以田里之民，令豪户各出穀散而與之。又如富鄭公在青州，處流民於城外室廬，措置種種有法。當時寄居游士分掌其事，不以吏胥與於其間。又如趙清獻公在會稽，不減穀價，四方商賈輻輳。以上六七條，皆近時可舉而行者。統而論之，先王有預備之政，上也；使李悝、耿壽昌之政修，次也；所在蓄積有可均處，使之流通，次也；咸無焉，設糜粥，最下也。有志之士，隨時理會，以便其民可耳。致堂胡氏曰：後世常平之法固在，而置倉於州郡，一有凶荒無收，有司固不以上聞也。良有司敢以聞矣，比及報可，委吏屬出，而文移反覆，給散稽留，監臨胥役相與侵没，其受惠者，大抵近郭力能自達之人耳，縣邑鄉遂之遠，安能扶攜數百里以就龠合之廩哉！至若逢迎上意，不言水旱，坐視流散，無矜恤之心，則國家大禍由此而起。如王莽之末年，元魏之六鎮，煬帝之四方，魚爛河決，不可收壅矣。必欲有備無患，當如隋文帝時長孫平所奏，令民間每秋皆出粟麥一石以下，貧富爲差，儲之當社，以爲義倉，委社司檢校，以備凶年。取之民也無多，而散之民也又甚便。於是擇長民之官，行恤農之政，民其庶不至擠於溝壑矣乎。○顧亭林曰：古人謂藏富於民。自漢以來，財已不在民矣，而猶在郡國，不至盡輦京師，故所遇凶荒，良有司猶得以便宜振發救民，以天下各自有廩藏故也。宋太祖乾德三年，詔諸州支度經費外，凡金帛悉送闕下，無得占留。自此一錢以上皆歸之朝廷，而薄領纖悉特甚於唐時矣。宋之所以愈弱而不可振者，實在此也。又曰：明洪熙初，河南新安知縣陶鎔奏：「縣在山谷，土瘠民貧，遇歲不登，公私無措，惟南關驛有儲糧，臣不及待報，借給貧民。」上嘉其稱職。即此觀之，可見明初凡驛皆有倉，不但以供賓客使臣，而亦所以待凶荒藉阨，實周禮遺人之掌也。萬曆後，盡外庫之銀以解户部，而藩儲亦無復有存，於是民窮盜起，而國事不可爲矣。愚按，顧氏謂宋一錢以上皆歸之朝廷，州縣無復存留，以至貧弱不振，其説固然。然六年又詔錢物並留本州管係，不得押領上京。與三年詔異者。蓋宋初懲唐末以來藩鎮擅有財賦之弊，故不得不下無得占留之詔，至六年則綱紀粗立，官吏皆知畏法，天下財物自當藏之州縣，以備意外不虞之警急，固未嘗拘守乾德三年之詔令也。顧氏之説似未盡然。

八曰四民。古者四民俱有常職〔七〕，而農者十居八九。

故衣食易給，而民無所困苦。今京師浮民，數逾百萬，游手不足貲度。觀其窮蹙辛苦，孤貧疾病，變詐巧僞，以自求生，而常不足以生。日益歲滋，久將若何？事已窮極，非聖人能變而通之，則無以免患，豈可謂無可柰何而已哉！此在酌古變今，均多恤寡，漸爲之業以救之耳。浮民，謂非土著民也。貲，量也。不可計量，言多也。春秋穀梁傳：「古者有四民：有士民，有商民，有農民，有工民。」胡敬齋曰：天下之衣食，盡出於農工商，不過相資而已。須是什之八九爲農，一二爲工商。今則工商居半，又有兵役，及僧道、尼巫、尸祝、富盛之家皆不耕而食。機杼本女子之事，今織匠以男爲之。耕者少，食者多，如之何而不窮困也！○愚按，農爲衣食所自出，又於四民中最爲辛苦，終歲勤動，至不得以養其父母。而豪商巨賈，坐享富厚，交通官府，勢傾一時。所以漢法崇農抑商，入粟者補官，而市井子弟至不得爲吏，雖不無矯枉過正，然亦可謂知所輕重矣。觀周禮鄉大夫興賢能於朝，遂大夫帥其吏而興甿。則鄉遂皆有選舉也，獨市無之，蓋自古工商不得入仕也。葉氏夢得曰：漢高祖禁賈人毋得衣錦繡綺縠紵罽，操兵乘騎馬，其後又禁毋得爲吏予名田，凡民一等，商賈獨倍，其賤之至矣。敦本抑末，亦後世所不能行也。九曰山澤。聖人奉天理物之道，在乎六府，六府之任，治於五官，山澤虞衡，各有常禁。故萬物豐阜，而財用不乏。今五官不修，六府不治，用之不節，取之無時〔八〕，豈惟物失其性，材木所資，天下皆已童赭斧斤焚蕩，尚且侵尋不禁，而川澤漁獵之繁，暴殄天物，亦已耗竭，則將若之何？此乃窮弊之極矣。惟修虞衡之職，使將養之，則有變通長久之勢。赭，止野反。○六府，水、火、金、木、土、穀也。六者，財用之所自出，故曰府。見書大禹謨篇。五官者，按左傳晉太史蔡墨曰：「五行之官，是謂五官。木正曰勾芒，火正曰祝融，金正曰蓐收，水正曰玄冥，土正曰后土。」見昭公二十九年傳。又按，賈公彦周禮正義序云：「昭十七年服注顓頊之下云：春官爲木正，夏官爲火正，秋官爲金正，冬官爲水正，中官爲土正。高辛氏因之，至堯舜官號稍改。」愚按，五行之官，唐虞夏無考，惟曲禮六府有司土、司木、司水、司貨〔九〕，鄭氏謂殷時制。貨，金屬，獨無司火。周禮則山虞、林衡掌木，司爟、司烜掌火，土均、土訓掌土，卯人、職金掌金，川衡、澤虞掌水。蓋五官之設，昉於顓頊，至周而其法大備，今具在周禮可考也。上言五官而下獨言修虞衡之職者，蓋山虞主山林，出材木，川衡主川澤，出魚鱉。二者尤日用必需，而取之最易無節者，故孟子亦嘗專就此言之，意可見矣。朱子曰：水如堤防溉灌，金如五兵田器，火如出火、納火、禁焚萊之類，木如斧斤以時之類。古人設官掌此六府〔一〇〕，蓋爲民惜此物，不使之妄用，非如今世之民用財無節也。王氏曰：土如辨肥瘠、相高下，以植百物之類。山無草木曰童。赭，赤地。○愚按，山澤之政有二：一在弛其禁，以與民同其利；一在嚴其禁，使取之有節。弛山澤之禁者，三代後賢主猶間有能之，然必嚴爲之禁，使取之有節，而後有以盡財成輔相之道。後世未有講此者，故程子特言之。十曰分數。古者冠昏、喪祭、車服、器用，等差分别，莫敢踰僭，故財用易給，而民有恒心。今禮制未修〔一一〕，奢靡相尚，卿大夫之家莫能中禮，而商販之類或踰王公。禮制不足以檢飭人情，名數不足以旌別貴賤。既無定分，則姦詐攘奪，人人求厭其欲而後已。此爭亂之道也，則先王之法豈得不講求而損益之哉！分，音問。○以上十條，並係程子本文。○分，上下之分；數，多寡之數。○李氏曰：凡人耳目之欲，雖窮壯極麗，猶未足以厭之也。先王因人情而制之，以爲貴賤等級，使貴者不得逞，賤者無所覦，則上下有體，而朝廷以尊，費用有節而財力不乏。至於庶民亦有以防之，故大司徒「以本俗六安萬民」，「六曰同衣服」，謂雖有富者，衣服不得獨異也。不然則人可以僭上，上下無別則朝廷不尊，費用無節則財力乃乏，亂患所以作，禮遜所以衰也。其言曰：無古今，無治亂，如生民之理有窮，則聖王之法可改。後世能盡其道則大治，或用其偏則小康，此歷代彰灼著明之效也。苟或徒知泥古而不能施之於今，姑欲徇名而遂廢其實，此則陋儒之見，何足以論治道哉！然儻謂今人之情皆已異於古，先王之迹不可復於今，趣便目前，不務高遠，則亦恐非大有爲之論，而未足以濟當今之極弊也。儻，湯，上聲，俗作「倘」。「皆已」之「已」，吕本作「以」，注：一作「已」。復，扶又反。「趣」與「趨」同，古字通用。○康，安也。禮運：「是謂小康。」儻，或然之辭。○胡敬齋曰：明道所論十事，條理詳密，他便是要舉一世而甄陶之。此只是大綱，若下手做時當更精密。

愚按，明道所上十事，即所謂周官之法度也。而必有關雎、麟趾之意，然後可以行之。程子固已言之矣。

不然，則宇文周氏創制立法，必本周禮，不可謂不行先王之道者矣，而不得興於三代之隆者，其本不立焉耳。孟子所謂「徒法不能以自行」者，此也。

伊川先生上疏曰：三代之時，人君必有師、傅、保之官。師，道之教訓；傅，傅之德義；保，保其身體。道，音導。「傅之」，文集作「傅其」。○「師道之教訓」三句，見大戴禮及漢書賈誼傳。後世作事無本，知求治而不知正君，知規過而不知養德。此以下俱就保、傅二者言之，而此節則下文所謂「傅德義之道已疏」者也。其所以不言師者，蓋不取以「道之教訓」自處之意，亦以「傅之德義」、「保其身體」，而所以「道之教訓」者已在其中。○葉氏曰：正君養德者，本也；求治規過者，末也。傅德義之道，固已疏矣；保身體之法，復無聞焉。復，扶又反。臣以爲傅德義者，在乎防見聞之非，節嗜好之過；保身體者，在乎適起居之宜，存畏慎之心。好，去聲。「見聞之非」自外，「嗜好之過」自内；「起居之宜」在外，「畏慎之心」在内。二者皆兼内外而言。今既不設保傅之官，則此責皆在經筵。欲乞皇帝在宫中言動服食，皆使經筵官知之。經筵，王者講書處也。宋制，經筵無專官，侍從以上兼之則爲侍講、侍讀〔一二〕，庶官則曰崇政殿説書。講讀官舊隸集賢殿，元豐官制既行，而講讀始去翰林之名，自爲經筵之官矣。言動服食，俱兼「傅德義」、「保身體」言之。○按，先生欲以内臣十人供侍左右，使人君出一言、舉一事、食一果實，皆得知之。有翦桐之戲，則隨事箴規；違持養之方，則應時諫止。史記：成王與叔虞戲，削桐葉爲珪，曰：「以此封若。」史佚曰：「天子無戲言。」遂請封叔虞於唐。持，以言動言；養，以服食言。【本註】遺書又云：某嘗進言，欲令上於一日之中，親賢士大夫之時多，親宦官宫人之時少，所以涵養氣質，薰陶德性。吕本「遺書」上有「文集」二字。

今按，文集論經筵第一劄子中有之，但「所以涵養」以下十字作「自然氣質變化，德性成就」。蓋遺書所謂嘗進言者，正指此劄而言之也，又安可復冠以「文集」二字乎？呂本誤。○輔氏曰：若程子之説，乃所謂正君養德之道必如是，然後君德成而治有本，庶幾三代可復。不然，雖欲言治，亦苟而已。王方麓曰：周初攜僕、趣馬，無非吉士。周公定六典，幕次酒漿之官，皆領於冢宰。漢初此意猶存一二，出入供事禁闥，猶參用正士。使周公之典行，則豈但「親賢士大夫之時多」而已哉！○朱子曰：古帝王兢兢業業，持守此心，未嘗敢有須臾懈怠，而猶恐隱微之間，或有差失而不自知，故建師保之官以自開明，列諫諍之職以自規正。凡飲食、衣服、器用、財賄，與夫宦官、宮妾之政，無一不領於冢宰之官。使一動一静，悉皆制以有司之法，而無纖芥之隙，得以隱其毫髮之私。此先王之治所以由内及外，至微至著，精粹純白，無少瑕翳也。

伊川先生看詳三學條制云：舊制公私試補，蓋無虛月。學校禮義相先之地，而月使之爭，殊非教養之道。請改試爲課，有所未至，則學官召而教之，更不考定高下。○伊川時以通直郎充崇政殿説書，元祐元年五月，差同孫覺、顧臨等看詳國子監條制。三學，太學、律學、武學也。舊制，謂王安石與其黨鄧綰、李定輩所定學校科舉之制也。學官各以其經試士，不待命於上，曰私試。必待命於上而後試，曰公試。蓋私試學官自考，而公試則降敕差官也。凡私試，孟月經義，仲月論，季月策。公試，初場以經義，次場以論策，如省試法。「公私試補」者，外舍生月一私試，歲一公試，補内舍；内舍生間歲一舍試，補上舍也。云「更不考定高下」者，蓋舊制餬名考校排定高下故也。制尊賢堂，以延天下道德之士，及置待賓、吏師齋〔一三〕，立檢察士人行檢等法。齋，側皆反，經傳通作「齊」。行，去聲。○制，置也。尊賢，謂道德可矜式者，使居此堂，長貳以下尊禮之。學録一人，專主供億，無其人則虛之也。齋，居室之别名。待賓齋，所以待行能可賓敬者。吏師齋，則通於治道、可爲吏之師法者居之。行，德行。檢，操守。又曰：自元豐後，設利誘之法，增國學解額至五百人，來者奔輳，捨父母之養，忘骨肉之愛，往來道路，旅寓他土，人心日偷，士風日薄。解，居拜反。○唐進士由鄉而貢，曰解；有定數，曰額。國學解額，嘉祐前一百人，元豐後始增至五百人。時以開封解額稍優，四方士子多冒畿縣户以試。又有隸太學不及一年，亦往往冒户禮部。故先生云然。○按，語録謝上蔡將還蔡州取解，且欲改經禮記，伊川問其故，曰：「太學多士所萃，未易得之，不若鄉中可必取也。」似又鄉學寬而太學窄，何也？蓋上蔡但就蔡人之習禮記者言之耳，非謂太學之額窄而人多也。今欲量留一百人，餘四百人分在州郡解額窄處。自然士人各安鄉土，養其孝愛之心，息其奔趨流浪之志，風俗亦當稍厚。稍，蘇老反。○稍，漸也，一曰小也。○朱子曰：州郡試者多而解額窄，太學解額闊而試者少。又州郡只有解試一路，太學則兼有舍選捷徑，可以智巧經營，所以士子不安鄉舉而爭趨太學。故必先均太學解額、舍選之數，使與諸州不至甚遠，而後有以定其志也。又云：三舍升補之法，皆案文責跡，有司之事，非庠序育材論秀之道。論，一作「掄」。○三舍，外舍、内舍、上舍也。初入學爲外舍，外舍生升内舍，内舍生升上舍。凡内舍行藝與所試之等俱優者，升爲上舍。上舍分三等，上等取旨命官；一優一平爲中，以俟殿試；一優一否或俱平爲下，以俟省試。蓋王安石因慶曆中嘗於太學置内舍生二百人，而遂廣之爲三舍法也。「案文責跡」，謂舊考察法，專據文簿計校等差，如以不犯罰爲行〔一四〕，試在高等爲藝，注官及免禮部試、免解三等旌擢是也。育材，以教士而言；論秀，以取士而言。馬貴與曰：三舍升補之法，蓋王安石設之，欲以引用其黨耳。愚按，此條雖統三學而言，而其實專論太學所以教士之道也。蓋武學、律學特太學之分流，而非其本源之所在也，故獨略焉。○朱子曰：鄉舉里選之法固善，今不能行。只就科舉法中與之區處，使士子各通五經大義。凡易、詩、書爲一科，而子年、午年試之，周禮、儀禮及二戴記爲一科，而卯年試之，春秋及三傳爲一科，而酉年試之。義各二道，諸經皆兼大學、論語、中庸、孟子義一道，使寫出注疏與諸家之説，而斷以己意。論則分諸子爲四科，而分年以附焉。諸史則左傳、國語、史記、兩漢爲一科，三國、晉書、南北史爲一科，新舊唐書、五代史爲一科，通鑑爲一科。時務則律曆、地理爲一科，通禮、新儀爲一科，以次分年，如經子之法。策各二道。又曰：聞金法〔一五〕，科舉罷即曉示云。後舉於某經某史命題，仰士子各習此業，使人心有所定止，專心看一經一史，不過數舉則經史皆通，此法甚好。章楓山曰：宋教士之法雖不及於古，然如學校之外又有書院之設，無利禄之誘。凡有志者聽其就學，有田以供給之，延名儒爲山長以教之。諸老先生有不願仕而反樂爲開講者，故往往作養得好人材出，後世之所不能及也。蓋朝廷授法必達乎下，長官守法而不得有爲，是以事成於下，而下得以制其上，此後世所以不治也。長，張文反，下同。○按文集論舊制考察之弊，「諸齋所取，學官就其中而論之，不得有易也。學官所考，長貳就其中而論之，不得有易也。易之則案文責跡，入於罪矣。」所謂「事成於下，而下得以制其上」也。愚謂，今世取士之制正是如此而已。○朱子曰：古人立法只是大綱，下之人得自爲。後世法皆詳密，下之人只是守法。法之所在，上之人亦進退下之人不得。或曰長貳得人則善矣，或非其人，不若防閑詳密，可循守也。殊不知先王制法，待人而行，未聞立不得人之法也。苟長貳非人，不知教育之道，徒守虛文密法，果足以成人才乎？「詳密」下，文集有「上下相制」四字，文意更足。○按文集，程子欲朝廷專任長貳，長貳自委屬官，以達於下。取捨在長貳，則上下之體順，而各得致其功。朝議必有以專任長貳爲不可者，以爲不知任法猶可互相檢制，故程子特爲破其論如此。○朱子曰：明道所言，始終本末〔一六〕，次第甚明。伊川立說，姑以爲之兆耳。然欲變今而從古，亦不過從此規模以漸爲之。其初不能不費力矯揉，久之成熟則自然丕變矣。顧亭林曰：唐宋取士，雖程其一日之文，亦參之以平生之行，而鄉評士論一皆達於朝廷。如唐貞元中陸贄知貢舉，訪士之有材行者於翰林學士梁肅，肅推薦二十餘人，盡知名士。溫庭筠頗有才名，以士行塵雜，致累年不第。宋陳彭年舉進士，輕俊喜謗主司，宋白知貢舉，惡其爲人，黜落之，彭年憾焉。後居近侍，爲貢舉條制，多所關防，蓋爲白設也。自此專務關防，所取者只較一日之藝，不復選擇文行，甚者至露頂跣足以赴科場，甚非求賢之意〔一七〕。范仲淹、蘇頌之議，並欲罷彌封、謄録之法，使有司先考其素行，以漸復兩漢選舉之舊。夫以彭年一人之私，而遵之爲數百年之成法，無怪乎繁文日密而人材實衰也。項平甫曰：宋初科場條制雖密，然猶有度外之事。如張詠當爲舉首，而以遜其鄉人，則猶有朋友之義也。宋祁當爲第一，而令與兄，則猶有兄弟之恩也。延入客次，先通所爲文，則猶有禮意也。李畋、張及二人並解，則猶未立額也。至如孫復、蘇洵之用，猶出於常法之外，而雷簡夫、姚嗣宗之官，或由於特達之授，然則其意固亦知徒文之不足以盡士也。

明道先生行狀云：先生爲澤州晉城令，民以事至邑者，必告之以孝弟忠信，入所以事父兄，出所以事長上。澤州，宋屬河東道，今隸山西布政司。晉城，縣名，今廢。度鄉邨遠近爲伍保，使之力役相助，患難相恤，而姦僞無所容。度，音鐸。難，去聲。姦，古顔反，亦作「姧」，近本作「奸」，非。「奸」與「干」通用。○周禮大司徒：「令五家爲比，使之相保；五比爲閭，使之相受；四閭爲族，使之相葬；五族爲黨，使之相救；五黨爲州，使之相賙；五州爲鄉，使之相賓。」又族師：「五家爲比，十家爲聯；五人爲伍，十人爲聯；四閭爲族，八閭爲聯：使之相保相受。」士師亦「合州黨族閭比之聯，與其人民之什伍，使之相安相受」。葉氏曰：五家爲伍，五伍爲保。伍謂參比也，保謂相保任也。李景齋曰：古者聯比其民，而歡洽其心，使之有相保相受之法。而一有爲不善者，則衆庶之所共棄，而其身不得以自容。斯民安得而不移於善哉！○朱子曰：既行伍保，使須教習武事。然司馬温公嘗行之，後來所教之人，更不理會農務，只管在家作鬧，要酒物吃，其害不淺。古人兵出於農，却先教以孝弟忠信，而後驅之以此，所以無後來之害。馬貴與曰：秦人所行什伍之法，與成周一也。然周之法則欲其出入相友，守望相助，疾病相扶持，是教其相率而爲仁厚輯睦之君子。秦之時，一人有姦，隣里告之；一人犯罪，隣里坐之。是教其相率而爲暴戾刻核之小人。蓋同一法也，而仁暴異矣。凡孤煢殘廢者，責之親戚鄉黨，使無失所；行旅出於其塗者，疾病皆有所養。孤煢，謂孤寡。煢，獨。殘廢，謂疲癃殘疾。行旅惟疾病最苦，故抽出言之。○今國家設立孤老養濟院，使孤煢殘疾者不至失所〔一八〕，意誠善也。然有司視爲具文不加檢察，往往爲浮浪遊手之徒所據。甚有作姦犯律，無所不爲，而孤煢殘廢者反不得少霑其惠。此則良有司之責也。諸鄉皆有校，暇時親至，召父老與之語；兒童所讀書，親爲正句讀；教者不善，則爲易置；擇子弟之秀者，聚而教之。鄉民爲社會，爲立科條，旌別善惡，使有勸有恥。「句讀」之「讀」，大透反。馬融笛賦作「句投」，注：止也，與「逗」同。親爲、則爲、爲立之「爲」，並去聲。○校，即今義學也。親至，謂先生親至學也。句讀，凡經書語絶處謂之句，語未絶而點分之以便誦詠謂之讀，句點於字之旁，讀則點於字之中。

萃：「王假有廟。」傳曰：群生至衆也，而可一其歸仰；人心莫知其鄉也，而能致其誠敬；鬼神之不可度也，而能致其來格。天下萃合人心、總攝衆志之道非一，其至大莫過於宗廟，故王者萃天下之道至於有廟，則萃道之至也。假，音格。度，待落反。○「群生至衆」二句，總天下人心之萃而言。「人心莫知」二句，就一人之心之萃而言。「鬼神不可度」二句，正以驗其歸仰之一、誠敬之致處。「萃合人心」句，承上「莫知其鄉」二句而言也。「總揖衆志」句，承上「群生至衆」二句而言也。○此節總極言「有廟」爲萃道之至。祭祀之報，本於人心，聖人制禮以成其德耳。故豺獺能祭，其性然也。易傳。○此承上節而言，以見聖人制祭祀之禮，亦不過因人心之萃而爲之制也。季秋豺祭獸，孟春獺祭魚，見禮記月令篇。魏蔣濟云：「豺、獺，自祭其先也。」

古者戍役，再期而還。今年春暮行，明年夏代者至，復留備秋，至過十一月而歸。又明年仲春遣次戍者。每秋與冬初，兩番戍者皆在疆圉，乃今之防秋也。戍，音庶，從人荷戈以守，會意，與「戌」別。還，音旋。期，音基。「仲春」下，經說有「至春暮」三字。○經說。○論詩采薇篇遣戍役。防秋，唐宋遣戍之名。熊氏曰：北狄畏暑耐寒，又秋氣折膠，則弓弩可用，故秋冬易爲侵暴，每留戍以防之。○顧亭林曰：守邊將士，每至秋月草枯，出塞縱火，謂之燒荒。王瑛謂鹵所恃者馬〔一九〕，馬所恃者草。近年燒荒，遠者不過百里，近者五六十里，鹵馬來侵，半日可至。當敕邊將遇深秋，率兵約日同出數百里外，縱火焚燒，使鹵馬無水草可恃。如此則在我雖有一時之勞，而一冬坐卧可安矣。徐理亦請每年盡敕坐營將官巡邊，分爲三路：一出宣府抵赤城獨石，一出大同抵萬全，一出山海抵遼東。各出塞四五百里燒荒，哨瞭如得偵探詳明，可相機備禦〔二〇〕。燒荒舊法，又守邊者所不可不知者也。

聖人無一事不順天時，故「至日閉關」。遺書。下同。○「至日閉關」，復象傳文也，說見第四卷。○按此條見外書，陳氏本拾遺列遺書，誤。

韓信多多益辦，只是分數明。分，音問。○「多多益辦」，見漢書韓信傳，史記「辦」作「善」。高祖問信能將兵幾何，而信對之如此。分者，管轄階級之分；數者，行伍多寡之數。王伯厚曰：按孫子：

「治衆如治寡，分數是也。」杜牧注謂：「韓信多多益辦。」戚繼光曰：分數者，治兵之綱也。○問：淮陰「多多益辦」，程子謂「分數明」，如何？朱子曰：此御衆以寡之法。如十萬人，分爲十軍，則每軍有一萬人，大將之所轄者十將而已。一萬又分爲十軍，一軍分爲十卒，則一將所管者十卒而已。卒正自管二十五人，則所管者三卒正耳。推而下之，兩司馬雖管二十五人，然所自將者五人，又管四伍長。伍長所管，四人而已。至於大將之權，專在旗鼓。大將把小旗撥發，官執大旗，三軍視之以爲進退。若李光弼旗麾至地，令諸軍齊進，死生以之是也。八陣圖，自古有之。周官所謂「如戰之陳」，蓋即此法。楊龜山曰：韓信在楚漢之間，則爲善矣，方之五霸，已自不及，以無節制故也。但信用兵能以術驅人，使自爲戰，當時亦無有以節制之兵當之者，故信數得以取勝也。

伊川先生曰：管轄人亦須有法，徒嚴不濟事。今帥千人，能使千人依時及節得飯喫，只如此者，亦能有幾人？劉安成曰：管與錧、輨同，車轂端鐵也。轄與舝、牽同，車軸頭鐵也。皆機要所在，故以爲喻。葉氏曰：管轄，統軍之官；法，謂區畫分數之法。朱子曰：有老將嘗言臨陣只在番休遞上，分一軍爲數替，將戰則食，第一替人既飽，遣之入陣，便食第二替人。覺第一替人力將困，即調發第二替人往代，第三替人亦如之。只如此更番，則士常飽健，而不至於困乏。張柔直守南劍，戰退范汝爲，只用此法。愚按，朱子之説，於程子所謂「依時及節得飯喫」者，發明最爲詳盡。蓋管轄人須有法，此其一端也。嘗謂軍中夜驚，亞夫堅卧不起。不起善矣，然猶夜驚何也？亦是未盡善。周亞夫，絳侯勃子也。漢景帝時，七國反，遣亞夫將兵擊之。軍中夜驚，擾至帳下，亞夫堅卧不起，有頃遂定。詳見史記及漢書。○此引以明管轄人須有法之意。

管攝天下人心，收宗族，厚風俗，使人不忘本，須是明譜系，收世族，立宗子法。系，胡計反。○大傳曰：「別子爲祖，繼別爲宗，繼禰者爲小宗。有百世不遷之宗，有五世則遷之宗。」喪服小記無「百世不遷」句，餘同。丘氏曰：按大宗則一，宗其繼別子者也。小宗凡四：有繼禰之小宗，則同父兄弟宗之；有繼祖之小宗，則同堂兄弟宗之；有繼曾祖之小宗，則再從兄弟宗之；有繼高祖之小宗，則三從兄弟宗之。至於四從，則親屬盡絶，所謂「五世則遷」者也。大傳獨云「繼禰」者，初皆繼禰爲始，據初而言之也。然禮所謂別子法，爲諸侯世子設也。今人家以始遷及初有封爵仕宦起家者爲始祖，以準古之別子，又以其繼世之長子，準古之繼別者，世世相繼，以爲大宗；其餘以次第分爲繼高祖、繼曾祖、繼祖禰，爲小宗。此法既立，則人皆知尊祖敬宗，親睦之風行，而淳古之風復矣。李氏曰：按禮別子之適子，世世繼別子爲大宗。族人五世外者，皆爲之齊衰三月。母妻亦然。故大宗有族食、族燕之禮，所以收族也。夫五服者，人道之大者也。然上盡於高祖，則遠者忘之矣；旁盡於三從，則疏者忘之矣。故立大宗以承其祖，族人五世外皆合之宗子之家，序以昭穆，則是始祖常祀，而同姓常親也。葉竹野曰：古者天子有帝繫，諸侯有世本，所以別親疏而序昭穆也。周禮繫世之奠屬之春官，一諷之瞽矇，一奠之小史。小史，掌諸禮者也，讀禮而掌奠繫世，則教以禮之序。瞽矇，掌誦詩者也，誦詩而掌世奠繫，則教以樂之和。序故有別，而昭穆不能亂；和故有親，而親疏不相離，法甚善也。後世小史之職廢，瞽矇之官缺，繫世既不復明，則昭穆失其序，親疏失其和，而本支之所從出者已不可得而辨，雖有氏族志存焉，亦豈可得而據耶？呂伯恭曰：古者建國立宗，其事相須。春秋之末，晉執蠻子以畀楚，楚司馬致邑立宗焉，以誘其遺民，而盡俘以歸。當典型廢壞垂盡之時，暫爲詐誘之計，猶必立宗，前此可知。陳及之曰：先王綴民以族，所以一天下。後世徒蔽於其害，而莫見其利，遂使先王良法美意不可復用。如商之七族實封康叔，懷姓九宗實封唐叔，必曰世家大族有害於國，則豈成王不仁於二叔哉？是以强宗大族，禮義足以齊其家，好尚足以帥其俗，正有國者之所以爲治也。不幸魯之威、齊之田，并國逐君，遂以大家爲不可容。漢高祖都關中，徙齊諸田、楚昭、屈。武帝以六条詔察州，首以强宗爲言。陵夷至於五胡亂華，元魏分析蔭户，而先王以族得民之意，散而不可復收矣。○按張子語録中亦有此條。【本註】一年有一年工夫。「一年」上，葉本有「又曰」二字，無「本註」字。○又恐學者猝欲行之，或情意不相浹洽，法度未及周詳，不能行之久遠而無弊，故復言此以足之。

宗子法壞，則人不自知來處，以至流轉四方，往往親未絶，不相識。今且試以一二巨公之家行之，其術要得拘守得須是，且如唐時立廟院，仍不得分割了祖業，使一人主之。伊川語。○院，齋院也。唐廟垣爲東門、南門，齋院在東門外稍北。按新舊唐書禮樂志，開元十二年著令，一品、二品四廟，三品三廟，四品、五品二廟，嫡士一廟，庶人祭於寢。及定禮，三品以上不須爵者亦四廟，有始封爲五廟，四品、五品有兼爵亦三廟，六品以下至庶人祭於寢。天寶十載，京官正員四品清望及四品、五品清官，聽立廟，勿限兼爵；雖品及而建廟未逮，亦聽寢祭。太宗時，王珪以獨祭於寢，爲法司所劾，命有司爲之立廟以愧之。可見唐時此制甚重。通鑑謂「三品以上立家廟」，則似三品以下不立廟者，蓋唐之初制然也。宋雖議舉廟制，不果行。惟文潞公請立家廟，未知其制。至和初，西鎮長安訪唐廟之存者，得杜岐公遺跡，止餘一堂四室及旁兩翼。嘉祐元年，始倣而營之，司馬温公爲之記云。○自首至「不相識」，見宗子法之不可不行也。「今且試以一二巨公」以下，乃所以論行宗子法之道也。「唐時立廟院」以下，正所謂「其術要得拘守得須是」者也。朱子曰：按唐會要禮官議户部尚書韋損四代祖所立私廟：「子孫官卑，其祠久廢，今損官三品，準令合立二廟。」又韓文公李郱墓誌云：「將復廟祀。」蓋以郱之先世嘗有王封，而後世官卑不得立廟故也。然唐制亦非古，而本朝立法尤疏略，惟蘇魏公嘗議立廟與襲爵之法相爲表裏，其説爲善。惜乎，當時不施行也。愚按，據會要所言，則三品止得立二廟，又子孫官卑不得立廟，然則四品五品恐未必得立廟也，頗與通鑑「三品以上得立廟」之説相合，豈唐書所載廟制雖屢經更定而未果行耶？吴草廬曰：古之大夫元士有家者，蓋都邑有食采之田以奉宗廟，子孫雖不世爵而猶世禄。承家之宗子世世守其宗廟，而支子不得與焉。宗子出在他國而不復，然後命其兄弟或族人主之。此古者大夫士之家，所以與國咸休者也。

凡人家法，須月爲一會以合族。古人有花樹韋家宗會法，可取也。每有族人遠來，亦一爲之。吉凶嫁娶之類，更須相與爲禮，使骨肉之意常相通。骨肉日疏者，只爲不相見情不相接爾。「只爲」之「爲」，去聲。○唐韋氏宗族最盛，嘗會飲花樹下。困學紀聞云：「宗會法今不傳，岑參有韋員外家花樹歌：『君家兄弟不可當，列卿太史尚書郎。朝回花底常會客，花撲玉缸春酒香。』韋員外失其名，此詩見一門華鄂之盛。」愚按，吉凶嫁娶，相與爲禮，所以補韋氏宗會法之所不及也。周官大宗伯：「嘉禮以飲食之禮，親宗族兄弟。」文王世子曰：「族食世降一等。」注云：「親者稠，疏者稀。」疏云：「如齊期一年四會食，大功一年三會食，小功一年二會食，緦麻一年一會食。」大傳曰：「族食族燕，所以收族也。」○沈誠庵曰：無事月會，恐族大人衆，不勝其繁，亦難爲繼。惟因吉凶嫁娶之類相與爲禮，最爲合宜。其大者莫如祭祀，而備言燕私，因以聚合族人。其次則年及耆艾，糾族稱觴，至於歲時酧酢往來，亦可以篤恩義。如此而骨肉之情常相接，自不至於日疏也。

伊川先生曰：冠婚喪祭，禮之大者，今人都不理會。豺獺皆知報本，今士大夫家多忽此，厚於奉養而薄於先祖，甚不可也。冠，去聲。○首三句，總冠婚喪祭言之。「豺獺」以下，止就祭而言。某嘗修六禮，按王制六禮：冠、婚、喪、祭、鄉、相見。今見儀禮者，士冠、士婚、士喪、大夫士少牢特牲饋食、鄉飲酒、鄉射、士相見。程子嘗云：「禮之名數，陝西諸公删定，已送與吕與叔，與叔今死矣，不知其書安在？然所定只禮之名數，禮之文非親作不可。」又自言：「修六禮將就，後被召遂罷，更一二年可成。」然今惟婚禮見文集，祭禮略附一二，及此所言大略耳，餘皆無考。陳龍川曰：陳君舉嘗言：「薛季宣士隆曾從袁道潔遊，道潔及事伊川，得伊洛禮書，不及授士隆而死，今不知其書在何許。」按此則程子所云「六禮已自成書」，散亡不可見耳。大略家必有廟，【本註】庶人立影堂。「立」字上，遺書有「無廟可」三字。影，古通作景。劉氏瑾曰：晉葛洪始加「彡」爲「影」字。○「家必有廟」以下，乃程子所修之禮也。但上言修六禮，此則只就祭禮言之耳。爾雅：「室有東西廂曰廟，無東西廂有室曰寢。」鄭氏月令注：「前曰廟，後曰寢。」孔疏：「廟是接神之處，寢是藏衣冠之處。」朱子曰：「按書顧命疏：『寢有東夾西夾。』士喪禮：『死於適寢，主人降襲經於序東。』注：『序東，東夾前。』則正寢亦有夾與廟矣。然則爾雅釋宮所謂『無東西廂』者，或專指廟之寢而言也。」外書云：「廟非祭則嚴扃之，童子奴妾皆不可使褻而近。」〇朱子曰：古命士得立家廟，其制内立寢廟，中立正廟，外立門，四面牆圍之。非命士，止祭於堂上。又曰：古者一世自爲一廟，有門有堂有寢，凡屋三重，而牆四周焉。自後漢以來，乃爲同堂異室之制，一世一室，而以西爲上。如韓文中家廟碑有「祭初室」、「祭東室」語。今國家亦只用此制，故士大夫家亦無一世一廟之法，而一世一室之制亦不能備。故温公諸家祭禮，皆用以右爲尊之説。又曰：兄弟異居，廟却不異，只合兄祭而弟與執事，或以物助之爲宜。前輩有相去遠者，則兄家設主，弟不立主，只於祭時旋設位，以紙旁標記逐位，祭畢焚之，似亦得禮之變。又曰：廟中自高祖以下，每世爲一室，而考妣各主同匣。兩娶三娶者，伊川謂廟中只當以元妃配，而繼室者祭之他所，恐於人情不安。唐人自有此議，云當並配，其説見於會要可考也。出妻入廟，决然不可。爲子孫者，只合歲時在其家之廟祭之，若相去遠，則歲時望拜可也。族祖及諸旁親，皆不當祭。有不可忘者，亦倣此例足矣。愚按，朱子謂白屋之家，只用牌子，不可用主。然則既有牌子，則似無所事影堂矣，況程子固有影祭不便之説耶。故朱子家禮改曰「祠堂」。朱子曰：古禮廟無二主，蓋以爲祖考精神既散，欲其萃聚於此，故不可以二。今有祠版，又有影，是二主矣。又曰：嘗欲立一家廟，小五架屋，以後架作一長龕，堂以板隔，截作四龕，廟必有主，【本註】堂堂置牌位，堂外用簾。祭祀時亦可只就其處，大祭祀則請出，或堂或廳上皆可。高祖以上，即當祧也。既祧，主埋於所葬處。主式見文集。按文集：「作主用栗，取法於時月日辰。趺方四寸，象歲之四時。高尺有二寸，象十二月。身博三十分，象月之日。身、趺皆厚一寸二分，象日之辰。剡上五分爲圓首，寸之下勒前爲頷而判之，三分之一居前連頷，三分之二居後陷中，長六寸，廣一寸，深四分，以書爵姓名行。合之植於趺，竅其旁以通中，圓徑四分，居三寸六分之下，下距趺面七寸二分。粉塗其前，以書屬稱，旁題主祀之名，加贈易世則筆滌而更之，外改中不改。」又外書云：「每祭訖，則藏主於北壁夾室。」又潘氏謂：「周尺當今省尺七寸五分弱，而程子文集與温公書儀都誤注爲五寸五分弱，故用其制者多失其真。」然按今程集及書儀具在，並無五寸五分之説，不知潘説何所自來也。王氏曰：主式古無傳，只安昌公荀氏始有祠版，而温公因之，然字已舛訛，分寸不中度，難以遽從。程子創爲式，極精。朱子又云：若亡者官號字多，則不必拘六寸之制。温公儀「韜以囊，考紫妣緋」者，亦是以意裁之。所謂府君夫人者，自漢以來爲尊神之通稱，朱子説漢時碑已如此云〔二一〕。高氏曰：觀木主之制，旁題主祀之名，而知宗子之法不可廢也。宗子承家主祭，有君之道，諸子不得而抗焉。故禮，支子不祭，祭必告於宗子。宗子爲士，庶子爲大夫，則以上牲祭於宗子之家，其祠詞曰：「孝子某爲介子某薦其常事。」若宗子居於他國，庶子無廟，則望墓爲壇以祭，其祝詞曰：「孝子某使介子某執其常事。」若宗子死，則稱名不稱孝。蓋古人重宗如此。問：程子主式，士庶家可用否？朱子曰：他云已是殺諸侯之制，士庶家用牌子。曰：牌子式當如何？曰：温公用大版子。今但依程氏古式，而不判前後，不爲陷中，及兩竅不爲櫝，以從降殺之義可也。問：夫在，妻之神主宜書何人奉祀？曰：旁注施於所尊，以下則不必書也。○愚按，許氏五經異義謂公羊説：「卿大夫非有土之君，不得祫享昭穆，故無主，大夫束帛依神，士結茅爲叢。」而鄭氏亦謂：「大夫士不禘祫無主，以幣帛祔於是。」崔靈恩、孔穎達、賈公彦並從之。然按今公羊無「卿大夫無主」之語。徐邈以謂左傳孔悝「使貳車反祏於西圃」，祏，藏主石函。公羊「大夫聞君之喪，攝主而往」，言斂攝神主而已，不暇待祭也。皆明系大夫有主之文。禮言「重主道也」，埋重則立主，經傳未見大夫士無主之義，其言至爲明曉。鄭氏釋孔悝反祏，以謂悝得有主者，或時君賜之，使得祀其所出之君。正義駁之，以謂孔悝，姞姓，春秋時國惟南燕姞姓，孔氏仕衛已歷多世，不知本出何國，安得有所出君之主？蓋當時僭爲之主耳。鄭、孔既爲大夫士無主之説，遇此等難通處，自不得不如此强解無怪也。何氏釋攝主，以爲使兄弟或宗人攝行主祭之事。愚謂如何説，須於「主」下增一「祭」字乃可通，不如徐説直截了當也。又按坊記言祭祀有尸，宗廟有主，示民有事也，可見有祭祀則必有尸，有宗廟則必有主，其不得獨遺大夫士明矣。伊川亦謂大夫士有重，應當有主，蓋大夫以下不言尺寸，雖有主無以知其形制，故伊川殺諸侯之制而爲之。又太中公封永年縣開國伯，伊川印銘所謂喬伯始封於程，今復爵爲伯，故可少殺諸侯之制爲之，而士庶人有所不得用也。但按許慎五經異義云：「天子長尺二寸，諸侯長一尺，狀正方，穿中央，達四方。」何休、范甯、徐邈並同。惟麋信引衛次仲云：右主八寸，左主七寸，廣厚三寸，祭訖則納於西壁，陷中去地一尺六寸，右主謂母，左主謂父。與何、范異。如程子主式，未有以見其爲殺諸侯之制耳。又按，古者主有三：始死作重，以木爲之，雖非主而神之所依，有主之道；既虞，乃埋重立主，以桑爲之，置之於寢，隨昭穆從祖祔食，祔畢更還於寢；至小祥作栗主入廟，乃埋桑主於廟左埋重處。今按朱子家禮分註，無栗只用木之堅者亦可。大宗之家始祖親盡，則遷其主於墓所不埋。其第二世以下祖親盡，及小宗之家高祖親盡，請出就伯叔親未盡者祭之。親皆已盡，然後遷其主，埋於所葬處。孔穎達曰：每廟木主皆以石函盛之，所謂祏也。當祭則出之，事畢則納於函，藏於廟北壁之内，所以辟火災也。〇朱子曰：祔與遷，自是兩事。祔者，奉新死之主以祭於其所當入之祖廟，而並祭其祖，若告其祖以將遷於他廟或夾室，而告新死者以將遷於此廟也。既告已，則復新死者之主於寢，而祖亦未遷，比練乃遷其祖入他廟或夾室，而遷新死者之主於其廟也。今既無古人昭穆廟制，只共一堂排列，以西爲上，則將來祧其高祖，只趲得一位新死者當移在禰處，如此則只當祔禰。今祔於祖，全無義理。但古人本是祔祖，若卒改之，後世或有重立廟制，則又須改也。又曰：檀弓篇云「殷既練而祔，周卒哭而祔」。孔子善殷，但今喪禮皆周禮也。葬而虞，虞而卒哭，卒哭而祔，是一項事首尾相貫。若改從俟練而後祔，則周人之虞亦不可行，欲求殷禮而證之又不可得。是以雖有孔子之言，而未敢從也。楊氏曰：家禮：「祔與遷皆大祥一時事，前期一日，以酒果告訖，改題遞遷而西，虛東一龕以俟新主。厥明，大祥祭畢，奉神主入於祠堂。」又按朱子與學者書，則祔與遷是兩項事。既祥而徹幾筵，其主且當祔於祖父之廟，俟三年喪畢，祫祭而後遷。蓋世次遞遷，昭穆繼序，其事至重，豈可無祭告禮，但以酒果告，遂行遞遷乎？在禮「喪三年不祭」。故横渠説三年喪畢，祫祭於太廟，因其祭畢遷主之時，遞遷神主，用意婉轉，此爲得禮，而朱子從之也。又曰：父在祔妣，則父爲主，乃是夫祔妻於祖妣。三年喪畢未遷，尚祔於祖妣。待父他日三年喪畢，遞遷祖考妣，始考妣同遷也。高氏曰：若祔妣，則設祖妣及妣之位，更不設祖考位。若考妣同祔，則並設祖考及祖妣之位，又祔後主，仍還寢，與遷不同。程子乃謂喪須三年而祔，若卒哭而祔，則禮卒哭猶存朝夕哭，無主在寢，哭於何處？似誤以祔爲遷也。問祧禮，朱子曰：天子、諸侯有太廟夾室，則祧主藏於其中。今士人家無此祧主，無可置處。禮註説藏於兩階，蓋古者階間人跡不到，取其潔耳。今則混雜，亦難埋於此，看來只得埋於墓所。又云：今人以影祭，或一髭髪不相似，則所祭已是別人，大不便。髭音咨。○髭，説文「口上須也」。按，程子云：庶母亦當爲主，但不可入廟，子當祀於私室，主之制度則一。月朔必薦新，【本註】薦後方食。新，如五穀果食之類。又按外書「每月告朔茶酒」，朱子語類「朔旦用酒果，望旦用茶」。朱子曰：朔新如何得合？但有新則薦於廟可也。○禮少儀云：「未嘗不食新。」按陳、鄭諸家註，皆以嘗爲薦新物於寢廟。愚按，訓嘗爲薦新無據，當主秋祭之説爲得。新謂菽黍之類，蓋古人於四時之祭，必薦其時食，未嘗祭菽黍。雖已熟而未薦，故不敢先食，四時皆然。獨言嘗者，以薦物成於秋故也，與此所云「薦新」之新不同。蓋此統四時而言，彼則但就嘗而言也。觀月令嘗夢、嘗黍、嘗新、嘗麻、嘗稻，皆言先薦寢廟，可見嘗與薦自是兩事，而不得即以嘗爲薦明矣。時祭用仲月，【本註】止於高祖。旁親無後者，祭之別位。按，「旁親無後者」，遺書本註云：「爲叔伯父之後也，如殤亦各祭。」遺書又云：「八歲爲下殤，十四歲爲中殤，十九歲爲上殤，七歲以下爲無服之殤。無服之殤不祭，下殤之祭終父母之身，中殤之祭終兄弟之身，上殤之祭終兄弟之子之身，成人而無後者，其祭終兄弟之孫之身。凡此皆以義起也。」時祭，謂四時之正祭也。每祭時，一主設一椅，主置椅上。其無後祔食者，則以紙標記爲位，置椅上，祭畢焚之。程子於下文「先祖之祭分享考妣」云「舅婦不同享」，而此不言者，蓋彼合祭一堂，此則各祀於其室故也。但今有祠堂者少，就有亦窄狹，不能一世一室，則當如朱子所云作一長龕以板隔截之法，每祭時請主出供堂上，一世一几，使考妣同享，以右爲尊，略髣古各祭於其廟之意。至於其分可行祫祭者，則於冬祭一行之，而用程子分享考妣之法，皆祭自高祖以下，其已祧毀者自不得祭也。今人家遠祖及旁支無後者，皆合食一几，男婦雜沓，大爲不便。且此似古之大祫，非士庶家所可用也。愚按儀禮，少牢大夫禮於今月下旬筮來月上旬，特牲士禮即於旬初筮旬内之日。蓋大夫以上尊時至，惟有喪故不祭，自餘吉事皆不廢祭。若有公事及病，使人攝。士賤職褻，時至事暇可以祭則筮其日，若祭時至有事不得暇，則不可以私廢公故也。又按祭法「適士二廟，官師一廟」。官師謂中下之士，一廟者祖禰共廟，亦先祭祖，後祭禰。又祭無問廟數多寡，皆同日而祭畢。故儀禮特牲少牢惟筮一日，明不別日祭也。又少牢「日用丁巳」，案曲禮内事以桑日，凡乙辛之類皆是，而必用丁巳者，鄭氏云「取其令名，自丁寧，自變改，皆爲敬謹之義」故也。又經云「來日丁亥，薦歲事者」，賈疏：「陰陽式法，亥爲天倉，祭禮所以求福宜稼於田，故先取亥。」上旬無丁巳與亥，乃用餘陰辰也。曲禮「吉事先近日」，故惟用上旬。上旬不吉，則至上旬又筮；中旬不吉，則至中旬又筮；下旬不吉，則止不祭。士則於上旬之初，得暇則筮日而祭，不得暇則不筮也。中旬、下旬皆然。下旬不吉，則止不祭。以卜筮不過三，而祭祀當以孟月，不容入他月故也。今按朱子家禮分注，孟春下旬之首，擇仲月三旬各一日，或丁或亥，先卜上旬之日，不吉則中旬，又不吉則不復卜，而直用下旬之日，後放此。司馬温公曰：如不暇卜日，止依孟詵家祭儀，用二至二分亦可。又曰：按王制「士有田則祭，無田則薦」，注：「祭以首時，薦以仲月。」但今國家時祭用孟月，私家不敢用，故用仲月。朱子曰：今之俗節，古所無有，故古人雖不祭，而情亦自安。今人既以此爲重，至是日必其肴羞相宴樂。而其節物亦各有宜，故世俗之情，於是日不能不思其祖考，而復以其物享之。雖非禮之正，然亦人情之不能已者。但不當專用此，而廢四時之正禮耳。又曰：韓魏公家處得最好，謂之節祠，殺於正祭。如欲不行，須自己亦不飲酒始得。問：或是先世忌日，則如之何？曰：却不思量到。古人所以貴卜日也。又曰：古者士庶止祭考妣，温公祭自曾祖以下，伊川則以爲高祖有服，不可不祭，自天子以至庶人一也，但有豐殺疏數不同耳。問：無後袝食之位？曰：古人祭於東西廂，今人家無東西廂，某家只位於堂之兩邊。祭食則一，但正位三獻畢，然後使人分獻，一酌而已，如今學中從祀然。問：祭奠之酒，何以置之？曰：古者灌以降神，故以茅縮酌，謂求神於陰陽有無之間。故酒必灌於地，若奠酒，則安置在此。今人以澆在地上，甚非也。既獻，則徹去可也。又曰：酹酒有兩説。一用鬱鬯，灌地以降神，惟天子諸侯有之。一是祭酒，蓋古者飲食必祭，今以鬼神自不能祭，故代之祭也。今人雖存其禮，而失其義，不可不知。又按大傳云「大夫士有大事，省於其君，干祫及其高祖」，則高祖不常祭可知。祭法言「大夫無顯考廟，適士無皇考廟，官師王考無廟而祭之」，則大夫不及高祖，適士官師不及曾祖明矣。伊川「皆祭自高祖以下」之説，蓋亦以義起耳。而方氏若珽乃謂：「大夫四親分祀二廟，與太祖而三；適士無太祖，而四親分祀二廟；官師則四親共廟；庶人則祀四親於寢。」以遷就經文而傅會之，則過矣。朱子又以「古者士庶止祭考妣」，蓋亦據禮「官師一廟」而言。然觀禮「王考無廟而祭之」語，則知官師雖一廟，却兼祭祖也。竊意庶人亦兼祭祖，惟祭於寢爲不同耳。○李氏曰：殤必適乃祭，則「王下祭殤五」節，其據也。成人必宗子乃立後，則儀禮服篇甚明。但程子此所云「殤與無後，祭之别位」，朱子語類中論至此，不以爲非。蓋程子既以服制推祀高、曾，則殤與無後亦可以有服祀之也。愚按，曾子問：「宗子爲殤而死陰厭，凡殤與無後者陽厭。」厭者，不成禮之祭也。鬼神尚陰，故宗子之殤以祖廟陰暗之處厭之，而凡殤則以陽明之處厭之也。又喪服小記謂：「殤與無後，從祖祔食。」蓋庶子之不得祭者，其子之殤與無後，皆可從祖而祭於宗子之家，然則固不獨適殤當祭，而旁親之殤與無後者，宗子皆得而祭之。程子之言固有自來也。獨祭法謂祭殤，適士及庶人祭子而止。推而上之，大夫下祭二則適孫而止，諸侯下祭三則適曾孫而止，王下祭五至於適來孫。蓋凡庶殤皆不得祭，何況旁親？朱子謂旁親不嘗祭，亦本此而推之也。故於此去「殤亦各祭」句不用，蓋以成人之死，而無後者猶可祭，而殤必不當祭也。程子謂成人無後者之祭，兄弟之孫主之，終兄弟之孫之身，蓋謂自父母而祭之，至兄弟之孫而止，兄弟之曾孫則不復祭也。非謂父母不祭兄弟，與其子皆不祭，直至兄弟之孫乃始主其祭也。其所論殤祭，亦當以是推之。何氏曰：曾子問「士緦不祭」，謂主祭者已身有緦服，則不當行祭也。又曰「所祭於死者，無服則祭」，鄭注謂：「若舅舅之子，從母昆弟，以己身於舅有小功，於舅之子及從母昆弟有緦。」然在所祭者而言，於是死者皆無服，又皆外服。神明之情自無阻也，則己雖有服，是私義也，何可以己之私義，而廢祖先正統之常祀也。若堂弟之婦之類，在主祭者，己身固無服阻礙。而上自二代言之，一則孫婦有緦麻，一則兄子妻有大功於死者，分明有服，又皆内服也，必無安焉亨祭之情。則己雖無服可祭，是私祀恐亦難以己之私禮而通祖先必享之情也。朱子曰：古人居喪不祭，蓋衰麻之衣不釋於身，哭泣之聲不絶於口，其出入居處、言語飲食，皆與平時絶異。故宗廟之祭雖廢，而幽明之間兩無憾焉。今人卒哭之後，遂墨其衰。凡出入起居、言語飲食，與平日所爲皆不廢，而獨廢此一事，竊恐有所未安。故學者但當自省所以居喪之禮，果能一一合禮，即廢祭無可疑。不然則卒哭前不得已准禮且廢祭，卒哭後略仿左傳杜注之説，過四時祭日，以衰服特祀於几筵，用墨衰常祀於家廟可也。又曰：某頃居喪，於四時正祭則不敢祭，而俗節薦享則以墨衰行之。蓋正祭三獻受胙，非居喪所可行。而俗節則惟普同一獻，不讀祝、不受胙也。然亦卒哭後方如此。前此無衣服可入廟也，今服期喪未葬，亦不敢行祭。非略之，乃謹之也。吴草廬曰：朱子謂卒哭後遇四時祭日，以衰服特祀於几筵，墨衰常祀於家廟。按凶服不可以接神〔二二〕，況墨衰乃世俗非禮之服，豈可服之以祀家廟？且喪禮卒哭而祔之後，直至小祥方有祭，豈容中間又於四時祭日而特祀几筵者乎？與家禮不合，恐一時未定之論。

冬至祭始祖，【本註】冬至，陽之始也。始祖，厥初生民之祖也。無主，於廟中正位設一位，合考妣享之。遺書本註云祭只一位者，夫婦同享也。問：始祖是何祖？朱子曰：或謂受姓之祖，如蔡氏則蔡叔之類；或謂厥初生民之祖，如盤古之類。○朱子曰：祭法須以宗法參之。古人所謂始祖，亦但謂始爵及别子耳，非如程子所祭之遠，上僭則過於禘、下僭則奪其宗之爲未安也。楊氏曰：程子始祖之祭，所以明孝子慈孫報本追遠深長之思，仁孝誠敬無窮之念。朱子則以爲似禘而不敢行，但程子未嘗建議於朝修定祭禮，此亦特統言祭禮之大綱，未及於尊卑輕重隆殺之差也。朱子以爲似禘不敢行者，以「禮不王不禘」故也。漢制既無太祖，又不禘及初祖，此不可以爲法。後之君子，有能推明大傳、小記之文，虞、夏、殷、周已行之禮，參之以程子、朱子精微之論，則禘禮可行，而古人甚盛之典復見於後世矣。立春祭先祖。【本註】立春，生物之始也。先祖，始祖而下，高祖而上，非一人也。亦無主，設兩位分享考妣。遺書本註云二位異所者，舅婦不同享也。問：先祖是何祖？朱子曰：是始祖下之第二世，及己身以上第六世之祖。蓋始祖及高祖以下至於禰，則自有時祭與冬至季秋之祭在，故茲不復祭也。陳幾亭曰：位非坐位也，既不設主，無所用坐。蓋位者几也，列祖共一几，置牲犧粢盛於其上而共用之。問：何以只設二位？朱子曰：此只是以意享之而已。○朱子曰：古者大夫有大功，則請於天子，得祭其高祖。然亦止得祭一次，常時不敢祭。今通祭高祖，已爲過矣，其上世久遠，自合遷毀，不當更祭也。季秋祭禰。禰，奴禮反，音同泥，俗讀如「彌」者誤。○父廟曰禰。【本註】季秋，成物之時也。人成形於父，故以成物之時祭之。但古禮祭禰即在時祭中，無別祭禰之文。程子因古有季秋享帝，以父配之之禮，而以義起之也。忌日遷主，祭於正寢。忌日，親之死日也。檀弓「忌日不樂」，祭義「君子有終身之喪」，忌日之謂也。又「忌日必哀」，並謂死之日。俗以死者生日爲生忌日，失之矣。正寢，今之正廳是也。按禮天子六寢，諸侯以下三寢。其正者天子、諸侯通謂之路寢，次燕寢，次后夫人正寢。卿大夫以下，其正者卿大夫曰適寢，士或謂之適室。然按士喪禮「死於適室」，喪大記又言「士之妻皆死於寢」，則寢與室通也。次燕寢，次適妻之寢。程子以廟中尊者所據，又同室難以獨享，故祭之以此。○或問：横渠曰「忌日有薦」，可乎？曰：古則無之，今有，於人情亦自不害。按，朱子謂忌日祭只一位，如父忌日止設父一位，母忌日止設母一位，祖以上及旁親忌日皆然。問：孝子有終身之喪，忌日之謂也。不知忌日何服？朱子曰：唐時士大夫依舊孝服受吊。五代時某人忌日受吊，某人吊之，遂於坐間刺殺之。後來只受人慰書，而不接見。須隔日預辦下謝書，俟有來慰者，即以謝書授之。不得過次日，過次日謂之失禮。服亦以親疏遠近爲隆殺，大概都是黲巾黲衫。後來横渠制度又别，以爲男子重乎首，女子重乎帶；考之忌日，則用白巾之類而不易帶，妣之忌日，則易帶而不改巾。服亦隨親疏爲隆殺。問：先生忌日何服？朱子曰：某只著白絹涼衫黲巾。問：黲巾以何爲之？曰：紗絹皆可。又問黲巾之制，曰：如帕幅相似，有四隻帶，若當襆頭然。問：忌日當哭否？曰：若是哀來時，自當哭。凡事死之禮，當厚於奉生者。人家能存得此等事數件，雖幼者可使漸知禮義。

「卜其宅兆」，卜其地之美惡也。地美則其神靈安，其子孫盛。然則曷謂地之美者？土色之光潤，草木之茂盛，乃其驗也。「卜其宅兆而安厝之」，孝經喪親章語也〔二三〕。「卜其地以下」，乃程子所以論之如此。蓋古人所謂地之美者，其意不過如此而已，非有如後世堪輿家之説也。孔氏曰：「宅，墓穴也。兆，塋域也。」鄭氏曰：「葬事大〔二四〕，故卜之。」〇按外書，程氏自先生兄弟所葬，以昭穆定穴，不用墓師以五色帛埋旬日，視色明暗卜地氣善否。伊川嘗言：某用昭穆法葬一穴，既而尊長召地理人到葬處，曰：「此是商音絶處，何故如此下穴？」某應之曰：「固知是絶處，且試看如何。」某家至今人已數倍之矣。愚按，周禮冢人及墓大夫所掌，皆始葬者居中，子孫則各就所出之祖祔葬，以昭穆爲左右，而爵之尊者居前，卑者居後，自天子以至庶人一也。又白虎通引春秋含文嘉曰：「天子墳高三仞，樹以松；諸侯半之，樹以柏；大夫八尺，樹以栗；士四尺，樹以槐；庶人無墳，樹以楊柳。」然則惟丘封高下與所樹之木爲不同耳。唐時猶各就所出祖塋祔葬，如韓文公柳子厚墓誌「葬萬年先人墓側」，祭十二郎文「終葬汝於先人之兆」之類皆是也。今曲阜孔氏猶然，其不入孔林者，謂之外孔。如此則祖宗既得相聚一處，而子孫之祭掃亦易，法甚善也。今葬既各異處，甚有父子之葬相隔數百里外者，至於年祀寖遠，子孫式微，不復祭掃，有祖宗之墓爲豪强所竊葬而不之知者，大可懼也。然則程子昭穆之法，固亦猶行古之道也。而拘忌者惑以擇地之方位，決日之吉凶，甚者不以奉先爲計，而專以利後爲慮，尤非孝子安厝之用心也。厝，一作「措」，字通。○此就世之惑於堪輿家之說者痛斥之，以見其與古人所謂安厝者異也。伊川又云：葬書一術至百二十家，妄謬之甚。在分五姓，五姓者，宮商角徵羽也。至謂風水隨姓而異，此尤大害也。古陰陽書本無此說，惟堪輿經黄帝對天老乃有五姓之言。黄帝時只有姬、姜二三姓，其諸姓氏盡出後代，何得當時已有此語？固謬妄無稽之顯然者。而世皆惑而信之，不亦愚乎！○愚按，喪服小記「祔葬不筮宅」，蓋前人之葬已筮而吉，今祔葬便不必更筮。可見地之方位，日之吉凶，古人有所不擇也。又按唐太宗以近世陰陽雜書訛僞尤多，命太常博士吕才刊定。才皆爲之序，質以經史，而其序葬篇云：「古者卜葬，蓋以朝市變遷，泉石交侵，不可前知，故謀之龜筮。後世或選年月，或相墓田，以爲窮通夭壽皆系乎此，非也。按禮天子七日而殯，七月而葬；諸侯五日而殯，五月而葬；大夫三月，庶人逾月。此直爲赴吊遠近之期量事制法，故先期而葬謂之不懷，後期而葬謂之怠禮，此則葬有定期，不擇年與月也。春秋丁巳葬定公，『雨，不克葬』，至於戊午襄事，君子善之。禮卜『先遠日』者，避不懷也。今法已亥日用葬最凶，春秋是日葬者二十餘族，此葬不擇日也。禮周尚赤，大事用旦；殷尚白，大事用日中；夏尚黑，大事用昏。大事者何？喪禮也。此直取當代所尚，而不擇時早晚也。鄭葬簡公，司墓大夫室當柩路，若壞其室即平旦而堋，不壞其室即日中而堋。子產不欲壞室，欲待日中。子太叔曰：『若日中而堋，恐久勞諸侯大夫來會葬者。』子產、太叔不問時之得失，惟論人事可否而已。曾子曰：『葬逢日蝕，舍於路左，待明而行。』所以備非常也。按法葬家多取乾、艮二時，乃近夜半，又與禮乖，此葬不擇時也。今法皆據五姓爲之，古之葬者並在國都之北，趙氏之葬在九原，漢家山陵或散處諸城，又何上利下利、大墓小墓爲哉？此則葬用五姓不可信也。今以風水家言，遂擇地選時以希富貴。或云辰日不可哭泣，遂莞爾而對吊客；或云同屬忌於臨壙，遂吉服不送其親。傷教敗禮，莫斯爲甚。」愚按，才所論甚正，通鑒刪改，頗與原文微別，綱目因之，愚謂不如原文更爲詳密，因從新舊唐書本訂正附入，讀者詳之。朱子曰：伊川先生力破俗說，然亦自言須風順地厚、草木茂盛之處乃可，然則亦須稍有形勢，拱揖環抱、無空闕處乃可用也。伯恭却只胡亂平地上便葬，大不是。惟五患者，不得不慎：須使異日不爲道路，不爲城郭，不爲溝池，不爲貴勢所奪，不爲耕犁所及。犁，鄰其反。○犁，耕具。【本註】一本所謂五患者，溝渠，道路，避邨落，遠井、窑。邨，或作「村」。窑，餘昭反，通作「窯」。○見文集。葬説列遺書，誤。○井，如冰井、煤井、鹽井之類，非井泉之井。煤，古通用「墨」，如水經注所謂「石墨」是也。「墨」讀作平聲，亦謂之石炭。窑，燒瓦窯也。井與窑並上三者爲五也。愚按，五患當以本註所云爲優。蓋言溝渠、道路，而「不爲城郭」已在其中；避邨落，自「不爲耕犁所及」；遠井窑，懼傷地脈，且使神靈不安。五患中之最切要者，惟不爲貴勢所奪，則本註無之，蓋以此非可預慎故也。○顧亭林曰：先王制喪禮，始死而襲，襲而斂，三日而殯，殯而治葬。且其葬也，天子七月，諸侯五月，大夫三月，士逾月，貴賤有時。自襲而斂、斂而殯、殯而葬，中間皆不治他事，各視其力，日夕拮据，至葬乃已。其或不幸有事，故不得葬其親者，雖逾三年不除服，食粥居廬，寢苫枕塊，與初喪無異，蓋愍親之未有所歸也。宋何子平以大明末東土饑荒，繼以師旅八年，不得營葬，晝夜啼哭，常如袒括之日。唐歐陽通以母喪未葬，四年居廬，不釋服；冬月，其家人密以氈絮置所眠席下，大怒，撤去。未有親柩停久不葬，而宴樂嬉遊與常人無異，如今人之所爲者也。梁氏曰：周官説冢人、墓大夫之職，天子既以其昭穆而祔葬矣，諸侯亦各以其屬祔葬焉，至於萬民之衆，亦令族葬而治以王官。蓋其生也爲君臣、爲親屬，而其卒也葬以類從，有以見昭穆之序焉，有以嚴尊卑之分焉，有以褒崇其功德焉，有以不廢其拜掃焉。其親疏如戚，稽遠如近，孝敬以存，人心以萃，由是也。自秦漢以來，天子之葬既各異處，而山陵營治侈費不貲，至王公以下多惑陰陽拘忌，甲可乙否，此是彼非，庶民之家亦紛紛然貪慕於富貴，或久而不葬，或葬之遠方，或發掘頻數，或爭訟不已。思所以杜僭逾、崇孝敬、厚風俗、息爭訟，爲人上者安可縱其自爲，而不嚴其禁令哉！

某家治喪，不用浮屠。在洛亦有一二人家化之。「屠」，一作「圖」。○浮屠，謂佛也，爲佛氏之教者亦曰浮屠。李賢曰：即「佛陀」聲之轉也。浮屠正號曰「佛陀」，與「浮屠」音聲相近，皆西方言，其來轉爲二音，華言譯之，則謂之「淨覺」。洛，洛陽，縣名，屬河南府。程子嘗曰：道場之用螺鈸，蓋胡人之樂也。天竺人重僧，見僧必飯之，因使作樂於前。今用之死者之側，是以其樂臨死者也。至慶禱亦雜用之，是甚義理！○問：治喪不用浮屠，或親意欲用之，當如何？朱子曰：且以委曲開諭爲先，如不可回，則又不可拂親意也。

今無宗子，故朝廷無世臣。若立宗子法，則人知尊祖重本。人既重本，則朝廷之勢自尊。「今無宗子」下，遺書有「法」字。○問：今大宗禮廢，無立嫡之法，而子皆得以爲後，則父爲長子三年，何也？朱子曰：宗子雖未能立，服制自當從古，亦愛禮存羊之意。如漢時宗子法已廢，然其詔令猶云「賜民當爲父後者爵一級」，此則禮意猶存也〔二五〕。豈可謂宗子法廢，而諸子皆得爲父後乎？愚按，子爲父後者爵一級，至隋唐詔令猶有此語，不獨漢時也。古者子弟從父兄，今父兄從子弟，由不知本也。且如漢高祖欲下沛時，只是以帛書與沛父老，其父兄便能率子弟從之。秦二世元年，陳涉起兵，沛令欲以沛應之，蕭何、曹參諫之，因令召高祖。沛令後悔，閉城，城守欲誅蕭曹，高祖乃書帛射城上與沛父老，父老乃率子弟共殺沛令，迎高祖。又如相如使蜀，亦移書責父老，然後子弟皆聽其命而從之。使，去聲。○漢武帝元光五年，唐蒙略通夜郎，發巴蜀卒數萬人治道。卒多物故，有逃亡者，用軍興法誅其渠率，巴蜀民大驚恐。乃使司馬相如責唐蒙等，因諭告巴蜀民以非上意。愚按，程子因相如文中有「父兄之教不先，子弟之率不謹」，及「讓三老孝弟以不教誨之過」等語，故云「遺書責父老，其子弟聽其命而從之」，亦以相如傳有相如還報及唐蒙已略通夜郎語而推見之，非如上高祖下沛有明文可據也。事並詳史記、漢書。只有一箇尊卑上下之分，然後順從而不亂也。若無法以聯屬之，安可？分，音問，下如字。○法，謂宗子法也。○此以上皆以明上文重本則朝廷之勢自尊之意。且立宗子法，亦是天理。譬如木必有從根直上一榦，亦必有旁枝；又如水雖遠，必有正源，亦必有分派處，自然之勢也。此以明宗子法當立之理。然又有旁枝達而爲榦者，故曰「古者天子建國，諸侯奪宗」云。「然」下，葉本有「而」字，衍。○「天子建國」，見春秋桓公三年左傳師服語。「諸侯奪宗」，見班固白虎通及漢書梅福請封孔子世以爲殷後書。天子建國，言天子適子繼世以爲天子，其別子皆建之國以爲諸侯，而諸侯不得祖天子，則當以兄弟之長者爲宗。如周封同姓之國，凡兄弟之爲諸侯者，皆以魯爲宗。至戰國時，滕猶稱魯爲宗國是也。奪宗者，言既爲諸侯，則不得復爲宗子，如奪之也。如諸侯嫡子嫡孫繼世爲君，則第二子以下不得禰先君，而別子爲祖、繼別爲宗是也。此總以明旁枝達而爲榦之意。陳氏曰：周之盛時，宗族之法行，故得以此繫民而民不散。及秦用商君之法，富民有子則分居，貧民有子則出贅，由是其流及，上雖王公大人亦莫知有敬宗之道，浸淫後世，習以成俗。間有糾合宗黨一再傳而不散者，則人異之以爲義門。豈非名生於不足與？○以上並伊川語。

邢和叔叙明道先生事云：堯舜、三代帝王之治，所以博大悠遠，上下與天地同流者，先生固已默而識之。識音志，或作「如」字。○以上明其體。至於興造禮樂、制度文爲，下至行師用兵戰陣之法，無所不講，皆造其極。外之夷狄情狀，山川道路之險易，邊鄙防戍、城寨斥候控帶之要，靡不究知。陣，古通作陳。郭氏佩觿集、顔氏家訓並謂王羲之小學章始以阜傍作車爲軍陳之陣，後人因之。「造其極」之「造」，七到反。易，音異。寨，助邁反，通作砦，又音塞。○寨，軍壘也，或謂邊城要害處，經傳通作塞，月令孟冬「完要塞」是也。斥，度也。候，視望也，以望烽火。控，制禦也。帶，圍護也。其吏事操決，文法簿書，又皆精密詳練。葉氏曰：操決，謂操持決斷也。○以上達其用。但上節以用之大者言，此以用之小者言也。若先生可謂通儒全才矣。附録。○通儒，以體言結首一節；全才，以用言結中二節。

介甫言律是八分書，是他見得。外書。介甫，王氏，名安石，慶曆二年進士，爲神宗時宰相。律，謂刑統也。初，魏李悝撰次諸國法，著法經六篇。蕭何定律，益爲九篇。以後歷代相承，但有損益。周顯德四年，詔以律令古文難知〔二六〕，格敕不一，命御史知雜事張湜等訓釋，詳定爲刑統。宋受禪，詔判大理寺竇儀重定爲三十卷。又按宋隨時參酌，別有編敕。建隆初，詔儀等上編敕四卷，凡一百有六條，與刑統並行。以後遞有删改增修，至熙寧初，神宗以律不足以周事情，凡律所不載者，一斷以敕，乃更其名曰敕令格式。元豐中，始成書二十有六卷，下二府參訂頒行。然則神宗以後，固不盡用刑統也。故朱子謂「今世用敕令格式，皆太重，不如律。」胡三省謂「刑統終宋之世行之」者，蓋以大旨固不出是書故耳。八分書，秦羽人上谷王次仲所作，鍾繇謂之「章程書」，蔡文姬別傳：「臣父邕言：割程邈隸字，八分取二分；割李斯小篆，二分取八分。因名。」書學惟篆法最古，八分書猶與篆相近，故云。朱子曰：八分取二分；割李斯小篆，二分取八分。因名。」書學惟篆法最古，八分書猶與篆相近，故云。朱子曰：律所以明法禁非，亦有助於教化，但於根本上少有欠缺耳。八分是其所長處，二分乃其所闕也。是他見得，蓋許之之辭。○問：載此條何意也？朱子曰：伯恭以凡事皆具，惟律不説，因有此條，遂謾載之。

橫渠先生曰：兵謀師律，聖人不得已而用之，其術見三王方策、歷代簡書。惟志士仁人爲能識其大者遠者，素求預備而不敢忽忘。見，音現。○文集。下同。○謀，如分合、奇正之類。律，如步伐、止齊之類。平時則教以孝弟忠信之行，務農講武之法，而臨事則教以除暴救民、禁亂戢非，所謂遠者大者也。西溪李氏曰：甘誓「攻右」「攻左」、「御非其馬之正」，牧誓「六步、七步」、「四伐、五伐、六伐、七伐」，皆不可亂。周公司馬法坐作進退，皆有常節。魯侯撫師，牛馬臣妾戒以勿逐，以其亂部分後，不可以爲師也。程子曰：袁紹以十萬衆阻官渡，而曹操以萬卒取之。王莽百萬之衆，而光武昆陽之衆有八千，仍有在城中者，然則只是數千人取之。苻堅下淮百萬，而謝玄才二萬人，一麾而亂。以此觀之，兵衆則易老，適足以資敵人。一敗不支則自相蹂踐，譬之一人軀幹極大，一人輕捷，兩人相當，則臃腫者遲鈍，爲輕捷者出入左右之，則必困矣。問：用兵「掩其不備，出其不意」，王者用師當如此否？曰：固是用兵須要勝，但須識所以勝之之道。湯武之師，自不須如此。看「罔有敵於我師」，便可見。然湯亦嘗「升自陑」，陑亦間道。兩軍相向，必擇可攻處攻也。右實則攻左，左實則攻右，不成道我不用計也。如韓信囊沙壅水之類，何害？他師衆，非我敵，決水使他一半不得渡，自是理合如此。若漢楚既約分鴻溝，乃復還襲之，此則不可。問：間諜之事如何？曰：亦不可。楊龜山曰：後世推諸葛亮、李靖爲知兵，以其得法制之意，而不務僥倖故也。周官之法，雖坐作進退，亦皆有節。平時不講，一旦緩急，何以應敵？學者不可以不知也。又曰：自黄帝立丘乘之法以制軍政，歷世因之，未之有改，至周尤詳。居則爲比閭族黨州鄉，出則爲伍兩卒旅軍師。天子無事歲三田以祭祀，賓客充君之庖而已，其事宜若緩而不切。而王執路鼓，親臨教戰，莅其坐作進退、疾徐疏數，不用命者，則戮隨之。其教習之嚴如此，故六鄉之兵出則無不勝也，以威令素行也。朱子曰：看古來許多陣法，遇征戰亦未必用得。所以張巡用兵，未嘗仿古兵法，不過使兵識將意，將識士情。蓋未論臨機應變，方略不同，只如地圓則須布圓陣，地方則須布方陣，亦豈容概論也。

肉辟於今世死刑中取之，亦足寬民之死，過此，當念其散之之久。辟，婢亦反。○肉辟有五：刻顙而涅之曰墨辟，劓鼻曰劓辟，刖足曰剕辟，男子割勢、婦人幽閉曰宫辟，死刑謂大辟也。鄭注周禮司刑引書傳曰：「決關梁、逾城郭而略盗者，其刑臏。男女不以義交者，其刑宫。觸易君命、革輿服制度、奸軌盗攘傷人者，其刑劓。非事而事之、出入不以道義而誦不詳之辭者，其刑墨。降畔寇賊、劫掠奪攘撟虔者，其刑死。」臏謂斷其膝骨，不言臏而言刖者，據吕刑之文也。漢文帝十三年，太倉長淳于意有罪當刑，女緹縈上書，願没爲官婢以贖父刑，帝惻然，遂除肉刑。然按文帝詔謂「今有肉刑三而奸不止」，注謂黥、劓、斬趾三者，遂以髡鉗代黥，笞三百代劓，笞五百代斬趾，獨不及宫刑。至景帝元年詔言孝文除宫刑，出美人，重絶人之世也，則知文帝並宫刑除之。景帝中元年，赦徒作陽陵者死罪，欲腐者許之，而武帝時李延年、司馬遷、張安世兄賀皆坐腐刑，則是因景帝中元年之詔，宫刑復用，而以施死罪之情輕者。其後亦不復聞，獨書正義謂漢文帝止除墨、劓、剕，宫刑猶在，至隋開皇之初，始除男子宫刑，婦人猶閉於宫。孔氏及事隋，其言必有據也，但與景帝元年之詔不合。蓋自景帝中元年後，宫刑復用，相沿至隋，乃始除之，而説者遂誤，以謂文帝不除宫刑也。隋既除宫刑，於是乃定爲笞、杖、徒、流、死，至今相承不改。其配遠州者，則决杖黥面而遣之。周禮鄭注：「墨，黥也。先刻其面，以墨窒之。」則是黥與墨一也。書孔注：「墨，鑿其額，以墨涅之。黥，黥面也。」則是黥與墨有别矣。故致堂以墨爲五刑之正，黥爲五虐之刑，分而二之，蓋本孔氏説。然觀吕刑五虐之刑，黥與劓則並列，且肉刑之中黥爲最輕，又安得獨以此爲五虐之刑，而以爲始於有苗乎？但先王用之，使刑當其罪，而有苗則加於無辜之人爲虐刑耳。後世籍民爲兵，無罪而黥之，使終身不得自列於平民，宜胡氏斥以爲不仁也。此者，指肉辟「寬民之死」而言，過此則死刑矣。欲寬其死而不得，但當念其散之之久而已，謂宜哀矜而勿喜也。散，謂民情涣散，説見論語。浚儀王氏曰：按通鑑西魏大統十三年三月除宫刑，非隋也。閻百詩曰：是時疆宇分裂，西魏雖除宫刑，而北齊天統五年猶有應宫刑之詔，至隋開皇元年方永行停止也。○按朱子於井田封建，皆以爲不可復，獨肉刑則謂「徒流之法不足以止穿窬淫放之奸，其過於重者又有不當死而死」，而欲采陳群之議，一以宫、剕等辟當之。愚謂古先王政教蕩然無存，而獨欲留肉刑，一旦用刑失當，絶者不可復屬，恐非仁人所以用心也。按周禮掌戮：墨者守門，劓者守關，宫者守内，刖者守囿。蓋雖刑餘之人，皆各有以處之，使無失所。故殘其肢體，而猶不至絶其生路。今皆不能行，而欲用肉刑，可乎？神宗初，韓絳、曾布議復肉刑，呂申公曰：「後世禮教未備，而刑獄繁。將有踴貴屨賤之譏。」王珪欲取死囚，試劓、刖之，呂公曰：「不可。試之不死，則肉刑遂行矣。」議遂寢。可謂老成之見。李氏曰：先王之時，雖用肉刑，然人之下麗刑者實未嘗遽用之，故司寇以圜土教罷民，凡害人者，其罪已定，夜置於圜土以囚之，晝施職事以役之，明書其所犯之罪於大方版，加諸背而恥之，其能翻然痛改則舍之，使還其鄉里。然猶未能保其必善也，故必三年不齒，以驗其果善與否。不齒者，如讀法、飲射之類皆不得與是也。至其不能改而出圜土者，然後誅之。先王用刑，其委曲如此。

呂與叔撰橫渠先生行狀曰：先生慨然有意三代之治，論治人先務，未始不以經界爲急。嘗曰：「仁政必自經界始。貧富不均，教養無法，雖欲言治，皆苟而已。」「治人」之「治」，平聲。○貧富不均，教養無法，二者自經界不正之害也。世之病難行者，未始不以亟奪富人之田爲辭。然茲法之行，悅之者衆，苟處之有術，期以數年，不刑一人而可復。」所病者特上之未行耳，「未行」上，葉本有「人」字。乃言曰：「縱不能行之天下，猶可驗之一鄉。」方與學者議古之法，共買田一方，畫爲數井，上不失公家之賦役，退以其私正經界，分宅里，立斂法，廣儲蓄，興學校，成禮俗，救菑恤患，敦本抑末，足以推先王之遺法，明當今之可行。此皆有志未就。斂，去聲。菑、災同。○朱子曰：張子之意固善，然欲行之，須有機會。經大亂之後，天下無人，田盡歸官，方可給與民。如唐口分、世業，是從魏晉積亂之極，至元魏及北齊、後周，乘此機方行得。荀悦漢紀一段説此意甚好。馬氏曰：按夾漈鄭氏言：「井田廢七百年，至魏孝文始納李安世之言，復行均田，男夫十五以上受露田四十畝，婦人二十畝。」然晉武帝時男子占田七十畝，女子三十畝；丁男課田五十畝，丁女二十畝；次丁男半之，女則不與。則亦非始於後魏也。但史不書其還受之法，無由考其詳耳。或以後魏行均田，奪有餘以予不足，必致煩擾，以興怨謗。今觀其立法，所受者露田，諸桑田不在還受之限。意桑田必是人户世業，是以栽植桑榆其上，而露田不栽樹，則似所種者皆荒閒無主之田，必諸遠流配謫無子孫及户絶者墟宅桑榆，盡爲公田以供授受，則固非盡奪富者之田以與貧人也。又今有盈者無受無還，不足者受種如法；盈者得賣其盈，不足者得買所不足；不得賣其分，亦不得買過所足。是令其從便買賣，以合均給之數，則又非强奪之以爲公田而授無田之人，與王莽所行異矣。此所以稍久而無弊歟。劉道原曰：後魏均田制度似今世佃官田及絶户田出租税，非如三代井田。魏齊周隋兵革不息，農民少而曠土多，故均田之制存。至唐承平日久，丁口滋衆，官無閒田，不復給受，故田制爲空文。唐志云「口分、世業之田壞而爲兼併」，似指以爲井田之比，失之遠矣。

横渠先生爲雲巖令，政事大抵以敦本善俗爲先。雲巖，縣名，宋屬永興軍路丹州，熙寧七年省爲鎮，入宜川縣。今宜川隸陝西延安府。敦本，如興孝興弟之類。善俗，如讓畔讓路之類。每以月吉具酒食，召鄉人高年會縣庭，親爲勸酬，使人知養老事長之義。因問民疾苦，及告所以訓戒子弟之意。食，音嗣。養，去聲。長，張丈反。○親爲勸酬者，以身率先也。問民疾苦者，欲有以養之也。告所以訓戒子弟者，欲有以教之也。

横渠先生曰：古者「有東宮，有西宮，有南宮，有北宮，異宮而同財」，此禮亦可行。古人慮遠，目下雖似相疏，其實如此乃能久相親。「有東宮」至「同財」十七字，見儀禮喪服篇「世父母，叔父母」傳。「異宮」之「宮」，原文本作「居」，張子恐人疑如後世之異居，故易以「宮」字，觀下文「非如異居」句，意白可見。論、孟中所載如南宮适、北宮錡之類，蓋各以所居之宮氏之，應劭「或氏於居」，正謂此也。又按，傳謂「有餘則歸之宗，不足則資之宗」，注：「宗者，世父爲小宗也；資，取也。」可見雖異居，而財仍長者一人主之，此所以能久相親也。○此就兄弟言之，蓋兄弟異居，若不相親者然，故張子特論之如此。蓋數十百口之家，自是飲食衣服難爲得一。又異宮乃容子得伸其私，所以「避子之私也，子不私其父，則不成爲子」。古之人曲盡人情。必也同宮，有叔父、伯父，則爲子者何以獨厚於其父？爲父者又烏得而當之？「避子之私」至「不成爲子」十五字，亦儀禮傳文。私其父者，如内則所謂「雞初鳴，盥漱，櫛縰，笄總，以適父母舅姑之所」之類皆是。此一節反覆申明古人所以異宮之意。父子異宮，爲命士以上，愈貴則愈嚴。「由命士以上父子皆異宮」，見禮記内則篇，引此以見命士以上則不獨兄弟異宮也。蓋以父子親愛而其分制之嚴有如此，亦以明首節似相疏而實相親之意也。鄭康成云：「古者命士以上，年十五，父子異宮。」賈公彦云：「不命之士，父子雖同宮，其中亦隔别，各有門户。」**故異宮猶今世有逐位，非如異居也。**樂説。○自「父子異宮」以下，程子遺書附東見録後中亦有之。○逐位者，猶今兄東弟西之意。張子恐人疑爲異居，故引以明之。○朱子曰：宮如今人四合屋，雖各一處，然四面共牆圍。又曰：古人所謂宮，只是牆，無今廊屋。

**治天下不由井地，終無由得平。周道止是均平。**治，平聲。○語録。下同。○不由井地，則富者田連阡陌，貧者至於流離失所，故云「終無由得平」。周道，猶言大道也。止是均平，言必當力行井地也。

**井田卒歸於封建乃定。**定者，謂溝塗封植之類，一一有以得其條理而無所闕也。葉水心曰：自黄帝至於成周，天子所自治者，皆是一國之地。是以尺寸步畝可歷見於鄉遂之中，而置官司、役民夫、正疆界、治溝洫，終歲辛苦，以井田爲事。而諸侯亦各自治其國，百世不移。故井田之法可頒於天下。然江漢以南，濰淄以東，其不能爲者不强使也。今天下爲一國，雖有郡縣，吏皆總於上，率二三歲一代，其間大吏有不能一歲半歲而去者，是將使誰爲之乎？是故封建既廢，井田雖在，亦不可獨行也。愚按，伊川謂：「秦法固不善，亦有不可變者，罷侯置守是也。」又謂：「必井田，必封建，必肉刑，非聖人之道也。善治者，放井田而行之而民不病，放封建而使之而民不勞，放肉刑而用之而民不怨。故善學者得聖人之意，而不取其跡也。跡也者，聖人因其一時之利而制之也。」於此亦可見程子之公平，而張子之言雖善，而有所不必拘矣。○朱子曰：張子謂井田之法要行，須是封建乃定，固是。然在今日，恐難下手。設使强做得成，亦恐意外别生弊病，反不如前，則難收拾耳。此等事未須深論，他日讀書多，歷事久，當自見之也。又曰：封建亦有可行者。如有功之臣，封之一鄉，如漢之鄉亭侯。田税亦須要均，則經界不可以不行，大綱在先正溝洫。愚按，封建自不可復，而郡縣之官宜慎擇其人，以久其任而重其權。凡可以養士足民贍兵者，使皆得以便宜從事。然後嚴爲之考課，以厚其賞罰。有功則如漢賜爵關内侯之例，增秩加賞而勿易其官；無功則降黜廢棄，而更求能者；有罪則流殛刑誅而勿加寬貸，使之前有所勸，後有所畏。如此則有封建之實，而無封建之害，或亦斟酌古今之一道也。不然，則郡縣削弱，一旦横決奔潰，莫能支持，如明末張、李之亂，長驅直入，率由於此，可爲深鑒。○

以上並横渠語。

## 校勘記

〔一〕北方廣莫風　「莫」字原缺，據文津閣本補。

〔二〕五曰貢士　「曰」，原作「月」，據文津閣本改。

〔三〕秋冬學羽籥　「冬」，原作「東」，據文津閣本改。

〔四〕以考其藝而進退之　「考」，原作「攻」，據文津閣本改。

〔五〕太學在國中　「太」，文津閣本作「大」。

〔六〕始存其名　「始」，文津閣本作「姑」。

〔七〕四民俱有常職　「俱」，文津閣本作「各」。

〔八〕用之不節，取之無時　「不」，文津閣本作「無」，「無」，文津閣本作「不」。

〔九〕惟曲禮六府有司土司木司水司貨　「有」上，文津閣本有「條」字。

〔一〇〕古人設官掌此六府　「人」，文津閣本作「者」。

〔一一〕今禮制未修　「禮制」二字原倒，按二程文集作「禮制」，今據文津閣本改。

〔一二〕侍從以上兼之則爲侍講侍讀　「上」，文津閣本作「下」。

〔一三〕及置待賓吏師齋　「置」，原作「制」，據文津閣本改。

〔一四〕如以不犯罰爲行　「罰」，原作「法」，據文津閣本改。

〔一五〕聞金法　「金法」，文津閣本作「遼中」。

〔一六〕始終本末　「本末」，原作「末本」，據文津閣本改。

〔一七〕甚非求賢之意　「甚」，文津閣本作「大」。

〔一八〕使孤煢殘疾者不至失所　「疾」，文津閣本作「廢」。

〔一九〕鹵所恃者馬　「鹵」，文津閣本作「敵」，下同。

〔二〇〕哨瞭如得偵探詳明可相機備禦　文津閣本作「哨瞭如遇邊寇出没即相機勦殺」。

〔二一〕朱子説漢時碑已如此云　「碑」，原作「牌」，據文津閣本改。

〔二二〕按凶服不可以接神　「按」下，文津閣本有「禮」字。

〔二三〕孝經喪親章語也　「孝」，原作「考」，據文津閣本改。

〔二四〕葬事大　「事大」二字原倒，按孝經鄭注作「葬事大」，今據文津閣本乙正。

〔二五〕此則禮意猶存也　「此則」，文津閣本作「則此」。

〔二六〕詔以律令古文難知　「古文」，文津閣本作「文古」。

# 近思録集註卷十

## 臨政處事之方

此卷亦致知格物之事，即程子所謂「應接事物而處其當」是也。以居官任職事尤重大而不可忽略，故獨詳焉。凡六十四條。

伊川先生上疏曰：夫鐘怒而擊之則武，悲而擊之則哀，誠意之感而入也。告於人亦如是，古人所以齋戒而告君也。齋，側皆反，下同。○此言感人必以誠意之意。臣前後兩得進講，未嘗敢不宿齋預戒，潛思存誠，覬感動於上心。若使營營於職事，紛紛其思慮，待至上前，然後善其辭説，徒以頰舌感人，不亦淺乎？頰，音劫。○文集。下同。○頰，説文：「面旁也。」此程子自道其事君之誠意，以冀感動於君心也。觀程子營營職事之言，則知當日之所以使兼他職而固辭者，意固有在矣。或問：伊川未進講以前，還有間斷否？朱子曰：尋常未嘗不誠，臨見君時又加意耳，如孔子沐浴而告哀公是也。○此元祐元年上太皇太后書中語也。按文集，時講讀官五人，四人皆兼他職，唯伊川不領別官，近復差修國子監太學條制，無一人專職輔導者。執政之意，蓋惜人才，不欲使之閑。又以爲雖兼他職，不妨講讀。故程子言之，以見講讀官當精思竭誠，專在輔導，不可兼他職之意。

伊川答人示奏稿書云：觀公之意，專以畏亂爲主。頤欲公以愛民爲先，力言百姓飢且死，丐朝廷哀憐，因懼將爲寇亂，可也。不惟告君之體當如是，事勢亦宜爾。丐，音蓋。○丐，求也。此言奏稿當以愛民爲先之意。公方求財以活人，祈之以仁愛，則當輕財而重民；懼之以利害，則將恃財以自保。祈，通蘄，祈求也。古之時，得丘民則得天下。後世以兵制民，以財聚衆，聚財者能守，保民者爲迂。周禮小司徒：「四井爲邑，四邑爲丘，四丘爲甸。」丘民，謂一丘之民也，猶古一成一旅之意。說見孟子。此兩端所以明奏稿不可「專以畏亂爲主」之意。○愚按，程子亦因後世之見如此，故特言，此以見言之無益耳，非真謂兵與財之足恃也。後世富强莫如秦、隋，率皆二世而亡，而漢、唐稍知愛民，享國長久，可得云「保民者爲迂」乎？惟當以誠意感動，覬其有不忍之心而已。此二句所謂「欲公以愛民爲先」者也。○許魯齋曰：人臣爲君言，只當言義理可與不可，當與不當。若以利害相恐，動則利害，不應時便不信矣。且如天道福善禍淫，有時而差，是天道亦不足信也。人只得求當於義理而已，利害一切不恤也。

明道爲邑，及民之事，多衆人所謂法所拘者，然爲之未嘗大戾於法，衆亦不甚駭。謂之得伸其志則不可，求小補，則過今之爲政者遠矣。人雖異之，不至指爲狂也。至謂之狂，則大駭矣。盡誠爲之，不容而後去，又何嫌乎？呂進伯使河東，伊川問爲政何先，對曰：「莫要於守法而分。」伊川告之以此，以見法有所不可盡拘也。○東萊呂氏曰：當官以方便爲上，如差科既不能免，即就其間求所以便民省力者，使不騷擾重爲民害，其益多矣。

明道先生曰：一命之士，苟存心於愛物，於人必有所濟。見行狀。周禮「一命受職」，如今之第九品也。苟，誠也，物即人也。言此以見一命猶然，況居大位者乎！

伊川先生曰：君子觀天水違行之象，知人情有爭訟之道。故凡所作事，必謀其始，絶訟端於事之始，則訟無由生矣。謀始之義廣矣，若慎交結、明契券之類是也。券，從刀，勸平聲，與從力者別。○易傳。下同。○訟象傳：「坎下乾上爲訟。」天上水下，相違而行，故曰違行。交結，朋友結納也。契券，文書要約也。二者偶舉一二，以例其餘也。項平甫曰：乾陽生於坎水，坎生於天一，乾、坎本同氣而生者也。一動之後，相背而行，遂有天淵之隔。由是觀之，天下之事不可以細微而不謹也，不可以親暱而不敬也。禍亂之端，夫豈在大！曹劉共飯，地分於匕箸之間；蘇史滅宗，忿起於笑談之頃。謀始之誨，豈不深切著明乎？

師之九二，爲師之主，恃專則失爲下之道，不專則無成功之理，故得中爲吉。師卦惟九二一陽居下卦之中，上下五陰順而從之，是九二爲師之主也。九二以剛居下而用事，六五以柔居上而應之，則倚任專矣。鄧艾之承制拜假，事不待報，是恃專也。顏魯公讓功於賀蘭進明，以至爲所牽制不能成功，則不專之患也。二居中，故有得中之象。○愚按，程傳於三五兩爻與「輿尸」並訓作「衆主」，即此傳不專之意也。夫任將不專，使衆主之，鮮有不敗，是固然矣。然必先慎擇其人，使其勇略仁信足以勝將帥任者，而後可專以任之。故象辭曰「丈人」，六五曰「長子」，並老成之稱，見非新進喜事、才弱志剛之輩所可與其選也。凡師之道，威和並至則吉也。恃專則不和，不專則無威。惟威和並至，爲得中而吉。愚按，程子亦但就爲將之道論之耳，人君之命將亦然。推心置腹，所謂和也；信賞必罰，所謂威也。未有舍此而能得將之用者。楊誠齋曰：河曲之師，趙盾爲將，而令出趙穿；鄴之師，荀林父爲將，而令出先縠。後世復有中人監軍，從中牽制，皆取敗之道也。

世儒有論魯祀周公以天子禮樂，以爲周公能爲人臣不能爲之功，則可用人臣不得用之禮樂。是不知人臣之道也。夫居周公之位，則爲周公之事，由其位而能爲者，皆所當爲也。周公乃盡其職耳。亦師九二傳。以王安石有此言，因特論之。○按程子又云：子之事父，其孝雖過於曾子，畢竟是以父母之身做出來，豈是分外事？若曾子者，僅可以免責耳。臣之於君，猶子之於父也。假如功業大於周公，亦是以君之人民勢位做出來，而謂人臣所不能爲，可乎？

大有之九三曰：「公用亨於天子，小人弗克。」傳曰：三當大有之時，居諸侯之位，有其富盛，必用亨通於天子，謂以其有爲天子之有也，乃人臣之常義也。「通於」之「於」，易傳作

「乎」。○三居下體之上，在下而居人上，公侯之象也。「以其有爲天子之有」，如程子所謂「蕃養其衆以爲王之屏翰，豐殖其財以待上之徵賦」是也。此一節所以明「公用亨於天子」之意。○朱子曰：古人於「亨」字作「享」、「烹」，字通用。如「公用亨於天子」，分明是「享」字。程子作「亨通」解，不是。字畫音韻，是經中淺事，故先儒得其大者，而於此多不留意。然不知此等處不理會，却枉費了無限辭説牽補，而卒不得其大義，亦甚害事也。胡雙湖曰：按春秋傳，晉文公將納王，使卜偃筮之，遇大有之睽，曰：「吉，遇公用亨於天子之卦，戰克而王亨，吉孰大焉！」則是卜偃時固讀爲「享」矣。項平甫曰：隨上六「王用亨於西山」，益六二「王用亨於帝」，升六四「王用亨於岐山」。程子或作「亨通」解，或作「亨盛」解。獨於益六二作「享」讀者，蓋不敢解作「享帝」也。若小人處之，則專其富有以爲私，不知公以奉上之道，故曰「小人弗克」也。「公以」之「以」，葉、吕本並作「已」，今從易傳。○此明小人所以弗克之意。

人心所從，多所親愛者也。常人之情，愛之則見其是，惡之則見其非。故妻孥之言，雖失而多從；所憎之言，雖善爲惡也。苟以親愛而隨之，則是私情所與，豈合正理？故隨之初九，出門而交，則「有功」也。惡之，惡去聲。○出門，謂非私昵。交不以私，故其隨不失其正，而能有功。俞氏曰：初九乃成卦之主爻，主不可以隨人，故不言隨而言交。張氏曰：人能内不惑於妻孥，外不惑於諂諛，立身便自卓然。

隨九五之象曰：「孚於嘉吉，位正中也。」傳曰：隨以得中爲善，隨之所防者過也。蓋心所説隨，則不知其過矣。孚，誠也。就九五中實言嘉善也，就六二中正吉。九五陽剛中正，下應六二之中正，故曰「孚於嘉」。「正中」謂九五。葉氏曰：震下兑上爲隨。震，動也；兑，悦也。以悦而動，易過於隨而不自知，故必得中爲善。

坎之六四曰：「樽酒簋貳用缶，納約自牖，終无咎。」傳曰：此言人臣以忠信善道結於君心，必自其所明處乃能入也。樽，本作「尊」，後加「木」、加「缶」、加「瓦」、加「土」者，各隨所見也。簋音癸。缶，俯九反。○樽，酒器。周禮春官「司尊彝」，有獻、象、著、壺、太、山六尊。外方内圓曰簠，内方外圓曰簋，皆盛黍稷器，並漆，赤中，有蓋，象龜形。考工記：「旊人爲簋，受一斗二升，高一尺，厚半寸，脣寸。」缶，瓦器。愚按，「旊人」疏：「祭宗廟皆用木簋，此用瓦簋者，據祭天地及外神尚質器用陶匏之類也。」蓋樽與簋皆宗廟所用，有金玉雕文之飾，不專以瓦爲之，故下文復言用缶，以見其爲尚質也。語類以既云「樽酒簋貳」，又云「用缶」爲不成文理，蓋朱子誤以樽簋爲專用瓦缶，故以復出「用缶」字爲不成文理也。熊氏曰：一樽之酒，二簋之食，復以瓦缶爲器，質之至也，所謂「忠信善道」也。牖者，室中所以通明也。蓋忠信者，納約之本，苟不因其明而納焉，則亦不能入矣。人心有所蔽，有所通，通者明處也，當就其明處而告之，求信則易也，故曰「納約自牖」。能如是則雖艱險之時，終得无咎也。易，音異。○程子又曰：人君有過，以理開諭之。既不肯聽，却須就人君開明處進説，如左師觸龍事之類。且如君心蔽於荒樂，唯其蔽也故爾，雖力詆其荒樂之非，如其不省何？必於所不蔽之事，推而及之，則能悟其心矣。自古能諫其君者，未有不因其所明者也。故訐直强勁者，率多取忤；而温厚明辨者，其説多行。樂，並音洛。○楊龜山曰：對人主語言及章疏文字，温柔敦厚尤不可無。如子瞻詩，多涉譏玩，殊無惻怛愛君之意。荆公在朝，論事多不循理，惟是爭氣而已，何以事君？非惟告於君者如此，爲教者亦然。夫教必就人之所長，所長者心之所明也。從其心之所明而入，然後推及其餘，孟子所謂「成德」、「達才」是也。此又推廣言之，以見因其所明而導之，不獨事君當然也。熊氏曰：成德者，因其有德而成就之；達財者，因其有財而遂達之。皆謂就其所長而開導之也。

恒之初六曰：「浚恒，貞凶。」象曰：「浚恒之凶，始求深也。」傳曰：初六居下，而四爲正應。四以剛居高，又爲二三所隔，應初之志，異乎常矣。而初乃求望之深，是知常而不知變也。世之責望故素而至悔咎者，皆「浚恒」者也。初六爻傳。素，舊也。初六以陰柔居巽下，巽性務入，故「求望之深」，陰性柔暗，故「知常而不知變」，常就「四爲正應」而言，變就「爲二三所隔」而言。此爻本義、程傳皆就初「求望」上説，蓋特其一端，其實凡事皆當審己量力〔一〕，循序漸進，積久有成，不然則急遽無序，進鋭退速，必不能以有恒也。

遯之九三曰：「係遯，有疾厲，畜臣妾吉。」傳曰：係戀之私恩，懷小人女子之道也。故以畜養臣妾則吉。係，音計。畜，許六反。養，去聲。○九三下比二陰，使有所係戀，不得遯也，「故以畜養臣妾則吉」。問：小人、女子「近之則不遜，遠之則怨」，若專以私恩懷之，未必不有悔吝。而此爻以爲吉，何也？朱子曰：此爻不可大事，但可畜臣妾耳。御下而有以懷之，未必失正，但恐所以懷之者非其道也。然君子之待小人，亦不如是也。易言「畜臣妾吉」，原就九三之係而言惟可以畜臣妾也，非謂畜臣妾之必當以係也。程子恐學者不察，而一以私恩係戀之，則必有優柔養奸之患，故又言此，以見係之有未盡吉者。其不言女子何也？蓋女子不過侍巾櫛，承恩寵，懷之未爲不可，但不可使預外事耳。至小人而牽顧私情，釀成奸惡，則不可言矣。漢唐末階亂並坐此，蓋所以足易文未盡之意。

睽之象曰：「君子以同而異。」傳曰：聖賢之處世，在人理之常，莫不大同，於世俗所同者，則有時而獨異。「睽」從耳目之目，與「睽違」之「睽」別。按本義二卦合體而性不同，故爲「同而異」也。蓋離中女，兑少女，爲合體。火炎上，澤潤下，則性不同。人理之常，如人倫日用之類。有時獨異，如戰國尚功利詐謀，而孟子獨言仁義、崇王道、黜霸功是也。按，吴氏補註謂熊本「有時獨異」下脱去「蓋於秉彝則同矣，於世俗之失則異也」十五字，當從易傳補入。愚謂人倫之常内，秉彝意已具，世俗所同，自是世俗之失。朱子删之更覺簡盡，非熊氏脱去也。不能大同者，亂常拂理之人也；不能獨異者，隨俗習非之人也。要在同而能異耳。此申明上文之意。

睽之初九，當睽之時，雖同德者相與，然小人乖異者至衆，若棄絶之，不幾盡天下以仇君子乎？如此則失含弘之義，致凶咎之道也，又安能化不善而使之合乎？故必「見惡人則无咎」也。同德相與，謂初與四當相應之位而爻皆陽也。乖異者衆，亦就睽之時言之。蓋當睽之初，其睽未深，惡人睽間之情猶未甚，故猶可見之以免避禍咎。若罪惡已極，所亟宜誅絶者，而猶托含弘之義，則未有不至喪名失節者也，又學者所不可不察也。古之聖王，所以能化姦凶爲善良，革仇敵爲臣民者，由弗絶也。

睽之九二，當睽之時，君心未合，賢臣在下，竭力盡誠，期使之信合而已。睽九二象傳。葉氏曰：二五相應，然時方睽違，上下乖戾，故二必外竭其力，内盡其誠，期使疑者信、睽者合耳。至誠以感動之，盡力以扶持之，明義理以致其知，杜蔽惑以誠其意，如是宛轉以求其合也。此明上文「竭力盡誠、期使之信合」之意。葉氏曰：内竭其誠以感動君心，外盡其力以扶持國政，此盡其在我者也。推明義理，使君之知無不至，杜塞蔽惑，使君之意無不誠，此正其在君者也。愚按，宛轉求合，即指上四者而言。若有意求合而過爲宛轉，則是曲徑詭遇，而非君子之所由矣。「遇」非枉道逢迎也，「巷」非邪僻由徑也。故象曰：「遇主於巷，未失道也。」「由」，易傳作「曲」。○此即孟子「惡不由其道」之意。

損之九二曰：「弗損益之。」傳曰：不自損其剛貞，則能益其上，乃益之也。若失其剛貞而用柔説，適足以損之而已。説，音悦。○「剛貞」以九言。二居説體，故曰「用柔説」。董氏曰：二以剛益五之柔，亦如初益四，而彼以爲酌損之，與此不同，何也？蓋初以剛居剛，少損之則可裁度以助四；二以剛居柔，更損之將至媚悅以徇五矣。林次崖曰：九二在爻則爲剛中，在人則爲自守不肯妄進。夫自守而不妄進，宜若無益於上矣，然由是而啓時君尊德樂道之心，止士大夫奔競之習，其益於上也不少，是弗損乃所以益之也。 世之愚者，有雖無邪心，而惟知竭力順上爲忠者，蓋不知「弗損益之」之義也。

益之初九曰：「利用爲大作，元吉，无咎。」象曰：「元吉，无咎，下不厚事也。」傳曰：在下者本不當處厚事。厚事，重大之事也。以爲在上所任，所以當大事，必能濟大事，而致元吉，乃爲无咎。能致元吉，則在上者任之爲知人，己當之爲勝任，不然則上下皆有咎也。勝，平聲。○下謂初，上謂四。朱子曰：初九上爲四所任而作大事，必盡善而後無咎，不然不惟已不安，而亦累於上。向以此段非常有，不必入，伯恭以有時而有，不可不書以爲戒。今思之，果然。又曰：如子之於父，臣之於君，僚屬之於官長，皆不可以逾分越職。縱可爲，亦須是盡善，方能無過。

革而無甚益，猶可悔也，況反害乎？古人所以重改作也。革象辭。○或謂宋太祖受命，盡除五代弊法，用能易亂爲治。朱子曰：不然。只是去其太甚者，其他法令條目多仍其舊。如王安石大綱不理會，却纖悉於細微之間，所以弊也。

漸之九三曰：「利用禦寇。」傳曰：君子之與小人比也，自守以正。豈惟君子自完其己而已乎？亦使小人得不陷於非義。是以順道相保，禦止其惡也。比，音避。○漸九三象傳。

爻詞下疑脱去「象曰利用禦寇順相保也」十字，今當增入。不然則傳文「順道相保」句無下落矣。「與小人比」，指上下皆陰而言。「自守以正」，謂三也。熊氏曰：小人得不陷非義，亦以近正而不敢爲非也。

旅之初六曰：「旅瑣瑣，斯其所取災。」傳曰：志卑之人，既處旅困，鄙猥瑣細，無所不至，乃其所以致悔辱，取災咎也。陰柔故志卑，居下故旅困。○王伯厚曰：「斯其所取災」，王輔嗣註「爲斯賤之役」，唐郭京謂「斯」合作「㪬」。但按漢左雄傳「職斯禄薄」註「斯，賤也」，不必改作「㪬」。愚謂王説固然，然總不若程朱解作「此」字爲穩。蓋斯賤意已在上「瑣瑣」二字内也。

在旅而過剛自高，致困災之道也。旅九三傳。處旅之道，以柔順謙下爲先。三剛而不中，有過剛之象；居下體之上，又爲艮體，有自高之象。過剛則暴下，自高則不順於上，所以致困災。困災如「喪其童僕」、「焚其次」之類是也。○以上二條皆言處旅之道，上條言過卑固所以取辱，此言過高亦所以致災。潘氏曰：居剛而用剛，平時猶不可，況旅乎！九三以剛居下體之上，則焚次；上九以剛居上體之上，則焚巢。位愈高，剛愈亢，則禍愈深矣。○建安丘氏曰：處旅之道，以得中爲善，故雖以四處上之下，無過高過卑之失，亦未得中，所以雖得資斧而心未快也。惟二五得二體之中，故二即次懷資而得僕，五亦終有「譽命」之榮也。然二當位而五不當位，故五不免「射雉」「亡失」之患。然則居旅道之善，其惟六二乎！

兑之上六曰：「引兑。」象曰：「未光也。」傳曰：說既極矣，又引而長之，雖說之之心不已，而事理已過，實無所說。事之盛則有光輝，既極而强引之長，其無意味甚矣，豈有光也！長，並張文反。强，巨兩反。○「說既極矣」及「事理已過」云云，並指上爻而言。楊氏曰：來兑、引兑，皆小人也。在君子則當來而勿受、引而勿去也。君子以道德相引，其道爲光明。引而爲說，則心術曖昧、行事邪僻甚矣，豈得爲光乎？蔣氏曰：當說之時，剛則有節，柔則無度。初、二及四、五四爻，皆以剛陽而得吉。三、上二爻，皆以陰柔而致凶。

中孚之象曰：「君子以議獄緩死。」傳曰：君子之於議獄，盡其忠而已；於決死，極於惻而已。天下之事，無所不盡其忠，而議獄緩死，最其大者也。項氏曰：獄之將決則議之，其既決則又緩之，然後盡於人心。王制正聽之，司寇聽之，三公聽之，議獄也。周禮鄉士旬而職聽，遂士二旬而職聽，縣士三旬而職聽，緩死也。故獄成而孚，輸而孚。在我者盡，故在人者無憾也。朱子曰：今法家惑於罪福報應之說，多喜出人罪以求福報，是使無罪者不得直，而有罪者得倖免，是乃所以爲惡也，何福報之有？蓋書所謂「惟刑之恤」者，亦欲其詳審曲直，使不至於濫耳，豈謂極惡大罪概可從末減哉？丘瓊山曰：易象傳言刑獄者五卦，噬嗑、賁、豐、旅、中孚也。噬嗑、賁、豐、旅皆有離象，而噬嗑、豐則兼取震，賁、旅則兼取艮，惟中孚則有取於巽、兑者。先儒謂中孚體全似離，互體有震、艮。蓋獄以明照爲主，必先得其情實，則刑不濫。然非震以動之，則無有威斷；又必艮以止之，然後不過用其明以恣其威也。夫然後兑以議之，巽以緩之，原情定罪，至再至三。詳之以八議，原之以三宥，議而又議，緩而又緩。求其出而不可得，然後入之；求其生而不可得，然後死之。本乎至誠孚信之心，存乎至仁惻怛之意。則在我者既盡，而在人者無憾矣。

事有時而當過，所以從宜，然豈可甚過也？如過恭過哀過儉，大過則不可，所以小過爲順乎宜也。能順乎宜，所以大吉。小過象曰：「飛鳥遺之音，不宜上宜下，大吉，上逆而下順也。」過恭、過哀、過儉，象傳文也。事以得中爲貴，然亦有時而當過者，要必有以順乎事之宜，而使不至於太甚，故雖過而無有失也。○陸君啓曰：即夫子所謂「寧儉」、「寧戚」之意。理所當過，即是時中也。

防小人之道，正己爲先。小過九三傳。小人，指衆陰而言。小過當陽失位之時，三獨以剛居正，而爲衆陰所忌惡，故其傳云然。○王伯厚曰：申屠嘉不受私謁，則可以折幸臣；董仲舒正身率下，則可以事驕主。魏相以廉正，霍氏不能誣；袁安、任隗以素行，竇氏無以害。故曰「正己爲先」。

周公至公不私，進退以道，無利欲之蔽。其處己也，夔夔然存恭畏之心；其存誠也，蕩蕩焉無顧慮之意。所以雖在危疑之地，而不失其聖也。焉，葉本作「然」。在，一作「處」。○夔夔，敬謹恐懼之貌。蕩蕩，寬廣平坦之意。危疑，謂遭流言之變也。詩曰：「公孫碩膚，赤舄几几。」孫，音遜。○經說。下同。○詩，豳風狼跋之篇。孫，謙遜也。碩，大也。膚，美也。單下曰履，複下曰舄。湯氏曰：「几舄之内必有屨，屨外又加以舄，故曰複也。夏以葛，冬以皮。舄與今屐相似，以木置履下，乾臘不畏泥濕，但無齒耳。屨舄各象裳色。王舄有三：韋弁、皮弁白舄，冠弁之服黑舄，而冕服則赤舄也。」几几，安重貌。孔穎達曰：葛屨所以當暑，特爲便於時耳。若行禮之服，雖夏猶當用皮。○呂涇野曰：詩人只是從步履上看，便見得周公之聖。蓋人内不足者，或有讒謗之言，步履必至錯亂，不能安詳。如謝安折屐，豈能强制得住！

採察求訪，使臣之大務。釋詩皇皇者華章。蓋因每章有「咨諏」、「咨謀」、「咨度」、「諮詢」語，而釋其義也。葉氏曰：采察民隱，求訪賢才，二者使職之大事。輔慶源曰：人君正以耳目不得與遠民相接，故遣使以宣己意而通下情，爲之使者豈可不務廣詢博訪，以副君意耶？李氏曰：周官撢人之職，「掌誦王志，道國之政事，以巡天下邦國而語之」。則是使臣之職，欲其周遍咨訪，無所不及也。○范氏曰：唐陳大德使高麗，以賂遺覘其險阻，詭詐誘其人民，以爲奇能，藉口歸報，啓人主征伐之志，失使臣之職矣。愚按，秋官小行人每所至，「萬民之利害爲一書，禮俗、政事、教治、刑禁之逆順爲一書，悖逆、暴亂、作慝、猶犯令者爲一書，札喪、凶荒、厄貧爲一書，康樂、和親、安平爲一書。凡此五物者，每國辨異之，以反命於王，以周知天下之故」。然則採察求訪，因古使臣之道然也。

明道先生與吴師禮談介甫之學錯處，謂師禮曰：爲我盡達諸介甫，我亦未敢自以爲是。如有説，願往復。此天下公理，無彼我。果能明辨，不有益於介甫，則必有益於我。「爲我」之「爲」，去聲。○遺書。下同。○吴師禮，字安仲，杭州錢塘人。太學上舍賜第，工翰墨，以直秘閣知宿州，卒。安石行事之錯，由其學之錯故也，程子特就源頭處論之〔一〕。

天祺在司竹，常愛用一卒長，及將代，自見其人盜筍皮，遂治之無少貸。罪已正，待之復如初，略不介意。其德量如此。愛，楊本作「要」。長，張文反。治，平聲。貸，度耐反。復，扶又反。○司竹，官名。天祺於熙寧三年，以監察御史裏行言事，出知江陵府公安縣，改陝州夏縣轉運使，舉監鳳翔府司竹監焉。馬貴與文獻通考云：「河南淇園竹，自魏晉後各置官守之。後魏有司竹都尉，隋曰司竹監，唐因之，有臨丞、監副，掌植養園竹之事。」愚按，淇園在今河南衛輝府淇縣，魏晉後久廢。其至宋猶置官守之者，乃盩厔縣司竹園，非淇園也，馬氏混爲一，誤矣。然按元史食貨志，元初衛輝、懷孟、京兆、鳳翔皆有在官竹園，各置司竹監掌之，至元末始罷。則司竹不獨在鳳翔也，蓋自元增置之耳。盩厔今屬陝西西安府。筍皮，楚謂之箬，亦竹箭。

明道因論「口將言而囁嚅」云：若合開口時，要他頭也須開口。【本註】云：如荆軻于樊於期。須是「聽其言也厲」。囁，尼葉反。嚅音如。吕本無「明道」二字。○葉氏曰：囁嚅，欲言而不敢發之貌。厲則理明義直，故出於口者自然剛決，不可回撓，安有囁嚅之態？○朱子曰：合開口者，亦曰理之所當言。樊於期事，非理所得言，特取其事之難言而猶言之耳。

須是就事上學。蠱「振民育德」，然有所知後，方能如此。何必讀書，然後爲學？明道語。○事上學〔三〕，謂即事而窮其理也。振民所以治人，育德所以修己，二者皆以行言，故曰「有所知後方能如此」。有所知，應上「就事上學」而言也。○愚按，今人將事與學看作兩截，所以學爲俗學，事爲俗事。不然，則日用應接無非事，即無非學也。時皆以讀書爲學，故程子云然。

先生見一學者忙迫，問其故，曰：「欲了幾處人事。」曰：「某非不欲周旋人事者，曷嘗似賢急迫？」伊川語。○葉氏曰：事雖多，爲之必有序；事雖急，應之必有節。未有可以急遽苟且而處之者。

安定之門人，往往知稽古愛民矣，則於爲政也何有？安定，胡氏郡望。韓文公胡良公神道碑「胡姓系出安定，後徙清河」是也。先生名瑗，字翼之，泰州海陵人，爲湖州教授。時方尚詞賦，獨立經義、治事等齋，以敦實學，從之遊者常數百人。吴氏曰：稽古即經義齋之事，愛民即治事齋之事。熊氏曰：稽古則知爲政之法，愛民則得爲政之本。

門人有曰：吾與人居，視其有過而不告，則於心有所不安，告之而人不受，則奈何？明道曰：與之處而不告其過，非忠也。要使誠意之交通，在於未言之前，則言出而人信矣。「曰」上，吕本無「明道」字。又曰：責善之道，要使誠有餘而言不足，則於人有益，而在我者無自辱矣。「責善」以下，遺書内自爲一條，以其意相發明，因並録之。

職事不可以巧免。職事，職所當爲之事也。巧免〔四〕，則避難而就易，避勞而就逸也。

「居是邦，不非其大夫」，此理最好。語見家語子夏問篇，子路以夫子不答魯大夫練而杖之問，爲有所不知也，而子貢語之以此。按荀子子道篇亦有此語，但「練而杖」作「練而床」，「邦」作「邑」。非，非議之。蓋泛論其理則可直，論其人則不可非。其大夫且不可，況敢言朝政得失乎？

「克勤小物」最難。語見周書畢命篇。吴氏曰：小物，猶言小事。不忽小事，謹之至也。

欲當大任，須是篤實。葉氏曰：篤實則力量深厚而謀慮審固，斯可以任大事。

凡爲人言者，理勝則事明，氣忿則招佛。爲，去聲。忿，遺書作「勝」。佛，符勿反，一作「拂」。○佛，佛鬱也。言所以明理，理勝則言必平正通達而無病，故事明白而人易從。苟以忿戾之氣出之，則言出而動招佛鬱，雖理勝事明，亦扞格而不能入也。○自「克勤小物」以下，並明道語。

居今之時，不安今之法令，非義也。若論爲治，不爲則已，如復爲之，須於今之法度内處得其當，方爲合義。若須更改而後爲，則何義之有？復，扶又反。處，上聲。當，去聲。更，平聲。此爲在下位者言之。○朱子曰：韓魏公、富鄭公皆言新法不便。韓魏公見上不從，只就其法上爲之區處，使不至擾民而已。富公則直用自己法度，後遂爲人所劾罷，然畢竟謂之是不得。蓋大不可行，則有去而已，直行己意固不可也。

今之監司，多不與州縣一體，監司專欲伺察，州縣專欲掩蔽。不若推誠心與之共治，有所不逮，可教者教之，可督者督之，至於不聽，擇其甚者去一二，使足以警衆可也。伺，音四，又音斯。「伺察」下，葉本有「州縣」二字，遺書無。去，上聲。○監司，如宋之轉運、提刑諸使是也。首四句言今時監司之弊，「不若」以下則爲監司論所以待屬官之道也。推誠心與之共治，正所以與州縣一體者也。不能共治者則教之，教之而不從者則督之，總欲與爲一體而已。

伊川先生曰：人惡多事，或人憫之。世事雖多，盡是人事。人事不教人做，更責誰做？惡，去聲。教，平聲。○吴氏曰：人能各盡其所當爲之事，則世事何患其多。

明道曰：感慨殺身者易，從容就義者難。易，音異。從，音沖。○朱子曰：從容是徐徐。義理不精思之再三，或汩於利害而止，此所以爲難。

人或勸先生以加禮近貴，先生曰：何不見責以盡禮，而責之以加禮？禮盡則已，豈有加也？盡禮則止，循夫分所當然，不使有欠缺而已。加則溢於本分之外，其極至於由竇吠籬，無所不至，不可以不謹也。○朱子曰：觀程子之言，則爲人僚屬，世俗常禮有不可廢者，亦自當隨例，不須大段立異，不濟得事，徒爲人所指目憎嫌，却費調護求寬假，所屈愈多也。

或問：簿，佐令者也。簿所欲爲，令或不從，奈何？曰：當以誠意動之。今令與簿不和，只是爭私意。令是邑之長，若能以事父兄之道事之，過則歸己，善則唯恐不歸於令，積此誠意，豈有不動得人？長，張丈反。○簿，縣主簿也。按宋制，縣千户以上置令、尉、主簿，凡三員。户不滿千，置令、尉，縣令兼主簿事。户不滿四百，止置主簿、尉，以主簿兼知縣事。户不滿二百，止置主簿，兼令、尉。蓋唐簿之上有丞，而宋無之，故曰「簿，佐令者也」。此章言事上官之道，亦不獨簿之於令當然也。○愚按，程子之言誠善，然令亦當推誠與之共治，使得各舉其職，然後從而考其成以計功過。如此則已既不煩，而屬官亦爭相淬勵以自效，兼可使歷練吏事，此亦所以教誨之也。

問：人於議論，多欲直己，無含容之氣，是氣不平否？曰：固是氣不平，亦是量狹。人量隨識長，亦有人識高而量不長者，是識實未至也。大凡別事，人都强得，惟識量不可强。長，並張丈反。强，並區兩反，下同。○識以所見言，量以所容言。今人有斗筲之量，有釜斛之量，有鍾鼎之量，有江河之量。釜，周禮作「鬴」。「鍾」與「鍾」同，古字通用。○十升爲斗。筲，竹器，容斗二升。釜容六斗四升。十斗爲斛。鍾，樂器。鼎，烹飪之器。鍾鼎皆古重器，故並言，非鍾釜之鍾也。江河之量亦大矣，然有涯，有涯亦有時而滿，惟天地之量則無滿。故聖人者，天地之量也。聖人之量，道也；常人之有量者，天資也。天資有量須有限，大抵六尺之軀，力量只如此，雖欲不滿，不可得也。如鄧艾位三公，年七十，處得甚好，及因下蜀有功，便動了。「便動了」下，遺書有「言姜維云云」五字。○鄧艾，字士載，棘陽人，司馬宣王辟爲掾，累遷征西將軍，平蜀，進位太尉，爲衛瓘所害。艾與漢姜維相持，每戰輒身先士卒。以子忠戰不利，引退，叱出將斬之。馳還更戰，大勝。及蜀君臣面縛輿櫬詣軍門降，艾執節解縛焚櫬，受而宥之，檢御將士，無所虜略，綏納降附，使復舊業，皆所謂處得甚好也。其遺書有「言姜維云云」者，按魏志鄧艾傳：「艾深自矜伐，謂蜀士大夫曰：『諸軍賴遭某，故得有今日耳。如遇吴漢之徒，已殄滅矣。』又曰：『姜維自一時雄兒也，與某相值，故窮耳。』有識者笑之。」所謂「因下蜀有功而動」也。謝安聞謝玄破苻堅，對客圍棋，報至不喜，及歸折屐齒，强終不得也。謝安，見前。玄字幼度，鎮西將軍第三子也。苻堅，蒲洪子也。洪以讖文有「草付應王」，又其孫堅背有「草付」字，遂改姓苻，俗本從竹作「符」者，誤。秦苻堅率衆號百萬，次於淮肥，玄與安子琰及桓、伊等，以精鋭八千渡水決戰，破之。捷書至，安方對客圍棋，看書既竟，便攝放床上，了無喜色，棋如故。客問之，徐答曰：「小兒輩遂已破賊。」既罷，還内，過户限，心甚喜，不覺屐齒之折。其矯情鎮物如此。愚按，史非以屐齒之折爲喜，蓋特以形容其喜之至，故雖屐齒已折而猶不自覺耳。不然，則屐齒之折，初何關於喜？喜亦豈能折屐之齒耶？○胡氏曰：人以小小功業動其心，只是不識義理。如鄧艾下蜀，助篡逆以滅人之國，罪大矣。謝安時，中原淪没，不能匡復，僅得一勝而屐齒折，器量之小可知。更如人大醉後益恭謹者，只益恭謹便是動了，雖與放肆者不同，其爲酒所動一也。又如貴公子位益高，益卑謙，只卑謙便是動了，雖與驕傲者不同，其爲位所動一也。「只益恭」下，吕本無「謹」字，遺書同。爲，並去聲。然惟知道者，量自然宏大，不勉强而成。今人有所見卑下者，無他，亦是識量不足也。

人纔有意於爲公，便是私心。吴氏曰：有意爲公，即南軒所謂「有所爲而爲之」者也。昔有人典選，其子弟係磨勘，皆不爲理，此乃是私心。心，葉本作「意」。○係，該也。磨勘，宋制文武官吏皆按年分磨勘其功績，以轉陞官階也。此以明上文「有意爲公便是私心」之意。人多言古時用直，不避嫌得。後世用此不得，自是無人，豈是無時？直，謂直道也，此指不避嫌而言。「古時用直」三句，乃程子述時人之言如此。「自是無人」二句，言當用直，不必避嫌，以見無古今之異也。【本註】因言少師典舉、明道薦才事。少師，諱羽，字沖遠，官尚書兵部侍郎，贈太子少師。二程先生之高王父也。太平興國五年，典試貢士，得人居多。其典舉不避嫌處未詳。明道薦才者，神宗嘗使明道推擇人才，明道所薦者數十人，而以父表弟張載暨弟頤爲首。引此以明「自是無人，豈是無時」之意。

君實嘗問先生云：「欲除一人給事中，誰可爲者？」先生曰：「初若泛論人材却可，今既如此，頤雖有其人，何可言？」君實曰：「出于公口，入于光耳，又何害？」先生終不言。給事中，掌封駁之官。唐宋屬門下省，以有事殿中，因名。○朱子曰：于此可見前賢語默之節，學者最宜詳味。

先生云：韓持國服義最不可得。一日頤與持國、范夷叟泛舟於潁昌西湖，須臾，客將云：「有一官員謁見大資。〔五〕」頤將爲有甚急切公事，乃是求知己。頤云：「大資居位，却不求人，乃使人倒來求己，是甚道理？」「客將」之「將」，去聲。大，如字。爲，去聲，下同。○韓持國，名維，忠憲公億子也。范夷叟，名純禮，文正公仲淹子也。潁昌即許州，元豐三年升爲潁昌府，蓋以神宗自潁王升儲故也，今隸開封府。西湖上有德星亭，漢時爲陳寔、荀淑建也。客將，即牙將，以其主客往來，因名。張繹師説作「典謁」。按王偁東都事略「持國于元祐二年以資政殿大學士出知鄧州，改汝州，知潁昌府」，而宋史但云「知鄧州」，王、薛兩通鑑因之，蓋以無事而略之耳。資政稱大資者，猶參政稱大參、觀文稱大觀也。不求人者，在我爲失士；倒來求者，在人爲失己。此人己兩失也。按，洛至潁昌四百里。夷叟云：「只爲正叔太執。求薦章，常事也。」頤云：「不然，只爲曾有不求者不與，來求者與之，遂致人如此。」持國便服。正叔，一作「姨夫」。便，一作「大」。○又祁寛録尹氏語謂：「持國與兩先生善，欲屈致之。兩先生至，暇則同遊西湖。」愚按，韓公明道墓誌謂：「先生罷扶溝，貧無以家，寓止潁昌。余方爲守，遂得從先生遊。」蓋韓公知潁昌凡三，其再知潁昌，則明道同伊川寓止，而祁録所謂「有暇則同遊西湖」者也。元祐初，韓公復出守潁昌，則明道已卒，而伊川往訪，同韓、范二公遊也。此自是二事。呂氏童蒙訓謂：「韓公閒居潁昌，伊川自洛往訪，時范右丞夷叟亦居潁昌。」但伊川明云「大資居位」，且有官員求知，而伊川復以「不求人」責之，則呂氏「閒居」之誤明矣。又按，持國有與明道湖上獨酌詩云：「曲肱飲水程夫子，晏坐焚香范使君。」似夷叟居潁昌，乃在明道罷扶溝時。後讀曾文昭公忠宣墓誌，有「請還潁昌里第」語，然則范氏固僑居潁昌，故前後並得同遊與？

先生因言：今日供職，只第一件便做他底不得。吏人押申轉運司狀，頤不曾簽。國子監自係臺省，臺省係朝廷官。外司有事，合行申狀，豈有臺省倒申外司之理？只爲從前人只計較利害，不計較事體，直得恁地。爲，去聲。○元符三年復以伊川判西京國子監。既受命，即謁告欲遷延，爲尋醫計。既而供職，門人尹焞疑之〔六〕。先生曰：「吾之不能仕，蓋已決矣。但以上初即位，首被大恩，不如是，何以仰承德意？受一月之俸焉，然後惟吾所欲耳。」此蓋先生供職之初，既以解門人之疑而因以此語之也。「押」者，文書作「花」字也，亦謂之「署」字。簽，簽押也。國子監自是五監，非臺省也。以臺、省、寺、監四者皆朝廷官，故概言之。「國子」以下，明所以不簽之故。「只計較利害」者，蓋恐内太重，必有植黨營私之患，故令倒申外司以稍抑之耳。「事體」者，内外尊卑之體統也。恁地，猶言如是也。葉氏曰：春秋書法，王人雖微，序于諸侯之上，尊王也。須看聖人欲正名處，見得道名不正時，便至「禮樂不興」，是自然住不得。說見論語，引此以明上文之意，見非故爲矯異也。

學者不可不通世務。天下事譬如一家，非我爲則彼爲；非甲爲則乙爲。世務，如天文、地理、禮樂、制度、兵刑皆是。甲乙，說見前。〇朱子曰：范文正公自爲秀才時，便以天下爲己任，無一事不理會過。一旦仁宗大用之，便做出許多事業。

「人無遠慮，必有近憂」，思慮當在事外。外書。下同。〇在事外，謂慮之遠也，如不爲旦夕苟且之計，不爲目前自便之策是也。〇以上並伊川語。

聖人之責人也常緩，便見只欲事正，無顯人過惡之意。只欲事正，公也；無顯人過惡之意，恕也。公而恕，所以責人常緩。

伊川先生云：今之守令，惟「制民之産」一事不得爲，其他在法度中甚有可爲者，患人不爲耳。呂希哲于治平中見先生，而先生語之以此。「甚有可爲者」，如訓士則設書院、明禮讓之類，養民則修陂塘、興水利，以及常平、平糶之類。朱子曰：徒賑濟于凶荒之餘，雖善，不濟事。

明道先生作縣，凡坐處皆書「視民如傷」四字，常曰：顥常愧此四字。楊氏曰：觀先生之用心，應是不錯決撻了人。古人于民，若保赤子，爲其無知也，無知則不察利害所在。教之趨利避害，全在保者。故凡事疑有後害，或于民所見未到者，常與他作主始得。

伊川先生每見人論前輩之短，則曰：汝輩且取他長處。祁寬問尹和靖：「伊川謂永叔如何？」尹氏曰：「前輩不言人短。」因遂以此告之也。朱子曰：此意甚善。學者見二先生自許之高，便都有下視前輩意，此風不可長也。

劉安禮云：王荆公執政，議法改令，言者攻之甚力。明道先生嘗被旨赴中堂議事，荆公方怒言者，厲色待之。先生徐曰：「天下之事非一家私議，願公平氣以聽。」荆公爲之媿屈。附録。下同。○劉立之，字安禮，河間人，程子門人也。郭雍稱其登門最早，精于吏事云。中堂，中書堂也。中書省堂爲中堂者，猶尚書都省堂稱都堂也。按，宋制宰相議事及見客于中堂，樞密議事及見客于都堂。中堂亦曰政事堂。時先生權監察御史裏行，故被召議事。朱子曰：所謂「平氣」者，非欲使甲操乙之見、乙守甲之説也，亦非謂都不論事之是非也。但欲姑暫置其是己非彼之意，然後可以據事論理，而終得其是非之實耳。

劉安禮問臨民，明道先生曰：使民各得輸其情。輸，送也。如物相輸送也，民得輸其情，而後民之情有以上達。或有不平處，上之人得以平之，則民自無不得其所之患矣。問御吏，曰：正己以格物。格，感格也，言正己而推之，以格夫物也。蓋必正己而後物可以格，非謂己正而物自無不格，可無事防檢勸懲之道也。

橫渠先生曰：凡人爲上則易，爲下則難。然不能爲下，亦未能使下，不盡其情僞也。大抵使人，句。常在其前，己嘗爲之，句。則能使人。熊氏、吴氏並于「其前」句絶，非。○文集。○上、下，以上下司而言。情，實也。爲上者出令以使人，故易；爲下者聽命于人，故難。然或苦于爲下之難而不能爲，則下之情僞有所不知，不但爲所欺罔，而己之所以使之者，亦必不能以盡其道，故亦未能以使下也。蓋使人作事，常于其前身自爲之，則有以盡其情僞，所以能使人也。○愚按，古人言爲縣令者必爲丞簿，爲郡守者必爲通判，爲監司者必爲郡守，不然，雖有善政，不宜驟擢。其見蓋與此合，當不但欲使之親民知利害所在而已。

坎「維心亨」，故「行有尚」。外雖積險，苟處之心亨不疑，則雖難必濟，而「往有功也」。○難，去聲。○葉氏曰：「坎維心亨」二語，坎卦彖辭也。坎爲重險，故曰積險。二五以剛居中，故外雖有積險，其中心自亨通而無所疑懼也。心亨而無疑，則可以出險矣。今水臨萬仞之山〔七〕，要下即下，無復凝滯。險在前，惟知有義理而已，則復何回避？所以心通。險，楊、葉、吕本並作「之」。○

易說。下同。○熊氏曰：此以坎象而言。人于義理，苟能信之篤，行之決，如水之就下，沛然莫禦，何往而不心亨哉？○愚按，臨萬仞之山，所謂「積險」也。要下即下，無復疑滯，所謂「處之心亨不疑」也。「險在前」以下，中明所以「要下即下，無復凝滯」之意。

人所以不能行己者，於其所難者則惰，其異俗者，雖易而羞縮。惟心弘則不顧人之非笑，所趨義理耳，視天下莫能移其道。易，音異。○心弘而不顧人之非笑，則無羞縮之患矣。趨義理而莫能移其道，則無有惰之患矣。然爲之，人亦未必怪。正以在己者義理不勝，惰與羞縮之病，或于「不勝」句絶，非。消則有長，不消則病常在，意思齷齪，無由作事。長，張丈反。○消，指惰與羞縮之病而言。長，謂義理之心。齷齪，急促局陋貌。在古氣節之士，冒死以有爲，于義未必中，然非有志概者莫能，況吾于義理已明，何爲不爲？中，去聲。○釋大壯卦象辭。冒死有爲，則死且不顧，何有惰與羞縮之爲患乎？于義未必中，見義理未必素明，而臨難且有所不避也。不爲，指惰與羞縮而言也。○朱子曰：近世士大夫不以節操爲事，凡事回互，却笑人慷慨奮發，以爲必蹈于矯激之禍，此風更不可長。蓋事只論當爲與不當爲，如當爲，豈可避矯激之名而不爲乎？

姤初六：「羸豕孚蹢躅。」豕方羸時，力未能動，然至誠在于蹢躅，得伸則伸矣。葉氏曰：羸，弱也。孚，必也。蹢躅，跳躍也。豕性陰躁，雖當羸弱之時，其誠心未嘗不在于動也，得肆則肆矣。猶小人雖困，志在求逞，君子所當察也。胡氏曰：五陽之下，一陰甚微，故于豕爲羸。○王伯厚曰：一許敬宗在文館，唐爲武氏矣。一楊畏居言路，元祐爲紹聖矣。羸豕之孚，左腹之入，可不戒哉！

如李德裕處置閹宦，徒知其帖息威伏，而忽于志不忘逞，照察少不至，則失其幾也。「閹」，一作「群」。「也」，一作「矣」。○李德裕，字文饒，唐趙郡人，宰相吉甫子，武宗時賢相。大中初，貶崖州司户參軍，三年卒。閹，經傳通作「奄」，以其精氣奄閉，因名。○愚按，張子謂「德裕照察少不至則失其幾」。然觀仇士良教其黨以奢靡蠱惑其君，勿使讀書親近儒生，以知前代興亡，然後吾輩可以得志，而德裕不之知也。則此輩布置之密與德裕防閑之疎，可以概見，恐並未能帖息威伏也。惟劉、楊二樞密以愿愨不敢與事，已爲老宦所尤，他可知矣。卒之定策大事，權歸宦寺，德裕束手見逐，其所由來漸矣。嗚呼！以士良之策早得，反其道而用之，正君定國，無逾此者。雖百士良，其何能爲？而惜乎其不能也！

人教小童，亦可取益。絆己不出入，一益也；絆，音半。○絆，牽繫也。授人數數，己亦了此文義，二益也；數，併入聲。○數數，猶頻頻也。了，明了也。對之必正衣冠、尊瞻視，三益也；常以因己而壞人之才爲憂，則不敢惰，四益也。壞，音怪。「惰」，葉本作「墮」。○語録。○按此條所論，皆教小童時所以自處之道，非論教小童之道也。葉氏謂「當在十一卷」者，非。朱子曰：更須自己勉力，使義理精通、踐履篤實，足以應學者之求而服其心，則成己成物，兩無虧欠矣。○愚按，朱子謂「此書所録雜，每卷不可以一事名，如此卷不可以事君目之，以末有人教小童一段在耳」。然細玩各條，乃泛論處事接物之道居多，其言事君者僅三十餘條，正不獨末條有「人教小童」一段在也。○以上並橫渠語。

## 校勘記

〔一〕其實凡事皆當審己量力　「事」上，文津閣本有「遇」字。
〔二〕程子特就源頭處論之　「源」上，文津閣本有「其」字。
〔三〕事上學　「學」下，文津閣本有「者」字。
〔四〕巧免　「巧」上，文津閣本有「若」字。
〔五〕有一官員謁見大資　「官員」下，文津閣本有「上書」二字。
〔六〕門人尹焞疑之　「疑」上，文津閣本有「深」字。
〔七〕今水臨萬仞之山　「山」，原作「上」，據文津閣本改。

# 近思録集註卷十一

## 教學之道

前於爲學之道已詳，而此則教人爲學之道也。蓋學優而仕，固可出而見之事業，如不得已〔一〕，則惟有明斯道以淑其徒而已。小學、大學皆有之，亦新民之事也。凡二十一條。朱子曰：古人初入小學，止是教之以事，如禮、樂、射、御及孝、弟、忠、信之事。自十六七入大學，然後教之以理，如致知格物及所以爲忠、信、孝、弟者。

濂溪先生曰：剛善，爲義，爲直，爲斷，爲嚴毅，爲幹固；惡，爲猛，爲隘，爲强梁。柔善，爲慈，爲順，爲巽；惡，爲懦弱，爲無斷，爲邪佞。斷，並者玩反。○朱子曰：剛柔固陰陽之大分，而其中又各有陰陽以爲善惡之分焉。惡者固爲非正，而善者亦未必皆得乎中也。○問：人有剛果過于中，如何？朱子曰：只爲見剛果勝柔，故一向剛去，須如周子分別方可。問：何以制之使歸于善？

曰：須于中求之。惟中也者，和也，中節也，天下之達道也，聖人之事也。「惟中」下，吕本無「也」字。「中節」之「中」，去聲。○朱子曰：此以得性之正而言也。然其以和爲中，與中庸不合。蓋就已發無過不及者而言之，如書所謂「允執厥中」是也。故聖人立教，俾人自易其惡，自至其中而止矣。通書。○朱子曰：易其惡則剛柔皆善，有嚴毅慈順之德，而無强梁懦弱之病矣。至其中，則或爲嚴毅〔二〕、或爲慈順也，又皆中節而無太過不及之偏矣。○朱子曰：知其所偏而欲勝之，固在吾日用之間屢省而痛懲之，然使不明于理而徒欲救其偏，亦恐矯枉之過而反失夫中也。故學者雖莫急于自修，而不加以讀書講學之功，則無以見夫道體之全，而審其是非邪正之端也。又曰：此章所言剛柔，即易之兩儀，各加善惡，即易之四象。易又加倍，以爲八卦，而此書及圖則止于四象，以爲水火金木，而即其中以爲土。蓋道體則一，而人之所見詳略不同，但于本體不差，則並行而不悖矣。

伊川先生曰：古人生子，能食能言而教之。能食則教之以右手，能言則教之男唯女俞。見記內則篇。

大學之法，以豫爲先。人之幼也，知思未有所主，便當以格言至論，日陳于前，雖未曉知，且當薰聒，使盈耳充腹，久自安習，若固有之，雖以他言惑之，不能入也。聒，音括。○學記曰：「大學之法，禁于未發之謂豫。」故曰以豫爲先。熏，熏炙；聒，讙語也。「人之幼也」以下，明教之所以當豫之故。若爲之不豫，及乎稍長，私意偏好生于内，衆口辯言鑠于外，欲其純完，不可得也。長，張丈反。好，去聲。○文集。○見元祐元年上太皇太后書。先生以供職以來，六侍講筵，但見諸臣拱手默坐，當講者立案旁，解説數行而退，如此雖彌年積歲，所益幾何？或以爲主上方幼，且當如此，因特言此，以見教之不可不早也。顔氏家訓曰：「人之教子，于其始有知，不可不使之知尊卑長幼之禮。若侮詈父母，毆擊兄姊，父母不加訶禁，反笑而奬之，彼既未辨好惡，謂禮當然。及其既長，習以成性，乃怒而禁之，不可復制矣。于是殘忍悖逆，無所不至。蓋父母無深識遠慮，不能防微杜漸，溺于小慈，養成其惡故也。」○此又以不豫之患言之。東萊吕氏曰：唐虞三代設教，與後世學校不同。舜命夔典樂教胄子，周官大司樂掌成均之法，皆是掌樂之官掌教。蓋其優遊涵養，鼓舞動盪，有以深入人心處，却不是設一箇官司。秦漢以後，誤作官司，故與唐虞三代題目自别，雖足以善人之形，而不足以善人之心。周禮一書〔三〕，若師氏、保氏、大司樂、大胥、小胥之類，所教者不過國子，當時鄉遂所以興賢能，未嘗見有設教之官。蓋學校事大體重，非有司薄書期會之可領，此學者所當深思也。

觀之上九曰：「觀其生，君子无咎。」象曰：「觀其生，志未平也。」傳曰：君子雖不在位，然以人觀其德，用爲儀法，故當自慎省，觀其所生，常不失于君子，則人不失所望而化之矣。此言教者當自修其身，以爲學者觀法也。所生凡在己，視聽言動、應事接物處皆是。葉氏曰：上爲無位之地，故曰不在位。然當觀之時，高而在上，固衆人所觀瞻而用爲法則者。要當謹畏，反觀内省己之所爲，常不違乎君子之道，而後人心慰滿，得所矜式也。不可以不在於位故，安然放意，無所事也。易傳。

聖人之道如天然，與衆人之識甚殊邈也。門人弟子既親炙，而後益知其高遠。既若不以可及，則趨望之心怠矣。故聖人之教，常俯而就之。「不可」下，葉本無「以」字。○朱子曰：聖人固嘗俯就，然所謂高遠者亦即在此。要在學者下學上達，自見得耳。事上臨喪，不敢不勉，君子之常行。不困於酒，尤其近也。而以己處之者，不獨使夫資之下者勉思企及，而才之高者亦不敢易乎近矣。行，去聲。夫，音扶。易，音異。○經說。○説見論語，引此以明俯而就之之意。

明道先生曰：憂子弟之輕俊者，只教以經學念書，不得令作文字。遺書與下分爲二條。○張氏曰：教弟子以經學念書，似爲末節。然欲收其放心，養以理義〔四〕，舍是又無別法。問：如此不見長進，如何而可？曰：教之用心而已。或隨事問其義理，或設難令其剖析，或盤詰察其記憶，或見人質其邪正，皆是引其用心之方。子弟凡百玩好皆奪志。至於書札，于儒者事最近，然一向好著，亦自喪志。如王、虞、顏、柳輩，誠爲好人則有之，曾見有善書者知道否？平生精力一用於此，非惟徒廢時日，於道便有妨處，足知喪志也。「玩好」、「好著」之「好」，并去聲。喪，去聲〔五〕。曾，音層。○遺書。下同。○此因上「不得令作文字」之言而申明之。玩好，如畫與琴、棋之類。奪志，奪其求道之志。書札，亦文字之一也。史司馬相如傳：「請爲天子游獵之賦，上令尚書給筆札。」

註：「木簡之薄小者。」時未用紙，故給札以書，後人遂以此爲紙劄字用。王羲之，字逸少，琅邪臨沂人也，官右軍將軍、會稽内史，晉時人。虞世南，字伯施，越州餘姚人，官弘文館學士。顔真卿，字清臣，京兆萬年人，官吏部尚書，使李希烈，不屈死，贈司徒，謚文忠；柳公權，字誠懸，京兆華原人，官至右散騎常侍，並唐時人。善書，又書札之一也。○吕涇野曰：各人揀自己所累處，一切盡除去，不必是聲色貨利，只寫字作詩，凡嗜好一邊皆是。

胡安定在湖州，置治道齋，學者有欲明治道者，講之於中，如治民、治兵、水利、算數之類。葉氏曰：治民，如政教施設之方。治兵，如戰陣部伍之法。水利，如江湖渠堰之利。算數，如律曆九章之類。○朱子曰：胡公開治道齋，亦非獨只理會此，如所謂「頭容直、足容重、手容恭」等語，却是本原。又曰：安定規模雖少疎，然却廣大著實也。嘗言劉彝善治水利，後累爲政，皆興水利有功。

○劉彝，字執中，福州人，後第進士，爲朐山令，作陂池，教種藝。熙寧初，神宗擇水官，以彝悉東南水利，除都水丞。久雨汴漲，議開長城口，彝請但啓楊橋斗門，水即退。所謂善治水利者，推累，遺書作「果」。○馬貴與曰：三代之時，捐膏腴之地以爲溝洫澮川，故能時其蓄洩以備水旱，所以水利之説此類可見。三代無有。自秦人開阡陌，廢井田，任民所耕，不計多少，而溝洫之制大壞。後之智者，因川澤之勢引水以溉田，而水利之説興焉。史起、鄭國之徒，以此爲功。然水，就下者也，陂而遏之，利于旱歲，不幸霪潦，則其害有不可勝言者。此翟子威、杜元凱所以決壞堤防以紓水患也。

凡立言，欲涵蓄意思，不使知德者厭，無德者惑。厭，謂厭其説之繁蕪也。惑，謂惑其説之瀾翻也。

教人未見意趣，必不樂學。欲且教之歌舞，如古詩三百篇，皆古人作之。如關雎之類，正家之始，故用之鄉人，用之邦國，日使人聞之。此等詩，其言簡奥，今人未易曉。欲别作詩，略言教童子灑掃應對事長之節，令朝夕歌之，似當有助。趣，去聲。樂，音洛。易，音異。「别欲」，葉本作「欲别」。○詩最易感發，三百篇皆然也。關雎之類，又特舉其切要者言之。「日使人聞之」以上，言古所以教之歌舞，本如此也。「此等詩」以下，則爲今人設法耳。事長，如内則「即席飲食，必後長者」之類。○朱子曰：虞書夔教胄子與周禮大司徒之職俱用樂者，蓋教人朝夕從事于此，使此心有所約束不至放失。且樂有節奏，學之者急不得，緩不得，久之自移，易人性情。又曰：嘗疑曲禮「衣無撥，足無蹶」、「將上堂，聲必揚」、「將入户，視必下」等，皆是古人教小兒語。

子厚以禮教學者最善，使學者先有所據守。胡敬齋曰：程子謂横渠門人「守禮節，没滋味，如喫木札相似」。言其少窮理致知功夫，於理不深造，非以守禮爲不善也。苟能于禮節中深體密察而謹守之，則知行兩盡，此理實有諸己矣。

伊川曰：語學者以所見未到之理，不惟所聞不深徹，反將理低看了。葉氏曰：學者所見未到，驟以語之，不惟無深造自得之功〔六〕，且將道理輕視之矣。

舞、射便見人誠。古之教人，莫非使之成己。成己承上「誠」字而言。誠者所以自成，故云。

程子嘗言舞中節，射中鵠，御中度，皆誠也。此獨不及御者，以于學者少緩也。自灑掃應對上，便可到聖人事。灑掃應對，見前。黄勉齋曰：灑掃應對雖至小，亦由天理之全體而著見于事物之節文。

聖人之所以爲聖人者，初不外乎此理，特其事事物物皆由此理，而不勉不思，從容自中耳。

自「幼子常視毋誑」以上，便是教人以聖人事。「視」，同「示」。「教」下，葉本有「人」字。○說見曲禮上篇。幼子天真未漓，常示之以不可欺誑，使之一言笑、一步履無有不實。不欺誑，欺妄也。幽獨，不愧屋漏，亦不過從此充積，以至于極也。故曰「便是教以聖人事」。

「先傳」、「後倦」，君子教人有序。先傳以小者近者，而後教以大者遠者，非是先傳以近小，而後不教以遠大也。說見論語。吕氏曰：後生學問，且須理會曲禮、内則、少儀等篇灑掃、應對、進退之一事，及爾雅、廣雅訓詁等文字，然後可以語上下、學上達，自當脱然有得，度越諸子。不如是，則是躐等，終不能成。

伊川先生曰：說書必非古意，轉使人薄。學者須是潛心積慮，優游涵養，使之自得。今一日說盡，只是教得薄。至如漢時說下帷講誦，猶未必說書。下帷講誦，說見漢書董仲舒傳。○張氏曰：學者不從自己身心上字字句句體驗得來，總是隨明隨暗，雖明不親切。

古者八歲入小學，十五入大學，擇其才可教者聚之，不肖者復之農畝。蓋士農不易業，既入學則不治農，然後士農判。小學、大學者，按學記「家有塾，黨有庠，術有序，國有學」，鄭氏讀「術」爲鄉遂之「遂」。陳可大集説則云「術」當爲「州」，州之學曰序，周禮州長「春秋以禮會民而射于州序」是也。愚謂，當從陳氏爲得，蓋「州」、「術」以字形相似而誤也。但州長集説作鄉大夫，則誤也。古者二十五家爲閭而有塾，二十閭爲黨而有庠，二十五黨爲州而有序，所謂鄉學也。塾升之庠，庠升之序，然後鄉之大夫總五序所升，從而考校以擇其秀異者，俾入國之小學而教之。大戴記保傅篇注所謂庠門、虎闈是也。蓋小學自閭、黨、州至于國皆有之，大學則惟國有之。然雖閭、黨、州皆有小學，亦曰塾、曰庠、曰序而已，不得稱學也。惟國稱學，故曰「國有學」。孟子亦言「學則三代共之」。凡經傳所謂入學者，皆謂國學也。六遂之教與鄉同，經不言者，蓋六鄉在内，舉内以見外也。如飲曰鄉飲，射曰鄉射，賓興曰鄉三物，糾民曰鄉八刑，皆不及遂可見。鄭註州長職云「序，州黨之學」，則黨學曰序。而此云「黨有庠」者，是州、黨與鄉同處，則在鄉學不別立序也。遂之學不見于經傳，然鄉學既名庠，則遂學亦宜名庠，自當以皇氏之説爲正。而六鄉自州學以下，六遂自縣學以下，皆爲序也。正義謂與黨連文，故知「術」讀爲「遂」。愚謂，如此則「術」正當讀爲「州」。蓋五黨爲州，若遂學則應自縣而升矣。陳氏禮書謂：「遂官降鄉官一等，則遂之學亦降鄉一等，故與州、黨同名爲序。」然則縣鄙以下之學，何獨不降于州、黨而同爲序耶？「擇其才可教」以下，則承「入大學」言之。蓋八歲入小學，後兼習農事，故尚書大傳有「距冬至四十五日始出學傳農事」之説，而陳氏禮書亦謂班志「坐里胥隣長于塾」者，所以教之耕。蓋嘗就小學言之〔七〕，至入大學，則不復治農矣。爲士則任以近郊之地，如載師「士田」之説，程子下文所謂「入學必有養」也。其不能爲士者，則授以二十五畝之田，即孟子所謂「餘夫」也。可見古人十五歲時，爲士、爲農已判，皆有以自養，而不復仰給于父母矣。○尚書大傳云：「王子八歲而出就外舍，束髮而入大學。公卿之世子、大夫元士之適子，十有三年始入小學，二十入大學。」又云：「大夫七十而致仕，退老歸其鄉里，大夫爲父師，士爲少師，耰鋤已藏，新穀已入，歲事已畢，餘子皆入學。年十五始入小學，見小節、踐小義焉；年十八始入大學，見大節、踐大義焉。距冬至四十五日始出學，傅農事，上老平明坐于右塾，庶老坐于左塾，餘子畢出，然後皆歸。夕亦如之。餘子皆入，父之齒隨行，兄之齒雁行，朋友不相踰。輕任并，重任分，頒白者不提攜，出入皆如之。」愚按，尚書大傳所謂「八歲而出就外舍，束髮而入大學」者，蓋即大戴記保傅篇及白虎通所謂「八歲入小學，十五入大學」，此王子之禮也。小學云外舍者，以小學在外故也。而十三小學、二十大學，則公卿大夫元士之適子入學之期也。其所謂十五小學、十八大學者，則通公卿以下及士庶人之子弟言之，故曰「餘子皆入學」。餘子對適子而言也。又其上下文所言皆係農事可見矣。然則其入學之早晚不同，何也？曰：凡經傳所稱大學、小學，皆指天子之學而言也。而其所謂公卿大夫之子弟，與夫國之俊秀者，亦皆就天子之國言之也。蓋古者凡入學以齒，雖天子之元子亦齒于士，雖大夫元士之子及國之俊選亦上與王子齒。其重如此，所以惟天子之子八歲便入小學，其餘則必先有以教之，俟少長知君臣上下之義，然後令入學。其分愈卑，其入學愈遲。如内則六年教之數與方名，以至十年就外傅學書計、學幼儀之類，皆所以先教之于家。至十有三年學樂，誦詩舞勺，方可入學。下至閭里間，亦皆以里老之有道德者爲左右師，以至升之序、升之庠，幾經考校。其升之學者，皆司徒之所論定以選其秀者也，故其教而成之也易爲力，所以至十五纔入小學，而十八便能入大學也。王制「諸侯、天子命之教，然後爲學」，亦指諸侯之國學而言也。其州閭鄉党之學，不待天子之命也。故下文「小學在公宮南之左，大學在郊」，但言國學，未嘗及鄉學也。又孔疏：「此小學、大學，殷制。周則大學在國中，小學在西郊。」愚謂不如禮書分天子、諸侯説爲得。蓋本文明云「公宮」，又蒙上「天子命之教，然後爲學」説，則其爲諸侯之學無疑也。

在學之養，若士大夫之子，則不慮無養，雖庶人之子，既入學則亦必有養。古之士者，自十五入學，至四十方仕，中間自有二十五年學，又無利可趨，則所志可知，須去趨善，便自此成德。後之人，自童稚間已有汲汲趨利之意，何由得向善？故古人必使四十而仕，然後志定。只營衣食却無害，惟利祿之誘最害人。【本註】人有養，便方定志於學。愚按，古者士農異業，鑿然無疑，故樊遲請學稼圃，而夫子斥以小人。孟子亦曰「有大人之事，有小人之事」，又曰「居仁由義，大人之事備矣」。然則既入學不復治農，則必有養，方定志于學，其理自不易也。朱子謂士升而上，亦有時春夏耕耘，秋冬肄業，而疑程子學必有養之説爲無據，且謂「安得許多糧給之」，恐是未定之論。按語類問士人受田如何？朱子曰：「上士、中士、下士是已命之士，已有祿。如管子『士鄉十五』，是未命之士。若農皆爲士，則無農矣。故鄉止十五，亦受田，但不多。周禮載師所謂『士田』是也。」觀此，則前説之誤必矣。又按鄭司農謂「士田者，士大夫之子得而耕之田也」，後鄭則謂「士讀爲仕，仕者亦受田，所謂圭田也」。然觀載師士田、賈田並稱，則朱子以士田爲士所受之田，其説得矣。後鄭既以賈田等俱爲其家所受田，何獨于此乃必讀「士」爲「仕」乎？且其後引食貨志云「士工商家受田，五口乃當農夫一人」，則士田爲士所受之田明矣。又按，士受田五口，當農夫之一，則是每人當二十畝也。

天下有多少才，只爲道不明於天下，故不得有所成就。且古者「興於詩，立於禮，成於樂」，如今人怎生會得？古人於詩，如今人歌曲一般，雖閭巷童稚，皆習聞其説而曉其義，故能興起於詩。後世老師宿儒，尚不能曉其義，怎生責得學者，是不得「興於詩」也。古禮既廢，人倫不明，以至治家皆無法度，是不得「立於禮」也。古人有歌詠以養其性情，聲音以養其耳目，舞蹈以養其血脈，今皆無之，是不得「成於樂」也。「舞」上，遺書無「目」字。○真氏曰：禮樂之制雖亡，而禮樂之理則在。故樂記謂「致禮以治身，致樂以治心」，「莊敬者禮之本也，和樂者樂之本也」。學者誠能以莊敬治其身，和樂養其心，則于禮樂之本得之矣，亦足以立身而成德也。三百篇之詩雖云難曉，今諸老先生發明其義，昭然可知。如能反復涵泳，真可以感發興起，則所謂「興于詩」者，亦未嘗不存也。古之成材也易，今之成材也難。易，音異。○朱子曰：古者學校選舉之法，始于鄉黨，而達于國都，教之以德行道藝，而興其賢者能者。蓋其所以居之者無異處，所以官之者無異術，所以取之者無異路，是以士有定志而無外慕，早夜孜孜，惟懼德業之不修，而不憂爵禄之未至。若夫三代之教藝爲最下，然皆有實用而不可闕，其爲法制之密，又足以爲治心養氣之助，而進于道德之歸。此古之爲法所以成人材、厚風俗、濟世務而興太平也。

孔子教人，「不憤不啓，不悱不發」。蓋不待憤悱而發，則知之不固；待憤悱而後發，則沛然矣。學者須是深思之，思而不得，然後爲他説便好。爲，去聲，下同。○此因孔子之言而釋之如此。「沛然」者，朱子所謂「如時雨之化」是也。○游氏曰：張子厚學成德尊，識者謂與孟子比。然猶秘其學，不輕爲人講，以爲「雖復多聞，不務畜德，徒善口耳而已」。明道先生謂之曰：「道之不明久矣！人善其所習，自謂至足，必欲如孔門不憤不啓、不悱不發，則師資勢隔，而先王之道或幾乎熄矣。故今且當隨其資而誘之，雖識有明暗，志有淺深，亦各有得焉，而堯舜之道庶可馴致。」子厚用其言，故關中學者躬行之多，與洛人並。初學者，須是且爲他説，不然，非獨他不曉，亦止人好問之心也。好，去聲。○此又以發孔子未盡之意。蓋初學者自不知有憤悱，若不之啓發，何由有開悟處？故復言此，以見教人不可執一道也。○以上並伊川語。

横渠先生曰：「恭敬撙節退讓以明禮」，仁之至也，愛道之極也。撙，祖本反，從手，俗從木者非。○説見曲禮。撙，裁抑也。節，儉約也。仁以全體言，愛以發施處言也。蓋人有一毫人欲之私，則必無以檢束其身心，而非實有慈愛懇至之意周流貫徹，則亦有行之而不能盡者。故曰此「仁之至、愛道之極」也。張子嘗言「禮儀三百，威儀三千，無一物而非仁」，即此意也。己不勉明，則人無從倡，道無從弘，教無從成矣。正蒙。○明，謂明禮也。此以見理之不可不明也。

學記曰：「進而不顧其安，使人不由其誠，教人不盡其材。」此三句，學記之文也，下文乃詳解之。「其」者，指受教之人而言。人未安之，又進之，未喻之，又告之，徒使人生此節目。不盡材，不顧安，不由誠，皆是施之妄也。此明「進而不顧其安」之意。蓋不由誠、不盡材之患皆由於此，不可以不謹也。教人至難，必盡人之材，乃不誤人。觀可及處，然後告之。聖人之明，直若庖丁之解牛，皆知其隙，刃投餘地，無全牛矣。此明「教人必盡其材」之意。易言「納約自牖」，即此意也。庖丁解牛，說見莊子養生主篇。人之才足以有爲，但以其不由於誠，則不盡其才。若曰勉率而爲之，則豈有由誠哉？禮記說。下同。○此見三者又以使由其誠爲主，不然則雖進之而安，亦必不能以盡其材也。朱子曰：若是逼得他緊，他便來廝瞞，便是不由誠。問：便是他解此兩句，只作一意解否？曰：固是。既是他不由誠，自是材不盡。

古之小兒，便能敬事。長者與之提攜，則兩手奉長者之手，問之，掩口而對。或于「敬事長者」句絶，非。奉，敷勇反。○敬事，謂敬其所事也，與論語「執事敬」、「事思敬」意同。下特舉事長一節，以見敬事之意，他如灑掃之類皆然。蓋小兒無事可見，故特舉此以見其概。說見曲禮。蓋稍不敬事，便不忠信。故教小兒，且先安詳恭敬。此明小兒所以不可不教之敬事之意。熊氏曰：安詳則不躁率，恭敬則不誕慢，此忠信之本也。

孟子曰：「人不足與適也，政不足與間也，唯大人爲能格君心之非。」非唯君心，至於朋游學者之際，彼雖議論異同，未欲深較。惟整理其心，使歸之正，豈小補哉？適，音責。間，去聲。○孟子說。○此從孟子之言而推論之如此，見不獨事君當然也。朋游以同輩言，學者以後輩言。整理其心，使歸之正，有以爲入德之基，故曰非小補也。○以上並橫渠語。

## 校勘記

〔一〕如不得已　「已」，文津閣本作「志」。
〔二〕則或爲嚴毅　「或」上，文津閣本有「其」字。
〔三〕周禮一書　「禮」，文津閣本作「官」。
〔四〕養以理義　「理義」，文津閣本作「義理」。
〔五〕喪去聲　「喪」下原有「并」字，據文津閣本改。
〔六〕不惟無深造自得之功　「自得」二字原缺，據文津閣本補。
〔七〕蓋嘗就小學言之　「嘗」，文津閣本作「皆」。

# 近思録集註卷十二

## 警戒

此與第五卷相似而實不同，蓋第五卷就其當省察克治者言之，此則就人之不能省察克治者，而摘其疵病以深警而痛戒焉，則其意愈深而語愈加切矣。誠意、正心、修身、齊家、治國、平天下之事皆有之。凡三十三條。語類作「改過及人心疵病」。

濂溪先生曰：仲由喜聞過，令名無窮焉。今人有過，不喜人規，如護疾而忌醫，寧滅其身而無悟也。噫！通書。○蔡虛齋曰：周子謂仲由「令名無窮」者，非謂喜聞過一事令名也。因喜聞過而勇於自修，故有善可稱而令名無窮也。

伊川先生曰：德善日積，則福禄日臻。德踰於禄，則雖盛而非滿。自古隆盛，未有不失道而喪敗者也。喪，去聲。○易傳。下同。○泰九三傳。行德則善，受禄則福；德爲善之實，禄爲福之實。故下止言德與禄也。臻，至也。逾，過也。隆盛而溢其量曰滿。蓋三居泰之中，在諸陽之上，泰之盛也。泰盛則有將否之漸，惟於方泰之時愈厚其德，而不敢自安逸，則可常保其泰矣。○朱子曰：漢初人未其繁，氣象較好。到武、宣極盛時，便有衰意。人家亦然。如「家人嗃嗃，悔厲吉；婦子嘻嘻，終吝」，亦此理也。

人之於豫樂，心悦之，故遲遲，遂至於耽戀不能已也。豫之六二，以中正自守，其介如石，其去之速，不俟終日，故貞正而吉也。處豫不可安且久也，久則溺矣。如二可謂見幾而作者也。豫六二爻傳「六二介於石，不終日，貞吉」。繫辭下傳夫子釋之云「君子見幾而作，不俟終日」。○丘氏曰：豫諸爻以無所係應者爲吉。豫初應四，而三、五比四，皆有係者也，故爲凶、爲悔、爲疾。獨六二陰靜而中正，與四無係，特立於衆陰之中，而無遲遲耽戀之意。方其靜也，則確然自守而介於石；及其動也，則見幾而作，不俟終日。蓋其所居得正，故動靜之間不失其正，吉可知矣。蓋中正，故其守堅，而能辨之早、去之速也。豫六二象傳「象曰：不終日，貞吉，以中正也。」辨之早，就「介於石」言明也；去之速，就「不終日」言剛也。介有分辨意，故云「辨之早」。

人君致危亡之道非一，而以豫爲多。豫六五傳。五以柔居尊，威權去己，不能自立，如漢成、宋徽之類皆是也。然大約沈溺於豫，不能節制，以至於此，可不戒哉。

聖人爲戒，必於方盛之時。方其盛而不知戒，故狃安富則驕侈生，樂舒肆則綱紀壞，忘禍亂則孽蘖萌，是以浸淫不知亂之至也。臨象「至於八月有凶」，傳方盛謂「二陽方長於下」也。周易正義曰：「陽長之卦，每卦皆應八月有凶，但此卦名臨，是盛大之義，故於此卦特戒之耳。若以類言之，則陽長之卦至於終末皆有凶也。」○孔疏：臨爲建丑之月，從建丑數到否卦建申之月爲八月也。三陰既盛，三陽方退，小人道長，君子道消，故「八月有凶」。以盛不可終保，聖人作易以戒之也。愚按，此係臨象辭，自應從臨卦推去，孔氏説當爲得之，不知朱子何以不取也，姑附記於此以俟知者。王伯厚曰：「臨所謂八月，其説有三：一云自丑至申爲否，一云自子至未爲遯，一云自寅至酉爲觀。程傳取自子至未，本義兼取遯、觀二説。」

復之六三，以陰躁處動之極，復之頻數而不能固者也。數，入聲。○震下坤上爲復。陰謂六，躁謂三。處極之「極」，謂居震體之終也。趙氏曰：三爲震動之極，故曰頻。復貴安固，頻復頻失，不安於復也。復善而屢失，危之道也。聖人開其遷善之道，與其復而危其屢失，故云「厲無咎」。不可以頻失而戒其復也。頻失則爲危，屢復何咎？過在失而不在復也。「開」下，「呂本無「其」字。與，許也。【本註】劉質夫曰：「頻復不已，遂至迷復。」「劉質夫曰」以下，葉本自爲一條。○劉質夫，名絢，程子門人。先世常山人，祖舜卿，以仕宦始家河南。以蔭爲潞州長子令，元祐初，韓維薦其經明行修，爲京兆府教授，王巖叟、朱光庭又薦爲太學博士，卒於官。迷復，上六爻辭也。葉氏曰：頻復頻失而不止，久則玩溺而不能復，必至上六之迷復矣。徐氏曰：上六位高而無下仁之美，剛遠而無遷善之機，厚極而有難開之蔽，柔終而無改過之勇，是昏迷而不知復者也。○張氏曰：人於過失，當時或不能自知，過後未有不悔。但不能乘此悔心力圖自新，他日臨事差忒如故，韓昌黎所謂「當其在辱，亦克知悔，及其既寧，終莫知戒」。如此則終身所言所行，只是有悔，安得悔亡？

睽極則咈戾而難合，剛極則躁暴而不詳，明極則過察而多疑。睽之上九，有六三之正應，實不孤，而其才性如此，自「睽孤」也。「睽孤」二字，上九爻辭。葉氏曰：上居睽之極也。以九居上，是剛之極也。居離之終是明之極也。如人雖有親黨，而多自疑猜，妄生乖離，雖處骨肉親黨之間，而常孤獨也。此即上節之意而申明之，以見其必睽孤也。葉氏曰：多自疑猜，明極之患也。妄生乖離，剛極睽極之患也。○愚按，前言「顏子剛而明，故有不善未嘗不知，知之未嘗復行」，則明與剛固美德也。而此又云然者，蓋聰明剛果過甚則爲患。如漢明帝綜核操切而漢業漸衰，唐宣宗英明强察而唐不復振，剛與明其可極乎？是故古之賢君，不耀威武，不峻刑誅，降心以受言，温恭以接下，凡此所以濟其剛也。不務苛察，不矜摘伏，集公議以爲耳目，采群言以驗得失，凡此所以益其明也。不然，未有不至於睽孤者。

解之六三曰：「負且乘，致寇至，貞吝。」傳曰：小人而竊盛位，雖勉爲正事，而氣質卑下，本非在上之物，終可吝也。六三陰柔，是小人也，而居下之上，則竊盛位矣。勉爲正事，謂貞也。氣質卑下，就六三陰柔而言。本非在上之物，謂下卦也。○胡氏曰：小人得有高位者，蓋由上之人慢其名器，不辨賢否而與之，以至爲衆人所奪，而致寇戎之害也。若能大正則如何？曰：大正非陰柔所能也。若能之，則是化爲君子矣。大正，就「貞」字而極言之也。「如何」者，謂可免吝與否也。陰柔才弱，不能奮發有爲，故曰「大正非陰柔所能」。

益之上九曰：「莫益之，或擊之。」傳曰：理者天下之至公，利者衆人所同欲。苟公其心，不失其正理，則與衆同利，無侵於人，人亦欲與之。若切於好利，蔽於自私，求自益以損於人，則人亦與之力爭。故莫肯益之，而有擊奪之者矣。上九象傳。胡雲峰曰：二不求益，而或益之，自外來也。上求益，而或擊之，亦自外來也。孰有以來之？五之吉由中心之有孚，上之凶由立心之弗恒，吉凶之道，未有不自心生者。愚按，正義謂：「上九處益之極，益之過甚者也。求益無厭，怨者非一，故莫益之，而或擊之也。」其言可謂深切著明矣。嗚呼！爲人上者可不戒哉？

艮之九三曰：「艮其限，列其夤，厲薰心。」傳曰：夫止道貴乎得宜。行止不能以時，而定於一，其堅强如此，則處世乖戾，與物睽絶，其危甚矣。夤，音寅。○腰爲上下之界限，故曰限。列，判隔也。夤，脊骨也。「其堅强如此」以上，釋「艮其限」。「處世乖戾」二語，釋「列其夤」。葉氏曰：三居内卦之上，實内外之分，故取象皆爲限止之義。沙隨程氏曰：限分上下，夤列左右，各止其所，無相資相待之意，故危熏心。人之固止一隅，而舉世莫與宜者，則艱蹇忿畏，焚撓其中，豈有安裕之理？「厲薰心」，謂不安之勢薰爍其中也。固，膠固也。中即心也。艱、蹇、忿、畏四者，皆其所以熏心者也。胡氏曰：寂然不動者心之體，如之何而可以徇物？感而遂通者心之用，如之何而可以絶物？三過剛不中，確乎止而不能進退，以至上下隔絶，是絶物者也，惟見其危厲熏心而已。○楊氏曰：此爻是惡動以爲静，而反至於動心者，蓋心之與物本相聯屬，時止而止，時行而行，則事應於心，而心常泰然。有意絶物，則物終不可絶，而心終不可静矣。

大率以説而動，安有不失正者。歸妹彖曰：「征凶，位不當也。」吴氏曰：卦以少女從長男，則非其配偶。説以動，則恣情縱欲。中爻不正，則陰陽皆失其常。三、五柔乘剛，則不順。宜其凶也。然四者又以「説以動」爲重。雙湖胡氏曰：「動而説」爲隨，此陽倡而陰和，男行而女隨，得男女之正，故「元亨利貞」。「説以動」爲歸妹，則是陰反先倡而陽和，女反先行而男從，失男女之正，故「征凶，無攸利」。

男女有尊卑之序，夫婦有倡隨之理，此常理也。若徇情肆欲，唯説是動，男牽欲而失其剛，婦狃説而忘其順，則凶而無所利矣。禮，葉本作「理」。○歸妹彖曰：「無攸利，柔乘剛也。」此常理也。以上指恒卦而言。巽上震下曰恒。震剛在上，巽柔在下，尊卑之序也。震長男而動於外，巽長女而順於内，倡隨之禮也。「徇情肆欲」以下，則極言以「説而動」之不可也。

雖舜之聖，且畏巧言令色，説之惑人，易入而可懼也如此。兑九五傳。説見書皋陶謨篇。但禹本言「能哲而惠，何畏乎巧言令色孔壬」？而此直云舜畏，亦斷章取義耳。又「惟帝其難」，孔、蔡傳並作堯，此則作舜説也。

治水，天下之大任也，非其至公之心，能捨己從人，盡天下之議，則不能成其功，豈「方命圮族」者所能乎？圮，從「人己」之「己」，音杞，與「圮上」之「圮」別。○程子謂：「方，不順也。命，正理也。謂其不循正理，而毁圮族類，傾陷忌克之人也。」朱子則謂：「命，命令也。方命，謂止其命令而不行也。王氏所謂『圓則行，方則止』，猶今言廢閣詔令也。蓋鯀悻戾自用，不聽人言語，不受人教令也。」二説不同，自當以朱子爲正。鯀雖九年而功弗成，然其所治，固非他人所及也。惟其功有叙，故其自任益强，咈戾圮類益甚，公議隔而人心離矣，是其惡益顯，而其功卒不可成也。

「顯而」下，葉本有「其」字。○經説。下同。

君子「敬以直内」。微生高所枉雖小，而害則大。「害」下，葉本有「直」字。

人有慾則無剛，剛則不屈於慾。朱子曰：此亦只要學問，學問進則見得理明，自是勝得他。不然則只隨氣禀去，便自是屈於慾。

人之過也，各於其類。君子常失於厚，小人常失於薄；君子過於愛，小人傷於忍。以上三條，見論語。朱子曰：程子亦只是舉一隅耳，若君子過於廉，小人過於貪，君子過於介，小人過於通之類皆是。愚按，程子因本文言仁，故以厚、薄、愛、忍言之。朱子則以此爲專言之仁，故復就貪、廉、通、介之類推廣言之。真西山曰：此聖門觀人之法。然爲人君者，尤當因臣下之過而察其心。如愛君而極諫，不無狂訐之過；愛民而違命，不無矯拂之過。要其用心則皆仁也，人君取其仁而略其過可也。若奸邪之臣，巧於揜覆，未必有過之可指，而其心則不可問矣。○以上並伊川語。

明道先生曰：富貴驕人固不善，學問驕人，害亦不細。遺書。下同。○人之學問雖極富有日新，亦止以盡人道所當然，固不必驕。而義理無窮，亦終身行之而不能盡，則又無可驕也。況驕則氣盈，氣盈則識量狹隘，百病都生。

人以料事爲明，便駸駸入逆詐、億、不信去也。說見論語。

人於外物奉身者，事事要好，只有自家一箇身與心却不要好。苟得外面物好時，却不知道自家身與心却已先不好了也。外物奉身者，如宫室、飲食、衣服之類皆是。身不好，謂身不修。心不好，謂心不正。所謂以小害大、賤害貴也。○朱子曰：人亦有奉身儉嗇之甚，而篤好外物，如財貨聲色之類。蓋亦只因私欲不能克之故也。

人於天理昏者，是只爲嗜欲亂著他。莊子言「其嗜欲深者，其天機淺」，此言却最是。說見莊子大宗師篇。嗜，莊作「耆」。莊子，名周，字子休，蒙人，著書名南華經。

伊川先生曰：閱機事之久，機心必生。蓋方其閱時，心必喜，既喜則如種下種子。上「種」，去聲，下如字。○莊子曰：「有機械者，必有機事，有機事者，必有機心。」見外篇天地篇。○朱子曰：莊老之言亦自有可取者，但須中有所主，不爲異教所汩，識其意所以異於聖人者何如耳。

疑病者，未有事至時，先有疑端在心。周羅事者，先有周事之端在心。皆病也。疑病者，猜嫌疑慮之病。端，端緒也。周羅，宋時俚語，猶言兜攬也。愚謂窮理之功至，則疑之病去矣；自治之心切，則周羅事之患去矣。

較事大小，其弊爲枉尺直尋之病。此言事無大小，皆不可以有忽也。○朱子曰：吴氏謂子夏「小德出入可也」之言不能無弊，蓋學者一以小失爲無害而爲之，則於大節必將有枉尋而直尺者矣。○以上並伊川語。

小人、小丈夫，不合小了，他本不是惡。舊本並於「他」字句絶，非。○不宜如此而如此，曰「不合」，今俗語有之。程子亦只據孟子尹士章所謂「小人」、「小丈夫」而論之耳。小，謂識量之淺狹也。蓋尹士但未聞君子之大道，故據所見言之如此，其心固無他也，故云「他本不是惡」。若淳于髡、陳賈之徒有意作惡，自不得與尹士同科矣。○愚按，此條説者皆作泛論，理甚難通。如大學「小人閒居爲不善，無所不至」，豈得謂之不是惡？且又何以必與小丈夫並論耶？學者特習而不察耳。

雖公天下事，若用私意爲之，便是私。熊氏曰：如見人饑寒，與之衣食，稍有要譽之心，即私矣。

伊川先生曰：做官奪人志。趙致道曰：或謂此亦爲富貴所移，竊恐不特此也。但纔仕宦，則於室礙處便有隨宜區處之意，浸尋至於隨時徇俗，與初間立志頓别，此所謂奪志也。朱子曰：所論是也，若欲救此，但當隨事省察，以審其輕重可也。

驕是氣盈，吝是氣歉。人若吝時，於財上亦不足，於事上亦不足，凡百事皆不足，必有歉歉之色。呂本「色」下有「也」字。○上「驕」、「吝」並言，下但就「吝」言之者。按遺書則「人若吝時」以下，乃程子因或人以「吝何如則是」爲問，而復告之如此，亦以言吝而驕可知也。吝者百事皆不足，必有歉歉之色，則驕者百事皆有餘，必有盈盈之狀。程子所以不别言也。○朱子曰：驕者吝之所發，吝者驕之所藏。如理本天下之公，必吝惜而不以告人者，蓋恐爲人所同得，則我便無以驕於人，故必私之於己，使獨自有之。貨財亦然。惟其欲驕，所以吝也。愚按，程子分二病言之，朱子則謂驕生於吝，其勢相因。蓋人固有驕而未必吝、吝而未必驕者，亦有驕而且吝者。程子就其分者言之，故有氣盈氣歉之别。朱子以其合者言之，則謂驕生於吝。必兼此二説，而其義始爲完備。

未知道者如醉人，方其醉時，無所不至，及其醒也，莫不愧耻。人之未知學者，自視以爲無缺，及既知學，反思前日所爲，則駭且懼矣。自視以爲無缺，猶醉之無所不至也。既學而知駭且懼，猶醒時之愧恥也。○以上並伊川語。

邢恕云：「一日三點檢。」明道先生曰：「可哀也哉！其餘時理會甚事？」蓋倣三省之説錯了，可見不曾用功。「恕」，呂本作「七」。○曾子日以三事自省，恕誤以爲三次點檢，故程子警之。又多逐人面上説一般話，明道責之，邢曰：「無可説。」明道曰：「無可説，便不得不説？」便不得不説，言既無可説，則亦不必説矣，便如此「不得不説」乎？乃詰問之辭。○此二者，皆心不存之故也。心存則隨時省察，隨事體驗，語默動静，皆不敢苟，故無二者之失。○按此條見外書，謝上蔡語録列遺書，誤。

横渠先生曰：學者捨禮義，則飽食終日，無所猷爲，與下民一致，所事不踰衣食之間、燕遊之樂耳。樂，音洛。○正蒙。○猷爲，謀猷作爲也。下民，凡不知學者皆是，所謂「民斯爲下」者也。○愚按，學者當以禮義爲根本，而後考之經史以究其藴，及之吾身與心以盡其實，則知日以精，行日以篤，自可漸進於聖賢之域。不然，則讀書作文皆以益其放而已，又何必所事不逾衣食燕樂間，然後爲與下民一致乎？

鄭、衛之音悲哀，令人意思留連，又生怠惰之意，從而致驕淫之心，雖珍玩奇貨，其始感人也，亦不如是切，從而生無限嗜好。故孔子曰必放之，亦是聖人經歷過，但聖人能不爲物所移耳。感，葉本作「惑」。好，去聲。○禮樂説。○「意思留連」三句，總極言鄭衛之音惑人之切也。

孟子言「反經」，特於「鄉原」之後者，以鄉原大者不先立，心中初無作，惟是左右看順人情不欲違，一生如此。「作」，吕本作「怍」，一作「主」。○孟子説。○「先立乎其大者」，見孟子。初無作言其隨人俯仰，心中初未嘗有所作爲也。○以上並横渠語。

# 近思録集註卷十三

## 辨異端

此下二卷亦致知格物之事，即程子所謂「論古今人物，别其是非」是也。異端，凡非聖人之道而别爲一端者皆是，而釋氏惑世爲深，故辨之獨詳。老氏次之，神仙又次之。凡一十四條。

明道先生曰：楊、墨之害，甚於申、韓，佛、老之害，甚於楊、墨。楊朱、墨翟，見孟子。申不害，鄭之京人，學術以干韓昭侯，昭侯用爲相，著書二篇，曰申子。韓非者，韓之諸公子。非見韓削弱，數以書諫韓王，不能用，作孤憤、五蠹、内外儲、説林、説難十餘萬言。秦王見其書，悦之，會秦攻韓急，王遣非入秦，以李斯毁，下吏，斯使人遺之藥，使自殺。申、韓之學並本於黄、老而主刑名法術。佛者，本天竺迦維衛國淨飯王太子，出家學道。謂之佛者，華言覺也，將以覺悟群生也。没後，弟子大迦葉與阿難纂述其言成書，自漢以來其説始入中國。老子者，楚苦縣人，李氏，名耳，字伯陽，一字聃，周守藏室之史也。後見周衰，西出函關隱去。關尹喜彊之著書，因爲言道德之意五千餘言而去，莫知其所終。以其生即白首，因號老子；或云以其年老著書，故號其書曰老子。前説近是。○朱子曰：老子只是要長生，其病易見。釋氏於天理大本處見得些分數，然却認爲己有，而以生爲寄。故要見得父母未生時面目，既見，便不認作衆人公共底，須要見得爲己有，死後亦不失。故黄蘗有偈與其母云「先曾寄宿此婆家」，以父母之身爲寄宿處，其無情義絶滅天理可知。楊氏「爲我」疑於義；墨氏「兼愛」疑於仁。申、韓則淺陋易見。故孟子只闢楊、墨，爲其惑世之甚也。爲，並去聲。「義」，葉本作「仁」。仁，葉本作「義」。今按，遺書與葉本同，但入關語録又以「爲我是義，兼愛是仁」，則互易亦未爲不可也，且於義較勝，故定從吕本。易，音異。○義有分辨意，爲我似之；仁有一體意，兼愛似之。仁義，道也。楊、墨於道近似，故其惑世爲甚。○此明上文楊、墨之害甚於申、韓之意。佛、老其言近理，又非楊、墨之比，此所以爲害尤甚。葉氏曰：佛氏言心性，老子談道德，較之楊、墨尤爲近理也。金仁山曰：佛氏寂滅類楊，而禪定立脱之説過之；慈悲普施類墨，而平等無生之説過之。蓋兼無父無君之教，而資率獸食人之禍者，所以其害爲尤甚。○此明上文佛、老之害甚於楊、墨之意。楊、墨之害，亦經孟子闢之，所以廓如也。遺書。下同。「廓如」句，見法言吾子篇。此又就楊、墨而言，以見不可不闢之意。○朱子曰：釋氏只四十二章經是古書，餘皆中國文士潤色成之。維摩經亦南北時作，宋景文唐書贊説佛多是華人之譎誕者，攘莊、列之説佐其高，却被他捉得正贓。列子説耳、目、口、鼻、心、體處有六件，佛家便有六根，又三之爲十八戒。初間只有四十二章經，到東晉便有談議。後來談議厭了，達摩遂脱然不立文字，只是默然端坐，便心静見理。道家之書，只老子、莊、列及丹經而已。丹經如參同契之類，然已非老氏之學。清淨、消災二經皆摹學釋氏而誤者，度人經、生神章皆杜光庭撰，最鄙俚是北斗經。蘇子瞻作儲祥宫記，説後世道者皆是方士之流，其説得之。王伯厚曰：傅奕排釋氏，謂中國幻夫模象，莊、老以文飾之。宋景文作李蔚傳贊，亦云華人之譎誕者，攘莊周、列禦寇之説佐其高。然則釋氏用老、莊之説也，非老、莊與釋氏合也。朱子謂佛家竊老子好處，道家竊佛家不好處。姚崇誡子孫以謂「道士本以玄牝爲宗，而無識者慕僧家之有利，約佛教而爲業」。斯言當矣。胡致堂謂經論科儀依倣佛氏而不及者，自杜光庭爲之。考諸姚崇之言，則非始於光庭也。

伊川先生曰：儒者潛心正道，不容有差，其始甚微，其終則不可救。差，初如反，下同。如「師也過，商也不及」，於聖人中道，師只是過於厚些，商只是不及些。然而厚則漸至於「兼愛」，不及則便至於「爲我」。其過不及同出於儒者，其末遂至楊、墨。至如楊、墨，亦未至於無父無君〔一〕，孟子推之便至於此，蓋其差必至於是也。爲，去聲。「至如楊、墨」之「如」，葉本作「於」。○此借子張、子夏以明不容有差之意。師之過，商之不及，所謂「其始甚微」也。兼愛爲我，以至於無父無君，所謂「其終不可救」也。○朱子曰：楊、墨之説，恐未然。楊氏之學出於老聃之書，墨子則晏子時已有其説，非二子之流弊也。

明道先生曰：道之外無物，物之外無道，是天地之間，無適而非道也。即父子而父子在所親，即君臣而君臣在所嚴，以至爲夫婦、爲長幼、爲朋友，無所爲而非道，此道所以不可須臾離也。然則毁人倫、去「四大」者，其外於道也遠矣。「外於道」之「外」，吕本作「戾」。○四大：地、水、火、風也。楞嚴經：「身中堅相爲地，潤濕爲水，煖觸爲火，動摇爲風。」圓覺經謂：「髮毛、爪齒、皮肉、筋骨、髓腦、垢色，皆歸於地；唾涕、膿血、津液、涎沫、痰淚、精氣、大小便利，皆歸於水；煖氣歸火；動轉歸風。」釋氏謂四大幻假，而成人身，故欲絶滅幻根，斷除一切。其戾於道也，遠矣！○朱子曰：釋氏地、水、火、風，粗而言之，地便是體，水便是魄，風火便是魂。故「君子之於天下也，無適也，無莫也，義之與比」。説見論語。此言儒者之道本如此也。若有適有莫，則於道爲有間，非天地之全也。間，去聲。○此以下所以極言釋氏之弊，以見其外道之遠也。彼釋氏之學，於「敬以直内」則有之矣，「義以方外」則未之有也。朱子曰：釋氏所謂「敬以直内」，只是空洞無一物，故不能「方外」。聖人則湛然虚明，萬物具足，方能「義以方外」。王伯厚曰：石林葉氏云：「晉宋間佛學初行，其徒猶未有稱僧，通曰道人。其始皆從所受學，如支遁本姓關，學於支謙爲支；帛道猷本姓馮，學於帛尸梨密爲帛是也。至道安始言佛氏釋迦。今爲佛子，宜從佛氏，乃請皆姓釋。」○朱子曰：此游定夫所編，恐有差誤。必如下東見録中説：「既無義以方外，則其直内者豈有是也？」始圓足無弊。故滯固者入於枯槁，疏通者歸於恣肆，此佛之教所以爲隘也。吾道則不然，「率性」而已。斯理也，聖人於易備言之。適、莫，則滯固而入於枯槁矣；無適與莫，而不知義之是比，則疏通而歸於恣肆矣。率性，如前所謂「即父子而父子在所親」之類是也。聖人，謂孔子。獨言易者，蒙上「敬以直内，義以方外」語而言也。【本註】又云：佛有一箇「覺」之理，可以「敬以直内」矣，然無「義以方外」。其直内者，要之其本亦不是。「又云」以下，葉本大字，無「本註」字。

釋氏本怖死生爲利，豈是公道？怖，音布。爲，去聲。○怖，懼也。葉氏曰：釋氏以有生必有滅，故有輪迴。今求不生不滅之理，可免輪迴之苦，此不過出於利己之私意者也。惟務上達而無下學，然則其上達處豈有是也？元不相連屬，但有間斷，非道也。屬，之六反。間，去聲。斷，都玩反。○務上達者，求了悟也；無下學者，屏棄事物也。人之所以事事物物窮究其理者，惟求其有是無非而已。今既埽除一切，而惟求此心之了悟，故曰「豈有是也」。如是則離事物以求理，欲應事物又懼理之有失，則不相連屬而有間斷，非道體之本然矣。孟子曰：「盡其心者，知其性也。」彼所謂識心見性是也，若存心養性一段事則無矣。「識心即離念，見性即解脱」，唐益州保唐寺無住禪師所以答杜鴻漸之語也，今五燈會元、指月、傳燈諸録中有之。謝上蔡曰：釋氏所謂性，乃吾儒所謂心；釋氏所謂心，乃吾儒所謂意。朱子曰：此恐紀録者有誤。蓋釋氏於心性之間，固不可謂之無所見，但只略見得心性影子，初未嘗仔細向裏面體會其理。亦不可謂之不能存養，但只存養得所見影子，非心性之真耳。又曰：釋氏自謂識心見性，而其所以不可推行者，爲其於性與用分爲兩截也。聖人之道，必明其性而率之。凡修道之教無不本於此，故雖功用充塞天地，而未有出於性外者。釋氏非不見性，及到作用處則曰無所不可爲，故棄君背父，無所不至者，其性與用不相管也。呂氏曰：禪學所謂明心見性者，必先截斷事理，而後能洞見本體。達摩謂「淨智妙圓，體自空寂」八字，即此是佛性。羅整菴謂其「有見於心，無見於性」，不知離却性則心已不盡，安得謂之有見於心哉？後來陽儒陰釋之徒，如楊簡之言下忽省此心，詹阜民之下樓忽覺澄瑩，王陽明之龍場恍若有悟，皆止見釋氏之妙圓空寂，而非孟子之所謂心，亦止到得他「覺」字「悟」字，而非孟子之所謂知與盡也。彼固曰出家獨善，便於道體自不足。道體無所不備，而人倫爲大。今曰「出家」，則無父子兄弟夫婦之倫；曰「獨善」，則無君臣朋友之倫。便於道體自不足矣。朱子曰：莊、老絶滅人倫，義理未盡，至佛則人倫滅盡，禪則義理滅盡。佛法初入中國，止說修行，尚未有許多禪底話也。或曰：釋氏地獄之類，皆是爲下根之人設此怖，令爲善。先生曰：至誠貫天地，人尚有不化，豈有立僞教而人可化乎？「爲下」之「爲」，去聲。○釋氏謂爲善者升天堂，爲惡者墮地獄。又以地獄、餓鬼、畜生爲三塗，言人之爲惡者必墮此也。又添阿修羅、天神、地祇爲六道。○朱子曰：胡明仲謂釋氏更不分善惡，信奉之者則雖殺人之賊亦可升天堂，其詆佛者即是惡人，墮入地獄。愚按，唐武三思嘗言：「我不知世間何者謂之善人，何者謂之惡人，但於我善者則爲善人，於我惡者則爲惡人。」意正如此。○以上並明道語。

學者於釋氏之説，直須如淫聲美色以遠之，不爾則駸駸然入於其中矣。遠，去聲，下同。駸，音侵。「入」下，吕本無「於」字，遺書有。○駸駸，馬行疾貌。顔淵問爲邦，孔子既告之以二帝三王之事，而復戒以「放鄭聲，遠佞人」，曰：「鄭聲淫，佞人殆。」彼佞人者，是他一邊佞耳，然而於己則危，只是能使人移，故危也。至於禹之言曰：「何畏乎巧言令色！」巧言令色，直消言畏，只是須著如此戒慎，猶恐不免。釋氏之學，更不消言常戒，到自家自信後，便不能亂得。「直消言畏」上，葉本無「巧言令色」四字，今從遺書及諸本增。

所以謂萬物一體者，皆有此理，只爲從那裏來。「生生之謂易」，生則一時生，皆完此理。人則能推，物則氣昏推不得，不可道他物不與有也。爲，去聲，下同。「完」，楊本作「具」。○此理，謂健順五常之性也。那裏，指陰陽五行而言。「皆完此理」以上，是從有生之初説，見此理固人與物所同具也。但人稟氣清，故能推，物稟氣昏，故推不得，爲稍異耳，是從有生之後言也。然亦物之氣昏不能推以相及耳，不可謂他物不與之同有此理而不得推也，所以深明萬物一體之意。朱子曰：人物氣稟有異，不可道物無此理。穿牛鼻、絡馬首，皆是隨他所通處。仁義禮智，物豈不有？但偏耳。○此以本然者而言。「生生之謂易」，見易繫辭上傳。人只爲自私，將自家軀殼上頭起意，故看得道理小了佗，他底放這身來，都在萬物中一例看，大小大快活。舊本並於「他底」句絶，非。○承上節而言萬物本自一體，但人不能無自私之見，故與萬物不相連屬。不然則物我一原，自無所往而不得矣。

「他底」，指古聖賢而言，即應上「萬物一體」句說也。○劉念臺曰：程子謂「須將身與萬物一例看」。凡宇宙間道德事功，在人在我，總無二理，著一毫彼此多寡見，便是從自家軀殼上起意，此内外、公私、義利、王霸之分。釋氏以不知此，去他身上起意思，奈何那身不得，故却厭惡，要得去盡根塵，爲心源不定，故要得如枯木死灰。然没此理，要有此理，除是死也。惡，去聲。「去盡」之「去」，上聲。○佛家以慈悲廣大、普度衆生爲説，似有萬物一體意，而不知此正其所以自私者也，故特辨之。佛書以耳、目、口、鼻、身、意爲六根，色、聲、香、味、觸、法爲六塵，眼入色、耳入聲、鼻入臭、舌入味、身入觸、意入法爲六入。其說謂幻塵滅，故幻根亦滅，幻根滅，故幻心亦滅，所以要去盡根塵也。去盡根塵，所以空其身之所有也；枯木死灰，所以空其心之所有也。皆是去他身上起意思也。釋氏其實是愛身，放不得，故說許多。譬如負版之蟲，已載不起，猶自更取物在身。又如抱石投河，以其重愈沈，終不道放下石頭，惟嫌重也。負版，爾雅作「傅，負版」，郭璞云「未詳」。惟唐柳宗元集有蝜蝂傳云：「善負小蟲行，遇物輒持取，仰其首負之，背愈重，雖困劇不止。」程子説蓋本此。按，遺書及諸本，「版」並作「販」，蓋俗以音相近，而誤「版」爲「販」耳。「説許多」，如去盡根塵之類是也。「已載不起」，以喻奈何那身不得。「猶自更取物在身」，以喻去根塵之類。「抱石」，以喻私己之念。「河」，以喻世界。若能將私己之念放下，則廓然大公，物來順應，自無所往而不利矣。以其重愈沈，所以要去根塵也。○朱子曰：釋氏説頑空，又説真空。頑空便是空無物，真空却是有物，與儒説略同。但他都不管天地四方，只是理會一箇心，如老氏亦只是要存得一箇神氣。又曰：頑空者，如死灰槁木。真空，則能攝衆有而應變。又曰：儒者以心與理爲一，而彼以心與理爲二。蓋由見處不同，彼見得心空而無理，此見得心雖空而萬理皆備也。然近世一種學問，雖説心與理一，而不察乎氣稟物欲之私，是見得不真，故其發亦不合理，却與釋氏同病。大學所以貴格物也。

人有語導氣者，問先生曰：君亦有術乎？明道曰：吾嘗「夏葛而冬裘，飢食而渴飲」，「節嗜慾，定心氣」，如斯而已矣。導氣，如莊子所謂「吐故納新」是也。節嗜慾，用也；定心氣，體也。

佛氏不識陰陽、晝夜、死生、古今，安得謂形而上者與聖人同乎？明道語。

伊川先生曰：釋氏之説，若欲窮其説而去取之，則其説未能窮，固已化而爲佛矣。只且於迹上考之，其設教如是，則其心果如何？固難爲取其心不取其迹，有是心則有是迹。王通言「心跡之判」，便是亂説。故不若且於迹上斷定不與聖人合。其言有合處，則吾道固已有，有不合者，固所不取。如是立定，却省易。斷，都玩反。省，所井反。易，音異。○心迹之判，見中説問易篇。○程子又曰：「學佛者如果有一人〔二〕，見得聖人「朝聞道，夕死可矣」，與曾子易簀之理，臨死須尋一尺布帛裹頭而死，必不肯剃髮胡服而終。」禪者曰：「此迹也，何不論其心？」曰：「心迹一也，豈有迹非而心是者？」又曰：文中子有一件事，半截好，半截不好。如魏徵問：「聖人有憂乎？」曰：「天下皆憂，吾獨得不憂？」問疑，曰：「天下皆疑，吾獨得不疑？」徵退，謂董常曰：「樂天知命，吾何憂！窮理盡性，吾何疑！」此言本極好。却又云「徵所問者迹也，吾告汝者心也，心迹之判久矣」，便亂道。朱子曰：事有當憂疑者，有不當憂疑者，然皆心也。文中子以爲有心迹之判，故程子非之。

問：神仙之説有諸？伊川曰：若説白日飛昇之類則無，若言居山林間，保形煉氣，以延年益壽，則有之。譬如一爐火，置之風中則易過，置之密室則難過，有此理也。易，音異。○朱子曰：人言仙人不死，非也，只是漸消融不覺耳。蓋彼能煉其形氣，使渣滓都消融，惟有此清虚之氣，故能升騰變化。然久後亦須散也。又問：揚子言「聖人不師仙，厥術異也」，聖人能爲此等事否？曰：此是天地間一賊，若非竊造化之機，安能延年？使聖人肯爲，周、孔爲之矣。「聖人不師仙」二語〔三〕，見法言君子篇。○按，此條見劉元承手編，乃伊川語，舊本並作明道，誤。

謝顯道歷舉佛説與吾儒同處，問伊川先生。先生曰：恁地同處雖多，只是本領不是，一齊差却〔四〕。差，初加反。○外書。○佛説與吾儒同處，如所云「明心見性」，與儒者所謂「盡心知性」同也；「有物先天地，無形本寂寥，能爲衆象主〔五〕，不逐四時凋」，與儒者所謂「太極」同也；「主人翁惺惺著」，與儒者所謂「戒慎恐懼」同也；「會萬物於一己」，與儒者所謂「萬物一體」同也。又如云「知之一字，衆妙之門」，與儒所謂「知性知天」同也。本領，根本要領也。本領不是，如言定、言空之類是也。朱子曰：陸子静嘗言「儒佛差處，只是義利之間」。某謂此猶是第二著，只他根本處便不是。當初釋迦爲太子時，出遊見生老病死苦，遂厭惡之，入雪山修行，從上一念，便一切作空看，惟恐割棄之不猛，屏除之不盡。吾儒却不然。蓋見得無一物不具此理，無一理可違於物。佛説萬理皆空，吾儒説萬理皆實，從此一差，方有公私、義利之不同。〇朱子曰：釋氏只是守得些光明，全不識道理，所以用處七顛八倒。儒者則居敬爲本，而窮理以充之，其本原不同處在此。又曰：彼於天理大本處見得些分數，便須要見得爲己有，死後亦不失；儒者只隨他天理去，更無分毫私見，屈伸往來，皆是自然如此。

横渠先生曰：釋氏妄意天性，而不知範圍天用，反以「六根」之微，因緣天地，明不能盡，則誣天地日月爲幻妄，「天用」之「天」，楊、葉本並作「之」；吕本作「天」，注一作「之」。〇天性，謂天體也。範圍，猶裁成也。天用，即化有也。蔽其用於一身之小，溺其志於虚空之大。此所以語大語小，流遁失中。用周乎事物，而彼則蔽於一身之小；志貴於篤實，而彼則溺於虚空之大。其過於大也，塵芥六合；其蔽於小也，夢幻人世。謂之窮理可乎？葉氏曰：上下四方爲六合，謂六合在虚空中，特一微塵芥子耳，所以明「溺其志於虚空之大」。人世之事，何一非身之所當盡，而彼直視爲夢幻，所以明「蔽其用於一身之小」。不知窮理而謂之盡性可乎？謂之無不知可乎？塵芥六合，謂天地爲有窮也；夢幻人世，明不能究其所從也。正蒙。下同。○「明不能究其所從」，言彼之明不能究其所從來，故以人世爲夢幻耳。薛敬軒曰：釋氏塵芥六合，然六合無窮，安得塵芥之？夢幻人世，然人世皆實理，安得夢幻之？

大易不言有無。言有無，諸子之陋也。繫辭傳云：「形而上者謂之道，形而下者謂之器。」夫形而上下者皆謂之形，則其不得以道與器分有形無形明矣。而孔氏正義乃以道爲無，以器爲有，且曰：「易理備，包有無，而易象唯在於有。」蓋自王弼祖述老、莊，以有無論易，而孔氏專主王註，故其説云然。張子之言蓋爲此而發。○朱子曰：無者無物，然有此理，有此理則有矣。老氏乃曰「物生於有，有生於無」，并理亦無，便錯也。問：釋氏之無與老氏之無，何以異？曰：老氏仍是有，如所謂「無欲觀其妙，有欲觀其徼」是也。釋氏則以天地爲幻妄，以四大爲假合，則是全無也。愚按，王弼、何晏祖述老、莊，崇尚虚無，朝野慕效，皆樂任放，廢職業。裴頠著崇有論以釋其蔽，此所謂「言有無」者也。後世學者非窮深極微而入於無，則淺陋固滯而溺於有，異學俗學之弊實源於此。張子所以示人求道之方，莫切於此，讀者詳之。○按此條易説中亦有之。

浮圖明鬼，謂有識之死，受生循環，遂厭苦求免，可謂知鬼乎？有識之死，謂人雖死而神識不散也。厭苦求免，謂欲脱離生死也。以人生爲妄見，可謂知人乎？氣聚而人以生，此實理也。佛氏指爲浮生幻化，是以人生爲妄見也。天人一物，輒生取舍，可謂知天乎？日用云爲，人事也，然莫非天理之當然。而佛氏斷除一切，見性成佛，是欲舍人事而求天理也。孔孟所謂天，彼所謂道。惑者指「遊魂爲變」爲輪迴，未之思也。此以下申明上三節之意。徐氏曰：由太虛有天之名，由氣化有道之名。孔、孟所謂天，本謂道之所從出。而佛氏直認太虛爲道，於是屏棄一切人事，別求了悟，此所以不知天與人也。易言「游魂爲變」，是氣之散而爲鬼。今佛氏以變爲輪迴，此所以不知鬼也。「游魂爲變」，見易繫辭上傳。○愚按，陳氏無已有游魂爲變爲輪迴之説，張氏譏之是也。然張子以「物潰反原」解「游魂爲變」，亦有輪迴之弊，所以見非於程子也。大學當先知天德，知天德則知聖人，知鬼神。今浮圖劇論要歸，必謂死生流轉，非得道不免，謂之悟道可乎？【本註】云：悟則有義有命，均死生，一天人，推知晝夜、通陰陽，體之無二。要，平聲。○大學，指儒者之學而言。天德，即天道之本然者，如下文所謂死生、天人、晝夜、陰陽之類皆是。劇，甚也，原書作「極」。要歸，要領、指歸也。知天德，則知天理不外於人事，而輒生取舍者非矣。知聖人，則知日用倫常無非實理之當然，而以人生爲妄見者非矣。知鬼神，則知屈伸往來無非感應之自然，而以受生循環、厭苦求免者非矣。必以知天德爲先者，蓋聖人、鬼神無非天德故也。義當盡之於己，如所謂知天知人是也；命則聽之於天，如所謂生死是也。體之無二，言以晝夜陰陽之理體驗之，而死生天人之理無有二也。無二，即所謂均與一也。朱子曰：老氏欲保全其身意思多。釋氏又全不以其身爲事，自謂別有一物不生不滅。歐公嘗言「老氏貪生，釋氏畏死」，其説亦好。又曰：儒者以理爲不生不滅，釋氏以神識爲不生不滅。自其説熾，傳中國，儒者未容窺聖學門墻，已爲引取，淪胥其間，指爲大道。熾，盛也。淪，爾雅「率也」，疏云「謂相牽率」。胥，相引也，一曰淪陷也。乃其俗達之天下，致善惡知愚、男女臧獲，人人著信。知，音智。著，直酌反。臧獲，説見第六卷。使英才間氣，生則溺耳目恬習之事，長則師世儒崇尚之言，間，去聲。恬，徒兼反。長，張丈反。○恬，安也。遂冥然被驅，因謂聖人可不修而至，大道可不學而知。故未識聖人心，已謂不必求其迹；未見君子志，已謂不必事其文。迹，謂有迹之可見者，凡言行之類皆是。此人倫所以不察，庶物所以不明，治所以忽，德所以亂。衰亂每由於怠忽，故謂亂爲忽，見書益稷篇。異言滿耳，上無禮以防其僞，下無學以稽其弊，「滿」，葉本作「入」。○上無禮，則法度不立，故無以防其僞；下無學，則不知是非，故無以稽其弊。自古詖淫邪遁之辭，翕然並興，一出於佛氏之門者已五百年。向非獨立不懼，精一自信，有大過人之才，何以正立其間，與之較是非、計得失哉！「已」，葉、吕本並作「千」，吕注一作「已」。○此條按宋文鑑，則與吕徽仲書也。愚按，佛法自漢明帝永平十年入中國，至宋康定、慶曆間，共九百十餘年。然初亦未甚盛，直至梁普通七年達摩入來，不立文字，直指人心，其説始大行，至此僅五百四十餘年。云五百者，舉大數也，並無千五百年。或謂漢武故事，昆邪王殺休屠王來降，得其金人之神，置之甘泉宮。而劉向列仙傳謂七十四人已在佛經，則是佛入中國始於漢武，至成、哀間已有經矣。後人承牟子、范曄之謬，故云佛法始於明帝，其實非也。愚謂政使有之，而魏晉間士大夫未聞有宗其教者〔六〕，如何可以爲一出於佛氏之門耶？且武帝至此亦無千五百年，故斷從「已」字爲得。○朱子曰：佛氏所謂三身者：法身，釋迦之本性也；報身，釋迦之德業也；肉身，釋迦之真身而實有之人也。今遂分爲三身而駢列之，則既失其指矣。而道家之徒又傚此而爲三清，昊天上帝反居其下，悖戾僭逆，莫此爲甚。又曰：佛書如四十二章、遺教、法華、金剛、光明之類，其所言者不過清虚、緣業之論，神通變見之術而已。及其中間爲其學者，如惠遠、僧肇之流，乃始稍竊莊、列之言以相之，然猶未敢正以爲出於佛之口也。至其久而恥於假借，則遂顯然篡取其意，而文以浮圖之說。如楞嚴所謂「自聞」，即莊子之意，而圓覺所謂「四大各離，今者妄身，當在何處」，即列子所謂「精神入其門，骨骸反其根，我尚何存」者也。凡若此類，不可勝舉。然其說皆萃於書首，其玄妙無以繼之，然後佛之本真乃見。如結壇、誦咒、二十五輪之類，以至於大力金剛、吉盤荼鬼之屬，則其粗鄙俗惡之狀，與書首所言判然矣。楞嚴本只是咒語，後來房融添入許多道理說話。咒語想亦淺近，但其徒恐譯出則人易之，故不譯。所以有咒者，蓋浮圖居深山中，有鬼神蛇獸爲害，故作咒以禁之。緣他心靈，故能知其性情，制御得他，咒全是想法。西域人誦咒，如叱喝，又爲雄毅之狀，故能禁伏鬼神。○以上並橫渠語。

## 校勘記

〔一〕亦未至於無父無君　「亦」，文津閣本作「雖」。

〔二〕學佛者如果有一人　「果」，文津閣本無此字。

〔三〕聖人不師仙二語　「仙」，原作「他」，據文津閣本改。

〔四〕一齊差却　「一」，原作「不」，據文津閣本改。

〔五〕能爲衆象主　「衆」，文津閣本作「萬」。

〔六〕而魏晉間士大夫未聞有宗其教者　「間」，文津閣本作「前」。

# 近思録集註卷十四

## 觀聖賢

凡二十六條。

明道先生曰：堯與舜更無優劣，及至湯武便別。孟子言「性之」、「反之」，自古無人如此說，只孟子分別出來，便知得堯舜是生而知之，湯武是學而能之。文王之德則似堯舜，禹之德則似湯武，要之皆是聖人。遺書。下同〔一〕。

仲尼元氣也，顏子春生也，孟子并秋殺盡見。見，音現。仲尼無所不包。顏子示「不違如愚」之學於後世，有自然之和氣，不言而化者也。孟子則露其材，蓋亦時然而已。問：孟子露其材，蓋亦時然而已，豈孟子亦有戰國之習否？朱子曰：亦是戰國之習。如三代人物自是一般氣象，左傳所載春秋人物又是一般氣象，戰國人物又是一般氣象。仲尼天地也，顏子和風慶雲也，孟子泰山巖巖之氣象也。觀其言，皆可見之矣。仲尼無迹，顔子微有迹，孟子其迹著。孔子儘是明快人，顔子儘豈弟，孟子儘雄辯。豈弟、愷悌同。

伊川先生曰：曾子傳聖人學，其德後來不可測，安知其不至聖人？如言「吾得正而斃」，且休理會文字，只看他氣象極好，被他所見處大。後人雖有好言語，只被氣象卑，終不類道。遺書又曰：曾子疾病，只要以正，不慮死。與武王「殺一不辜，行一不義，得天下不爲」同心。

傳經爲難。如聖人之後纔百年，傳之已差。聖人之學，若非子思、孟子，則幾乎息矣。道何嘗息，只是人不由之。「道非亡也，幽、厲不由也」。差，初加反。○漢書董仲舒對賢良策云：「夫周道衰于幽、厲，非道亡也，幽、厲不繇也。」

荀卿才高，其過多；揚雄才短，其過少。卿，吕本作「子」。○荀卿，名況，字卿，爲楚蘭陵令。揚雄，見前。葉氏曰：荀子才高、過多，如以人性爲惡，子思、孟子爲非是也。揚雄才短、過少，如作太玄擬易、作法言擬論語，皆摹仿前聖遺言是也。○朱子曰：荀子亦有説得好處，「君子大心則天而道，小心則畏義而節」，又如説「能定而後能應」，皆是好語。揚子無好處，説到深處，只是走入老莊窠窟裏去，如清静寂寞之説皆是也。

荀子極偏駁，只一句「性惡」，大本已失。揚子雖少過，然已自不識性，更説甚道？荀子性惡篇：「人之性惡，其善者僞也。」揚子修身篇：「人之性也，善惡混。修其善則爲善人，修其惡則爲惡人。氣者，所識善惡之馬也。」此因韓退之有「荀與揚大醇小疵」之説，而論之如此。○朱子曰：程子説「荀子極偏駁」，「揚子雖少過」，此等語皆是就分金秤上説下來，若不曾看荀子、揚子，則所謂偏駁少過等處亦見不得。

董仲舒曰：「正其義，不謀其利；明其道，不計其功。」此董子所以度越諸子。仲舒語，見第二卷。「度越諸子」，見漢書揚雄贊，顔師古曰「度，過也」。○或謂此語是有是非、無利害，如何？朱子曰：是不論利害，只論是非。理固然也，要亦當權其輕重方盡善。但今人只知有利害，於是非全輕也。○以上並伊川語。

漢儒如毛萇、董仲舒，最得聖賢之意，然見道不甚分明。下此卽至揚雄，規模又窄狹矣。萇，後漢書作「長」。○按孔氏毛詩正義、漢書儒林傳云「毛公，趙人也，爲河間獻王博士」，不言其名。范曄後漢書云「趙人毛萇傳詩」。初學記：「荀卿授魯國毛亨，作詁訓傳，以授趙國毛萇。時人謂亨爲大毛公，萇爲小毛公。」朱子曰：董子識得本原，如云「正心修身可以治國平天下」，又「仁義禮樂皆其具」，俱説得好。問：見道不分明處？曰：如「命者天之令，性者生之質，情者人之欲」，「命非聖人不行，性非教化不成，情非制度不節」等語，似不識性善模樣。又云「明於天性，知自貴於物，知自貴於物，然後知仁義，知仁義，然後重禮節，重禮節，然後安處善，安處善，然後樂循理」，又似見得性善模樣。終是説得騎牆，不甚分明端的。問：何故而取毛公？曰：考之詩傳，緊要有數處。如關雎所謂「夫婦有別則父子親，父子親則君臣敬，君臣敬則朝廷正，朝廷正則王化成」。要之亦不多見，只是氣象大概好。

伊川先生曰：林希謂揚雄爲禄隱。揚雄，後人只爲見他著書，便須要做他是，怎生做得是？「只爲」之「爲」，去聲。○按遺書：「或問：『括囊』，還做得在位使否？先生曰：六四位是在上，然坤之六四却是重陰，故曰『賢人隱』，便做不得在位。又問：恐後人緣此謂有朝隱者。先生既答以『安有此理』，而遂以林希嘗有此説語之也。」林希，字子中，長樂人，阿章惇意，草元祐諸賢謫詞。朱子曰：子雲深沈，善思索，如陰陽消長之妙，都去推求。然如太玄之類，亦是拙底工夫。蓋天地之間只有自二而四、自四而八，如此推去，都走不得。子雲却添兩作三，謂之天地人，事事欲分作三截。又有氣無朔，有日星無月，恐不是道理。

孔明有王佐之心，道則未盡。王者如天地之無私心焉，行一不義而得天下不爲。孔明必求有成而取劉璋。聖人寧無成耳，此不可爲也。孔明先世葛氏，琅琊諸縣人，後徙陽都，陽都先有葛姓者，時人謂諸葛，因氏。劉璋，字季玉，江夏竟陵人，益州牧焉子也。張松勸璋迎先主，先主至涪，璋往會之。松勸先主於會襲璋，先主不忍。松兄廣漢太守肅懼禍及己，因發其謀，璋收松斬之，敕諸關戍文書勿復得通先主。先主怒，還兵擊璋，所在戰剋，進圍成都。璋降，遷之公安，以病卒。事詳後漢書及蜀志。若劉表子琮將爲曹公所并，取而興劉氏，可也。劉表，字景升，山陽高平人，爲荆州牧。卒，子琮舉州降曹操。先主久之乃覺，或勸先主攻琮，荆州可得，曰：「劉荆州臨亡，托我以孤遺，背信自濟，吾所不爲，且死何面目以見荆州乎？」遂將其衆去。事詳後漢書及魏志。

諸葛武侯有儒者氣象。此程子所以語孫覺者如此。○朱子曰：孔明雖嘗學申韓，然資質好，却有正大氣象。

孔明庶幾禮樂。中説王道篇曰：「使孔明而無死，禮樂其有興乎？」○朱子曰：義利之大分，武侯知之，有非他人所及者，亦其天資有過人處。若其細微之間，則不能無未察處。觀其讀書之時，他人務爲精熟，而己則獨觀大意。此其大者，固非人所及，而不務精熟，亦豈得無欠闕耶？

文中子本是一隱君子，世人往往得其議論，附會成書，其間極有格言，荀、揚道不到處。文中子，見第三卷。○朱子曰：其書多爲人添入，真僞難見，然好處甚多，就中論世變因革處最好。又曰：文中子於作用處曉得，故上書欲興太平，爲周公事業。及知時勢不可爲，則急退而續詩、書，續元經，又欲爲孔子事業。殊不知孔子時有三代禮樂制度典謨，故可以明道，漢魏下不背道者甚鮮，安可取而續詩、書、春秋耶？○以上並伊川語。

韓愈亦近世豪傑之士，如原道中言語雖有病，然自孟子而後，能將許大見識尋求者，才見此人。至如斷曰：「孟子醇乎醇。」又曰：「荀與揚擇焉而不精，語焉而不詳。」若不是他見得，豈千餘年後便能斷得如此分明？韓愈，見前。○朱子曰：王通於施爲作用處極分曉，却於大體處不窺見。退之於大體處見得，而於作用施爲處却不曉。又曰：文中子根基淺，却是以天下爲心。韓文公雖見得道之大用，然却無實用功處，只是欲求官職而已。

學本是修德，有德然後有言。退之却倒學了，因學文日求所未至，遂有所得。如曰：「軻之死，不得其傳。」似此言語，非是蹈襲前人，又非鑿空撰得出，必有所見。若無所見，不知言所傳者何事。伊川語。○朱子曰：韓文公見得大意已分明，只是不曾就身上細密做工夫。黄東發曰：所傳者，即原道篇所謂「其位君臣父子，其教禮樂刑政，其文詩、書、易、春秋，以至麻絲、宫室、粟米、蔬菜、魚肉」，皆道之實也，故曰以是而傳。以是者，指原道之書「所謂道」者而言之，以明中國聖人皆以此道而爲治也。故他日論異端曰：「果孰傳之耶？」正言此之所謂道者無非實，而其傳具有自來；彼之所謂道者無非虚，而初無所自傳云爾，非他有面相授受之密傳也。愚按，觀公送文暢序「道莫大乎仁義，教莫正乎禮樂刑政」下便接「堯以是傳之舜」云云，則所傳者指仁義及禮樂刑政言之明矣。仁義便是性，道便是率性之道，教便是修道之教，中庸要領已具於此。朱子所謂「於道之大體大用已見得」，及「見得大意已分明」者，蓋即指此而言之也。

周茂叔胸中灑落，如光風霽月。灑，沙也反。○見黄庭堅所作詩序。李延平每誦此言，以爲善形容有道者氣象。朱子曰：所謂灑落者，只是形容其不疑所行，清明高遠之意。若有一毫私吝心，則何處更有此等氣象！○胡敬齋曰：此二語終有清高意，必如所謂心寬體胖，睟面盎背，充實光輝，真有道氣象。○此節言其體。其爲政精密嚴恕，務盡道理。通書附録。○見潘興嗣所撰墓誌。「政」，原文作「治」。○朱子曰：濂溪在當時，人見其有山林之志，則以爲襟懷灑落，有仙風道氣；見其政事精絶，則以爲官業過人。無有知其學者，惟程太中知之。所見如此，宜其生兩程先生也。○此節言其用。

伊川先生撰明道先生行狀曰：先生資禀既異，而充養有道。純粹如精金，温潤如良玉。寬而有制，和而不同，忠誠貫於金石，孝悌通於神明。視其色，其接物也，如春陽之温；聽其言，其入人也，如時雨之潤。胸懷洞然，徹視無間。測其藴，則浩乎若滄溟之無際；極其德，美言蓋不足以形容。問，去聲，下同。溟，音明。○溟，海也。葉氏曰：以上言資禀之粹，充養之厚也。先生行己，内主於敬，而行之以恕，見善若出諸己，不欲弗施於人，居廣居而行大道，言有物而動有常。葉氏曰：以上言行己之有本也。先生爲學，自十五六時，聞汝南周茂叔論道，遂厭科舉之業，慨然有求道之志。未知其要，泛濫於諸家，出入於老、釋者幾十年，返求諸六經，而後得之。汝南，周氏郡望〔二〕，周平王少子烈食采汝墳，漢興，仍封其後於汝，是爲汝南周氏。○濂溪爲南安軍司理參軍時，程太中公攝通守事，視其氣貌非常人，與語，知其爲學知道也，因與爲友，且使其二子受學焉。濂溪後屢遷徙，猶稱汝南云。外書又云：「明道嘗言吾學雖有所受，天理二字却是自家體帖出來〔三〕。」蓋其博求精察，益充所聞，以底于成者，尤多自得之功。朱子曰：明道當時已見大意，故始雖博取，而能不爲所惑。若此見得未的，而更以釋老等説助之，恐爲所漂蕩而無以自立也。明於庶物，察於人倫，知盡性至命，必本於孝弟，窮神知化，由通於禮樂。「明於庶物」二句，説見孟子。朱子曰：「盡性至命」二句以心言，「窮神知化」二句以用言。○張楊園曰：學者好言「盡性至命」，而不盡愛敬之實；好言「窮神知化」，而不思進反之義。遺「下學」而希「上達」，所謂窮深極微，而不可以入堯舜之道者也。辨異端似是之非，開百代未明之惑，秦漢而下，未有臻斯理也。謂孟子没而聖學不傳，以興起斯文爲己任。其言曰：「道之不明，異端害之也。昔之害近而易知，今之害深而難辨。昔之惑人也，乘其迷暗；今之入人也，因其高明。葉氏曰：淺近，故迷暗者爲所惑；深遠，故高明者反陷其中。自謂窮神知化，而不足以開物成務；「謂」下，吕本有「之」字。○陳氏曰：開物，謂人所未知者開發之；成務，謂人所欲爲者成全之。言爲無不周遍，實則外於倫理；其所言自以爲大包法界，細入微塵，無不周遍矣，而實則外於人倫物理。胡氏曰：釋氏窺見心體，故言爲無不周遍。然未知止於其所，故外倫理而妄行。○夏氏以「言爲」爲所言、所爲，拘泥不可從。窮深極微，而不可以入堯舜之道。天下之學，非淺陋固滯，則必入於此。自道之不明也，邪誕妖異之説競起，塗生民之耳目，溺天下於汙濁。雖高才明智，膠於見聞，醉生夢死，不自覺也。是皆正路之蓁蕪、聖門之蔽塞，闢之而後可以入道。」蓁，草盛貌。蕪，穢也。葉氏曰：淺陋固滯者，刑名功利之習，詞章訓詁之士是也。學者不入于淺陋固滯，則必入於佛老之虚無。先生進將覺斯人，退將明之書，不幸早世，皆未及也。其辨析精微，稍見於世者，學者之所傳耳。見，音現。○葉氏曰：以上言學道之本末，與其闢異端、正人心之大略也。先生之門，學者多矣。先生之言，平易易知，賢愚皆獲其益，如群飲於河，各充其量。先生教人，自致知至於知止，誠意全於平天下，此專就大學之教言之也。陳氏曰：格物致知，所以求知所止；誠意至於平天下，所以求得所止。灑掃應對至於窮理盡性，此兼大、小學之教言之也。陳氏曰：灑掃應對，小學之教也。窮理，即「致知」至於「知止」之事。盡性，即「誠意」至於「平天下」之事。循循有序。病世之學者，舍近而趨遠，處下而窺高，所以輕自大而卒無得也。易，並去聲，下同。○舍近趨遠，承「致知至於知止」二句而言。處下窺高，承「灑掃應對」二句而言。未致知而求知止，未誠意而求平天下，是舍近而趨遠也。方灑掃應對，而求窮理盡性，是處下而窺高也。葉氏曰：以上言教人之道，本末備具而循序漸進，恐學者厭卑近而務高遠，輕自肆而無實得也。先生接物，辨而不間，辨，分辨也。間，間隔也。言雖賢否自有分辨，而物我一體未嘗有間也。感而能通。教人而人易從，怒人而人不怨，賢愚善惡，咸得其心。狡僞者獻其誠，暴慢者致其恭，聞風者誠服，覿德者心醉。覿，葉本作「觀」。雖小人以趨向之異，顧於利害，時見排斥，退而省其私，未有不以先生爲君子也。荆公與先生雖道不同，而嘗謂先生忠信。先生每與論事，心平氣和，荆公多爲之動。葉氏曰：以上言接物之道。先生爲政，治惡以寬，處煩而裕。當法令繁密之際，未嘗從衆爲應文逃責之事。人皆病於拘礙，而先生處之綽然；衆人憂以爲甚難，而先生爲之沛然。「憂」上，吕本無「人」字。雖當倉卒，不動聲色。方監司競爲嚴急之時，其待先生率皆寬厚，設施之際，有所賴焉。卒，音猝。○葉氏曰：以上言爲政之道。先生所爲綱條法度，人可效而爲也。至其道之而從，動之而和，不求物而物應，未施信而民信，則人不可及也。道，音導。○文集。○葉氏連上爲一節，今正之。○此節言感應之速，有人之所不可及者。○朱子曰：明道嘗爲條例司，不以爲浼，而伊川所作行狀乃獨不載其事。明道謂青苗可放過，而伊川乃於西監一狀較計如此。蓋明道所處是大賢以上事，學者未至而輕議之，恐失所守。伊川所處雖高，然實中人皆可跂及。又當觀用之淺深，事之大小，裁酌其宜，難執一意，君子所以貴窮理也。○按，伊川先生既歿，門人高弟多已先亡，無有能形容其德者，故是編獨闕焉。然先生嘗謂張繹曰：「我之道蓋與明道同，異時欲知我者，求之于此文可也。」讀者詳之。

明道先生曰：周茂叔窗前草不除去，問之，云：「與自家意思一般。」「除」下，葉本無「去」字。○遺書。下同。○指生意周流無間而言。【本註】云：子厚觀驢鳴，亦謂如此。蓋取其有自得意也。

張子厚聞生皇子，喜甚；見餓莩者，食便不美。明道語。

伯淳嘗與子厚在興國寺講論終日，而曰：不知舊日曾有甚人於此處講此事？按呂侍講家傳中亦有此語，與此字句微別。又但言與二程諸公，不言子厚。「與」作「相」，蓋興國寺舊名相國寺，宋太平興國中改今名，在開封府城内。

謝顯道曰：明道先生坐如泥塑人，接人則渾是一團和氣。外書。下同。○葉氏曰：所謂「望之儼然，即之也温」。侯師聖云：朱公掞見明道於汝，歸謂人曰：「光庭在春風中坐了一箇月。」掞，舒店反。○侯仲良，字師聖，河東人，二程先生舅氏無可之孫。朱光庭，字公掞，河南偃師人，以給事中封還劉丞相摯罷政制落職，後遷集賢院學士。汝，州名，今屬汝寧府。時明道以親老，求近鄉監局，得監汝州酒税，故公掞於此見之。遺書内劉絢過汝所聞，乃是時語也。游、楊初見伊川，伊川瞑目而坐，二子侍立。既覺，顧謂曰：「賢輩尚在此乎？日既晚，且休矣。」及出門，門外之雪深一尺。按，是時明道已殁，而游、楊復師事伊川於洛。此一條言二先生氣象之不同也。

劉安禮云：明道先生德性充完，粹和之氣，盎於面背，樂易多恕，終日怡悦，立之從先生三十年，未嘗見其忿厲之容。樂，音洛。易，音異。○附録。

呂與叔撰明道先生哀詞云：先生負特立之才，知大學之要，博文强識，躬行力究，察倫明物，極其所止，渙然心釋，洞見道體。强，區兩反。識，去聲。其造於約也，雖事變之感不一，知應以是心而不窮；雖天下之理至衆，知反之吾身而自足。其致於一也，異端並立而不能移，聖人復起而不與易。復，扶又反。○葉氏曰：「致一」者，見之明而守之定，故邪説不能移，百世以俟聖人而不惑也。其養之成也，和氣充浹，見於聲容，然望之崇深，不可慢也；遇事優爲，從容不迫，然誠心懇惻，弗之措也。見，音現。從，音沖。○措，委置也。其自任之重也，寧學聖人而未至，不欲以一善成名；愚按，士君子立志自當如此。然善無大小，隨分皆當自盡。如以目前所當爲之事而舍之而不爲，曰吾不欲以一善成名也，是又與於自欺之甚者也。此等處學者須善看，不以辭害志焉可也。寧以一物不被澤爲己病，不欲以一時之利爲己功。其自信之篤也，吾志可行，不苟潔其去就；吾義所安，雖小官有所不屑。

呂與叔撰橫渠先生行狀云：康定用兵之時，先生年十八，慨然以功名自許，上書謁范文正公。公知其遠器，欲成就之，乃責之曰：「儒者自有名教，何事於兵？」因勸讀中庸。先生讀其書，雖愛之，猶以爲未足，仁宗康定元年，西夏趙元昊攻保安軍，取金明砦，李士彬父子被執，乘勝抵延州城下，執副總管劉平、石元孫以歸，又陷塞門諸砦，所謂用兵時也。范文正公時爲陝西招討副使，故先生上書謁之也。先生與邠人焦寅遊，寅喜談兵，先生悦其言，故亦喜談兵。於是又訪諸釋、老之書，累年盡究其説，知無所得，反而求之六經。嘉祐初，見程伯淳、正叔於京師，共語道學之要。先生渙然自信曰：「吾道自足，何事旁求！」於是盡棄異學，淳如也。嘉祐，宋仁宗年號也。尹和靖以「盡棄異學」語言之，程先生云：「表叔平生議論，謂頤兄弟有同處則可，若謂學於頤兄弟，則無是事。頃屬與叔删去，不謂尚存斯言，幾於無忌憚。」然按淵源録謂「盡棄異學」語，一本作「盡棄其學而學焉」，則「盡棄異學」語恐是後來所改。【本註】尹彦明云：橫渠昔在京師，坐虎皮説周易，聽從甚衆。一夕，二程先生至，論易。次日，橫渠撤去虎皮，曰：「吾平日爲諸公説者，皆亂道。有二程近到，深明易道，吾所不及，汝輩可師之。」爲，去聲。「不及」之「不」，呂本作「弗」。按，外書注：「逐日虎皮出，是日更不出虎皮也，自是乃歸陝西。」朱子曰：「橫渠之學實亦自成一家，但其源則自二程發之耳。」晚自崇文移疾西歸橫渠，終日危坐一室，左右簡編，俯而讀，仰而思，有得則識之。或中夜起坐，取燭以書。其志道精思，未始須臾息，亦未嘗須臾忘也。識，音志。「起坐」，宋本作「坐起」。○崇文，宋藏書館名。乾德初，置三館于長慶門西，謂之西館，書凡八萬卷。太平興國三年，帝臨幸，嫌其陋，命於升龍門東北創立三館，賜名崇文院，遷西館書貯焉。三館者，史館、昭文館、集賢院也。元豐定官制，改名秘書省。神宗熙寧二年，呂正獻公薦先生有古學，召見，問治道，先生曰：「爲政不法三代者，終苟道也。」帝悦，以爲崇文院校書。移疾，顏師古漢書注「移書言疾也」。愚按，猶今言告病也。學者有問，多告以知禮成性、變化氣質之道，學必如聖人而後已，聞者莫不動心有進。知禮成性，變化氣質，説見第二卷。嘗謂門人曰：「吾學既得於心，則修其辭；命辭無差，然後斷事；斷事無失，吾乃沛然。「精義入神」者，豫而已矣。」斷，都玩反。○精義入神，説見第二卷。朱子曰：張子謂「須先説得分明，然後方行得分明」。今人見得不明，故説得自儱侗，如何得行處分明？先生氣質剛毅，德盛貌嚴，然與人居，久而日親。其治家接物，大要正己以感人。人未之信，反躬自治，不以語人，雖有未諭，安行而無悔。故識與不識，聞風而畏。非其義也，不敢以一毫及之。治，並平聲。

橫渠曰：二程從十四五時，便鋭然欲學聖人。「鋭」，呂本作「脱」，注「一作鋭」。愚按，從「鋭」爲優。○語録。○此言二程自幼立志如此，以見人之皆可以爲聖人也。按二程已見於前，此復引横渠之言以終之者，蓋隱以二程接古聖賢相傳之統，亦所以俟後聖於無窮也，其旨深矣。黄勉齋曰：「道之正統待人而後傳，自周以後任傳道之責者不過數人，而能使斯道章章較著者一二人而止耳。由孔子而後，曾子、子思繼其微，至孟子而始著。由孟子而後，周、程、張子繼其絶，至朱子而始著。」識者以爲知言。

## 校勘記

〔一〕下同　「下」，原作「上」，據文津閣本改。

〔二〕周氏郡望　「望」，原無此字，據文津閣本補。

〔三〕天理二字却是自家體帖出來　「家」，原作「字」，據文津閣本改。

# 附録

## 四庫全書總目卷九二子部儒家類二

［清］紀昀等

近思録集註十四卷編修徐天柱家藏本

國朝茅星來撰。星來字豈宿，烏程人，康熙間諸生。按朱子近思録，宋以來註者數家，惟葉采集解至今盛行。星來病其粗率膚淺，解所不必解，而稍費擬議者則闕，又多彼此錯亂、字句譌舛，因取周、張、二程全書及宋、元近思録刊本參校同異，凡近刻舛錯者悉從朱子考正，錯簡之例各註本條之下。又薈稡衆説，參以己見，爲之支分節解，於名物訓詁考證尤詳。更以伊洛淵源録所載四子事蹟具爲箋釋，冠於簡端，謂之「附説」。書成於康熙辛丑，有星來自序；又有後序一篇，作於乾隆丙辰，去書成時十五年，蓋殫一生之精力爲之也。其後序有曰：自宋史分道學、儒林爲二，而言程朱之學者，但求之身心性命之間，不復以通經學古爲事。蓋嘗竊論之，馬、鄭、賈、孔之説經，譬則百貨之所聚也；程朱諸先生之説經，譬則操權度以平百貨之輕重長短者也。微權度，則貨之輕重長短不見；而非百貨所聚，則雖有權度亦無所用之。故欲求程、朱之學者，其必自馬、鄭諸傳疏始。愚於是編，備著漢、唐諸家之説以見程、朱諸先生學之有本，俾彼空疏寡學者無得以藉口云云。其持論光明洞達，無黨同伐異、爭名求勝之私，可謂能正其心術矣。

## 茅鈍叟傳

［清］沈　彤

鈍叟，姓茅氏，名星來，字豈宿，浙江歸安人。七世祖坤，明河南按察司副使，即世所稱鹿門先生者也。父耿，字倫舒，通史傳，工文及詩，以諸生終。叟少聰慧，嗜讀書，爲文才氣勃發，而有義據。年近三十，爲諸生，屢絀於有司，後遂專攻經史及程、朱之書。數年，乃欲以著述自見。念朱子近思録舊解未詳密，遂爲之集註，行止坐卧皆不輟，歷二十餘年書成，叟之才識亦因之而甚高。叟嘗依族叔祖某於山東滋陽，時黄公叔琳爲布政使，數致候問。或勸之往謁，叟曰：「族叔祖爲黄公屬下，某可出入其門而不避嫌乎？」卒不往。親知爲州縣，必懇懇爲言安民之法，措置纖悉，皆可施行；或刻於催科，則深痛其負國而切責之，雖其人面赤汗流不顧。所著古文亦往往於國維民瘼反覆致意，足爲後世勸懲者。初，叟以文高知希致困戹，年五十餘，不復進取，攜其稿謁金壇王耘渠汝驤，謁方學士於京師。耘渠以爲卓然大雅，學士以爲勝宜興儲禮執，叟由此名聞遠近，而其近思録集註及古文稿亦遂爲士大夫所推重。卒年七十，無子，今其桐鄉友人程藹園尚質方謀爲次第刊行云。

贊曰：余與鈍叟交垂四十年，叟嘗以不遇自傷，圖所以不朽者。余謂曰：諸生而可以不朽，其在爲有用之言乎？後又示所書劉峻傳後叙，己與孝標有五同三異，慨然流涕，而庶幾知我者之論定。余讀其文而深悲之。今鈍叟雖不遇以終，而著述之有用，過孝標遠甚，顧獨不可名在青史哉！亦何至復有同秋草之歎也。（録自果堂集卷十）

# 茅鈍叟先生别傳

［清］陸心源

先生茅氏，名星來，字豈宿，自號具茨山人，晚號鈍叟，歸安貢生。敦行力學，善屬文。家貧，授徒餬口，饔餐不給，泊如也。學一本朱子，嘗采集有宋以來諸家義説，增以訓詁，爲近思録集註，又參校諸本，訂其異同。書成，時偁善本。性方直，親故爲守宰，必諄諄勸勉，或不舉職，則責以負國負民，雖頰發赤不顧。屢困場屋，鬱鬱不自得。走京師，以所作謁方望溪先生，望溪見其近思録集註，甚重之，以爲近時所僅見也，大爲延譽，遂知名。當是時，天子方向文學，督學使者出京，必聘一二知名之士爲佐。先生名既噪，聘者踵相接，往來青、豫之間者垂二十年，而先生老矣，遂南歸。家貧甚，寓居南潯之豐草庵。乾隆十三年卒，年七十一。著有近思録集註十四卷、古文存稿十卷。

陸子曰：余始讀近思録集註序，重其無講學家門户之見，後得讀先生全稿，始知先生學術之正、人品之醇。顧其門人陸蓺所撰行略，挂漏俚鄙，不足傳先生，因重爲論次如左云。（録自儀顧堂集卷七）